四叶草

一平、王康、北明、郑义文学通信集

（2004—2024）

郑义 编

加拿大国际出版社

书名：四叶草
　　　一平、王康、北明、郑义文学通信集
作者：一平、王康、北明、郑义
编者：郑义
封面图案及尾花绘制：郑义
出版：加拿大国际出版社
印刷版 ISBN：978-1-998479-58-0
电子版 ISBN：978-1-998479-59-7
2025 年 12 月 加拿大第一版
2025 年 12 月 第一次印刷
© 2025 版权所有，翻印必究

Book Title: Four-Leaf Clover:
　　　　　A Literary Correspondence among Yi Ping,
　　　　　　Wang Kang, Bei Ming, and Zheng Yi
Authors: Yi Ping, Wang Kang, Bei Ming, Zheng Yi
Editor: Zheng Yi
Cover illustration and tailpiece drawer: Zheng Yi
Publisher: Canada International Press
Print version ISBN: 978-1-998479-58-0
EBook version ISBN: 978-1-998479-59-7
First Edition in Canada: Dec. 2025
First Printing: Dec. 2025
All rights reserved ©Canada International Press.
Unauthorized reproduction prohibited.

一平、王康、北明、郑义于密西西比河。
摄于 2014 年 6 月 9 日

前言

郑义

　　这本通信集是一平、王康、北明、郑义四人在 20 年间文学、思想通信的选辑。本来，在我的印象中，这种通信集应该是当事人死后由后人编辑出版，但一平骤逝，加之五年前王康辞世，通信戛然而止。翻捡这些年我们之间的通信，感慨万端，遂起心整理编辑这本通信集，以纪念亡友。

　　我把这本通信集命名为"四叶草"。三叶草是一种常见的野苜蓿，草茎上顶了三片心形叶，分别象征了希望、信仰和爱。四叶草则极罕见，据说原生地是伊甸园，那多出来的一片叶子是幸运。命运待我们不薄。我们是幸运的。

　　我们四人皆"边缘人物"。除王康因抗战巨画《浩气长流》前些年在台北、美国东西两岸展出而声名遐迩，其余三人皆流亡半生，早已被文坛和读者遗忘。为方便读者，特加以简介：

　　一平：诗人、散文家、文化评论家。上世纪七、八十年代文学"解冻"时期重要诗人。1989 年后，因受政治牵连而失去大学教职，经俄罗斯赴波兰密斯凯维支大学。波兰时期代表作有长诗《奥斯维辛、春天和复活节》。数年后转赴美国西岸，最后定居于纽约上州小城伊萨卡。先在康奈尔大学教授中文，后边读书写作边修旧房出租以维持生活。伊萨卡时期代表作有《荆棘鸟》、《伊利亚特诗七首》以及未完成的长篇史诗《海力布》。昨年底，一平突罹重疾，猝然去世。终年 72 岁。

　　王康：民间思想家、文学评论家、演说家。八九民运后一度在大陆匿避，后组织数十位画家，创作了长达 1000 多米的抗战巨画《浩气长流》。2015 年因坚持《浩》画在海外巡展而与当局决裂，自愿流放，求仁得仁。在此之前，王康在大陆享有盛誉，四处讲演，在"凤凰卫视"有系列讲座。晚岁流寓美国，骤然失去正常收入，贫病交迫。最后的岁月里，创作回顾共产主义运动罪恶史的巨幅油画《审判幽灵》，未及完成，因病于五年前抱恨辞世。终年 71 岁。

郑义、北明夫妇，文学家。因参与八九民运分别被全国通缉及逮捕入狱。在国内逃亡三年期间，郑义完成了第一部八九民运回忆录《历史的一部分》和记录文革期间群体性人吃人惨剧的《红色纪念碑》；北明完成了天安门广场实录及入狱记《告别阳光》。1992 年冬，二人乘渔船偷渡香港，辗转美国。后北明任《自由亚洲电台》记者、《华盛顿手记》和《北明非常识》节目主持，并出版《藏土出中国》一书；郑义写作了长篇小说《神树》、生态环境研究著作《中国之毁灭》以及大量政论、散文。

——简单情况就这些。四个流亡作家。

这些信件纯是随想随写的急就章，碎片式的，东拉西扯，不成体系。也谈不上文采，算不得散文随笔，不是美文，仅仅是文友间直白简捷的文字往还。自然更谈不上高明睿智，从未打算结集发表，没有小心收存，二十年了散失不少。现找到遗存的千数百封，从中选出一小半，编成这个选集。在编辑过程中，除改正打字错误及讹脱倒衍文字，在最大程度上保留了原貌。为读者着想，还删去了一些与文学—思想讨论关联不大或过于繁复的文字。编完有感：这种随意的书信交流，谬误不少，不周全处甚多，一面之词罢了。我所怀念的，是其中真诚饱满的热情、友爱和对自由、真理的渴望。也许多少有一点价值，或可成为中国流亡文学的一个小小注脚。若以政治正确和进步史观论之，则有反动之嫌。倒也不怕，本来就是几个反革命。

在一平的追思会上，我们曾谈到他清贫寂寞的"诗意地栖居"，这本集子即为见证。在这种"诗意地栖居"中，我们谈论文学、艺术、美、信仰、悲剧、先贤和苦难的故国，以及急剧堕落的美国。兴之所至，无所不谈。时代飞速跃进，AI 统治一切，阅读、思考、书写已成绝响。这个集子，或许就成了人类书信交流的挽歌。

其中有大量书信谈及我的几篇散文和正在创作长篇史诗小说，主要是关于史实、人物、情节、主题、技巧、小说美学的讨论。奖掖之词甚多，但不宜尽行截削，毕竟是亡友一番美意。读者诸君不必较真，权当私下之偏执、妄言可也。有些话说得太满，其本意也是对我漫长孤独写作之勉励。另一面，我也不必刻意谦虚，以自我贬抑来迎合俗议。——这部多卷本长篇小说，好歹写十几年了。我虽不是那种倚马可待的文章快手，但也不算很慢。写处女作《枫》不过一周时间，《远村》、《老井》不过一月多，大散文《红刨子》、《金棕榈》、《召魂》、《素棺》等也是一个月上下。大陆逃亡时期写的《历史的一部分》和《红色纪念碑》两书，加起来 80 万字，不到一年时间。在普林斯顿写的长篇小说《神树》，30 万字耗时一年多。《中国之毁灭》是一本全面的生态环境紧急报告，应该是一个研究所的工作量，40 多万字 800 个注释，骑虎难下耗费了三年半。至于手头这部长篇，写得实在辛苦，闭门谢客写十几年了。

作为一位成熟的作家，我对自己的写作不可能毫无自信。接近人生之终点，自己就成了自己的法官。简单地说，我在形式创新上不接受胁迫，也不抱奢望，却有志于继承古典主义。古典主义宏大精深，敢说继承已是斗胆。只是鄙薄现代主义，宁愿狗尾续貂。正如帕斯捷尔纳克所言，能追随神圣叙事，即便狗尾续貂也是伟大的作品。我不过是上帝的一个小小的铅笔头，最大之期待即是在流亡写作中"与上帝相遇"。与上帝相遇不仅仅是灵魂事件，也是美学事件。

话再说回来，丧失了庞大读者群，仅有三两知音，流亡写作也不是很容易。这本集子，无非是长夜中一丛小小的篝火，无非是四个朝圣途中的旅人，沿曲折艰难的窄路走来，围坐一起吃干粮、喝水、取暖、互相裹伤、鼓励，仰望湛蓝夜空中闪烁的群星。

我们长久地围坐，在岁月中渐化为一棵青翠的四叶草。

2025 年 4 月 4 日于美国维吉尼亚州干草集市小镇

目 录

2004 年

第 1 辑　与王康结识之始：初读《俄罗斯启示录》

北明致郑义　2004 年 10 月 3 日

　　大愚，

　　我要郑重向你推荐这篇文章，《俄罗斯启示录》。我相信你没有读过，如果读过，你（还有我）不会是今天这样的精神状态。这是一篇绝世之作。我偶然在网上发现了它，到现在我激动得一直流泪（可能跟我正在写的文章的情绪有关），几乎无法继续读下去，虽然我知道我必定会反复读。

　　你不孤独。不仅从中国文学史的承接上看，你不孤独。而从世界文学史上看，你拥有更加雄厚的精神资源。这篇文章所叙述的内容就是证明。其中所叙述的文学价值核心，都是你这些年已经深思熟虑过的。

　　我一直认为，中国当代文学缺少两大资源：一是本民族深厚的人道主义文学传统，大多数作家甚至连古代汉语都不精通，加上一部按照阶级分野编纂的中国文学史，对于真正的文学创作，实在没有多少营养可资利用。

　　而由于中国资讯的封锁，西方的文学传统，我们也至今看不清楚。翻译过来的东西再多，都是没有传承，没有历史，没有未来的断片残章。"流亡文学乃是世界文学的古老母题之一"，是这篇文章的主题。然后文章详细阐述俄罗斯流亡文学与自己文学传统，与欧洲文学传统之间的关系，和它对欧洲虚无主义和颓败主义的超越，对人类文学的贡献。

　　董桥说，专业文章写得好，有三个要点，追求资讯，悲悯世情和人性关注。对极了。尤其是第一点。资讯，是承前启后的东西，继绝兴亡，不能对自己的文学史和欧洲的文学史没有了解。由于语言的障碍，由于消息的封锁，这文章对于我们而言姗姗来迟。但是毕竟来了。我现在的担忧变成了这样：对于中国文学而言，当代不仅不可能产生像样的东西，而对于流亡的中国文学而言，你这样的作家，左右看看，简直再没有第二人。没有俄罗斯那样的文学气氛，那样承接起他们历史的连贯性，成就不了一种文学气候。我希望你的孤独一人，只当是自我完成生命存在于此一悲剧时代的价值吧。

俄罗斯几乎所有最优秀的作家都是极权体制这个非人性制度的反对者，他们很多声音也没有发出来。我们以前看到的只是非常小非常少的一部分。而中国文学 49 年前后的消亡从来就是事实。你不幸为中国作家，只有孤军奋战了。希望你借助自由资讯和独立思想还有你深如海洋的人类之爱，用汉语，把中国当代要说的话，说出来，说完，说好。剩下的，就听天由命了。

最后就是一个建议，请转达其他三位编委：

建议《不死的流亡者》这本集子，把这篇文章收入。它不是散文，可以作为附录。因为此文所叙述的内容，必定成为极权体制下真正文学的精神资源。如果考虑到作者的顾虑，就请干脆不要通知作者。可以在末尾加上一句：未经作者准许，一切后果由本书编辑负责。这样可以撇清作者的责任。另一篇《苏俄流亡者的复活》，也可以而且应该当作附录放在书后。看见历史。就看见自己的位置了。多少人，由于无从知晓过去与瞻望未来（只能了解扭曲的现实和被歪曲的历史），将现世的承认与否当成自己价值的确认。然而历史一次次证明，这是一种肤浅，难以克服的肤浅。不是所有人都能克服。你能，不仅因为你要继承这些遗产，而且因为命运把你放在了这样一个位置，让你失去一切，独存一念。

为我的祖国的文学的命运祷告。为成千上万没有遗产的中国作家祷告。也为你的文学创作祷告。这是一场世纪之战，你必定要完成。

（北明注：我最初怀疑此文是篇译文，而非中文原著。后得知这是大陆独立学者王康早年的文论。不久后，北明将此文编入自由亚洲电台"华盛顿手记"专题节目，连续向中国大陆播出。）

第 2 辑　与一平深交之初：郑义酝酿中的大河史诗

一平致郑义 2004 年 10 月 25 日

郑义兄：

你们来，高兴愉快！本该去拜访你，但此地深秋景色颇佳，也就愿意你们来看看，只是让你们长途颠簸，甚不安。"请教"一语让我"恐慌"，兄为小说大家，我是外行，蒙你信任而胡乱言语，所言甚愧，唯望不扰乱你。你做事如此认真，深让我感动。

听你所讲，新作你大致已考虑成熟，许多年的酝酿自有成果。由颂歌到挽歌，由生至死，非大悟所不能。我提到俄国中国之别，大致即此意，而我表述不明。死亡、毁灭亦有美感，事情既无救，将以往叙为挽歌绝唱，那也就是辉煌的收场。"美是自由的象征"，那就将所有的不幸、悲痛、希望、残酷、毁灭化为美吧。《神树》最后的绝唱是人性终极的位置和结局。我记得你说的细节：黄河岸边鲜血淋淋的人头，转为为哀悼而砍光沿岸两百里红花，大概这就是由创世到挽歌吧。故而也理解你说将史移为背景，将斑斓化为金黄单色调子。这部作品，你已经孕育成熟，饱满而充实。

我想你所顾虑的是神的命题，你对之多有用心。凡文明之事，此绝对之点终是必需，包括科学。将故事、人物、情节，乃至气韵，放之此点，即获无穷之力量。重要的是考虑好"神"的方式。你提到"船"字和中国的"方舟"，恕冒昧，用《圣经》神话引证中国大概是"陷阱"，你的小说可能是障碍在这里。就人性，其终极一致，也就是人后面的神同一。但是不同的文明，"神"的呈现不同、方式不同、局限不同，由而各文明的形态不同，生命活动不同，文化仪式不同，审美也不同。我想中国的"神"是天、天地或道和空，为"自然格"；而基督是"人格"。如果你的小说保持美的和谐，需要为其找到恰当的"神"的形式，恰当的"神"之统领，能协调细节、韵律的一致，否则就处处和你做对了。再，如果你写一部中国之史诗，那其"神"则不可创造，是什么就是什么。至于众"神"之后的终极之神，其不能呈现，也不回应，人只能遵循有限呈现之"神"——我们由传统所承继的"神"的形式。当然作为个人，可从这里转至那里，而作为文明系统，"神"则很难彼此替换取代，否则文明即崩溃解体，而此正是中国近代发生的事情。而作为美也同样。

所言甚随便，可能又是胡言，班门弄斧，别在意。预感你酝酿了一部杰作，盼其成功！
　　一平
　　04 年 10 月 25 日

第 3 辑　谈一平奥斯维辛长诗及奥斯维辛之后的写作

郑义致一平 2004 年 11 月 29 日

一平兄：

我在给廖亦武的序后面加上了你的若干行诗，讲春天和复活的。还有，把奥斯维辛之后的惶惑痛苦给予了肯定。

谈你的诗。我不懂诗，这是胡说，希望你不要介意。

第一个感觉，就是证明了奥斯维辛之后是能够写诗，也能够写好诗的。我没注意过外国，但就中国人而言，我尚未见过这么气势恢宏的长诗（关于奥斯维辛）。具有完整性，有很深刻的思想，情感真挚饱满。总体构思完整完美，细部也很有诗意。绝对是成功之作。

但感觉还可以修改加工。

（郑注：具体意见此处略去。）

今天夜里没时间了，过几天再谈。对不起，这恐怕都是外行话。你不必介意。

把草草改过的序附上。

郑义 29 日

（郑义序：《奥斯维辛之后的写作》此处略去。）

一平致郑义 2004 年 11 月 29 日

郑义兄：

去周琳哥哥家过感恩节，刚刚回来。

感谢你们的提示，周琳说做就做。其实应该早些动手。这座房子 8 万元，一层半，下面 800 尺，上面 600 尺的半层阁楼可以出租。这样算下来，每月偿付的钱比我们现在的房租还要便宜些。房子 100 年了，但房主修了一下，搬过去就可以住。不过住的条件，比现在会差些。周琳挺兴奋，终于算有"财产"了。房屋检查了一半，暖气部分还没有完成。如果没问题，就算定了。你们再来，就住我们自己的房子了。

感谢你的序文，浩然正气，读得热泪盈盈。我会另写封信给你。谢谢你对长诗的肯定。太长了，只是由外围触碰了一下，而黑暗的中心，则完全没有能力进入。

再谈！问候北明！

一平

一平致郑义 2004 年 11 月 30 日

郑兄：感谢你！你说的都很对。当时写它，只是随感，没有更大的承负。因此，也就零碎。目的常常决定效果，尽管有冲动，但自觉自己承受力不能，做事也就常取其易。这是弱点。诗的议论太多了。

将我的诗引入你的序，是我的荣誉，这比得个什么奖更让我欣慰，因为其来于承负苦难之心。你序言谈的都是重要问题，我一直在写一篇《证词》的文章，断断续续，我们想的问题很相近。一是走出黑暗；一是中国的残酷性；再就是文学与其关系。就黑暗和残酷，中国在这两个世纪做到了尽头，当然有国际之背景。你的几句话很重要：一是艺术是有限的；再凭个人气力是不够的。说到底，人到了绝境就要企望神和宗教了，从人文的观点即需要人类文明的漫长积蓄：仁与爱的传统。

西方尼采以来，中国五四以来，人太狂妄了。我们所说的诗意、美、神话，实际就是神旨。唯此，才能走出黑暗残酷之底。进而，就是我们必须开掘出人性中被黑暗残酷所深深压抑掩埋的"善"。

我要出门，回来再写！

一平

2005 年

第 4 辑　重读一平《穿越俄罗斯的沉思》

郑义致一平 2005 年 6 月 10 日

一平：

近日重读了你的《穿越俄罗斯的沉思》。真是一篇好文！第一次读，是多年前。感动且诧异。自此记住了一位名叫"一平"的诗人。

很多思想，值得展开。现在写成了随想。我觉得还可以重写，成为一组，从容扩展。重心落在文学，我觉得是有价值的。当然这样也不错，自由轻松。自有它的潇洒。

以下的字句是极富启发性的：

俄国文学是欧洲古典文学的最后一页，也是最辉煌的一页。托尔斯泰、陀斯妥耶夫斯基、肖洛霍夫……他们结束了一个时代，至此古典小说达至顶峰。他们迫使文学寻找新的道路和途径。俄国文学的丰厚和辽阔是无以伦比的，这和它的自然地域几乎一致。歌德、巴尔扎克、雨果、拜伦、狄更斯……这些大师各有其灿烂光芒，但是就文学的恢宏气魄，只有俄国作家表现得那么饱满和深厚。一个民族的文学是和其自然背景相一的，我深信这一点。《战争与和平》、《静静的顿河》，这是小说文学中两部伟大的史诗。我反复想着这两部作品的细节，的确，只有这样的作品能够托起俄罗斯的大地，只有它们可以叙说它。俄国应该感谢他们的作家，而不论他们个人的政见或行径。正是有了他们，俄罗斯的大地有了声音，有了凝聚的力量，俄罗斯才像它秋天金色的森林一样辉煌。

文学与民族自然背景"相一"，真是一个很深刻的洞见。它部分解释了我们对俄罗斯文学震撼力的理解。另一部分的解释，是面对苦难与罪恶的宗教感和弥赛亚精神。我猜想，在这一点上，在所有读过你文章的人中，我是你最好的共鸣者。很令人惭愧，至今我们没有产生一部无愧于我们壮丽山河的小说。随便说一句《红楼梦》，当然这不是写大地的小说，但多少也跟清代的华丽奢靡之风有关。它不像是霍去病墓前朴拙雄壮的石雕，而像了清朝的景泰蓝。

　　另外，后世作家绕道而行，除了俄国大师的恢宏气度无法超越之外，还有，失去了情感（及人格）的力量。他们再不具备俄罗斯伟大作家那种与土地森林的血肉关系。过去总觉得俄国人写景太多（当然也有写得很滥的），后来渐渐体会到那是一种无可抑制的大地之爱。一种类似于男女之爱的充沛的忍不住的动力。这是学不来也装不出来的，于是聪明的后世作家只好高倡"零度写作"。我不认为是一种美学主张，托词而已。

　　关于"残暴是俄罗斯精神之一"，我不甚理解。有时间，希望你展开。

　　这是一篇值得反复深读的文章。每一处思想的闪光，都应该加以完成。

　　祝好！

　　郑义 05 年 6 月 10 日

一平致郑义 2005 年 6 月

　　谢谢你的信！希望你恢复得更好一些。所谈问题都挺沉重，担心你的时间和身体。如果累，就暂时先放在一边。

　　关于俄罗斯的残暴

　　读陀斯妥耶夫斯基，会看到他黑暗和残暴的一面，其贯穿他大部分作品，而在《马拉卡佐夫兄弟》中最明显。作者近乎绝对的宗教精神，和黑暗、残暴互为。陀斯妥耶夫斯基的几乎所有作品，都反复地表述二者的剧烈冲突和矛盾。从这点说，陀比托尔斯泰更深入地体现了俄国民族的内心。沙俄的农奴制、对外的野蛮掠夺、十月革命、斯大林的屠杀、极权与古拉格充分体现了俄国的黑暗和残酷。二战中，俄国军队可命令数十、百名战士"趟雷"，以突破敌人的封锁；而这是西方民族做不出的。陀斯妥耶夫斯基所表现的残暴精神，在俄国民族性格和生存中存在。由此，我说俄国民族有其残暴性。人性的暴力和人的艰困、被压制、封闭、落后相关，甚至包括地域环境，比如：山地、荒芜、寒冷、阴郁等等。

　　当然，人们说俄国的残酷是"共产党"的问题；但我以为俄国的"共产主义"，不仅是政治和意识形态问题；其包括俄国的历史、传统、民族性格和精神方式，或许后者更重要。俄国的农奴制在十月革命之前；历史上俄国在对外扩张征服中，对异族也极为血腥残暴。《静静的顿河》、《日瓦格医生》那些残暴的事情，是俄罗斯民族的历史。西欧共产党和俄共同属于马克思意识形态，但他们没有走向暴力和极权，而主张议会道路、合法斗争。二战后法国、意大利共产党有可能取得国家权力，但是他们让出了，而与民主政府合作。今天西欧社会的福利保障得于他们的努力。同是共产党，但背后的社会、民族、历史、文化、精神方式不同，因而道路不同。至于东欧，他们更多的是新俄罗斯帝国的附属，国家、种族的压迫大于政治制度，或者说俄国用此政治方式统治他们。这就是斯大林那段著名的话：占领者的政治就是被占领地区的政治。

我一直以为俄国的"共产主义"是其民族性的体现（后来我在别尔加耶夫的著作中也读到了这个论点），这包活俄国的专制传统、农奴制、缺少自由经济、个人对权力和集体的依赖性，加之空旷寒冷，人们渴望拥抱在一起。读《复活》，可以看到老托尔斯泰在精神上为俄国革命扫平了道路，除了暴力一条，革命和共产主义于他顺理成章，那也是托尔斯泰的愿望，只是他还是模糊的怀疑的。而俄国要走向那里，暴力是必然的。最后托尔斯泰把玛斯洛娃让给了流放的革命者，也就是把俄国由贵族交给了革命和暴力。由沙俄到共产主义，到极权，这是一条俄国自己的道路。冷战将复杂的社会、历史、民族、宗教、文化、传统、人性等问题简单化了，作为政治是一回事情，但作为思想则有害，特别是今天。对法西斯、纳粹的批判已经很多，但纳粹的产生是偶然的吗？希特勒和整部德国的历史、精神没有呼应吗？在尼采、黑格尔、海德格尔的著作中，我们可以看到它们彼此的呼应。比如，绝对化、权力统治、强制秩序。海德格尔与纳粹的关系，有深层的精神关联。我不赞成肤浅地批判否定黑格尔、海德格尔，但也要看到德国思想中的权力意志、绝对精神、强制秩序的有害，纳粹就像俄国的共产主义一样，有德国的社会、历史、精神、文化的渊源。

在文革中，我体会最深的是中国"人民"的残酷；如果说传统的儒家统治对之还有"仁义道德"的制约和教化，那么共产党权力则集中代表了这点，其靠此取得权力，也靠此而统治，包括统治"人民"。毛不断发动群众，即合法地煽动利用"人民"的暴力。其将民众暴力合理合法化、给以道德和价值之肯定、乃至神化。极权政治的基础，是人民的恐惧、仇恨和暴力，否则其不能建立。我们需要看到极权对人民的统治，但也要看到极权和人民的呼应——他们是共谋，尽管前者是对后者的利用。就此，毛和其权力代表了中国民族黑暗残酷的一面。看毛政权的成分，其是底层农民的权力，杀乡绅，贫苦农民掌权，仅此就决定了它的残暴。毛的残酷、胡作非为和中国底层社会的黑暗、愚昧、残酷是一致的，他是它们的集中体现。中共、太平天国、李自成、张献忠有一致性。人性具有黑暗、残暴的因素，在我们反省纳粹、共产极权时，应追溯其于历史、社会、民族、文化、人性中的潜含性。极权、残暴、屠杀，存在着，并且总还会以其他面目再来，人们需要对之警惕。……一个共产极权者，完全能以另外的面目，用另一套语言再现。极权和残暴在我们的人性中。信暂时不用回，我将就一些问题逐一写信给你。

　　一平

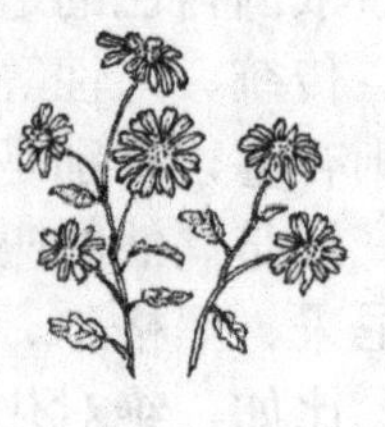

第 5 辑　一平不赞成大革命　因其暴力残酷于统治者暴力

一平致郑义 （具体时间缺失）

郑义兄：

这封信关于革命，不完整。

关于革命：

有各种革命，当代汉语中我们一般所讲的革命以法国大革命、俄国革命和中国近代革命为代表。（郑义夹批：美国革命、苏东波革命呢？不能忽略，否则失去了革命的复杂性。就如同我为了证明自己观点——革命是真正推动了历史前进的剧烈社会变革——而忽略俄国革命、中国革命一样。）其包括几个主要的特点：1、大规模的；2、自下而上的，民众的；3、暴力的；4、彻底改变制度。我指的革命是这一种，四点一体。这里姑且称之大革命吧。

如果对"革命"的概念定义不清，对它的争议便没有意义。比如"告别革命"，告别哪种革命呢？ 80 年代末，苏联、东欧都发生了革命，但是和平的。 此革命要不要拒绝呢？ 辛亥革命属于地方军事政变，其持续的时间不长，相对中国庞大社会，其暴力和破坏也不甚剧烈，基层社会和民众，既未参加，也未被革命（有文章说辛亥革命大规模屠杀满人，有待证实），至于革命后发生的军阀混战则另论。还有一种革命是通过宫廷政变，而改变国家制度。这些都不属于大革命。但太平天国是大革命，其改变国家的制度和政体。

凡发生大革命，都是国家、社会的矛盾积蓄到极限；没有充分的能量，不可能爆发大规模的普遍暴力。（郑义夹批：中共革命就不是矛盾积蓄到极限。）同时任何大革命也都伴有狂热的鼓动。因此这两者是一件事。黄先生所说的两种革命：必然的革命和狂热鼓动的革命，在事实上并不存在。没有社会的剧烈矛盾，再狂热的宣传也导致不了大革命；（郑义夹批：中共革命就是宣传鼓动的革命。）而凡有极度压迫，又有革命的机会和可能，就必有狂热的思想和鼓动。

肯定地说，社会爆发大革命，是由于统治者的极度压迫和民众生存危机，否则不会爆发大规模的民众暴力。暴力需要有暴力的原因，也需要承负暴力危险，因此人性在一般状态下是和平的。因此，所有的大革命的发生都有它的道义性和必然性。（郑义夹批：中共革命就缺乏道义性和必然性。）

明确地说，我不赞成大革命，包括法国革命。首先大革命暴力残酷于统治（指传统权力，而非革命权力）暴力。（郑义夹批：暴力成为一种绝对的尺度。与甘地、托尔斯泰非暴力主义一致。而暴力并不意味着绝对的罪恶。反抗暴力的暴力就是一种善，虽然很无奈。人类至今尚未找到另一条无须暴力的道路。最理想的民主社会，仍然有军队、警察、监狱、死刑等暴力强制机器。）1、在同一处境，爆发的民众暴力残酷于统治者。就人性而言，越受压制、伤害，就越具有仇恨和暴力性；其忍耐越久，强度越大。2、民众暴力是无序暴力，无序暴力残酷于有序暴力。（郑义夹批：希特勒、斯大林、毛泽东、东条英机、张献忠、李自成、天京之变、扬州十日、嘉定三屠都是有序暴力。）无序暴力无束约性，有序暴力有一定的束约性。滥杀是大革命的主要特点，包括革命进程中的屠杀和取得权力后的屠杀。再，大规模的由下而上的暴力革命，是对社会的彻底破坏，或导致长久战乱，或靠更残酷的镇压和专制，才能平定混乱，建立强制秩序。暴力必以更强的暴力才能制止。因此，大革命后的政权，均是极权权力，要有大规模的屠杀和严酷的统治。其专制和残酷的程度，必过于原权力。（郑义夹批：二战同盟国的暴力大于法西斯暴力，但并没有因其"更强"而形成极权统治。）

　　我同情，也能理解大革命之发生，但不赞成。理性和道义需要对现实和结果负责。大革命是以更残酷的暴力和专制取代暴力和专制。（郑义夹批：二战亦是。）罗伯斯比尔最后一次演讲说："一场伟大的革命只不过是一种乱哄，是一种罪恶摧毁另一种罪恶。" 卢梭说："在广场的中央，树立起一个鲜花环绕的长矛，把人们集合在那里，你们就拥有了一个节日，至善不过如此。"但围绕长矛的并不是鲜花，而是鲜血。1792 年 9 月 2 日数千犯人被集体屠杀，之后每天有 50 人被送上断头台，这也是法国大革命。这场革命持续了 10 年，之后是军人专政。我能理解、同情大革命之发生，但不能去参与、推动一场更残暴、更专横的革命。

　　这里我需要解释，毛权力是革命权力，他是中共革命的结果和延续，就是 49 年后，毛也一直是在革命。由 21 年到 76 年，是一整个革命过程。（郑义夹批：文革是最高权力之争，不符合你的革命定义：1、大规模的；2、自下而上的，民众的；3、暴力的、4、彻底改变制度。）毛权力的基础是民众暴力，可以说其是暴民权力。（郑义夹批：是军队，包括土改，看起来是贫穷农民打土豪分天地，实际上是军队暴力为后盾。文革亦如是。）毛依靠、利用下层民众暴力消灭了中国的有产和知识阶级，在此毛代表了下层民众，他们有一致性。对毛的反动，不是革命的问题，而是阻止革命。（郑义夹批：由定义造成的结论。如果说毛是王朝，是有序暴力，那么就需要革命了。）赶走蒋是革命的胜利，土改、镇反从根本上消灭了革命的反对力量，反右是其在文化领域的延续。至此，在共产党之外，中国不再具有反对革命的力量。文革中，一些"造反派"中"黑五类"子弟具有朦胧的反抗意识，但力量相距悬殊，被残酷镇压，这就是人们所说的"另一种造反"。毛时代，民众虽然受奴役，但拥护毛，大概这是事实。这有宣传的原因，但毛消灭有产者、知识阶层，则代表了他们。毛时期，"反革命"势力被清除，"人民"与毛"同谋"，能阻止他的力量只能在共产党内部。邓的意义是终止了毛革命。

就中国今天的情形，"大革命"倒是一种可能——"人民"起来暴力推翻权力。因为权力者抢劫国家和百姓，"人民"和权力普遍对立。但是发生革命的可能性很小，科技的发展使统治的力量空前强大。中国会出现地方骚动，但不会发生全国性的"人民"暴动，因为其间的组织和联系不能建立。（郑义夹批：苏联怎么回事？）如果发生法国式的大革命，民众暴力将不可抑制，将会发生大规模的对官员和有钱人的抢劫和杀戮。此是盲目的无序仇恨和暴力，其将要有更残酷的暴力才能制止，重建秩序；这也就是极权。（郑义夹批：没有必然的逻辑联系。）此过程和结果之残酷、专横，将超过现在。（郑义夹批：是或然，不是必然。）

和平革命的前提是民众有政党的领导和组织，中国开放党禁和异议政党成熟还需要长久的时间，眼下不能在考虑范畴；除此之外就是共产党内部的分裂或政变。

苏联和平革命来于共产党内部；波兰团结工会能存在，因为有教会、有自由传统、有异国压迫。（郑义夹批：如果统治者坚持暴力镇压呢，社会就必须为避免无序暴力而永远——逻辑上如此——忍受有序暴力吗？）

下封信关于理想主义。

都是个人之见，不见得对，只是这些都是反复思考所得。

一平

2006 年

第 6 辑　不相信《静静的顿河》是肖洛霍夫所作

郑义致一平　2006 年 1 月 10 日

一平：

（郑注：此处删去一段与文学无关文字）

写廖亦武的文章，我早拜读了，觉得很全面，也很有深度，但一时想不出很好的建议，就没有及时回复。抽空我还会看看，有何想法再说。你写《静静的顿河》那篇小文，很是精彩！你对细节的强调，给我很深印象。我不喜欢提到肖洛霍夫的名字，不仅此人是棍子，而且打死我不相信他二十出头能写出《静静的顿河》。能写出《静静的顿河》这本书的艺术人格，不是二十岁就能够成熟的。我相信他剽窃了那位白军军官的手稿。其实，《静静的顿河》是个永远谈不完的话题。

郑义

一平致郑义　2006 年 1 月 10 日

我也不相信 20 岁的年轻人能写出这样的作品，肖的其它作品无法与之相比。我盼望你能为汉语写一部伟大的史诗，我寄有希望。你所具有的都已经在你的生命中，这份生命的分量足够重，因此不要有什么负担，更多的倒是解放自己。

文学实际反历史的"进步"，其看守人性和生命，将文字的立点放到这里，就有如根扎入大地。人所知甚有限，由此人性、生命、存在是神秘不可知的，我们只能呈现、怀有敬意，而不能判断。好的作品就是作家生命分泌的气味，那是制造、创造都达不到的。人是被造物，"神"所创造的生命、人、万事万物，通过作家呈现出来，老话说鬼魂附体，就有这个意思。作家本身实际无能为力，更不能对他所表述的解说。由此，我们是向"神"，向大自然、向苍生、向漫漫的时间借取神秘的力量，以来表述。作品展示的是什么，要看它的来源是什么，现在作家糟糕的地方，是他们将自己的写作放于自己的小聪明，由此就成了你说的小炉匠。

随便瞎扯，别在意！

一平

郑义致一平　2006 年 1 月 11 日

一平：

你这封信实际上谈到一个很大的问题，即创作中的非理性因素。

所谓现代后现代，想获得的主要能力，就是这个非理性。只不过他们的方法看来不对。

作家不能过于自信。在理性的尽头，要止步并向非理性（直觉、本能、不可知、神……）脱帽致敬。

谁能够唤醒或释放生命的本能（你说的生命分泌的气味），谁就可能进入所谓"出神入化"之境。

近来，我有些感悟。小说杰作是理性与非理性交相作用之结果。我们往往忽视非理性，也就是忽略了"圣灵"的感动。

郑义

一平致郑义　2006 年 1 月 11 日

郑兄：圣灵，这个词很好！古希腊作家写作前，都要向神祈祷，请神赋予灵感和才华。古代书法家，写字前也要焚香沐浴，静默。这和非理性写作有共同之处，但是后者有点走火入魔。我们重视传统、注重经验的积蓄，注意品味的纯正，除作家个人之外，看重自然、他人、神等等，同意你说的：理性和非理性的相互作用。盼望圣灵陪伴你，在你的生命中落脚，给你力量。

一平

第 7 辑　与一平谈《金海鸥》

一平致郑义 2006 年 2 月 18 日

　　郑兄：谢谢你！文章读了，很感动。非常好！完美，连其中"粗糙"的地方都是好的。只是题目可以再考虑，"金海鸥"有点陈旧，可以更新鲜一点。不一定对。

　　这几篇散文都很棒，盼着这本散文集。到时，我一定为它写篇文章！

　　感谢你的照片，也很好。

　　一平　2 月 18 日

郑义致一平 2006 年 2 月 19 日

　　一平：

　　谢谢你的鼓励。这种孤独的写作，再自信的人，也会不时产生自我怀疑。

　　我命题的本事不大，一般都简单。金海鸥这个题目，自然是首先来自苏炜家门前那只海鸥，后来又联想到范竞马在全世界的旅行，联想到金海鸥的远程飞行绝技，又与审美迷醉的突然性暗合，就这样定下来了。让我再想想有没有更好的。

　　大约在基本完成时，发现什么地方与《金蔷薇》雷同，赶紧细读，然后释然。雷同处，都在谈艺术，不同之处是：一个谈创作，谈素材积累，一个谈审美，谈无意识。还有，《金蔷薇》是小说，《金海鸥》是实录，不是虚构。既然生活给予我这段经历，还是据实以录的好。这样想来，《金海鸥》也好，暗示与《金蔷薇》有某种关系。（苏炜门前的红蔷薇也不是虚构，是有神的存在。）实际上也是有关系的，无论是老兵夏米还是小女儿美妮，他们都是经由心中的爱而达到绝美之境。

　　这真是一个永恒的主题。

　　郑义　19 日

一平致郑义 2006 年 2 月

　　郑兄：

　　此文和《金蔷薇》当然不同，后者是关于艺术，毕竟单薄（我们这个年纪看）。你的文章实际是美与爱的宗教性。美和爱到达绝对之点，就是对神的敬畏。因此神圣总是和惧相关。人性中有神性，其照耀人，带领人，使人成为"人"。丧失这点，人就会退回动物。这是现代文明的问题，是文艺复兴到顶的必然逻辑。俄国文学的中心内涵，是它的宗教性。你的这几篇文字的好处是努力走向这点，这不是刻意的，而是生命历尽苦难——或说绝境中——的精神趋向，如果不放弃"人"的要求和精神，而它的另一向是彻底放弃——腐烂。这十多年中，中国人宗教的寻找和整个国家、民族的腐烂正相对应，是存在于绝境的体现。这个话题谈开就大了，打住。

汉语的问题是精神的死亡，精神死了，留下的当然是肉体的溃烂。话到此，就无话可说。故此汉语中的对错不那么重要，重要的是恢复精神，那种普照的、向善的精神。良然后知。我们不敢奢谈什么创造，如果能把先人那些最可贵的东西承继下来，就了不得了。

你的几篇文章都很好，将泥泞的苦难展向永恒的精神之光。最好的作品，无论文学还是艺术，甚至思想，都是个体生命本身的体现，你可以说气味，可以说电波，也可以说血液、说光彩，总之那是不能可以制作、设计的。经历如此，你所具有的都已经在你自身，因此你是应该自信的，重要的是有个恰当的渠道流出来。在你的大作品酝酿好之前，就这样继续写散文，不断试探流涌的出口和方式。瓜熟蒂落，作品有它自然酝酿成熟的过程。

　　一平

第 8 辑 与一平谈《召魂》

一平致郑义 2006 年 4 月 22 日 5：43 PM

郑兄：今天又读了你的"召魂"，真是两目潮湿！

已经不是文章之事，而是人的血命、尊严和魂灵。应该说，这是对汉语的"招魂"。你的血泪、屈辱、悲愤、痛苦都没有白受，这是一篇独特之"文"。

你未负苦难，苦难亦未"负"你——苦难寻找它的言述者。是啊，这么多的血，它总要有闪烁，升华到高处；那么多未曾瞑目的死者等待安息和告慰。这扇民族魂灵之门终于让你给打开了。流涌吧，你已经等了四十年，奔涌的血和魂灵将恢复他们的尊严和荣誉。我盼望着！这是个了不起的开始，我能听到后面汹涌之流。

保重！

一平

郑义致一平 2006 年 4 月 29 日

一平你好！

还是有点不胜劳碌。从纽黑文回来后，人还是软了几天。

你总是给我最大的鼓励。你的溢美之辞，我一直理解为你的支持与勉励。

文学这件事，越深入就越谦卑。真正的优秀作品，不仅是才华和真诚的结晶，而且要你投入生命。

我希望我能有足够的可以奉献的生命。

再写几篇散文，就算是长篇之前的热身。

祝好！

郑义 29 日

我明天到加州一大学演讲，周四回家。

第 9 辑　郑义读一平《庞大的莫斯科》谈理想主义

郑义致一平　2006 年 6 月 14 日

一平兄：

《庞大的莫斯科》拜读了，一点简略的读后感。

第一节，车尔尼雪夫斯基大街，谈到了你在上篇文章里省略了的"残酷"问题。在这一点上，我是不能理解的。用此种说法，人类历史上的"好"与"坏"有可能要颠倒一下。理想是具体的，因此需要具体判断。理想主义抽象一点，但这种主义是否带有残忍性质，端视它是否与权力相结合。简化一点的说法，类似于"政教合一"与"政教分离"。基督教之所以积极面对政教分离，正是因为政教分离才能最好地防范自身堕落，并体现基督的博爱精神。无论是托尔斯泰还是那些极端的东正教苦行主义者，那些圣徒们，不管他们信奉的教义包涵有怎样的对人性的压抑，他们只能自我实践。他们不具备强制性力量，也就不可能"残酷"。反之，强制性的权力倒真是"残酷"的，无论理想主义还是犬儒主义，无论是道德化还是非道德化。它可以以理想的名义，也可以不以理想之名义。上梁山落草，必得先杀人，井冈山的红军，则强迫新兵吃人心。这些残忍，都与权力有某种关联，都不需要理想主义的名义。再比如马克思主义和西方左派，在民主社会里是思想自由的积极构成，但只要到了中国（即与政权结合），就成了残酷的东西。（其实你在后文中已经提及，如"人类需要有绝对的理想"、理想与权力等等。）另外，我也不能同意说人性是非道德的。既不是人之初性本善，也不是相反，而是善恶兼备。上帝造人时，便把受到损害的他人安置于人心深处，即良心。文学之所以如万花筒般多姿多彩，就是因为人性是异常复杂的。道德本身是自洽的。不存在某种不道德的道德。所谓道德"底线"，就是"己所不予，勿施于人"。如若不愿意被他人强制，也就不会去强制他人。

一个相关的问题：能否找到一位暴君是真正的理想主义者？在我的经验里，似乎很难。特别是在共产主义这条线索里，那些领袖级别的人物个个是暴君、暴徒和权力狂，无一是理想主义者，从列宁、斯大林、毛泽东到金家父子、卡斯特罗、齐奥赛斯库……他们不过是利用理想主义煽动民众，而自己真正关心的是权力。我一直疑心"理想主义导致残忍"是八九后中国知识分子的自辩状。你过于善良，过于书斋气，以君子之心度小人之腹了。究其实，这种理论本身，在今日之中国倒是很残酷的。你怀抱兼济天下的理想而打算为民鼓呼吗？你在暴政面前试图维持人格理想吗？你何等残酷！——黑白颠倒，莫此为甚！"理想主义与残酷"可能是一个伪问题。真正与残酷直接相联系的，应该是政治权力的垄断。

《柯洛别夫和娜佳》和《离别》都写得十分感人！尤其是前者。凭短暂接触能勾勒出如此生动且不失深度的人物，是需要深厚阅历和功力的。《不死的流亡者》里，刘羽写得极好，那是多年交往观察，柯洛别夫和娜佳则是惊鸿一瞥。你不要自我设限，浪费才华，也许诗歌、散文、小说、批评要一起上。将来有可能去俄国，我也许要去看望可爱的柯洛别夫和娜佳。你关于俄罗斯文学的议论，甚至片言只语都能引起我的共鸣。

看了你关于俄国和波兰的文章，感觉你应该整理或补写完成一部散文集。那应该是一位诗人、思想者、美的观察者对于一个天地翻覆时代的最诚实的见证。

问候周琳好！

郑义

6 月 14 日

2007 年

第 10 辑　圣徒艺术家　把苦难建为纪念碑

郑义致王康 2007 年 9 月 25 日

王康：

《麦加》一文拜读了。事实上读了两遍。第一遍，如读你其他大作，完全是认同与感动。第二遍，才在第一遍略感不适之处驻足片刻，试图更深地进入你的思想。在小明的催促下，写下这几行随感式的文字。完全可能是我自己的误读，以及延伸，你不必介意。

东正教无疑是俄罗斯大地上最瑰丽的景象之一。那些感动过我们父辈并至今感动着我们的俄国伟大艺术作品，无不浸透了东正教的弥赛亚精神。这种精神如血液一直流淌在它们的创造者身上。我猜想，这是你迷醉于俄罗斯的基本原因（我也是）。这种精神，在历史中"外化"为对苦难的无怨承担与坚韧抗争，遂成为人类文明史上的奇观。我想，没有人能抗拒它的感染。

与俄罗斯有一比的，应该是以色列，上帝的选民。不管是弥赛亚精神还是历史中遭遇的苦难，以色列丝毫不逊于俄罗斯。然而，为何以色列并不能像俄罗斯一样感动我们？——他们缺少悲剧上演的辽阔国土吗？（有时候尺度具有决定性作用。）但他们并不缺少精神尺度。从亚伯拉罕、摩西、大卫、耶稣以降，他们在精神领域的跋涉可谓极其辽阔壮观。——他们缺少托尔斯泰、陀思妥耶夫斯基、柴可夫斯基。这些接近于圣徒的艺术家把浸透了弥赛亚精神的俄国苦难史建造成一座又一座纪念碑，最后放置在我们每一个男人女人心头。（当然，以色列有骷髅地、哭墙以及他们的诸多圣地。）

我想说的是，感动我们的，可能是这些被艺术家们完成了的悲剧。悲剧具有极高审美价值。但离开了审美，离开了英雄，苦难不一定具有正面价值，就如同鞑靼人、德国人的野蛮入侵，暴君的欺凌、共产专政……其本身并不令人感动。我们所感动的，是艺术化了的弥赛亚精神。也就是说《静静的顿河》可以使我们感动，但十月革命（尤其是当我们了解真相之后）却不。

你在行文中似乎没有把苏维埃红色帝国史与一般俄国史作出适当区别？我模糊感觉不妥。虽然东正教是俄罗斯的国教，但政教合一还是在斯大林时代达到历史的巅峰。传统时代的弥赛亚精神是绝美的。但布尔什维克领袖们的弥赛亚精神却给人类带来浩劫。差别就在于是否政教合一。他们要不择手段地建立自以为是的人间天国，不惜流血杀戮。神圣俄罗斯与红色俄罗斯不一样，前者使我们感动，后者使我们恐惧。所以，苏维埃俄国崛起，不是西方的恐惧，而是人类的恐惧。

　　听说你准备到美国来走走，我们很高兴，你实在应该来看看，亲自感受这片土地。这是一群饱受宗教迫害的避秦者创建的新世界。他们的基督信仰、弥赛亚精神同样坚定。与俄罗斯相比，差别可能就在于他们的历史过于短，没有来得及经受莫大的苦难。因此，他们只能有《草叶集》，他们缺少悲剧意识，也缺少歌唱苦难的伟大艺术家。悖论的是，所有这些，恰恰起因于他们过于睿智过于勇敢。这些经历过旧大陆苦难的叛逃者，一踏上这块有待开发的处女地，就高举起上帝的名义，同时坚定地摒弃了政教合一。所以，他们的弥赛亚精神是慈爱的而不是征服的，是温柔的而不是血腥的。他们得了弥赛亚精神的真髓。这一点，他们与以色列和苏维埃不一般。以色列之所以不承认耶稣是基督是弥赛亚，那是因为耶稣与他们世代渴望的救世主形象不符。他们心目中的弥赛亚是征服的、复仇的、光芒四射的，是独属以色列的。而耶稣温柔慈爱和平，并以普通人形象出生死亡。十月革命老布尔什维克们同样不承认耶稣是弥赛亚，因为他们自认为弥赛亚。而且，他们与以色列人一样，认为真正的弥赛亚应该是强大的征服的光焰万丈的。美洲早期移民的弥赛亚恰恰相反。虽然他们所崇拜的弥赛亚是温柔的耶稣，但内心的坚定丝毫不输以色列人与早期共产党人。美国教堂林立（可能拥有世界上最多的教堂，数字待查），每周日去做礼拜者（比例？）远远超过欧洲，可能也是世界第一。美国的捐款（不论国家还是民间）也是世界第一。美国人不仅当初为自由而战时从神圣经典那里找到法源，而且在自己成为世界大国之后，愈来愈意识到应当承担的救世责任。（这方面小明有相当多的研究。）当今之世，那里有战乱有危及人类的危险，那里就有美军。华盛顿韩战纪念碑，地上刻了一句话，大意是这些美国青年为一个连名字都不熟悉的遥远的国家的自由而英勇捐躯。我感觉，美国精神之核心，正是弥赛亚精神。如果说以色列的弥赛亚是民族的，俄罗斯的弥赛亚是国家的，那么，美国的弥赛亚就是人类的。人类历史上，从来没有出现过这样一个高扬着弥赛亚精神的国家。"遗憾"的是，美国没有经受大苦难，也没有在世界舞台上经受大苦难。即便二战时期在西欧在南太平洋上有苦战，但毕竟没有经受苏联式的惨败，更没有经受犹太人的种族灭绝。美国人仍然写不出《战争与和平》与《静静的顿河》。如果我们不崇拜苦难（而仅仅是赞美人在苦难面前的不可征服），恐怕也不会有太多的遗憾。毕竟我们是精神贵族。我们可以在精神世界里上演壮美的悲剧。但众生不喜欢悲剧。

我这些随想可能离题万里了。我都不知道写到哪里了。马上要吃午饭，先写这些吧。你的文字如火焰，有烧灼的痛感。你的视野极其辽阔。这种大尺度的把握使你文字极具历史感。你的思想是热情的，这种中国人写作史上罕见的热情同时也是对自身的一种挑战：形象与情感往往要迫使逻辑作出让步甚至牺牲。回应了这种挑战，就会进入某种至高之境。看你的文章那些感动就不说了。那是一如既往的。

祝中秋快乐！

郑 9 月 25 日于华盛顿 DC

（郑注：此处略去王康长文《我的精神麦加》。）

第 11 辑　末法时代，是该刻石经的时候了

郑义致王康　2007 年 10 月 26 日

老康：

近来你的忙碌令人感动。请你注意身体。我的人生中有一些遗憾，一直想与你交流。从本性上说，我不是政治性人物。虽然一次次卷入漩涡，那是"从生活出发"的自然反应。无论视为责任还是反抗，当然无可厚非，但往往忽略了作为中国作家所应该承担的文化—精神责任。89 年后，多年未能减少政治参与，退回书斋。仅仅持守住一条，不加入任何政治性组织，以保持知识分子独立身份。但没有坚守住文学家身份，乱写，写了大量应时政论，卷入缠斗。人生易老，回头一看，实在有太多的遗憾。

"乱写"中花了数年时间研究中国生态环境，也是出于激愤，并非文学。意外的收获是绝望。我可能比任何人都更加明了前途之暗淡。战争、专制一两代、三四代总可以过去。欧洲日本不是眼看着就缓过来了吗？唯有资源与生态毁灭，这种具有中国特色的制度性灾难，将把中华民族拖入万劫不复的深渊。

弄明白这一点，手头上的事情，意义就太有限了。

大洪水到来之前，除了造方舟，没有任何事情是真正有意义的。

挪亚的责任就是保存物种。

作为作家，我的责任就是保存某种精神，某种在未来民族复兴时需要的精神酵母。比如，只要有《战争与和平》、《罪与罚》、《静静的顿河》、《日瓦戈医生》，任何劫难都不可能摧毁俄罗斯。即便毁成一片废墟，一个新俄罗斯也将不可阻止地从教堂钟声和伏尔加河纤夫号子声中强劲复苏。

中国文化中有另一件事足以和方舟隐喻相媲美：石经。我多次跟小明说起：现在是末法时代，是该刻石经的时候了，再晚就来不及了。

你我属于那种比较全面的人，情感、思维、行动的能力都比较健全。这有可能成为一件坏事。我们可能在许多领域取得成就，因此可能忽略了应当为之献身的那唯一的使命。三十几年前，我插队的村子，老支书就说过一句话：郑块儿呀，艺多不养身呀！我没听明白。现在后悔，不知还来不来得及。天假以年，尚可一搏。天不假以年，则就一头栽进出师未捷身先死的老套子去了。

　　我跟你说这些，是希望你适当调整自己的生命消耗过程即死亡过程。不要缠斗，不要打短平快。时不我待，你我是秋后的蚂蚱，没有多少日子可蹦跶的了。既然如此，何不尽可能蹦跶的漂亮一点？

　　要做饭去了，先写这几句，与君共勉。

　　珍重！

　　光召 10 月 26 日匆匆

2008 年

第 12 辑　《海边的豪宅》及流亡文学

苏炜致郑义　2008 年 3 月 25 日　0:34

　　郑老哥，接来信，打开文件，放下一切，读。读得我满身燥热，心跳加快，脑门发紧，又渐渐松弛，平和，澄静，最后，沉默如止水，一个人在房内房外、楼上楼下踱步了半天。小刘问我：在忙什么呢？她要我帮她放点心思给她的硕士论文出主意。我说：先顾不上了，郑义写了一篇要命的大文章，写魏京生的。——这真是"要命"之文，俗说的所谓"直见性命"，不如这"要命"来得直接。看了开头我本来有点犯杵：写老魏？怎么写？！怕你写成谀文，轻飘飘的浮过；又怕写成"丑闻揭秘"，黑煞煞的只见腥臭。看完，放下了心，也有种动容感，洗澡感，升华感。——是一篇要命的好文！这就是"文章千古事"标准的那种可以留诸后世的生命文字！也就是从这"留诸后世"的标准，谈谈我感到的不足处——我尽量谈得具体一些，以让你修改时有所依凭：就是这三者：动容感、洗澡感和升华感，都各尚不足，还不尽然到位。

　　比如：老魏蒙难，是在一片弥天黑暗中的一灯如豆，是一道惊世的闪电，却又被陶醉在"新时期中人"（精英和公众）彻底遗忘了，甚至出卖了，直到八九初年有方励之那封信引发的知识分子三四封签名信引起的知识界自省开始，以及此签名信事件与八九民运的联系，这些都需要强化、铺陈，这样才能真正突出老魏在那个年代的"凛然"而孤清——孤峰独耸的历史地位，也让这个人物和八九事件的直接关系在后世人那里得到稍微清晰的了解，也包括老魏以一人敌一国的"跑外交"，那种内在的自信、守持和屹立……等等，繁华和寂寞，彼岸的"盛世"迷狂与此岸的独行与荒芜，这些等等的意象，都需要更两极化地夸张、撼人，这就是"动容感"尚可开掘的地方。

　　"洗澡感"就是洗礼感，而且要温水、冷水、热水到冰水与接近烫的水（但不要滚开水）一起洗，要让读者读着在洗，让老魏读着也在洗，冷热水、冰水、烫水地一起洗。比如对老魏"狂"、"超速开车"、"抓特务"甚至包括"唯我独尊的抽烟自由"等等，既要写出老魏深层的心理原因，也可以明确点出他关在监狱内与外隔绝二十余年跟现代文明世界的隔绝——他不愿受这些"文明规范"约制的合理性和狭隘性等等的剖析，都还不够深、不够一刀见骨（见肉见血了）。还有，也许写了老魏的狂、不听"指点"之后，也许不妨把我们这些老友们的浩叹写进去：中国人命苦啊，命运老人不给咱们长脸啊！似乎出来一个人物就要毁掉一个人物……这种浩叹也许可以是发自骨头的悲鸣——但是再把笔触回上去，回到对老魏的深度理解（与老邓对练一段很精彩，但还可深化——老邓最终没练过魏，他不但被魏一一言中，而且最终在六四的后世声名栽在魏前头），这种深度理解中——也包括北明的更具体的理解感受等，读者对老魏——包括老魏自己读到的升华感，才会出来。

下面就继续说这升华感。读到最后，我是期待一个天国的、造物主的或后世眼光的、"最后审判"的声音出现的，现在的结尾，这个声音果然有了，但是还不够。比如，虽然不宜用你的笔来代替一个神的、上帝的目光，来俯瞰今天，俯瞰魏和这批华夏流亡者们；但你提到了美妮和端端，就不妨在最后让他们成年后、老年后、带上儿孙的形象在最后的想象中出现，用一种"后世"的目光来俯瞰今天和评说魏们吧！这样，在"后世目光"的烟云之下，在回到你和老魏、宾雁的那个喝酒的结尾——还可以把情绪和细节再略展开得饱满一些，就成大交响乐后的一个华彩的收束了。总之，我以为，你在把自己此文（也许所有文？）写作的定位放得更高一些，在我杜撰的动容感、洗澡感和升华感三方面再稍加用力（只稍加即可，此文已大体成型，在此三方面略为润点即会大为不同），此文的分量是可以担得起"文章千古事"一语的，老哥再努一把劲，如何？

由此文，又想起一事需未雨绸缪——上次胡平六十寿筵后，高文谦把我拉到一边，说：你要想想为老魏六十作准备了。我当时一口就回绝了，我说我再也不干了，这是最后一回。我现在也持此论，至少再由我出面张罗未必合适，主要是也许不够分量，老魏也未必乐意让我来做。但由老哥你出面挑头张罗，则是必要的，分量也够，以你们华盛顿的人头济济，做好此事自是顺手之劳。但老哥似乎需要开始有所准备了，也许是明年？（他是四九还是五零的？好像是四九的，不比你小多少）。你以为如何？

匆匆祝保重！

苏炜 3/24/08 子夜

郑义致苏炜、北明　2008 年 3 月 26 日

苏炜：

谢谢你的长信！

你的肯定使我大松一口气。这篇文章如此"政治"，如此"莫衷一是"，真不知别人感觉如何。你读出了我所有的情感与内心冲突，仅此一点，就很感激了。

你提到的所有不足之处，我都会加强，而且有故事有细节。前，因文章已经太长，自我设限。我会采纳你的意见，在重要问题上再加一把劲，争取到位。

有一个感觉还要与你交流，就是我们到了该放开写作的时候了。这篇文章是"计划外"一个突如其来的由头引发。若非网上那几个跟帖，若非我写老魏豪宅的那个未发的短帖，我绝对不会起念。一起笔，人物事件场景就纷至沓来，逼问你如何理解。主题、象征、提炼等等，都是"写"出来的。如果不是文字在前面引导，我不可能对老魏思考到这个程度。这个思考既包含矛盾的对立，也尚未完成，但其主体大致已构成。或者说，作者可以交出，由读者们来继续完成了。我过去有一个坏毛病，总是希望思考成熟再动笔。其实哪里有完全成熟的时候？越是具有挑战的题目，越不可能。相反，我们要充分相信我们的笔，相信重新激活的生活会引导我们前进。所谓灵感，不是等出来而是写出来的。

总之很感谢你的理解。别人能否读到你的程度，我是没有信心的。毕竟，我们有共通的生活与感情。

接下来，我应该动笔写葛底斯堡——一篇酝酿多年的大文章。应该比这篇更好。

美妮正在北卡同学的海边别墅度春假。本周六，她将受洗。她学习圣经已多年，我们没有 push。

问候孟君端端好！

郑义 3 月 26 日

北明致郑义、苏炜　2008 年 3 月 26 日

大愚，

因为没看完你的散文，所以不敢看苏炜的意见。刚才读完（看到最后眼睛湿润了），才把苏炜的意见看了。

几乎完全同意苏炜修改意见：加大对比的写法，力度更大，无论多么不近情理，只要最终回到理解就好了。那便是非常境界非常

人了。不然要这文章做什么。文章是用来登山看人览天摘月的。所以难度大，也要敢出笔锋。

此文不好写，已经写得很好了。越写越好，后半部分尤其好。最后部分境界最深，最好。

不过还有一点就是，按照苏炜的意见须改，但也应忌讳写得太满，也要留有余地和想象空间。指月之指，不能代人摘月，不能戳破月亮。

再有，我还是觉得要把"粗话"筛掉。牛逼，靠，尿等，都与人体生殖有关，而且都是网上发明的当代国语，虽然江湖，但是并不有力。不需这些字眼，一样可以出入江湖如入凛秋风。

此文可以为老魏彻底平反，是极为重要的历史文献。史料价值比其文学性一点不差。所以是双重价值。

可惜不能写他的情感生活。如果能写，就更绝了。

祝贺好文一篇初成。

小明

苏炜致郑义、北明 2008 年 3 月 27 日 上午 12:07

二位的信都收到，因为贴心，所以我们彼此说的都是贴心、过心的话，也就极具"真切度"——无论肯定和批评，相信都会对此文的再上台阶起作用。郑老哥你提到了放开手写，你此文（其实从《红刨子》开始）的放开，是触及到人性的极致处——从为史立证到铺展丰富人性的边边角角。由此我也想到，里面几个重要事件，需要表述得更清晰，让读者明白其来龙去脉和写出你事前事后迥异但深层的理解：比如为坚守自主性而放弃那 200 万（？），当时魏跑到耶鲁来找康和我喝酒，谈到此事，我心里震惊的同时其实就暗暗称服：这小子有种！这才是老魏的狂后面的真正底气所在！包括对他不要模仿甘地的描述都如此，以及他"跑外交"后面的许多政治判断，他自有一己的制高之处。这些都可以明点出来。我喜欢你现在使用的叙述语言，是文学的、感情的，因而再激烈、明锐也仍然是温和的，但有些叙述事件的部分（如"200 万"），可以更明晰一些，有些部分甚至不妨引用文献（像与邓练的一段），使它具有确切不移的史实性和文献性。去掉粗鲁字眼，我也同意老妹子所言。可放手写出魏的粗鲁和极端，但叙述语言越有丝绒感、润泽感，此文的力量反而越大。先想到这些。祝睡好，改好！

苏炜 3/26/08 夜

王康致郑义 2008 年 4 月 4 日

　　一口气看完，真想这就奔那海边豪宅去，喝两口抽两口。具体感想过两天再说。老兄状态令人羡慕。

王康致郑义 2008 年 4 月 6 日 11：42：53 PM

　　光召兄：
　　……
　　你的文章总让我有意外之感，《海边的豪宅》可称意外中的意外。老实说，不只当局，一般百姓，我这类老土，就是出去多年的人士们，甚至"老魏"的哥们，都未必了解生活中的异端究竟何许人。
　　世界流亡文学，至少近代以来，以此文为终结。欧洲流亡止于路易王朝到大革命，雨果、伏尔泰后，这个行当便消失了，法国确实是欧洲流亡文学的中心，拜伦、海涅只是十九世纪欧洲流亡军团的外籍成员。俄国晚了一个世纪，屠格涅夫、赫尔岑只能算侨民，真正的流亡是俄国二十世纪十月革命之后发生的，规模、时间、作品都不输于十九世纪的欧洲。到索尔仁尼琴回国，也就打住。中国49 年那次流亡，至今似乎没有一部与之匹配的作品，也许我孤陋寡闻。倒是钱穆、唐君毅以及在世的余英时们从哲学和历史上走出一条路来。四十年后（1989）的那次流亡，更像是 19 世纪欧洲、20世纪俄国流亡的继续，直接原因仍然是政治，但精神联系上复杂得多。
　　不扯远了，这篇散文，由于人物、背景、环境、性格、命运……更由于只有你才具有的立场、高度，尤其一个大作家独有的慧眼、文字，实际埋下了一块石头，会生长成纪念碑的石头，一块石经。最后一次具有世界意义的流亡，从此进入信史。
　　既如此，何不趁此状态，一口气写出一部长篇来，那才是国人真正需要（他们不知道他们这个最要命的需要）的精神粮食，它一旦问世，这个互联网时代，就会警懦醒顽，成为中国的"神曲"。你们去国二十年（2013）交卷。"黄河"永远在那儿，待你重新回到岸边再动笔，也许更好。
　　你现在的写作状态令人羡慕，每天有那么多杂事，还要面对笔会，可见你的身体精神确实调适得不错，《海边》每个字都给我一种感受，作者的记忆，观察，思考，尤其是"文笔"，都超常地优异，

"老魏"好像就站在面前，一条汉子，一个中国一代人家喻户晓又完全不了解的人物……，这些都不是主要的，主要的，你是在复活一个人，一种生活，堂皇壮丽而又辛酸可笑的时代，它突破了一个伪神话：生活已经被过完，写完，人们已经无话可说。

什么叫巅峰状态，《海边》从头到尾，都在此状态。正其时也。后面还有好多人物、事件，足以让正在开始呼吸自由空气的中国真正睁大眼睛的一切。我们等了好多年了，一部与这个时代、几代人的经历、四分之一人类的命运和希望相匹配的作品，总要由一个人来完成。可悲也可幸的是，它只能一位年届花甲的流亡作家来完成。

还有，我们必须花更多精力面对现实，就像《中国之毁灭》一样。比那更迫切，中国的精神毁灭和救赎，再没有比海外流亡军团，姑称为现代奥林玻斯诸神的命运，更能代表中国的命运了。

你现在对历史、人性、命运，各种因缘福祸的体认，都到了所有人都不曾达到的境界，请先把后来的、更鲜活的、正在改变包括过去在内的一切的这二十年（它们已经够长久了）收拾上路。

你的写作，注定了属于那种纪念碑式的写作，史诗般的雄心勃勃的写作，你本人就是其中一个人物。我们一代属于历史上不曾有过的"大器晚成"的一代，每一代人都有其代表作，迄今为止，偌大中国还没有能代它发声的作品，有之，请从老兄开始。

话说得大一些，杂乱，一如我自己的文字，但态度很严肃，前所未有的认真，自以为没有看虚。

老康 2008 年 4 月 7 日 重庆

郑义致王康 2008 年 4 月 7 日 下午 6:13

老康：

你的信使我感到震动。我从未以你目前的角度来思考创作问题。

这样，在震动之后，我需要认真长考了。

我需要重新打量自己的创作方向和计划。你的建议是深具启发性的。

谢谢过奖，我从来把你的溢美之词看作你的殷切鼓励。自己的局限和弱点，多少是有点自知之明的。

盼望夏日之约。到时候我们可畅谈。

我至少还有几篇重要散文要完成，一切可从长计议。

你的思想总是具有他人难以企及的高度。不再说了，再说就成互相吹捧了。

　　谢谢你的激励！

　　光召

郑义致一平 2008 年 4 月 10 日 14:18:36

　　一平：

　　文章出了点问题：在大陆变成群发信件了。

　　其实只给了极少数朋友，大约是王康那里传出去了。

　　急切中，小明出主意给了《民主中国》，晓波马上就发了前半部分。

　　对不起，食言了！下次有了教训，不能传出未定稿。

　　现在发给你一个定稿，有空看看，提点意见。

　　郑义

一平致郑义 2008 年 4 月 10 日 下午 6:08

　　郑兄：没问题，文章有人读就好！见了好文章，谁都忍不住马上推荐朋友。你总是有杰作，我等你的下一篇。

　　在回来的路上，再读了你的《远村》，真好！完美之作，比沈从文的农村小说好，沈先生有点牧歌化，而你的作品深入苦难。笔笔是细节，无穷无尽的爱，爱得那么尽情有力。是部杰作，可以流传下去。小说中，朝鲜姑娘那一笔似乎可以不要，叶叶的死写得还可以再重点，这一处未尽兴。

　　以这种风格完成你的黄河可就了不得了，苍天保佑！

　　一平

郑义致王康、建一 2008 年 4 月 19 日 08:46:54

　　老康、建一你们好！

　　后院的美国樱花开了。

　　今日周五，是我们全家可以一起吃个晚饭的日子。

　　喝了几口酒。爬上房顶，摘了一捧樱花，拿回来瓶里。

　　美国樱花比日本樱花花朵大，且是复瓣，颜色也热烈，不是纯白是粉红。我家后院的樱花色彩偏红，格外好看。树很大，有水桶粗细。

　　有酒有花有明月，缺的是朋友相聚。想起你们，不知在做什么。

文章发表了，现在发给你们一个改定的版本。

老康的话，让我现在仍在长考。

郑

王康致郑义 2008 年 4 月 19 日 上午 1:33

刨花和海浪过去，露出亮堂的木纹，岛礁愈发坚硬，黢黑如煤铁。真好功夫，老木匠，木型人的手艺，汇了大水，成了海边的豪宅。又免费进出一次老魏的农庄，还是喉咙发涩……

第 13 辑 关于《金棕榈》的讨论

郑义致苏炜、一平 2008 年 6 月 20 日 18:17:17

苏炜、一平：你们好！

今天赶完了《金棕榈》初稿，听听你们意见。

我还想再写一个附录，写自由的来源，思辩性的，与散文文风不同。

请你们仍然不可外传，我还要修改。

郑义

一平致郑义 2008 年 6 月 21 日 18:03

郑兄：祝贺大作终于完成！恢宏饱满，有崇高之美。悲剧的英雄精神，不要说在中国，就是在西方也趋于没落。悲剧英雄加之自由，就是古希腊精神了，也是文艺复兴后人文精神的至境，米开朗基罗、贝多芬、惠特曼……。此柄精神之火需要承继，但当今已难以见到。这是我对汉语渴望的精神之光。中国文化需要完成一次真正与西方文明的融会，即汉语对古希腊与基督的精神吸收，这是吸取西方文明之本。

（郑注：此处删去了与美国内战性质无关的具体问题讨论。）

再一个问题，可能这篇文章不能解决，这也是该文的内在矛盾。从根本上说，南北战争是国家统一与地方分立之战，更进一步是工业社会与传统农业社会之战。就自由而言，南方是为维护地方自立与自由，当然是统治阶级的。就战争的实质，解放黑奴不是北方的目的，起码它在第三位以下：首先是国家统一；再是工业化；此二是北方的直接目的，然后才是解放黑奴。解放黑奴和辛亥革命的反满驱虏类似，意在政治宣传。此文立论于自由，本身就陷入了矛盾，因为北方的国家之统一，是侵犯南方独立与自由。这构成了本文的内在裂痕，无法自圆。作为一篇散文，这个问题可以回避，这就是强调解放黑奴是自由之战，但是对于熟悉历史的读者，这有些勉强。这个问题，不是写作的问题，本文难能解决。我也觉得困惑。我的看法可能有偏差，我们可以再讨论。苏兄、北明如何看？

一平

郑义致一平 2008 年 6 月 21 日 20:23

一平：谢谢你的意见。

　　我会认真考虑如何采纳你的意见。

　　今天先谈谈内战的性质。这一点是拙文的关键。如果南北战争不是自由战胜奴役，我这篇文章也就站不稳了。

　　关于南北战争的主要矛盾，我的研究是：

　　主要矛盾是蓄奴制问题。国家分裂，南方要独立，概因此。

　　最早，林肯就是激烈的反奴隶制派。后来，因为奴隶制引发了南北方冲突，南方要分裂出去，在这种情况下，林肯及北方一些重要人物只好放下奴隶制的争执，尽量采取温和策略，比如赎买，或做一些退让，把维护联邦看成最重要的事情。宁愿暂时不解放黑奴，也不允许国家分裂。因为只要国家不分裂，黑奴问题迟早要解决，国家分裂了，则后患无穷。在这种情况下，林肯坚决反对废奴的激进派。这是策略，从他内心，是非常想废止奴隶制的。废奴宣言早已写好，放在抽屉里，等待发表时机而已。这个问题，因为有政治目的与策略的交错，看起来有些混乱，其实线索是很清楚的。还有人讲废奴是要黑人帮北方打仗，细读一下那一段历史，与事实相去甚远。

　　南北方当然有工业社会与农业社会的矛盾，但不至于非打仗不可。战争因分裂而起，但分裂因何而起呢？战争最终结果，也不是工业社会灭了农业社会，而是彻底废止了蓄奴制。这一点也是清楚的。

　　这与驱逐鞑虏不同。解放黑奴不是口号，一段时间甚至不提，但是实质问题。

　　当然这是我学习这一段历史的认识。我们还可以讨论。

　　谢谢你费心写那么多意见！真正能交流的朋友是越来越少了。

　　郑义

一平致郑义 2008 年 6 月 22 日 0:04

　　郑兄：你有研究，就可立论，可自圆。文章也就没有大问题了。我只是感受，没有深入研究，我当再多看些材料，再考虑。以你的研究为准。既然如此，就是双方都是为自由而战，这点可再明确些，文章就会更有力量。总之，对于文学，史学上的观点不重要。

　　一平

苏炜致郑义 2008 年 6 月 22 日 1:32:52 PM

　　郑老哥，抱歉，你和一平对大文的讨论已经一两个来回了，我则姗姗来迟。……首先说说大感觉：读近期郑兄散文，尤其这一篇，让我心生一词：交响散文，或散文交响诗，这真可以视为一种"郑义体"的新类型的散文样式，也是你老兄具有文学史意义的对散文文体的大贡献。都说余秋雨的"文化大散文"是创造了一种新的散文文体（我以为大体然也），老兄这以生命、热血喷薄式的"交响散文"，何尝不是散文世界异起的奇峰？写得澎湃、生猛，绚丽，辉煌，她不但是你独创的，并且也逐渐呈成熟状，我想，我这位也算半茬子的"批评家"和反学院派的"学院派"，大概应该为文作一些鼓吹了。（郑注：此处删去一些具体问题讨论。）

虽然是交响散文，但应该还是有内在章法的，有文气的起承转合的。读大文的时候我几次以为由转入合了，结果没有，又重新在起、在承，时有绵绵无绝的河流感——本来这是一种好的感觉，所谓交响散文也可称为一种"大河散文"——但为文之道（其实为人之道也一样），节制是功力、才力的别名（好像是海明威说的吧：简洁是才气的别名），分寸感的把握，永远是艺术表现的第一要义。此文在很多地方让我有"满溢"之感，用笔汪洋恣肆这本来好的，是一种风格；但有略过之感，收束得不够——如果让读者在阅读中感受到一种澎湃中的蕴敛，此文会更上一个美感的高层次……

想到这些，都是直言，也不短了，打住。祝笔头更——生猛！

苏炜 6/21/08 午

郑义致苏炜 2008 年 6 月 23 日 06：30：51

苏炜：

谢谢你的长信。这种文学交流，现在太稀罕了。（郑注：此处删去一些具体问题讨论。）

你谈及的节制，我何尝不希望，只是能否完全实现？小明也提到这个问题。全篇中，除了引述他人，我自己的文字，没有一个感叹号。我再努力试试。据我的经验，有时候某些美学要求无法达到，除了功力，还有文章本身的题材限制。有些主题、题材与某些美学要求之间是有冲突的。

你谈到的两个词，交响与大河，都是我的明确追求。多年前阅毕南美略萨的《绿房子》，在扉页上写了一段感概。《绿房子》就如一条大河，卷着泥土、树枝、泡沫，浑浑沌沌旋转着奔流。你一时很难理出头绪，但能感受到那种奔流的浑沌浩大。当然这是对史诗性长篇小说的要求，散文无论写多大篇幅，其内在规范对作家有限制，应该还是清澈的。这篇文章，我基本上是采用拼图的办法，不很强调理性逻辑。把图都拼起后，给人形成一个总体感受，就达到了目的，哪怕是模糊的。其实已经很清晰了。按照我对小说的理解，还应该再模糊些才好。当然散文不是小说。我一直试图向音乐靠拢，小散文如小夜曲，大散文如交响乐，但很难，在情感表达上，文字永远不可能接近音乐。比如写此文涉及《约翰·布朗之歌》，每每听得我流泪，但那种优美而辉煌的境界，文字绝难企及。写得浑浊不难，浑浊而优美辉煌就实在太难了。好音乐往往使人落泪，文字就难了。纵然如此，还是应该向音乐学习的。

没有起承转合，也即缺乏逻辑，小明也有这个感觉。我猜想是因为拼图和浑浊。其实还是有逻辑的：（（郑注：此处删去一些具体讨论。）——虽然是遵循情感的逻辑，大致还是有起承转合的。

一平提及的希腊精神与希伯莱精神与中国文学，也是一个深刻的话题。总之，你们提到的大小问题，我都会认真思考，并在修改中体现。

谢了！

郑义

一平致苏炜 2008 年 6 月 23 日 9:17

苏兄的"交响散文"这个比喻非常好，郑兄的这一系列散文是汉语散文的一大贡献，创造了一重新天地。如苏兄所言，文章的内在联系要略加润色一下。苏夫人不在，苏兄可带孩子到我这里玩两天，一开车就到了，夏天正是好时候。

一平

一平致苏炜 2008 年 6 月 23 日 16:20

交响乐和大河，这两个词苏兄的确用得好！我以为，节制可以暂时先不考虑，因为积蓄太久，难得有这股气势，只要充实饱满，不妨一泻千里。这股气孕育多年，难得有。文学可以不考虑逻辑，浑然一体就好，就是文中不好有硬痕，这大概是苏兄的意思。

一平

王康致郑义 2008 年 6 月 23 日 下午 8:31

光召兄：看了"金棕榈"三字，就有陌生的气息升起，果然，

"如蓝色山脉一样起伏的炮声"……干脆打印下来，得把葛底斯堡摊开，戴上早已配好却少于使用的老光眼镜，才看得清楚仔细些。祝老木匠又拿出新活路，瞧那新发于硎的木纹……

　　老康

王康致郑义 2008 年 6 月 24 日 上午 12:21

　　光召兄：

　　一口气读完，多次被击，泪夺眶，从头到尾，雷鸣电闪，一场洗礼般的巡游。中国能为文者，终于锤出这样的文字，旧大陆专制奴役的苦痛与新大陆自由阳光的遭遇，一次而永远地提升了我们……，暂打住。

郑义致王康、北明 2008 年 6 月 24 日

　　老康你好！

　　你的感动，使我觉得文章没白写。你的过奖我甚为愧疚，我理解你的一番美意，你的感动使我不孤独。……现在我是业余作家，写的是小众文学，甚至连小众也凑不起，几个人的文学而已。……

王康致郑义 2008 年 6 月 25 日 上午 1:07

　　这就从葛底斯堡回来了，现在是下午黄昏降临时，歌乐山在一片灰黄的晚霞中渐暗。三幢三十层高的水泥怪物矗立在眼前，这间"望岳轩"不过是无数水泥丛林中一间牢笼式的办公室，对我，则是天地间栖身的唯一。

　　看完《金棕榈》，满眼是硝烟、台阶、纪念碑，军乐军旗，心里敞亮得如你描绘的蓝天闪亮的阿巴拉契亚山脉，惠特曼的诗句：啊！船长！我的船长哟！我们可怕之航程已经告终；航船历经艰险，我们争取的锦标已经赢定；港口在望，钟声可闻，人们欢声雷动，一双双眼睛盯着平衡的龙骨，盯着船体，它庄严，威风；可是，心哟！心哟！心哟！啊，血在流淌，血滴鲜红，我们的船长躺在甲板上，他死了，浑身冰冷。

　　——我们的船呢？我隐隐看见一首挂着"云帆"的船，它早已驰向新大陆，十五年来无由归返，如今它停泊在异国战场上，向双方的亡灵致敬，并且把自由复活的讯息传给我们。这就是我要告诉你的最初的印象。

　　我没有满足于此，尽管这已经具有中国睽违得陌生的意义，文

学能够与死亡和悲剧抗衡，能赶上岁月流逝的速度，我要说，《金棕榈》一举偿付了我们何等沉重的孽债和耻辱，把二十年、六十年的虚无狠狠地扫荡了一回。只有你，才能把同为自由而战却被世上最浩瀚的大洋和最冥顽的专制帝国隔绝的一个古战场和一片广场，连接起来。只有你，有如此目力，看穿了命运的公正和不仁，却对上苍充满感戴。只有你，以"赋"为旗，召来为自由、真理、正义和名誉、土地、诺言以及胜利、失败、死亡而战的人们，他们庄严的目光，因为一名苦难东方使者的到场，更加熠熠生辉。只有你，在一万八千颗呼啸而过的子弹般的文字以及它们如军团挺进的气势中，唤醒了我们落寞已久的激情，我看见，听见你热泪滴落的声响，你用心和灵一寸寸丈量那片圣地的过程。只有你，以如此斑斓壮丽沉潜撼天动地的描写，直逼有汉大赋的气象……。文字是一条河，平静流淌的涟漪因为高山峡谷而汹涌，有如沉闷的彤云突然雷鸣闪电，吞云揽月，呼号奋发，金声玉振，美不胜收……

让那些文学评论家去分析、论列吧，我的感受因《金棕榈》铁血文字而起，我同时倾听到林肯、李将军、王维林和无数不朽亡灵的声息，还看到长逝于同一块土地的爱因斯坦、刘宾雁这些流亡者的目光。你在宾雁八十寿筵上曾经引述林肯那段著名的演讲，把"神圣"放在那些土地和石碑上，你从而使苦难、牺牲和自由之神再次复活，这次复活，将横越太平洋，在我们这片苍茫黯澹的大地上艰难降临。这是一万八千名一旦复活就不会再死的士兵，这是一支将不受任何乌云遮蔽的候鸟大军，它们如弥天飞翔的精灵，遵照神意地迁徙，它们在沙漠般的心中掠过，会撒下一些种子的……。一位远行多年的木匠，又把他新发于硎的斧头放在老宅子的门边，让我们看到那逼人寒光后面的热泪。

好的文字如星空，一旦排列，便任由残云罡风浮过。即使整个中国文学都堕落了，只要《金棕榈》在，我们就不会羞愧到无地自容的田地。何况，你的写作还在进行中，就像金棕榈，虽在岁月流逝中锈蚀成一柄青铜枝形，就像那束纪念碑顶端静静燃烧的火炬，在黄昏时分"宁静的暗兰"中，才会升化为"一丛辉煌的火焰"、而"庄严的燃烧"。

《金棕榈》包含和证明的东西，超过了所有现代文学汉语的总和，请作者歇口气，我知道，"好戏还在后头"。

奉承不是我的事，感动还有，鉴赏力与年岁俱增，我相信，这是中国人踏上新大陆以来，对这片土地最传神的描绘，人类关于苦

难和救赎经验的高峰体验（索尔仁尼琴在美国二十年，他完全没有
如你这样，为自由、崇高和神圣而流泪，美国由此应当立一块碑，
接受并感谢你为葛底斯堡所作的无与伦比的礼赞，你应当获得"金
棕榈"奖（我不知道有没有这个奖项），一位业余作家，以其孤独寂
寞把地球上最珍贵的财富，无偿地馈赠给自己的故国，这是文学的
奇迹，更是生命和自由的凯旋。我还相信有同样感动的人……

老康 2008 年 6 月 25 日 重庆

北明致一平、郑义、苏炜 2008 年 6 月 25 日 12:53

三位：

今日喘口气，参加讨论：本来因为期待太高，也因为最近被中
国天灾震得神经错位，读后没有如期的震撼。也许因为这个主题和
氛围成为生活格调太久了。但是王康的评论还是使我意识到可能因
为距离太近，我有些麻木了。我觉得这王康似乎是郑义的另一颗心，
一直没有离开中国，能够通过文章全面应和郑义的心灵尺度、深度
与结构。他对文章的意义理解我认为是准确的。我打电话问询机票
的时间，碰巧老康刚刚读毕这篇，他电话中里说了感受，我请他直
接与郑义谈，他说不行不行，直接说就不好意思了。结果他写了下
列的感受。他大概不习惯当面夸赞任何人。王康个人有些气质可能
与郑义相似：浓重的宗教情怀、理想主义、殉道者的悲剧意识、完
全无视大众文化，彻底按照内心逻辑行事的气度，知识人的责任
感……。

除了我已经麻木的那些正面感受，我的意见是技术性的（近水
楼台，都说过了，再简单写几句），我觉得此文论语言，弱于《太阳
雨》或《红刨子》。此文还有逻辑不够清晰的问题，"情"与"意"
绝佳，但是"知"的方面也许稍稍弱一点。其中几个主题，南北战
争的解读、天安门民主运动悲剧意识、自由与奴役、战争与和解等，
纯粹因为作者的主观感受衔接起来。但是南北战争战场与天安门的
失败之间除了作者情感上的需要（所谓恨别鸟惊心），没有内在的、
历史的和逻辑的联系，到是与通篇重要主题自由与奴役有直接连联
系。也许这就是必须见心见性的所在。不过如果是我，我可能会将
文字净化些，各个主题之间的感受与思路再捋清晰些，文章内在逻
辑更顺畅些。苏炜一平二位意见我几乎都同意。

另外，这篇文章，虽然文句没有古文那样的排比和铺张，但内
在的情感方式，排浪铺涌的气势、排纂纵横的奔涌，完全合适用汉

赋文体。"葛底斯堡赋"这个名字简直好！

　　北明

郑义致王康 2008 年 6 月 27 日 11:20:36

　　老康你好！

　　你的信使我感动。想不到能有这样的共鸣！

　　你我是同父（自由）同母（土地）的兄弟。

　　我以为，奴役的时间太长久了，人总会麻木的。我见到一些年轻人，心里很痛苦。他们完全是另一种人，自诩天之骄子，实则行尸走肉。总之，能理解我们的读者是越来越少了。你的感觉总在鼓舞着我，使我感到生活与写作的意义。这是我要深深感激你的。这种散文，还是继续再写一段时间吧。似乎有的是可写的，不一定篇篇都有如此分量，但水准基本上可以保持。在某种意义上，我的写作环境是最好的。我常常向上帝祷告：感谢您使我孤独！感谢您使我们没有太多的钱，也不至于缺乏最起码的生活条件！时间少一些，就要求自己写得更精更好。写这种文章，对我而言是牛刀杀鸡。我多年的准备是为了写史诗的，这等于造大炮改作造一支枪。祈求神给我健康与岁月，我还是要完成几部史诗的。到那时，也许才能对得起你今日的过誉。

　　这篇本来还要写一个附录，如辞赋最后的"乱"，写自由的来源。写好了再请你看。现在还没把握。

　　这两天忙于安排黄石之游的具体路线住宿等细节。我想多转些景点，小明总怕你累。她当你是泥捏的了。其实赶路的时候很多，你在车上是可以休息的。车也租了辆大车，装七个人的面包车。腰有问题，可以走走歇歇。今天我花了些时间把计划修改了一下，增加了几个国家公园，其中包括有巨大总统石像的"总统山"。

　　发给你几张照片，预先看看葛底斯堡。

　　光召 26 日

王康致郑义 2008 年 6 月 26 日 下午 11:57

　　光召：我是体育教员，老底子还在，小明低估了。正在想这次有没有缘份瞻仰那几个总统，你就安排了。

　　我在大学时，以不上课闻名，又以不写文学评论文字闻名，我的理由是，无文可评。30 年过去，读你的文章实在有感，任不住发作一点。我相信人的处境越穷困，命越垂意于斯人这种东方式的使命观。去年你 60 大寿时，我就认为你的"写作"才开始。这种写作可称为精神的"年轮"，越到后面直径越大，并且把最初的那颗微不足道的种子的奥妙全都包裹在一起，又如长途跋涉的朝圣者、香客，须走完一半路程，才会浑身愉悦轻松，越往后越是胜境迭现，气象无穷！老兄正是斯人！

2009 年

第 14 辑　愿神赐我 10 年旺盛的写作精力

王康致郑义　2009 年 1 月 17 日　上午 4:54

　　光召：寒流来了，干活时不要敞风，出汗马上得檫干，房间里不要空气对流，最怕"穿堂风"。事多，天冷，注意安全，保暖，保持好心情。出自幽谷，迁于乔木，自古不简单，进了《诗经》的。使不上力，干着急，只能说些废话。

　　小明说《金棕榈》光碟做出来会很好，感动，启示，传布久远。我也相信它跨越 20 世纪，只能在这个时代，在新大陆由你写出来。

　　三代下来，包括我们一代，始终没有产生与时代和命运相匹配相对峙的作品。我虽孤陋寡闻，但不缺少眼力，我深信你是极少甚至唯一能写出这种作品的中国作家。它们对于我们的意义，不会亚于我们读过的所有文字。所以重庆的哥们都把你当成这座城市的希望，话大点说，中国文学的托命人。广×、海×、甘×等向你祝春节快乐。我们都请你搬完家，一切收拾停当后（春暖花开时节）再写你新的作品。已寄出一盘老索回俄罗斯后在乡下的光碟，跟去年夏天你带我们到蒙村树林里散步的情景很像，可看看。

　　牛年又轮到，我也满花甲了，什么事没做，真快。春节转眼就到，还是包点饺子或汤元吧……

郑义致王康、北明　2009 年 1 月 25 日　下午 6:09

　　老康你好！

　　新春快乐！身体康健！

　　昨日请搬家公司来，把家总算搬过去了。刨开一个窝，算是在新居住下了。今天回老家收拾整理，还要打扫粉刷，够我干一阵子。新居尚无电话、网络，一段时间联系不便，匆匆复你一信。

　　你的信总是过于沉重，三言两语千言万语都讲不清。读你的信，总有挨一闷棍之感。你的话说得重，语重心长的那个重。既然写作，谁不希望写得好，写成传世之作？但那是自己心里的独白。一旦说出口，由你说出口，就格外沉重了。接到你的信，我总是要沉闷几日，消化不了。你以及朋友们的嘱托，总要在心中反复咀嚼。托命之人这几个字，如电闪雷鸣，酒盅都会失手坠落的。所谓人生得一知己足矣，兄的话，我尽力而为。谋事在人，成事在天。我的生命，当毫无保留地敬献在这个祭坛上，最后只有看上帝的心意了。好在我总是牢牢记住神的三句话：我的轭是容易的。我的担子是轻省的。我的恩典是够用的。否则，这重担会把人压死的……

我希望能尽快完成这耗费精力的"乔迁"，进入所渴待的写作。

我能感觉到生命一天一天地流逝。

如蒙神的恩典，让我保持 10 年旺盛的写作精力，或能对兄有一个交代。

光召

第 15 辑　看王康《子夜》　蒙神祝福的生命值得珍惜

郑义致王康 2009 年 9 月 24 日 10:50:08

老康你好！

终于看完了《子夜》。说终于，是我们总想一起看却又不易凑时间。

谈斯大林时代那几集，极之令人震撼。虽然那些史实多年前已知悉，但经你梳理，再平静如水谈出来，直看得我神志恍惚。需要不时稍作停息，走到后门外草地上，看看星空和树林，使自己静下来。我多次向上帝感恩，没有把我抛入那个难以理喻的残暴时代，使我能活下来，站在历史彼岸遥祭。杀杀杀，数以千万计的生命居然可以如此由秘密警察逐一杀戮！二战时期，希特勒德国使用军队和毒气室、饥饿、高度工业化流程，不过也才杀了六百万。这种罪行，使现有的一切人类词汇显得无力而空泛。这是一次由一个人举行的庄严审判。从人类之爱的出发，从生命出发，神授予你全权。阅读和现场审判不同，有一种亲临感。不知那些处于权力之巅的人有何感觉？他们还有思考、恐惧、同情、悲愤这些能力吗？

记得是恩格斯说过，马克思的大脑犹如一艘升火待发的军舰，随时准备驶往任何思想的海洋。我一边看一边想起这句话，赞美上帝怎么能创造出你这颗七斤半！无限的记忆力！你把神赐予你的特殊恩典发挥到极致。却又不是记忆机器，更有热情、悲愤和怜悯。真不知神是如何造你大脑的！理性的能力和情感的力量完美结合，再加上非凡的记忆力。赶快谢恩吧，你大概是那种上帝几百年才造出一个的人物。神想要你做什么呢？你要凝神倾听！你不可虚掷！另一种全面是兼具出世入世之心。你既有能力把握大尺度历史，追索精神的轨迹，却又是儒家入世精神之传人。不是儒道互补，而是耶儒之间。在我的理解中，基督教也应有入世一面，否则神在创世之后，不会对这天地万物加以祝福。好好活吧，这种被祝福的生命值得珍惜！

还惊异你如何能克制、平和？你我身上有江湖气，不是绅士。在谈高贵之际碰上一位犬儒主义者，居然还咬牙挺下来。是我，早就拔腿走人了。真是对牛弹琴！

所谓大器晚成。如恒河沙数的人类苦难陶塑了你，神放置于你心中的火种照亮了你。神如此眷顾，感恩吧！

　　记不清你是否见过张郎郎，作家，因组织文学沙龙、攻击江青及莫须有的法国间谍罪判死刑，十年后出狱。过去是十分钟车程近邻。日前突然中风，中英文一律不识，打电话告我后，发觉能拨电话，也就是能识阿拉伯数字。不能听音乐，变成了刺耳噪音。现已开始恢复，能听古典音乐，识字水准已达初小，能跳跃阅读。感叹造物之神奇：如何把文字识别功能与数字识别功能分开装置的？如何把语言收听与音乐收听分开设置的？你是另一个奇迹：如何把数字记忆和情感表达，把理性和感性综合设置的？

　　就此打住。

　　遥祝平安喜乐！

　　光召

　　2009 年 9 月 24 日于 DC

王康致郑义　2009 年 9 月 25 日　下午 11:44

　　光召：

　　你做那些书柜，有些空间，加上国内出版界近年还有些可读物，胡乱选了寄来。我们能做的太有限。

　　小明一次播音，你一篇散文，给无数黑夜中人以希望。

　　我就是记性好（也忘性大）。从小读书不费力。这把年纪，偶尔演讲上电视，还能把地名人名说得清楚。你和小明的夸奖最让我高兴。中秋快到，月饼不可少，红酒红烛准备好，朋友不能少……

　　老康

　　2009 年 9 月 25 日　重庆

第 16 辑　谈北明《悲歌交响曲》

郑义致北明 2009 年 12 月 14 日凌晨

亲爱的明：

今天陪×人夫妇上教堂，回来睡了午觉，又花整晚看照片，把他要用的拷贝到他电脑上，现在终于可以给你写信谈心，是属于我们的时间了。

接着谈《悲歌交响曲》。

今天又读了，感觉真正好的，首先是总体构思，以悲歌交响曲为其情感线索，这是独特的角度，是个性化的，也定下了全文的思想及情感基调，这就使之成为一篇有深度且优美的美文成为可能。这种构思本身，就是成功的一半。只有懂音乐，又有思想深度的作家兼学者才可能选择这个角度，因之是独特的、有个性的。

三个悲歌交响曲的直接背景故事极好，它不仅是创作背景介绍，而且也是有意味的内容，是积极的背景。

到此为止，再加上近代波兰苦难史，已经基本构成了一部完整的史诗性作品。

再扩大范围，加上犹太母亲辛德勒，可算是锦上添花，更好。

还可以再扩大范围，加上保罗二世，就完成了从苦难走向拯救的主题。同时难度加大，需花大气力，使这么多内容被《悲歌交响曲》完全托起，而不显得勉强。教宗的内容很多，要筛选，围绕悲歌交响曲的主题，有一些难度，但你能做到。到此为止，仍然可以是一篇散文、美文而不是一篇论文。

再往后，红十字、马歇尔计划、以及达赖喇嘛、索尔仁尼琴、克里姆林宫的钟声、昂山素姬、黄雀行动、林昭，明显地是额外负担，不是这个"结构"所能容纳及托起的。那就成了一本书，而且成了思想信仰的论文。你如果放弃原来的总体构思，当然可以，仅仅把悲歌交响曲作为一个引子。如果你舍不得这个总体构思，舍不得散文这个文学形式，那就必须下决心割爱。我考虑有上中下三策：

上策：到犹太母亲或保罗二世为止，是一篇我理想中的优美深刻的散文，写好了真是传世之作。

中策：舍不得其余内容，那就仅把悲歌交响曲做引子（而不是做总体结构），写成一篇优美的思想论文。

下策：加上更多内容，假以时日，完成一部思想、信仰的专书。

这并非不好，但1，你的战线拉得更长；2，没有最大限度地发挥你的特长，作品的独特性变得稀薄了。

——总之，材料的取舍，需要看你的决心。只有决定了文体，才能决定材料的取舍。

此外，中苏死亡人数考证要删去，至少要大幅度简略。这是资料性的东西，有害于散文文体。悲歌交响曲百年背景，也要简略。

再有，与波兰无关的人物，要痛下决心去掉。本来，彭霍费尔极好，但在文章中形成波兰之外的一大块。盟誓的蜡烛和共产主义崩溃（德国）以及闵德森蒂（匈牙利）都是必删的。我的考虑很简单：在波兰的范围内，你的主题已经能够完成！！！这样处理，有单纯之美，与悲歌交响曲是同构的。加上再多材料，变得芜杂，失去了你已经找到的音乐感，太令人惋惜。以《悲歌交响曲》作为总体构思，本身是一个无价之宝！这是属于灵感与生活积累，不是智慧与理性能产生的。可遇而不可求！它使你的作品独特，写好了就真可能是传世之作。破坏了这个总体构思，就实在令人惋惜！

总结：以波兰为半径，波兰之外尽行删除。写到辛德勒收笔，已经很好。写到教宗，优点是有了恢宏的终曲合唱，情感与逻辑都完成。缺点是，不那么好控制，不小心教宗的故事就成为一大块，从结构中凸出来。

又是凌晨，早晨要陪×人夫妇进城，后天送他们去普林斯顿，接待任务就完成了。有你在不觉得，你一分担，我就有喘息。你不在，我一人从早到晚事无巨细，再加上要处理家事和必要信件，睡眠时间就紧了。

我的意见供你参考，最后你还是按你的决心办。无论如何是一篇好文章。

想念你的大愚
2009 年 12 月 14 日凌晨匆匆

2010 年

第 17 辑　还重庆以光照千秋的崇高与庄严

郑义致王康、北明 2010 年 3 月 2 日　下午 6:37

老康：

这篇重庆印象写的应算上乘，走马观花，能写到这个程度，就算是不错了。自然，与兄无法相比。你的文章深刻而豪气沛然，令人感动。我早就在思索重庆和抗战的本质：重庆与法国，蒋与汪，差别就在那一点——自由精神。这也是我们圣哲先贤与今人的差别。这也正是我的写作与绝大多数作家的差别。

你是我的鼓舞者。

准备写重庆抗战以来，无数场景、人物、故事在阅读中纷至沓来，每日都在感动之中，每日都有新体会、新收获。这是一部史诗。作为一个作家，我不会辱没它。我将尽心尽力尽意地还它以光照千秋的崇高与庄严。

我的身体也很好，足以承担。血液指数有变化，离病与死尚很远。而且，这种写作会给我的生命灌注力量。我每日感动，每日感恩，每日喜乐，状态只有那么好了！

越看资料，越亲近重庆，越在冥冥之中有所感觉：所有汉语作家中，能完成这一使命者，也唯有我一人了。谢谢你把这份劳苦这份荣耀托付于我肩头！

这种"自我吹嘘"之词不可示外人。你我兄弟互相鼓励，而已。

我每日向神祷告。我的圣灵会引导我前行。

光召 2 日匆匆

王康致郑义、北明 2010 年 3 月 3 日　下午 10:27

光召：

你的状态、心情和感觉俱佳，正好春回大地，一年又始，大快慰。一个大作家的份，你都早已具备……你的经历、背后那些人民和故事，不比他们差。咱们老祖宗传下的最大家底汉字，最大一场战争，两条大江大河，都托付给老兄了……一肩挑起两头匀净，换肩歇脚，爬坡上坎，不亦重且乐乎！

讲个故事。罗素 78 岁时，有人为他作传，以为来日不多了。结果罗先生又活了 20 年，98 岁。作传者自己先走了十载。那位为你作传的仁兄，应有足够的耐性和眼力。

　　（郑注：此处删去一段日常起居自述）

　　老康 2010 年 3 月 4 日 重庆

第 18 辑　从《浩气长流》巨画展出谈及生命之意义

王康致郑义、北明　2010 年 7 月 15 日下午 11:26

光召：

《浩》画终于大白于天下，五年多心血不枉然。

这样的事不能再干，太耗时费神了。

可以告慰的是，成千上万抗战老兵搀扶而来，有生之年他们终于看到能唤起并印证他们记忆的画幅，那里有太多的辛酸苦楚。当然还有壮烈和光耀。

感谢命运，没有神迹恩典，一切都不可能。

匆匆向你告知，前年在苏炜家，你坐在地板上收卷画幅时，我就感到它能展出，所以也该谢谢你。

老康 2010 年 7 月 16 日　重庆

郑义致王康、北明　2010 年 7 月 16 日

老康你好！

连日来，每天都在盼望着来自台北的更多消息！画展的巨大成功，实在令人欣慰，你及朋友们的辛劳总算获得热烈肯定，投入持久热情和生命的豪赌终于获胜！一直捏一把汗，不敢相信，生怕随时会发生的防不胜防的意外！这确实是神对我们的垂顾，赐给我们的格外恩典！

我日夜等候的讯息，实际上就是"成千上万搀扶而来的老兵"和他们的泪水。看到你这一句话，我热泪盈眶。如同我们赠送余英时先生的银盾，我们所做的，正是"存亡继绝"。我们不幸亦有幸生活于国族历史上最黑暗沉沦的时代，所能贡献的，也只有这存亡继绝了。《浩》画之终极意义，在于肯定和传承一种意义。而意义正是世界的基石，那块最深沉的立足之地。一旦失去，无论个人、民族、人类，只有万劫不复之死灭。从今日大陆所泛滥的醉生梦死、无耻下贱，亦可窥见一斑。

不是说我们用某种方式"赋予"生命以意义，那只能是上帝。我们总可以探寻生命的意义，使生命从虚无浑噩深渊中飞升，迸发出绚烂光彩。这也是我们的自我救赎。

不知我是否跟你聊过，上帝创世同时进行了两个创造：一为意义，一为自由。

我们这个宇宙，诞生于原始大爆炸。在那一瞬，时间开始后的

亿万分之一秒，"无"变作了"有"，意义的诞生有了可能。从星空
→地球，从元素→生命，从生命→自我意识，从动物→人，从基本
生存→语言文字宗教哲学艺术科学政治经济，一以贯之的，应该是
一种指向"意义"的伟大创造。（自由亦如此，不赘。）人类历史上
无数仁人志士，无论辛劳终生还是抛头洒血，其伟业无非是寻找并
肯定意义。可以说人的本质是自由，同样可以说人的本质是意义。
也可以粗略地说，语言文字宗教哲学艺术科学政治经济的本质是意
义，其意义的内容则是自由。

中国社会之堕落已达极点。其标志尚不在某种坏的政治结构或
意识形态，而在于对意义的摧毁。最可怕的，亦不在于颠倒善恶是
非，而在于从根本上否认善恶是非之存在（意义）。八零后九零后一
代令人痛切叹息，也在于此。

下笔千言离题万里。我想表达的是无限感激之情，你和重庆的
朋友们恢复着历史，存亡继绝，重建意义，为民族和个体的生存摆
正基石。我目前的状态亦如此，充满创作激情。我日日沉湎于抗战
史，那个中华民族最光辉的时代，那些人和事开始照亮我的生命。
美国人说二战的一代是英雄的一代，中国亦然！支撑中华民族抵死
不屈的，大抵是礼义廉耻孔仁孟义。慷慨悲歌，无非是持守一种精
神，实为世所罕见。那个时代有悲剧（英雄剧），今日只有丑剧闹剧
矣。也深深感谢你，在我的生命中注入旺盛活力。

同意你的意见，此类庶务繁杂之事，今后不能再干了。回到书
斋吧，不要浪费你最辉煌的生命。神说，要数算自己的日子。现在
我天天数算。

北明致郑义 2010 年 7 月 16 日 下午 9:52

大愚，此信写得好极了，也让我有了仔细思考的根据和思路。
我抽空会再认真看几遍，好好想一想意义问题。我接着打扫卫生。
现在这家老了，发现收拾的时候必须扔东西了。过去舍不得，发现
它们竟占空间，还招尘土。我得下点决心。

　　明

2011 年

第 19 辑　郑义简介大河史诗长篇总体构思

郑义致王康诸友 2011 年 1 月 6 日

老康并重庆诸友，你们好！

老康早就叫我拉一个大纲出来看看，但心中无数，就耽搁下来。经过长时间的大量阅读，证明我的疑虑是有道理的。这段阅读不仅丰富了我对抗战史的了解，而且在相当大程度上改变了我的认知。中华民族的抗战史，不是一般意义上的战争史生活史，而是一个人类历史上罕见的精神事件。中国以一个未脱离"中世纪"状态的落后分裂的国家，以军阀林立、战力低下的原始军队独立抵御当时国力强大、军队战无不胜的日本，殊异于二战盟国。美英苏法等世界一流强国，所争者为胜负，而中华民族是精神不死。打不过是不争之事实，但打不过也要打，是宁战而灭亡亦绝不屈服之哀兵。这就不再是一般意义上的战争，而是一种精神的献祭。这种誓死不屈的反抗，我仅在犹太民族那里读到过，世界史上极为罕见，尤其是一个大民族作这种宁为玉碎的殊死之搏。这并非我的"提高"与"升华"，当时从最高统帅蒋到高级将领甚至到普通士兵，都怀抱着这种不计成败的宗教式的情感。这在其他国家和军队是不存在的。（法军三月投降，美英苏皆有大量军队成建制投降。）托尔斯泰在《战争与和平》中所写的俄法战争、苏联作家所写的卫国战争、美国作家所写的两洋大战，都没有中国抗日战争的悲壮感，那种为人类尊严而战的孤注一掷。中国作家就更不用说了，连基本史实都被意识形态所扭曲，战争都没写好，又遑论战争背后的史诗精神。当我意识到面对的素材是一个伟大的人类精神事件，就不仅感到振奋，同时也感到重负在肩。我要在我们民族的劫难中抢救那些曾经辉煌至今犹未熄灭的余烬，以留待后人。

对抗战史的这种理解，首先来自于对史实和人物的阅读。而这种理解又反过来加强了我对人物的解读。人物不再仅仅是个性的、政治的、而呈现出复杂的精神存在。从蒋宋到枣宜张自忠、衡阳方先觉、常德余程万、到陈纳德、史迪威、谢伟思等等，除鲜明个性，都有其深刻丰富的精神现象。而且，这些人物都有争议，有些争议恰是文学所当诘问的永恒的悲剧性主题。《战争与和平》和《静静的顿河》之成功主要在于宏伟历史画面和生动的典型人物，陀思妥耶夫斯基的成功在于对人物灵魂的追索。而抗战史实提供了诸方面的全备的素材。我所想象的这部作品，既有史诗般的宏伟画面，又有史诗般的人物，还有史诗般的灵魂。中华民族在抗日战争中所表演的伟大抗争和精神献祭，使我产生一个奢望：完成一部迟到的最后的古典主义长篇史诗。在我的想象中，她理当超越《战争与和平》、《静静的顿河》以及《日瓦格医生》。这不仅仅是由于我已经超过了上述作家的写作年龄，也不仅仅出于艺术的自信，而且素材本身提供了这种可能。

作品将涉及整个抗日战争，但依照老康提示，作品现场时间限制在自南京失守衣冠西渡到还都祭陵。实际上是整个陪都史，即全民族救亡图存史，既有军队的沿江阻滞，也有难民迁徙，文化、工业、文物典籍大转移。

地理上基本环绕长江，把长江和重庆作为第一"人物"，既便于营造氛围，完成自己关于小说美学的梦想，也为长江和重庆立传，尽量舍弃与长江、重庆和重庆周边保卫战关系不大的故事和人物。目前拟选择的战役如石牌战役、常德保卫战、衡阳保卫战、武汉会战等，着眼点是沿江战略西撤和拱卫陪都。写战争以写人物为主，尽量摆脱以大量篇幅介绍战争进程以证明己方智慧统帅英明之俗套。

就写战争而言，现、当代文学已经提供了不少经典性范本（主要指外国文学）。苏联写二战作品极多，但无法与《战争与和平》和《静静的顿河》相媲美，居然争执于"战壕真实"与"司令部真实"。一代不如一代，应该是长期意识形态桎梏下思想与才华之衰退。我所接触的抗战素材，为全景式民族史诗提供了全部可能。中美英盟国之间的合作及利益冲突，西人对中国的偏见与傲慢，再加之关键人物的个性与人格，交织出一幅极其真实而壮阔的图景。蒋介石以世所罕见的坚韧顽强忍辱负重对抗着马歇尔、史迪威；丘吉尔蔑视中国的帝国主义心态；罗斯福理想主义激情及在亲共分子们包围下的衰老无力；宋美龄勇敢热情魅力四射；陈纳德的远见及中国之爱；史迪威雪耻的渴望与由尖刻傲慢霸道权力欲望不择手段构成的人格缺陷；梅乐斯对中国军民的衷心敬重、与戴笠的战斗友情；戴维斯、谢伟思亲共反蒋竭力影响美国外交政策的偏执狂妄……等等，都是这波澜壮阔图画上闪亮的金星。现在的问题是素材太多，加上篇幅相当的虚构人物，作品的规模恐太大。必须在取舍简繁上下大功夫，否则将超过《战争与和平》，成了《战争风云》。在篇幅上打不住，是作家的文学观念有问题。姚雪垠写《李自成》22 卷本 800 万字，很难称之为纯文学作品，而应是"文学本明末农民战争史"。限制篇幅，是一难点。另一难点是虚构人物群。核心问题是真实历史人物众多且个性鲜明，虚构人物必须在文学性上占压倒优势。暂不谈。

大量阅读使我对老康原先提出的范围有所扩大。我意不必囿于"西迁"，因为"陪都史"与抗战史基本重叠，"西迁"只是抗战苦难史之起始。由是，作品范围自然而然溢出原"下江人"之设想，而成为世界大战格局下之民族史。题目（小说）恐怕也要改一改，由《下江人》而《大江赋》、《大江颂》（不是歌颂，而是风雅颂的颂，祭诗之意）、《大江魂》或其他更佳选择。如能写出军魂、士魂、侠魂、民族魂那就太好！因中国抗战历程及人物提供了这种可能。国军将领颇多儒将，自幼读圣贤书，孔孟取义成仁是植根于心灵深处的崇高人格理想。如张自忠逃离平津赴京请罪途中，被过去某老部下（李汉章）一句"读圣贤书所为何事"戟刺至深。中华民族没有严格意义上的宗教，但历史就是我们的宗教。岳飞、史可法、文天祥、黄道周等先贤以高度自觉的殉道精神所熔铸的历史，就是抗战前辈们恪守的圣经。他们所凝神贯注者，不外是死死死，寻个死所，无愧先贤人格典范。蒋对自己有极高的人格要求，他既是孔孟之徒，也是基督徒，融汇耶儒，不仅是民族英雄，也是精神英雄。在二战各国领袖中，唯蒋多次亲临前线，处死地而不惊，并驱策自己的学生部下去死，"快去死"。长期阅读中，我每每被这些精神英雄、悲剧英雄所深深感动，竟至于泪不能禁。很感谢你们各位。这次写作，使我洗涤了种种对中华民族的偏见误解丑化，而找回民族自尊。我们并不是一个如今日之下三滥的肉欲民族，而是一个富于精神的民族。至少在抗战时期仍然如此，或可说抗战是中华民族精神史、灵魂史的制高点。感谢你们和小明的激励和帮助，我要为我们民族立碑。可以如是说，屡战屡败、屡败屡战直至最终洗雪耻辱战胜强敌的抗日战争，无疑是中华民族史上最辉煌的一页。我们这一代，事事不如先贤，但至少当守护余烬，存亡继绝，以使自己死得心安。我一直认为，历史是由教科书来流传的，而精神则是由文学来流传的。我现在的状态很好，闭门谢客，停止其他任何写作，潜心阅读。很快开始进入具体构思，写作。前辈的历史总使我处于感动之中。心中有前所未有的创作冲动。

随想随写，就此打住，反正是信中谈不完的，只能择其三两要点或感受，与关心支持我的友人做一简介。望听到你们意见。天各一方，我们的心是相通的。

　　祝各位新年快乐！

　　谢谢大家！

　　光召

　　2011 年 1 月 6 日

第 20 辑　写作是一种奇妙的心灵燃烧

郑义致王康 2011 年 5 月 9 日 下午 6：01

老康你好！

郑浪平著《不朽的光荣》我已经有一个完整的电子版。谢谢你！他确实是最接近我们观点的。他因台独排斥，已移民美东洛杉矶。我想与他建立联系，尚未找到人。刘晓的俄罗斯风景画，我也早注意到了。他那种俄罗斯式的忧郁，是一种很好的抒情调子，会对我有启发。我已经收为我的长篇创作参考资料。我们之间不用"对表"，所谓心有灵犀一点通。

昨晚一平来电，问我长篇准备情况，我们谈了许久。人物、细节、对历史的把握大致够用了。我现在考虑的是要做减法，限制在一定的篇幅之内，不要超过《战争与和平》。我对他谈到状态，每日都沉浸在感动中。常常泪流不止。每晚关电脑时，就急切地等待着明日的工作。过去不能想象，一个作家如何能长期处于这种高峰体验状态，精神与身体还能挺下来。我惊奇地发现，我的精力与情感始终饱满，不曾感到稍许的倦怠。每日精神饱满，有耗不尽的力量。一平认为是与神的连接。确实如此。我真切地感到圣灵在心中鼓动。我每日向神祷告，请神赐予我无尽的力量与灵感，以及完成作品的必要的岁月。人们形容内心燃烧，都暗示某种"消耗"，而我感觉的心灵燃烧，却有一种奇妙的源源不断的赐予、补充。基督教讲神的"充满"，这是我此时的真切感受。很健康，很平安喜乐，内心宁静而如江河浩荡，真是太神奇了。每念及此，总感谢你的推动和支持。这种写作是人生不可多得的幸福。旁人感觉到的是孤独、艰苦与奉献，而我感觉到的却是纯净的喜悦，是感恩。我何德何能，能享有如此人生？正如一般人从我的散文中体验到艰难困苦奋发不屈，但很少有人能体验到文中洋溢的欢乐。对于真诚的基督徒，自己能成为活祭这是一种恩典，其中有难得的幸福喜悦。我每日每时在感动和喜悦中，为此我每日感恩。神又赐给我世界上超一流的写作条件：孤独、与名利隔绝、对俗世之绝望、小明的理解并全力支撑、门外的草地树林溪流、抗战重庆长江的悲怆壮丽优美以及最重要的圣灵对我的引导。人生能如此，真叫我大感惊异。

俄罗斯朝圣，不知你如何决定？你如有拍片计划，其实可以分做两次。这个国家太奇怪，每个城市都要签证，到处陌生不自由，全世界独一份。要一次计划好拍摄旅行，恐怕有难度。我们一起去一次，时间不要太长，了解情况并建立一些关系。小明说你放不下手头写作，我想这也是我们见一面的机会。我这边一时没找到头绪，还想继续努力。如果奢望不大（不可能大），事情也简单，就是两都加一个"金环"。15 天至 20 天。如当地没有有力支持，再深入也难。

先谈这些，听你的意见。祝好！光召 5 月 9 日匆匆

第 21 辑　郑义：我每日浸淫在民国先贤的感动之中

王康致宋×××　2011 年 5 月 22 日

Shirley：

郑义是中国当代最有宗教信仰的作家之一，他经历了漫长而艰难的路程，终于在自由彼岸找到自己的精神家园和灵魂归宿。郑义的作品极善极美，感人至深。他是唯一一位让我这种读破古今中外的家伙服气的作家。

郑义正全力以赴写中国抗日战争长篇小说，我多少知晓他一些创作思路，相信将是第一部抗战史诗般的长篇作品，将是对蒋公领导的中华民族艰苦卓绝救亡复兴的空前祭奠，是中国的《伊利亚特》和《战争与和平》。

郑义是我们一代真正称得上"德高望重"的人物。如此隆重介绍这位老兄，在我绝无第二人。而郑义自己极其澹泊、孤绝、谦逊，他把生命、信仰和爱都献祭给了上帝，把激情、才华和情感留给了祖国。

郑义不会同意我这样介绍他，北明也不会同意。但这是我的一份重要义务，相信你看了郑义的文字，多少了解他的经历后，会同意我的评价。谢谢！

感恩祈祷！

王康　2011, 5, 22　重庆

郑义致王康　2011 年 5 月 24 日

老康谢谢你！

小明把你给 Shirley 的"介绍信"转发给了我。你不仅了解我余生的宏愿，我的人格追求，而且了解我不会接受这种赞扬。真知己矣！

孤独之中，人总是希望被肯定的。一般而言，完全没有这种肯定，人生的价值就悬置了，成为一个疑问。所以我感谢你的知遇，也感谢一些网友们的佳评。我会从中获得力量、鞭策、引领。作为基督徒，认罪是先决的、首要的。不仅仅因为人性之阴暗面，更因为有了耶稣基督。我们的任何高尚美好在他面前都不值一提，只要一想起他，自然会谦卑起来，这谦卑也不是"美德"，而是一种羞耻的外化。你说这部长篇将是一个祭奠，这是对的，不仅如此，我希望把自己完全献上作为活祭。基督徒都是这样说，这样想的。问题在于即便如此，我们仍然满怀愧疚：作为祭品，我们是不完美不圣洁的。就这样，因为面对耶稣，所谓献身、谦卑等等都得到轻而易举的一次性解决。

这两天读完你寄来的黄杰日记，那本红皮的有一块半砖头厚。其中摘引一段蒋公讲话："革命军人在世上，应如同耶稣基督一样，准备在十字架上，流尽最后一滴血，洗尽人间一切罪恶，造成平等自由的光明世界。"这是公开讲话，在他每日的晨祷中肯定有更为重要的另一面：自身的忏悔。蒋公有罕见的耻感和献身精神，北伐期间忆及一期学生之死，悲戚酸楚，称"难言之隐痛，实过于杀身之死"。蒋公以苟活为耻，称总理、学生皆死，"惟留不先不后不死不活之中正"。我深深理解蒋公。除了我欠文革一死、八九一死，还有蒋宋及民国诸先贤之光辉榜样。我每日浸淫在民国先贤的感动之中（这得感谢你的推动），日久天长，一个坏人也会变得纯净一些吧。过去不是没有沾沾自喜，但有中华民族先贤在前，又成为耶稣门徒，活着的目的，就只有无愧先贤，荣耀上帝了。有了神，宠辱俱忘并非难事，只要你是真信。在美国我遇见几位好牧师，那种发自内心的谦卑令人动容，那是一种心灵的光芒，在他们身上有耶稣的影子！如你所说，长篇创作等于"再造一个世界"。这是你我凡人所承担不起的。一想起那个世界之崇高壮美，我唯有每日向主祈求赐我力量、热情、灵感和必需的岁月。我每日都对神说：您知道我在完成您的使命，您知道我是您的一个小小的铅笔头，您不出手，我如何能担起这重负呢！我不会祷告，但每日每时都在和主念叨。这种感觉真好，并愿意和你分享。

不是出于理论，而是从大量阅读（人物）中我感到儒学与基督教有极大的兼容性。蒋公自然是一个范例。最近有感觉孔子教导的修齐治平，也可在一定程度上视为旧约。至少，儒学和半部圣经是大致兼容的。这个想法不成熟，还要慢慢想。郭岱君的文章我拜读过，你的介绍有助于我向她请教学习。有时会冒出一些疑问，缺乏长期研究民国史的功底一时想不明白。有高人指点，再好不过了。今后我会向 Shirley 和她请益。

　　光召 2011 年 5 月 24 日匆匆

第 22 辑　俄罗斯作家是伟大的鼓舞者

郑义致王康 2011 年 6 月 25 日

老康：

花两天时间读完大作，深为感动，深受教育！时时感觉眼睛湿润。为我们的文学前辈骄傲，而又羞愧。毫无疑问，俄罗斯是我们的文学故乡，那种优美庄严的叙事如今已难寻觅，不管东方还是西方。他们的文学，是从心灵深处奔涌而出的，是以全部生命和热情、才华对暴政、苦难和虚无的坚决抗拒。俄国文学前赴后继，光华四射，再有一百年，西方和中国加起来也不能望其项背。也许，等被苏联文学喂养大的这两代人都死绝了，后来的未受毒害的弃绝猥琐低俗的新俄罗斯人也许可望接续上他们先辈的伟大传统，在普希金托尔斯泰的土地上再创光荣。

他们是我的伟大鼓舞者！

不止他们的作品，连他们的人生，一概都是最辉煌的人类史诗。

可惜了汪洋恣肆的 4 万 5 千字！陈×× 可能接受吗？你犯了一个错误，所谓交浅言深。陈以自己扎实的写实功底，再加之对俄罗斯绘画传统的领悟，本来可有大成就。可惜了，正是缺乏这种醒悟能力，才感觉走不下去，转而为文。不料大有所获，迅速成为散文大家。不是没有才华，而是栽在"现代派"、"后现代派"上了。他尚有艺术家之底线，没有涂鸦一气便宣称"奥妙无穷"。你对现代艺术的分析极为深刻，点到命门上了。自八十年代起，作家、画家便被"现代派"的疯狗撵得满街乱跑。我算是多少沉得住气的，也被耽误了多年宝贵岁月，到美国后才开始洞悉其秘密。其实只有两个字：意义。一群无甚才华却又急于"自售"的二三流人物，故作高深尔。他们的堕落、虚无、渎神、反社会倾向，概源于对于意义亦即上帝的反对。其结果不仅商业化、物质化、甚至无耻化、痞子化。最终连语言（无论绘画、文学）都丧失了。但是，这不是一个可以辩论清楚的问题，其中有他们的名利地位，打死都不会说实话的。陈×× 也犯了一个错误：他显然不知你并非那种吹拍之徒。在神面前是要说实话的，是无所顾忌的。俄罗斯那些伟大的灵魂，是我们的先人，是我们的心头肉，不容轻慢。他撞到你的这根筋上去了。不发太可惜，是否可以尽量删去针对性太强的过渡性文字，要给人留点面子。我猜想，他是请你捧场而不是要和你讨教的。

　　至于我，是大受教益。你的论述和你所论述的俄罗斯先贤，构成一种崇高、庄严、高贵优雅的生命场，甚至不需要进入，只要靠近，我的心就颤栗！你吹来一股清新的生命之风，使我沉醉、追随。上帝攒土造人，最后吹了一口气，那人才真正活过来。那一口气，是生命、是意义、是灵魂、是爱和希望。——这些词汇，都可以互换都指向一个至高的存在，那就是上帝。俄罗斯文学艺术是属神的，属神的就是真正自由的，真正属人的。

　　我越来越感觉耶儒之间有重大重叠。我认同你的预言。

　　陀思妥耶夫斯基和托尔斯泰是互补。不过我更喜欢托尔斯泰，他更完美、优美、转达了更多的希望和爱。他认罪、谦卑，身上有耶稣的影子。

　　愿你的诚挚与天才鼓舞更多中国作家艺术家！

光召 6 月 25 日匆匆

第 23 辑　伟大之作源于巨大而持久的热情

郑义致王康 2011 年 7 月

老康你好：遵嘱写两句对浩画的简评：

这幅巨画以令人震撼的尺度，成为一个史诗时代之宏伟镜像，为我们不屈不死的民族精神树立起一座不朽的纪念碑。在这个遗忘与浮浪的时代，《浩》画是一个精神奇迹。创作者们以庄严的叙事风格和历久不衰的激情，成就了一次迟到的神圣祭奠。

忏悔、救赎与复活，只能由此种祭祀起始。

王康致郑义 2011 年 7 月 7 日　下午 11:25

光召：传上《风雨同舟》小样初稿，请你浏览斧正。

老康　2011, 7, 8　重庆

郑义致王康 2011 年 7 月 8 日

老康你好！

遵嘱拜读《风雨同舟》小样。细部看不太清楚。总的感觉是与《浩》画风格有异，但我提不出建设性意见。

人头部分，史迪威太大，其实可以删去，在小画面中有就行了。史迪威计划暗杀中国最高领袖蒋公，太出格了。我读抗战史，深感张学良、史迪威二者缺一，中国就不会是今天这样。史迪威在中美之间制造了太深的鸿沟，其恶果至今我们几代人还在消受。

具有情节性的画面，是否可以精简？因为在有限的篇幅里反正也讲不完。直接与中国生死相关的，是太平洋战场，也许有几个经典画面就够了。为什么加进伏尔加河纤夫？为什么用拉纤而不用修机场数百人拉巨大石碾？暂时还未想明白。如果保留人头部分，我觉得不应该忘记梅乐斯将军，他与陈纳德，真正是和我们中国人风雨同舟的。他们对中国的爱，至今没有任何洋人能超过。他们对中国未来的预言，一一应验。人头部分加上普通士兵和百姓有点政治正确的意味。既占据紧缺的空间，又造成观看者的理解困难。"历史是由人民创造的"有片面性，其实是帝王将相和人民一起创造的。在有的时候，君王总统将军就是民意的代表。无名战士墓和华盛顿纪念碑不容易搞到一起去，构思上有难度。

这两天，总在想一件事，就是持久的热情。几天前写的那几句话，就是从浩画巨大的尺度开始。几年前陪我长兄在华盛顿一家规

模较小的画廊看画，有几幅美国风景大画很令人感动。我大哥是著
名建筑师，常画风景，指着巨画精美的细部说：这需要多么巨大而
持久的热情啊！从那时起，我才明白了巨制和热情之间的关系。在
你们的浩画一百多年之前，美国也有几卷巨画，长度以英里计。最
著名的是约翰·班瓦德画的密西西比河长卷，在 3 英里长，10 英尺
高的画布上展现了密西西比河沿岸之壮丽景象。至少有 4 位画家都
以巨幅长卷来描绘密西西比河这条新大陆的母亲河。有一位说自己
的画有 4 英里，不仅在长度上超过了班瓦德，而且在艺术上更为优
秀。有一位把自己的巨画命名为《伟大的国家》，高 12 英尺，长 3/4
英里。这些美国人持久的热情来自于对新世界的惊异和自豪，一种
"发现"的史诗情节。你们的巨画，其热情也是来自一种"发现"，
对历史的发现，再加上这种发现所带来的负罪感和祭奠情。在这种
热情的鼓舞下，才有了你们的反复修改，力求完美。世界上许多伟
大事物都是源于巨大而持久的热情，我们的震撼和感动即是这种热
情的传递。我向你们团队这种伟大的热情致敬，并相信它会燃烧所
有中国人，包括那些冷漠犬儒的心灵。

　　因此，上面的"意见"并不重要（风雨同舟），重要的是你们的
坚忍不拔。

　　祝成功！

　　光召 7 月 8 日

第 24 辑　与王康谈心理创伤、史迪威

郑义致王康 2011 年 10 月 5 日 23:17

老康你好！

刚吃完饭，喝了口水。吃的是杂米稀粥，蒸红苕玉米，凉拌菜。小女儿走了，我们吃得越来越简单。

几日前，因细故和小明口角，失态高声喊叫，自己气得半死。次日读《荣格心灵地图》，大受启迪。本来是想分析史迪威等人深层心理，不料竟治了自己的病。

让我先用自己的语言介绍一下荣格的部分学说：

荣格根据心理治疗病例，认为人格有不同层次。在我们的意识得到的人格之下，还隐藏着具有更大心理能量的潜在的人格，主要是由于巨大创痛而形成。我们对它懵然无知，它成为一个冰冻的"情结"，但这个人格往往会在外界特定的刺激下猛然苏醒，超越意识、自制力、理性、道德，控制我们的行为，甚至决定我们的命运。即便事件刚刚发动，我们自知不妙，恐怕要形成一次多有前例的猛烈爆发，但仍然无法控制，一步步走向那个我们希望避免的结局。

和小明的口角，无非是小明提议去看一位我并不认识的友人。同意去，但不愿赠书（《中国之毁灭》），因为全部库存只剩 3 册，等于绝种了。开车后，小明说你不愿意就别去，我解释，她再说，我再解释，几个回合之后，我突然大发作，气得浑身发抖。在旁人，小事一桩，可能笑笑就过去了，为何如此变态？此种冲突，过去也有，皆为对"不信任"的激烈反弹。无论佛洛伊德还是荣格，他们一致认定这就是那个隐形人格的爆发，而且一直认定主要是心理创伤所致。仔细回顾一生，发觉同样情景缘起文革。无论我怎样辩解，老红卫兵和他们胁迫的同学总是大骂我"不老实"，非逼迫我承认仇恨共产党、毛主席、新社会不可。完全在党文化禁锢灌输下长大的我，真把所谓的"共、毛、新"当作理想之化身，直达"三忠于"、"四无限"之境。我满心委屈、悲愤、痛苦，百口莫辩。多少次批斗会、围攻完全是此一情景之重复。于是，"不被信任"的巨大冤痛，百口莫辩的无奈，就沉积到心灵深处，成为一头呲牙咧嘴随时准备反扑的怪兽。与此共生的，还有对于人格尊严的过敏，对"重复"（任何重复，哪怕是某些乐句）的神经质惧怕。在《召魂》里我分析了附着在我本名上的恐怖，过去也洞悉了对"尊严"的过度防卫

和因"重复"而生的折磨感，现在又明白了"不被信任"所激起的暴怒。真是没有想到，文革初当了百余天"反动学生"，其创伤竟然成为我另一隐藏的、能量巨大且不受意志掌控的畸形人格。

我相信这是一次成功的自我疗救。

隐藏的人格一经暴露，一旦被洞悉，它的可怕能量就如冰雪消融。

本来，我是想对几个主要人物的人格进行深层心理的分析（如蒋、宋、史、陈纳德、陈布雷、男女主人公及几位虚构主角），未料竟先解决了自己的问题。我在想：老康是否也需要自我治疗？我们这些劫后余生者，多少都有心理病症。依照荣格所言，这种"冰冻的"情结，一般要在中年之后才有可能被渐渐发现（因在同样情景下反复爆发）。是不是也要喝点精神分析的果菜汁，从疗心开始，来个身心大调整？说的不对你不要在意。反正也就是我姑妄言之，你姑妄听之而已。

史迪威是个很有写头的人物。他蔑视、轻侮国家元首（蒋、罗），仇恨、嫉妒、心胸狭小、孤僻、狂妄等等个性元素，据我的推测，前者是来自幼年创伤，后者多半来自残疾。史迪威生于基督教家庭，少年被父亲逼迫去教堂多达每周三次，遂生恨意，自此终生敌视神圣与权威（上帝、总统、总司令等等）。蔑视、反抗、亵渎神圣与权威给他带来极大的快感。后者（嫉恨、狂妄等）至少跟一战时期军火库爆炸左眼重伤（后基本上瞎了）相关，不可思议的是，他本来是一位神枪手。那次爆炸还造成他耳聋。荣格总结说："情结"的第一个来源是外部伤害，另一个来源是对无法达到的过高的道德要求的反抗。看看，史迪威竟然全部中彩！蒋公受尽屈辱，罗斯福以九五之尊瘫坐轮椅，都奇迹般地保持了健康人格，与史迪威恰成对照。在这个人物身上，不仅坐实了性格即命运，还连累了我们整个民族的命运，千古一叹！

扯远了。近来大有收获，人物深度有信心了。我的宏愿是全面超越战、静、日。愿圣灵引导我前进！

于你，还有一句话：百米成绩那么高的人，生活起居锻炼都应该是自制能力极高的人。遥想当年，是一块肌肉一块肌肉地练，从起跑到冲刺每个动作何止重复百千遍！百米11秒多，不仅是一流短跑成绩，更是一流自我控制能力的人格。百米11秒的人，什么喝菜汁、忌食、起居有时、调整状态……当不在话下！

每日祷告神赐福于你！

光召 10 月 5 日 DC

王康致郑义　2011 年 10 月 6 日　1:12

　　光召，这世界很少有谁如你一样，对荣格和弗罗伊德有这样的理解，恐怕也很少有基督徒如你一样的无畏。大概 30 年前，家父曾在菜园坝火车站大门口大发过一次脾气，事情很小。一位小亲戚从外地来，我的老实巴交的表哥记错了车次还是时间，老头子勃然大怒，我刚赶到，完全不敢相信我那沉默得石头一样的父亲竟在光天化日众目睽睽下为一件区区小事判若两人！那是我一生中第一次、唯一一次看见老父亲的真面目。

　　光召，我感受得出你的"无名火"——它们是有名火——，当牛顿如日中天时，洛克冷冷地说了一句话：研究宇宙里星球之间的关系算什么，重要的是研究人。你就是上帝派来"研究"中国人的使者，我毫不怀疑你的成功，即使起跑慢了，你都能奋起急追，每次提到想起你的写作，我都有这样的比较，跟你并肩赛跑的是但丁、歌德、雨果和托尔斯泰，即使你落在后面，那也是"不朽的落伍"。

　　我以前发火得最多的是母亲，只有她才容纳我的一切，最亲的人让我最放肆……今天，这成了我最痛的回忆。你不要再发小明的火，我们要让最亲最爱的人成为最幸福的人至少，最无憾的人。你的文字、尤其这封信，对我太重要，谢谢吾兄！秋风同时在大洋两岸吹拂，我们共同感领天意，尽我们的道！

　　老康　2011，10，6　重庆

第 25 辑　重读荣格：中华民族的集体无意识

郑义致王康 2011 年 10 月 9 日

老康你好！

（郑注：删去介绍果菜糊对糖尿病之疗效）

所谓喝果菜糊，实为一种变更了的生活方式，整体性的。基本条件是生活稳定，不可频频外出。我出行是万不得已，过去是带上一个大冰盒，装上菜蔬，带上机器，到地方不管他人径自操作。现在是带上洗净的胡萝卜、西芹、苹果一路嚼。你没有这个条件，远行一次就自毁一次。强烈建议你一年之内不离重庆！要采访到重庆来，否则恕不奉陪。宣布染有重疾，医嘱不宜出行。你我这个年龄，本来就应该取收缩之势。一生历练积累，该做最重要的事情了。意思是，除最要紧之事不做，次等重要亦不做。你的病跟奔波密切相关。头绪多，思绪不宁，牵挂多，朋友多，义务多，责任重，情面也多，不斩断不行。斩断这个词很形象，持剑一挥，不加区别，干净利索。可对外间宣布，重病治疗期间，不宜出行。保罗说，对于这个世界，我已经死去；对于我，这世界也已经死去。圣经说的"世界"，实为"俗世"或物质世界，保罗说的是对于精神之绝对追求。但此种回归心灵的态度，你我同样可效仿。就当自己已然死了，死硬了，又何妨？非如此难以谢绝俗务。现在我每日仅一二 Email 一二电话，心无挂碍，专心读书写作。若不扭转生活方式，你的病只怕还要反复。

兄若回书斋，必有新境界。近代儒学研究传承，都没有我们这几代彻底毁灭之体验。（源头上有："礼崩乐坏"）苦难是一种挑战，深重苦难必有等强度之回应。在你是义不容辞。

近来重读荣格，是想研究我的主人公。以我父亲为蓝本、线索，却又不尽然。父亲至死念念不忘川江航道、沉船，使我想起川江航道史上一位传奇人物清人李本忠，归州人氏，先人系上下川江之行商，祖父死于三峡险滩船难，尸骨无存。父亲亦船难落水，讹传溺亡，母亲闻讯自尽。李本忠立下整治峡江航道之宏愿，先二十年往返川鄂贩运，积金巨万，从 45 岁起致力平滩除险，至 81 岁辞世，36 年间，倾其家产，耗银二十五万两，相当于彼时归州 200 多年税赋，可购田地万余亩（按日工资折算，相当于今人民币 1 亿 1 千多万），远超于官方治理经费。我父难比先贤，但李老先生之精神，倒是略有继承。既然是虚构人物，那就算是隔代传承，尚有蛛丝马迹可寻。而李本忠祖、父两辈溺水而亡（父漂出百余里，九死一生），当是他发愿之直接刺激。再往前寻，就是一个史前神话，典型的中国情结：溺水而亡的精卫填海。这里就牵涉到一个深层心理学问题：集体无意识。荣格的发现。荣格认为家族、民族都可能存在特有的心理原型传递。（小明多年前的人类学著作也认为中国远古神话塑造了中国人的民族心理特征。）女娲、夸父、精卫、刑天、盘古等都是这种心理原型，塑造着我们的人格。而且，我坚信，无论文明如何毁灭、中断，这些原型都如不灭的火种，隔代隔时代把心灵之火传递到后代子孙心中，成为他们永恒不变的人格要素。

另一心得，是来自国军将领（包括文人）舍生取义的"血肉文本"。张自忠逃出平津赴京请罪，途径济南，故旧曾讥讽一句"读圣贤书，所学何用！"张大受刺激。看民国书多了，知此话极重。倘若蒋公再如此问一句，张除剖腹以谢天下别无出路。满人入关时，皇太极曾问：为何汉人名将有降，而文臣儒士多杀身报国，某汉人谋士答曰："文臣读圣贤书，忠孝名节，皆其平生所学，所以才危而忘身，一心赴国难……"可稍加纠正：忠孝名节、读圣贤书，皆私塾所学，中国人之启蒙也。自童年灌注之物，必然进入意识深处而成为荣格所说的"集体无（潜）意识"。传统文化中的"一字词"，诸如仁义礼智信礼义廉耻忠孝节义等等，应该都是中华民族集体人格（民族个性？）中之关节点。它们自由沉浮于意识和无（潜）意识之间，（如驾车回家，往往"无意识驾驶"，记不清如何判断交通灯和路口，但一遇危险便意识苏醒）。危难之际，它们不仅在意识层面波动，而且在心底燃烧，不仅是一种真理的鼓舞，更成为一种生命的召唤。如同宗教，其强度超越了牢固的求生欲望，而升华为神圣的献祭。我猜想，上帝必定悲悯而喜悦：他所创造的这些人类舍生取义，献给他荣耀的冠冕。我相信，这些一字词构成的无意识结点如遗传基因是无法压灭的，在时代的灰烬下，它们可以隔代蛰伏，一旦有风，便死灰复燃，给我们后世子孙以温暖、鼓舞、教化、归正。

——又扯远了。从主要人物构思中的家族、民族心理原型传递（一种猜测），竟信笔由缰写到此。也不算扯远，这就又谈到你。儒学有我们尚未发现的奥秘，（至少）在深层心理学和儒学之间尚有诸多昧暗不明的地域，千年守候，等待着英勇孤绝之探险者。

你不认为你有责任义务吗？此等探险者，或数百年一现。我们百世流芳的先贤、我们亲身体验的苦难与我们中国人奉如宗教的历史，是切切不可辜负的。

言有未尽。再长的话也要打住。此处就好。

望兄好自为之，珍重！

你于我有知遇之恩。常言人生有一知己足矣，我是很知足了。

光召

2011 年 10 月 9 日于 DC

郑义致王康 2011 年 10 月 11 日

老康你好！

儒学和荣格，并非理性推演，而基本出于对中华民族历史上最优秀一代的"田野考察"。先是想写好战争，恢复历史真实。既然是文学，就要对人下功夫。感动便如波涛一样把我席卷到未曾料想之境。民族战争抒情变成了民族精神探索。曾跟你说过，与美、英、俄有所不同，中国的抗战表现出极强烈的精神性，屡败屡战，打死不降。处于长卷中心位置的重庆正是这种精神的象征。蒋读王阳明，重庆有活火燃烧的"精神堡垒"都不是偶然。数不胜数的先烈慷慨捐躯之信念、之遗书、之学历，在在指向儒学。所谓"最优秀一代"，其一慷慨悲歌、舍生取义，维系了中华血脉；其二，接受了西方基本价值，许多人学贯中西；其三，都是读圣贤书长大成人，是中华文明核心价值之嫡传子孙。有前人所不及，更非后人可比。（真是前不见古人，后不见来者，念天地之悠悠，独怆然而涕下！）有些触动来自历史细节。文物西迁（有的纯是典籍，如山东图书馆一路），在边远乡村，在任何危难之际，无论贤愚皆鼎力相助……如国人不烧字纸，其中有一种神圣感。石牌保卫战，胡琏沐浴祭拜……几乎所有口述回忆录都谈到发蒙私塾……其激情所系，即中华文明的核心价值——孔孟之道。它经过乡学（民间私塾）注入每一孩童心中，既是显学，亦沉积到每一个体心灵深处，成为隐藏的安身立命之本能。心理学阐释，只能是荣格的家族民族集体无意识（深层意识），无须理性唤醒，无论智愚，只要处于国族兴亡之际，便焕发出强大内驱力。赞美古中国为礼仪之邦的西人，必定是注意到了这种崇尚精神价值的民族个性。世界史上，唯与犹太人有一比。

如果把荣格的逻辑推演到底，那么，在民族幼年时期（轴心时代）便开始形成的意识，必然是其核心价值、生命意识、主体人格、道德律令，它几乎是不可能改塑的。换言之，我们的种族性的价值、意识、人格、道德，就是孔子学说。这不仅是命定的，也是引以自豪的。以我学识，无法比较轴心时代各大思想家"优劣"，只能感觉"儒教"就是中国的个性和命运。自文艺复兴以来，所谓"人的解放"，越来越显现出其物质化、商品化、自私化、低俗化……之倾向，如果是一种补充自然很好，但其欲望化、肉欲化、自私化势难抑制。所谓现代化（大规模生产化）相当片面，它给我们带来的无非是方便，但并未带给我们更多的幸福。关于人类幸福的所有定义和规范，恐怕早在轴心时代就已经完备了。——说着说着，就越出了自己的界限，该闭嘴了。总而言之，我感激你推动我、支持我走上这条民族精神探索之路。（别担心，小说还是最好看的小说，与你谈的，多是冰山下部。但缺了这部分，就轻了。）

　　光召　2011 年 10 月 11 日

2012 年

第 26 辑　汪精卫不必美化　"微叙事"与"宏大叙事"

王康致丹×　2012 年 6 月 24 日

丹×：

抗日战争为我们祖、父辈所历最大事件，当下中国格局其实由此战演变而来，如同当今世界由二战奠定。蒋、汪与战、和之争，曾决定民国命运，很难轻易论定。汪若于卢沟桥事变前发动和平倡议，至少不晚于 39 年欧战爆发，其免中国生灵涂炭的苦衷或可凑泊。国民政府迁都重庆、尤其南京屠杀后，中国唯余死战一途。再与日本谋和，实为民族大义难容。40 年南京政府成立，正值英美法同盟国与德意日轴心国两大集团分庭抗礼大势已定，此为汪之无奈、苦情的国际环境。

汪与法国一战元帅贝当行事命运相近，都属当时英雄后来罪人，历史上特殊悲剧人物。至于傅斯年、陈寅恪等所虑抗战必利中共与苏俄，不仅汪知，蒋等主战派亦深知。后来中国果然为中共所攫，则因雅尔塔协议和苏美冷战所致，为日本侵华后更大宿命所致，绝非抗战之罪。

余谓"字字差"，乃叹中国总靠少年血性、生物青春奋起，痛阙精神力量与信仰生命。汪、陈名欲强旺无可厚非，但与虎谋皮认贼作父，其劣迹污名，难以湔雪。余××先生谓汪本诗人天资，落入政治党争历史漩涡，难免成悲剧。这种悲剧古今中外不绝如缕，还会再演，除非知识人退出历史，却永无可能。

令堂大人前请安！

老康　2012，6，24　重庆

郑义致王康　2012 年 6 月 25 日

老康：

余先生汪诗序言十分令人不快。

我同意你的意见。

和并非不可，但蒋汪二人大异其趣。南京失守特别武汉失守后，日方通过各渠道多次求和，其条件已可视为"乞和"：全部撤军，互不赔款，仅要求中国承认或默认满洲国。蒋的条件是"全面恢复卢沟桥事变之前状态"，坚拒"承认或默认满洲国"，坚持领土与主权

二项，决不让步。因此汪极为不满，要另搞一套。日军主动求和，
证明中国持久战之战略成功，日军已陷入全面战争泥淖，初露败象。
所以，汪称另立伪政府以救中国似讲不通。在大战之际分裂中央政
府如何是救国之举？更兼后来成立伪军，与国军兵戎相见（虽避免
正面战斗，但毕竟是日军之帮凶），很难为之辩解的。蒋与山河人民
合为一体，体现了民族意志，领导中华民族获得了前所未有之完胜。
汪则遭他经营多年的国民党和政府、军队的唾弃，这是他事前万万
未料到的。他和蒋都估计国民党会分裂，但事实相反，蒋不但未削
弱，反如日中天。这也证明汪与"党心、军心、民心"之隔膜。他
不是救中国，而是在救日本。余先生说蒋唯我独尊，汪受不了人下
人屈辱，值得斟酌。蒋的地位，是由中国的历史和他个人的历史共
同决定的。简单梳理一番孙中山之后两人历史，不难见出蒋远胜于
汪，蒋的地位（"唯我独尊"）是由黄埔军校、北伐东征、分共剿共、
东北易帜、统一中国、十年黄金时代、西安事变、淞沪会战、南京
保卫战等一系列重大历史事件决定的，而且，是由战争这种特殊情
境所决定的。民主国家里罗斯福、丘吉尔在战时都是"唯我独尊"，
何以在训政时期的大战中蒋不能是"唯我独尊"？所有的军事首长
和战时元首其实都是"独裁者"。那些拿美国制度来硬套战时中国的
人，往轻说也是书生误国，胡适就是一个。政治是一项专业，要专
家，不是谁都可以拿国运来玩一把的。蒋把那么复杂的局面、派系
都把握住，领导中国走完了十多年抗战之路，无愧为伟大的政治家、
军事家、战略家。其眼界、胸怀、精神、气魄、和汪完全不是一个
级别的。余××先生是历史学家，专门研究历史的，应该比我们有
眼界有历史感才对。

　　余××说汪诗反映了他的忧国之痛，恐失之片面。汪是"完人"，
视名誉为生命。投敌之后，人格破产，身败名裂应该是他的最痛。
我不否认汪之复杂性，但余美化了。

　　可以说的还很多，太晚了。毋外传，无暇惹是非。

　　我现在每日写作，很充实。

　　祝好！

　　光召 6 月 25 日匆匆

王康致郑义 2012 年 6 月 25 日上午 7:27

　　光召：今天《浩》图册在印刷厂签字付印，八年活路算可交代。

　　余先生序文，若直接说对汪的看法，应更为人期待，至少我这

样的人。你的失望我有。

　　心情不好时，就独自看《金棕榈》，从头到尾，或某些片段。面对"失败"，历史，人性……

　　中国曾经"胜利"，抗战中国光辉夺目。命运安排，还是由你面对中国曾经和未来的胜利，这活儿只有你能做。

　　现在可静下为你的散文附笔，一拖再拖，整一年过去。

　　撰安！　老康　2012,6,25

王康致郑义　2012 年 6 月 26 日 23:54

　　光召，花几分钟浏览此短文。作者是我的宜宾朋友，能诗，自修书法英文西方哲学。孤傲若李贽，诗酒抚琴有嵇康余风。知人论世不易，论世也难，余序贻不然于乡野，一大教训。民族生命伤痛处不能轻触，艰苦卓绝艰辛备尝远未得体认表现，而旁枝斜迤，痛失良史懿范！当此信息化时代，良知独见更胜于考据引证，明心方可见道。即使大家如余先生，也宜如履薄冰。

　　又，陈××也嘱意"感性"叙事，反感"大叙事"，欲在幽微处发现奇闻趣事。作家文人为什么不能"大叙事"，只是因为极权主义如此欺骗历史，人民就不能自叙身世？至于"大"、"小"，取决各人气象风格脾性。照我，中国最缺，正是人民对自己命运的"元叙事"、"宏大叙事"！中国人何曾挣得？所谓"微叙事"、"个人化叙事"，早已泛滥下贱不堪，不过现代奴性叙事而已。《战争与和平》、《悲惨世界》、《神曲》和《古拉格群岛》式的叙事不出，中国就剩腐败邪恶一途。一部《圣经》，照亮所有黑暗，每个民族也都需自己的《圣经》，否则就不配存在。光召，高度期待你为国族创造她应有的史诗巨构，你的担子沉重无比，轻省无比，荣耀无比。阿门。不必回复。

　　（郑注：此处删去附文）

郑义致王康　2012 年 6 月 29 日

　　老康：

　　向你的宜宾朋友致意！居庙堂之上，则忧其民；处江湖之远，则忧其君。君可理解为国族。你的朋友××，正是这种中国文人的优秀传统。很羡慕你们，几个小时车程便可相聚。何时我也能如此？只怕是到那时喝不动酒了罢。

　　你说的"元叙事"极好！《圣经》就是元叙事，史诗也大多是元叙事。"元叙事"和"宏大叙事"难度太大，需要作家的人格、才华、思想、饱满的情感、持久的热情、驾驭能力、多方面阅历、个人命运之坎坷（而不垮掉）、国族之成熟（俄国、中国亡国之痛，美国则不然）、健康、家庭等等。正如托尔斯泰，是没人敢学的，反之，陀思妥耶夫斯基则是可学的，他的某一方面便可衍生出一个现代主义流派。另外，"投入产出"不符合个人利益、名利，也是作家们远离"元叙事"和"宏大叙事"的原因之一。……

借你的吉言，我一定要写好这部史诗。因为有抗战胜利后数十年之黑暗，那一段历史那些人便具备了深刻的悲剧意义。也因此变得无限珍贵，值得我们为之献身。我们的生命，便分享了前辈的光荣。现在，我每一天都生活在天堂里。为这一切，我感谢你！

光召 6 月 29 日

第 27 辑　在先贤的足迹中追寻生命之美

王康致郑义 2012 年 9 月 14 日

　　光召：今天重读《奥斯维幸之后的写作》，几番提笔都放下，明天再写。去年很多时间都花在画册里，二十几天前才回到"附笔"上来，外出一趟，再继续。能为你附笔，是荣幸，也是责任，都很重。老毛病又犯了，借题发挥东拉西扯。还需 10 天半月，可望交卷。有一股无以名状的气，世人太少进入你的文字，我也未必敢称真正读懂，就凭做《金棕榈》光碟，反复多次，肯定比常人走得近些。你说得好，这是"我们的时代"，身体精力变成关键。秋凉了，恐怕需加点滋补营养，坚持晨走。"吾侪所学关天意！"

　　老康　2012.9.14　重庆

郑义致王康 2012 年 9 月 14 日 下午 9:25

　　老康你好！

　　昨晚把你为我们写的大条幅挂上了，"直挂云帆济沧海"，最美好的祝福！你的字更有气魄了，笔笔道劲。小明问，怎么还没给康哥写封信道谢？我无法称谢。所谓大恩不言报，想开口却无从谈起。每日读书写作，每日生活在天堂里，常常会想到你，老康在辛苦什么？这部史诗写作，带给我有意义的充实的新生活，一生的坎坷和艺术准备，一下子就有了可以抓握的纲绳。拎起网随便一撒，水深水浅都是满网的鱼。是你的提示、催促、鼓励、支持、启发使这种纯净的写作生活开始旋转。赋生命以意义，此种恩德，不是感激二字所能表达。我现在每日生活在那些光荣而艰难的岁月之中，生活在大江之上，在先贤英烈们的足迹中追寻生命之美。感动与赞美如江河源源不绝。我不知道别人是如何写作的。我又明白了一点：巨大而持久的热情，不仅仅来自艺术家本人，也源于他的对象。不是每日，但是经常——不断有新发现、新思想。现在的长篇，已经与早先的构思大不相同，好多了。我相信，完成后的还会比今天设想的好。只要你敞开心灵，让那些岁月和人物自由进入，就必然化为杰作。而我们的人生，也会附丽那光辉，不由自主地变得晶莹透明。

　　我常常跟小明感叹，我们每天生活在天堂中。这是一种极大的幸福。

　　我原先一直打算写一部以黄河为背景的长篇史诗，我大哥曾劝写长江，我未动摇。你推动我写长江—抗战，事情就发生了根本转变。唯有长江—抗战方可展开如此辽阔的画卷，方可支撑起如此伟大的主题。上帝是神奇的，有时会委派一个凡人来转达他的启示。对于我，你就是那个神秘的信使。上周日教会里讲雅各和天使搏斗一节。在雅各面临人生危机—转折之际，上帝派一位天使化作凡人在河边与他通宵搏斗，最后在他膝窝里摸了一把，使他从此变成瘸子，成为谦卑。又告诉他说，从今以后，你的名字要改为以色列。你推了我一把，使我变成死人（保罗：这个世界对于我已经死亡，我对于这个世界也已经死亡），这种与当下的隔绝，使我的生命向前向后无限延展。太神奇了，感谢主！

　　刚才看到一个视频，题目有点怪：河南南阳一位校长在升旗仪式上的讲话，随手点开，两分钟后关闭。令人厌恶，除了仇恨一无所有。这部书在不断改变我，使我温和柔软。杀戮被悲悯取代，恨被爱洗涤。我每夜向神祷告，求他不要抛弃，而要时时以圣灵引导。我觉得现在步入了一个神所喜爱的孤独，环顾四周，心灵相通的友人越来越少，似乎仅剩几人了。我知道这是他赐予的格外的恩典，愿与你分享。

　　30 斤重的大书（郑注：指《浩气长流》画册），我用两小时匆读了第一本。现在摊开在客厅茶几上，我要每天读一段。这是一座真正的纪念碑！只是你投入的生命过多，本来应该由更多的人分担的。本来这应是动用举国之力来完成的，包括建一个专门的陈列馆。也许只能再等等（重庆人讲的打烂仗），举国之力、举城之力才能与这座纪念碑相称。突发奇想：把嘉陵江边上宋家破烂公馆要回来，在旁边买下一块地皮，建一座陈列馆。再想，即便政治上可行，耗资甚巨（一公里长的面），不是你一人能化缘张罗的。你要写的东西太多，也不能再恋战了。放一放，打烂仗，听其自然吧。也许等你写完两部书，局面大变。小明说你提了三套书赴京，真不知你如何做到的。我提一匣书还怕扭了腰。你赠的光碟，我会认真看。

　　久不写信，写多了。就此打住。

　　小明说你建议收入《奥斯维辛之后的写作》，我赶紧再读一遍，确实写得不错。提笔就写，随想随写，这种写作不可重复。你的文章写长了也好，自成一体。前面散文是上部，后面论文是下部。一本两人合著的奇书。

上帝祝福你！
小明附笔问候！
光召
2012 年 9 月 14 日匆匆于 DC

王康致郑义 2012 年 9 月 15 日

　　光召，容我再说一遍，每次意绪低沉时，就看《金棕榈》，是你和小明拉我一把。

　　我们的时间都宝贵，你的更。你的写作已在神迹里，我尽力读解只想接近点。

　　银耳汤需长期服食，必有功效。我说的"煲汤"，比如藕（木耳、苦瓜、南瓜、东瓜、豆角等）炖排骨，苦笋炖鸭子，清蒸鲫鱼，红烧公鸡……，费点时间，长时间用脑，不能仅靠菜汁。

　　好，不啰嗦了。不要回复。

　　今天这里秋阳明丽，老天有眼。

　　老康　　2012, 9, 15　　重庆

第 28 辑 难以置信的发现：蒋介石是一位当代圣徒

王康致郑义 2012 年 11 月 1 日上午 6:59

我不是基督徒，但我知道，只有基督徒关心人的堕落与得救，只有基督教世界还有圣者，只有他们，还在担当并负轭前行，承受任重道远的使命。十字架是唯一连通人类与上帝、地狱与天堂、速朽与永恒的象征……

王康　2012, 11, 1　重庆

（附件：《为何神会让 9·11 悲剧发生？》此处略去。）

郑义致王康 北明 2012 年 11 月 1 日 22 点 47 分

老康：

昨晚和小明看了你推荐的悲惨世界 25 周年纪念演出，心潮澎湃！

报告你一个令人难以置信的消息：

连续几年追索，竟然发现蒋公是一位当代圣徒。一直努力寻找蒋公缺点，但事与愿违，近日发现蒋公集大卫、摩西、约伯为一身，堪称严格意义上之圣徒。其灵魂深度，是你我无法企及的。这简直是一个不可思议的奇迹！冉阿让无法与之相比，甚至，在我的阅读范围中，没有一位文学人物可与之齐肩。包括托尔斯泰、陀思妥耶夫斯基、雨果、帕斯捷尔纳克、歌德、莎士比亚的人物。一位事功与灵魂集摩西、大卫、约伯为一身的人物，是无人堪及的。就我而言，如果在基督信仰、流亡生涯、政治经验诸背景缺一，亦绝无可能一窥其心灵的。

我将继续寻找他心中的黑暗。

这是史诗成功的基本保证，也是一个挑战。

见面再谈。

光召 2012 年 11 月 1 日

王康致郑义、北明 2012 年 11 月 1 日

光召，我们太需要一位圣者，实在没有，也要造一位，何况我们曾经有过！没有雨果们的文学圣徒们，这个世界何等荒凉！愿上帝赐你灵感、精力和时间。每个人都有自己必须面对的要事，而你

面对的是所有人的大事。历史上曾有两位流亡者完成了不朽的作品，都用了二十年时间（雨果《悲惨世界》、但丁《神曲》）。你跟小明已流亡二十年，怀揣不去的唯是文学使命。

梅列日科夫斯基在《但丁传》末尾写道：和平、面包和自由；圣父、圣子和圣灵：三！这是但丁的心跳，未来世界的心跳。你在蒋公身上发现了大卫、摩西和约伯三位先知和圣者，你在自己身上归纳出基督信仰、流亡生涯、政治经验，这是否就是《神曲》的启示？道生一，一生二，二生三……，地球、太阳、月亮，父母和我、你我他……

请安安心心完成你的史诗，2015 年，2017 年，2019 年……没有时限，止于至善。

这一年我在几件事上过来（浩画出版、倒薄、孔子和附录），同时却陷入友情危机，至今过不来。都是浑身创伤的人。让时间去化解吧。可惜时间不多了，我们和所有人。我的回答只有一个：把时间赚回来，干活。

老康　又及

王康致郑义 2012 年 11 月 3 日 7:31

我的信都不必复！

光召，你已经"发现"了很多我们多年视而不见的奇迹，你的这一个发现，让我在荒唐灰暗的天地里倍觉欣慰。世界（历史）就是不断展开不断发现的过程，我猜这是造物主的一道旨意，他的作品是没有穷尽的奥秘，我想，这也是你内心不断扩充的收获。我每天早上走路，也都被天空、树、鸟声、老人、小孩、小狗、泥土吸引——以前不是没有，现在更强烈，一切表象世界都传达着难以言说的欢快，当然还有悲伤。附录快收笔，是我对你的发现的一些发现。我已经看到遥远的船头。秋深了，注意起居添衣。

老康

2012，11，3　重庆

第 29 辑　本居宣长的死亡崇拜预定了日本的命运

郑义致王康 2012 年 11 月 23 日　17:14

老康感恩节好！

晨起陪小明去商店买减价货，午睡起来觉得还是要给你写这封信，谈近日一点心得，不知是否有用。

个人在历史中的作用。这里指思想家。

起因于阅读时的疑问：一是日军虐杀中国人之残忍不可思议，甚至自述为怜悯；读国军回忆，说日人眼中有一股特别的死亡气息，冲锋时就像一群已经死去的人。这已经超出人类正常逻辑，说是一种死亡崇拜不够，应该有比现象描述更深刻的理解。

问题在心里揣了几年，近来的阅读中发现了一个关键性人物。

读日历史学家山冈庄八长篇历史著作《太平洋战争》，见一细节：战争后期"神风特攻队"正式成立时，四个支队的命名皆取自于本居宣长的一首和歌（各用二字），顿时浑身战栗，急切查这个人，某些历史之谜竟然破解。

本居宣长是 18 世纪中叶人物，其思想反儒反佛，通过对古代神话天皇世系的研究、再阐释，建立了自天照大神—天皇—日本人的"神国"谱系。此"神国"与"神州"大不同，是真正的神的直系后裔。同情之理解，无非树立民族自信心罢，但由此确定（改变）了日本民族未来的命运。过去我曾了解日本杀灭基督教并实行海禁的那一段骇人血腥，那是在本居宣长前百多年的历史。也就是说，在 17 世纪前半叶至 18 世纪末叶这两百年时间内，日本成功地排斥了东西方主流宗教—哲学—伦理，把日本民族悲剧性地僭越到神族之地位。既不是在上帝面前人人平等，亦不是四海之内皆兄弟，而是神的嫡系子孙，走上了与德国纳粹同一条种族主义道路。排斥耶稣和孔子，骨子里所排斥的是正义、博爱与悲悯。这是一条地狱之路。

与之相配合，本居宣长还首创了"物哀"论。这是审美上下的功夫，把一种与耶稣孔孟积极乐观的人生态度恰相反对的死亡渴望内化为审美意识，再经由武士道和文学艺术沉入民族集体潜意识。——一位来自地狱的伟大的死亡天使，以毕生精力铸造了一柄民族自戕的利剑。

本来，日本是一个海洋民族，理当走上自由开放之路，不幸有了本居宣长，确立了一条背弃人类普适价值的"具有特色的"封闭自毁之路。此后，一切开放、学习、引进仅在器物层面，与安身立命的"精神"无涉了。

对我而言，对本居宣长的"发现"解释了一切，豁然开朗。

细读史料，"发现"真正的真正责任似不在天皇，亦不在文官政府，甚至也似乎不在军部，而在佐级少壮军人，而佐级军官还辩解说是士兵，是一个从普通士兵开始的"下剋上"责任链。当然实际情形很复杂，但这种全民族疯狂而推动上层疯狂的奇观有许多事实支持。随手一例：日海军倾向于反对太平洋战争，深知无法与美国抗衡，但还是无奈打响第一炮。——山本五十六的思路如下：美要求（日）退出中国，陆军不同意（白打了不成），民众更不同意。如果政府决定屈服于美，陆军和民众一定暴动，掀起全国革命。能够镇压而维持国家的唯一力量只有海军，山本为此制定了平叛计划。为了避免内战，山本才提出偷袭珍珠港，以重创美太平洋舰队而与美媾和。在极大的意义上，日本走上战争与征服之路是日本黎民百姓内心深刻的意志。这与德国还有所不同，日本没有一位希特勒。但在更深一层说来是一样的：德日两国在战前都是民主架构，颠覆民主制度的是人民，民众疯癫的种族意识。

这话就又说到本居宣长。德国的催眠者至少有三位：张伯伦（种族主义）、尼采（超人—狂人哲学）、瓦格纳（神话建构：非理性的、神秘主义的、辉煌的令德国人心灵迷醉的自我毁灭的渴望）。本居宣长一人顶了三人，而且比他们早了将近 200 年。而且，他不是神，却立了一位神。

综上所述，我想指出一个事实：在轴心时代千年之后，在那些神所眷顾的人类天才人物确立了全部基本文化内核之后，本居宣长以必死之身，居然规定了（或扭转了）日本民族的走向！基本上是一人之力！

我的问题是：兄有何考虑？

马上有位热心抗战史的朋友要来看画册，马上要去张罗个便饭。今天先写到这里。又及，今后你我之间通信不必示人。牵连诸多问题，最关键的是：完全私下的交流最为自由无羁有效率。千万！

你决定打胰岛素，好消息！

每日为你祷告！

光召 2012 年感恩节于 DC

王康致郑义　2012 年 11 月 24 日

　　光召：你这个发现极重大，我近日也在思考民族、国族、人民这几个概念，20 世纪跟 19 世纪的最大区别是"人民群众"，登上历史舞台。国家，民族的基础在 19 世纪前是国王君主贵族，思想上是基督教、自由精神……20 世纪人民成为基础，希特勒、斯大林、毛泽东都有效地实行了人民作为国家民族基础的人民崇拜，当然其最高形态是领袖崇拜和元首独裁。而把人民推上历史舞台（祭坛）的却是知识分子。

　　在本居宣长和神攻队之间，还有一些转换性人物，直接改变日本人的"支那观"的思想界人物。我完全同意你的结论，一个人会改变历史，马克思、尼采、爱因斯坦、弗洛伊德……德国犹太人！斯大林、希特勒、毛泽东们甚至人民都是那些原创（无论好坏善恶）思想家们的代理人或工具。历史要提防邪恶思想家，比暴君还重要。暂回复到此。传一篇旧文。

郑义致王康　2012 年 11 月 24 日　18:11

　　老康：

　　你数年前写的长文《超越历史宿命》认真拜读了，获益匪浅！有标红习惯，结果几乎满篇皆赤！抗战以及相关的各方面问题，你早已有深刻全面的研究和阐释。除史实、历史研究，在思想史上更有独特的贡献。我要多次回到这篇文章，就具体问题再细读，以加深对抗战之理解。不从思想史角度来加以研究，激愤仇恨解决不了问题。我上信，是被本居宣长触动，联想到兄应该在继承—重塑民族精神上有大作为。所谓"一个人可以改变历史"，是指你可能承担的使命。思想史我不懂，但感觉兄也许可稍微从现实超脱，去完成这件他人不可替代的大业。拜读这篇文章，更有这种感觉。至少，先把此类文章结集出版。

　　愿圣灵引导你！

　　光召

　　2012 年 11 月 24 日于 DC

第 30 辑　祝王康生日快乐并珍惜自己生命

郑义致王康 2012 年 12 月 1 日　21：51

祝你生日快乐！

近读巴乌斯托夫斯基一篇写莱蒙托夫的散文，提到在流放途中，有人开枪暗杀而未击中。莱蒙托夫把手枪装上子弹，吹熄蜡烛睡下。按照他的脾气，如果在一年前他是绝不会吹灭蜡烛的。他要点着蜡烛坐在窗前，向命运挑战。但现在他要保护自己生命的每一小时。"现在他没有权利玩命。他要为他还没完成的一切，为未来的每一个词儿，为未来的每节诗负责。向谁负责呢？向人们，向自己的良心，向诗歌。"

把这些美好睿智的话抄下来，作为赠你的生日礼物！

珍重！光召

2012 年 12 月 1 日

2013 年

第 31 辑　一平赠诗《北美红橡树》

一平致郑义、北明 2013 年 3 月 19 日

　　郑兄：为你写了一首诗，在北美，你成了印第安人的首领了。但意思还明确。为你的史诗鼓气。一平

北美红橡树
——致 ZY

辽阔的大地
夕阳中
那株苍老的红橡树
如此坚实
像印地安人的神话
聚汇了岁月漫漫沧桑

往返的鸟群
在它的肩胛上栖息
又迎向霞云
呼然飞起——
绚丽的天空啊
那一曲雄浑的乐章

苍老的红橡树
它如此地持守大地
像看守古老的祭坛
——红土地和岩石

世代的部落啊
云一样飘逝
你们的血渗入大地
也流入苍老的橡树

那些古老的传说——
太阳和鹰
皮筏子、玉米、绿石珠、
漫野奔跑的野牛
及树树神灵

飘逝了　滚滚的血流
你们群星下的歌声、篝火
铿锵的群舞
额头上的彩纹
古柯叶般的言语
和神秘的天象

飘逝了　只留下染红的大地
只留下老橡树——
屹立的记忆
英雄的沉默
女人们世代的泪水——
滔滔大河流向远方

北美的橡树　苍老的橡树
铜红色枝叶茂盛峥嵘——
绽向天空的命运
苦涩的汁液
累累伤痕——
被毁灭的记述和泪迹
你记忆中的血都已苍老

飘逝了
只有大地　只有老橡树
逝者魂灵的慰籍和纪念
你用沉默记述
仰望天空　悲悯大地
你知道所有的故事

　　北美　苍老的红橡树
　　祖先留给大地的神仗

2013 年 3 月　于伊萨卡

郑义致一平 2013 年 3 月 20 日

一平，谢谢你的鼓励！

在回望历史以及返诸自身寻找意义的长途上，让我们互相激励！

我不懂诗，但知道这首诗写得极好。

意象雄浑有力，而且——最不容易的——流动起来，不像一般的现代诗，每一句都是凝滞的一块，如牛筋，很难咀嚼。这是一个意象群，如水如风如歌，自由流淌。主意象带动辅助意象，一起流动，浑然一体，表达出确定而丰富的情感与意义。

还有，朴素。不故作高深，设置解读障碍。没有思想、无话可说才装神弄鬼。

这首诗是独立自足的。尽管你题赠我。好的题赠诗都具有普遍的意义和美学价值。

应该有一个 10 年写作计划了。虽然你比我小几岁。

再谢！郑义

最后一字是不是"仗"？

一平致郑义 2013 年 3 月 21 日 上午 8:24

郑兄：谢谢你！是你感动了我，所以有这首诗，是回赠。年轻时有许多的想法，经过许多年的沉淀，还剩下一些挥而不去，希望能将他们写出来。算是以后年月的计划吧。

就我们的文化背景，不依靠信仰是走不下去的，无论是基督教、佛教还是儒家。儒家太有限了，也太难了，中国道德的重建只有靠宗教的拯救了。

文明的核心其实是常识，是持久不变的那些最简明的法则，而这些于各种文明是相同的。你也体现了基督教和儒家传统的相通、融合。

最后一个字是"仗"，我打字错了。

一平

第 32 辑 蒋公与《慈光歌》 除了信仰别无拯救

郑义致北明、一平 2013 年 4 月 10 日 10:24 AM

小明、一平：

附件有二，一为刘××过去写张自忠的短篇小说，现在看来，几乎难以卒读。不断地另起一行，类似贴假胸毛，装腔作势、假大空，"党文风"或"共产叙事"？胡编乱造，基本事实系凭空杜撰，既无此事，亦无北平被汉奸刺杀（张自忠当时就被目为"华北特大汉奸"。情感也是虚假的，如做戏。写话剧也嫌过了。

我们不仅同他们在思想政治上有界限，在文风上亦是。他们完全不懂温柔、平和、朴素、平白。全都是假的。

另一附件是蒋公生前最喜欢的《慈光歌》。文尾有两个链接，可先听美国人唱的，很好。再听中国人唱的，更好。蒋公辞世后，台湾放了三个月的《慈光歌》，大约已经听入血肉了。我忽然意识到台湾的处理有深意：起首以最高亢的调子唱最后结尾部分，这大约是他们感觉中蒋公面见上帝的情景。泪水夺眶而出。当然这只是我的猜测，也许猜对了，也许不是。

今晨读《荒漠甘泉》：

"我们的生活上也有许多黑点，我们不明白为什么要有。这些黑点，为什么神允许它们留着。但是如果我们让神进到我们的生活里来，让他将黑点按照适当的方法调节起来，画上一些他所要画的直线，在适当的地方加上一些休止符，他就要从我们的生活的黑点里编出一首美丽和谐的音乐来。"

蒋公一生坎坷失败，到处散布了这种意义不明的黑点。只是后来，人类才充分明确蒋公生活期间的历史本质：二十世纪最伟大的胜利是民族解放；二十世纪最黑暗的是共产专制。当我们回顾历史时，才可发现蒋公一生是一首最美丽和谐的音乐：他是伟大的解放者和抵抗者、受难的先知。

我的长篇是心灵史、灵魂史。从这个角度看，罗斯福、丘吉尔等耀眼的星辰比不上蒋公，他们的传记作家写不出他们的灵魂史，因为他们的灵魂事件并不丰富。在整个二战历史中，没有一位领袖级别人物如蒋公那样和自己的人民一起受难。他亲临前线和遭敌机追炸的次数，比其他领袖人物的总和还要多。

近日完成第八章。有一点轻度感冒。如周末感觉好，也许去伊萨卡一趟，路上正好构思新的一章。

郑义

2013 年 4 月 10 日晨

　　（郑注：附件《慈光歌》不同版本网址此处略去。）

一平致郑义、北明 2013 年 4 月 10 日

　　郑兄、北明：两首歌都听了，果然国人的更好，更有内心信仰的力量。中国基督徒可能是当今最真诚的了，他们将为基督教增添巨大的力量，西方基督教在没落，中国基督教可能将是一种拯救的力量，因为中国太需要宗教信仰了，十数亿人陷于生存和信仰的危机中，除了信仰没有什么可以拯救。

　　能进入蒋公的精神内部，将会使作品富于精神性，而这是中国文学一向的欠缺，蒋先生信奉基督教，这是中国文明现代发展的一个象征，非常重要。中国文明实际上非常具有吸收、融汇性，其从来不是排它的，总是善于汲取，这是它的伟大的生命力之所在。中国历史上发生的一些排外现象是政治的原因，而不是中国文明的内在因素。中国文明必须汲取西方文明的精神，包括古希腊和基督教精神。近代以来，中国仅从实用学习西方，这使中国走上歧途。

　　我的幻想是：中国在承继自身传统的基础上——这于当下乃为最根本之事，充分学习、汲取古希腊、基督教文明，而为世界带来新的文明希望，中国知识分子不仅应该是传统中国文明的继承者，也应该是西方这一支文明的承继者。中国知识分子的襟怀是天下——整部人类文明的使命。文明更重要的是继承、学习和融汇，而不是创造——虽然创造业重要，但不是第一位的，因为创造在个人与偶然性，而这是很有限的，并且是充满危险的，——比如纳粹、马克思的思想都具有创造性。而传统是人类长久共同生存之经验的选择，是被人类共同生存反复证明的真理。文明从来是一点一点逐步汇集而成的，包括基督教信仰，

　　开天辟地是上帝的特权，而人一旦僭越，便是巨大之灾难。无论对于西方还是东方，当今继承传统都是文明首要之事。

　　郑兄作品之意义正在于此。

　　一平

郑义致一平、北明 2013 年 4 月 10 日

　　一平：

你关于文明继承重要于创新的观点极具启发性，很重要！所谓太阳之下无新事。进一步谈到僭越，就愈显深刻。我需要再思考。

谢谢你的交流！

郑义

一平致郑义、北明 2013 年 4 月 10 日

郑兄、北明：

我们及康兄可以搞一个对话，长期地坚持下去，以对人类文明的历史及当今的文明现象进行思考。人类正处于一个剧烈变动的时期，以往的价值都被颠覆了，而文明的各种冲突及复杂性则是人类以往所未有的。我们需要广阔而深入地思考。但是，社会性的对话则全然不可能，我们只能将范畴收缩，以成为气场。否则，孤立的个人则可能被泛滥时尚所消解掉。当然，我们各自仍然要以自己的创作为主，只是在遇到话题及困惑的时候交流。如何？

一平

北明致一平、郑义 2013 年 4 月 10 日

一平，好主意！跟康兄对话我不够分量。你深思熟虑的，倒是可以跟他对起来。郑义跟老康时而通信，也常从老康文字中受益。我也一样。这样，你先想个题目，等他来了，先搞一次对话，我敲敲边鼓，郑义也许可以参加进去，这样，他此行增加一个有意义的内容。

北明

一平致郑义、北明 2013 年 4 月 11 日 上午 9:25

郑兄、北明：其实就是大家闲聊，不带什么条条框框，目的是保持我们精神的活力和广阔的眼光，同时也可以激励我们的意志。对话一词可能不准确，漫谈可能更放松些，只是在闲暇时，大家聊聊一些有意思的话题。不是很正式的，不要成为大家的负担。

一平

第 33 辑　伊萨卡相聚是节日　把诅咒化为葡萄园

郑义致一平 2013 年 4 月

一平兄近好！

上上周末感冒未癒。

上周末郎郎外甥女夫妇来 DC，今晨走。

本周末如无意外，打算去你们家喝酒。

周六去，周日回。不知对你们是否方便？祝好！

郑义

一平致郑义　2013 年 4 月 29 日　下午 7:50

郑兄：你什么时候来，都是我们的节日！只是你赶这么远的路，让我很不安，真应该去看望你！这次来多呆两日吧，我们发现一个酒庄，是喝红酒的好地方，面对大湖和葡萄园。北明也一起来吧！很想念你们！

一平

郑义致一平、周琳　2013 年 5 月 6 日

一平周琳：

感谢你们的盛情接待！周琳虽然不在，我们也感觉到你与我们同在。

Ithaca 是我们的节日。

在你们典雅的老房子里的饮酒谈心是人生的一大享受。一平的锅贴、油辣椒都是绝活儿。你们家餐桌和院子里的时光，以及在六哩溪葡萄园凌空的大阳台上畅谈历史和人生，都进入了永远的记忆。

往返的路途，也是我们夫妇难得的珍贵时光。归程在 Tioga 水库峭壁边上的宾州休息站，在蓝绿色块斑斓悦目的 Susquehanna 河畔，我们沉醉于美好的大自然……车上朗读和讨论茨威格、约伯记以及上帝是否具有真实的位格存在……这一切使我心怀感恩，对神，对妻子，对友人，对生活与命运。

郑义

一平致郑义　2013 年 5 月 7 日　下午 12:24

　　郑兄、北明：你们来，如春天，喜悦而幸福！有句著名的诗句"让诅咒成为葡萄园"，许多年了，我一直记在心中。遭受了那么多，特别是郑兄，而我们的相聚正应了这一句诗，实际这就是文明的建设和创造：让苦难生长善、良知和美好。文明的创造在日常中、生活中、友情中、在我们的心中。的确，神在你们的心中！苦难之大地，迎向阳光，春天的葡萄园欣然勃生。你们来，你们走，我在心中默许：让光明、美好永在！祝福你们！祝福郑兄的史诗！

　　　　一平

第 34 辑　郑义诚邀王康赴美休养写作

郑义致王康　2013 年 7 月 5 日　6 点 23 分

老康：

我一直在盼望你早日来美，一则可安心养病，这里僻静，生活单调健康。二则几年不见甚为想念，你我奔七十的人了，又隔山隔海，我还不能回去，终老海外并非不可想象，而是题中应有之义。我特别想跟你谈谈这部长篇史诗，都跟一平约好了，我们开车到纽约上州一平那 200 年古宅去住几天。上次去，一平陪我们去初夏的葡萄园，坐阳台上品酒，吟了句诗："让诅咒成为葡萄园"，多美好的时光！我给你们三位好好报告一番。我也只有跟你们三人谈，知己难觅。这部书，你是启动者，是推手、是鼓舞者，我急切希望你能看到一个大致清晰的轮廓。

小女儿在附近发现一座山，山顶可俯瞰百里，景色壮丽，你来后我们每周爬一次，权作远足。漫步一小时半登顶，不算艰难。森林密不见日，幽静清凉。……每日写作毕，一起漫论文学、历史、人生。如是，即是天堂般的日子。……希望你来静心喝上半年果菜汁，把健康、生命赚回来。……你的健康也是我极度关切的，来美休息一段，系一大转机。有些事，需要拉开距离，从北美回望，那景象与局中必定大不一般！这是我的体验，三言两语不能讲清。

在这里，你有一间自己的卧室，窗外是草地树林。另有书房、新电脑。我们每人都有自己的书房，一人一层楼，各不相扰，应该是很好的读书写作环境了。我常跟小明说：我们天天生活在天堂里。天堂，也就如此吧？饮食也简单，想喝酒了，约三两老友来，纵论天下，也是一番情趣。你来了，我就会每日坚持散步。树林有鹿有野兔獾子，偶见野狐，水塘边卧满了大雁。你要远离手边事务，至少放下一段时间，要争取多活几年。到我们这个年纪与阅历，其实生命是掌握在自己手里。

一路平安！

光召 7 月 5 日

王康致郑义　2013 年 7 月 6 日 20:42

光召，最近两天浑忙浑忙。事成不成，我都如期到来。我们的向往一样。你的这封信就是签证护照。夏天好，很快就见面了……

老康　2013.7.6 北京

第 35 辑　主把我榨成葡萄酒

郑义致王康 2013 年 12 月 24 日　上午 10:10

今晨方有时间认真读了大作。谢谢你投入了如许时间和感情。文字还可收敛些。因为我是流亡的获益者。

感谢老康，带我鸟瞰流亡文学史，从中汲取鼓励，并寻找自己的位置。

流亡之前，我的每一部习作都获得超出预想的成功。自流亡始，每一部书都遭到出乎意料的冷落：《历史的一部分》、《红色纪念碑》、《神树》、《自由鸟》、《中国之崩溃》，甚至包括各种政论与散文。直至近年，方领悟了上帝的美意。他不由分说地阻断了"成功之路"，是想启示我什么呢？他根除了我一切今生的名利浮华，是要让我贴身式的靠近他，走他为我铺设的荆棘之路。他使我保持仰望的姿态，把全部目光转向他的真理、慈爱和无以伦比的绝美。于是我流泪感恩：天地之间，还有什么恩宠比这种召唤更珍贵呢？今天是圣诞前夜，早上起来唱了几遍倪柝声写的圣歌。歌词："你若不压橄榄成渣，它就不能成油；你若不投葡萄入醡，它就不能变成酒；主，我这人是否也要受你许可的创伤？每次的打击，都是真利益，如果你收去的东西，你以自己来代替。"——正是如此！而且神是何等奇妙，我所承受的，全是他"所许可的创伤"。我所失去的，都得到他加倍的报偿，直至他自身。他还赐我如此理解体贴的妻女，赐我够用的衣食。他没有使我灰飞烟灭，而仅仅是榨成葡萄酒。

没有更好的了！

将来有人端起酒杯，一定会说：看哪，这就是他！

这就是神所赐予我的永生。

第 36 辑　谈一平旧文《未来与偏颇》　绝望唯美的郭路生

郑义致一平　2013 年 12 月 30 日

谢谢一平！没关系，短促突击，坚持几天就过去了。

又，昨天我在网上搜寻资料，不意拜读了你的《未来与偏颇》，极好的文章！

你抓住了最重要的两点：一是仇恨，不宽容，一是僭越。僭越其实是原罪，上帝惩罚亚当夏娃，表面原因是违反了上帝的告诫，更基本的原因是被蛇所诱惑，要"像上帝一样，能辨识善恶"。而整部新约，如以一字蔽之就是爱。仇恨和僭越都是大罪。共产文化核心就是仇恨与僭越，我们这些被压迫者，也同样感染了毒素。由于是从小灌输的，就很深。

我觉得郭路生的评价还可以更高。你评价"中国新诗的经典"、"精神的绝望和语言的唯美都达到极致"极到位。新诗的后来者们，似乎更多走上了"对抗"。绝望和唯美都不及郭路生。用技巧把诗粉碎为词句，哪里有"绝望"与"唯美"呢？我们只能看见一种不妥协的坚硬的姿势，看不见了诗。

你还有一点精彩发见：郭"将绝望转为悲凉之美，承屈宋楚辞一支传统美感。"这是纯东方的中国的。后来者们东学西学，反而连诗人的自然纯真也丢失了。

今天再看郭路生，仍然是好诗。其他人的诗似乎还比不上，成了诗"匠"。

谢谢你的文章，使我在这几日的忙碌中找到了一块宁静的绿荫。

郑
12 月 30 日

一平致郑义　2013 年 12 月 31 日　上午 9:42

谢谢郑兄！新年好！这些日子，你和北明、康兄辛苦了，特别是耽误了你的小说。以后凡有事务性的事情，说一声就是了，我顺便就做了，耽误你的小说倒是大事。

毛共的破坏，也许需要几代人才有转机，而且需要宗教才可，靠个人的努力实是杯水车薪。×算是优秀的人，但内心却如此残破，由此可以想到文革后的几代人。刘宾雁这样的人格，在他以后已经没有了，这就是我们纪念他的意义。近日看到消息，有民运人士又开始提倡新刁民运动了，似乎国人的流氓性还不够。我记得你说过，凡是做过奴隶的人，就进入不了迦南，真是这样。我们为未来铺路吧。

一平

2014 年

第 37 辑 整部圣经的主题——自由

郑义致北明 2014 年 1 月 18 日 上午 9:50

小明，突然有感：

整部圣经，从来不谈天才和功业。

绝非偶然。

在上帝眼中，一个孩子的泪水或欢笑、一位母亲的叹息、送给悲伤者的一朵花、施舍给饥渴者的一片面包一杯水、给临终者的一个拥抱、给卑贱者的一个微笑，都要比任何天才与功业重要。

上帝恐怕不在意大历史，而关注每一个人的小历史（心灵史）。

因此，他并不审判诸如时代、民族、阶级、党派等集合名词，而仅仅审判每一个人。

整部圣经谈的只有一个主题：自由。

耶稣以自己无罪之身为最高的赎价，使接受他赎救的人永远从罪的绑缚中得释放，得自由。如果继续追循耶稣的脚步，用自己的一生完成爱的学业，你就可以得到终极的自由。

上帝真正在意的，是个人的自由史，附带的才是时代、民族、阶级的自由史。后者不过是前者展开的环境或条件。只有在后者中，才有天才和事功的位置。

读抗战史，常见父母叮嘱远行儿女一句话："好好做人！"我想这正是上帝的心意。我们对人生有误解，换个角度，比如从父母的角度来想就明白了。你真正在意儿女成名成家建功立业吗？你其实希望他们做一个好人。看自己儿女，父母看见的只是秉性和内心。

什么叫幸福？幸福就是自由。

所以我每日感恩，感谢神把我们从污秽名利中救拔出来，而赐予我们真正的自由，即心灵的自由。

大愚 18 日匆匆

北明致郑义 2014 年 1 月 18 日 17:09

亲爱的，你的理解正是我的理解。而且我认为所谓功业，天才，如贝多芬及其音乐，雨果、索尔仁尼琴们的小说，你的小说等，都是为了荣耀他，而传播他告诉人们的真理：自由与爱。谢谢你跟我分享这些体会！Love。

　　Ming

第 38 辑 一平担忧王康返国，劝静心写作

王康致一平 2014 年 1 月 22 日

一平，又下雪了，你那里又苍茫天地吧。出门驾车走路都悠着点（措辞不准），就是小心些。春节快到，你们与小狗都好！

颁奖事就这样了，顺其自然吧。当然救命为重，大家也省点精力。

老康　1，22

（郑注：陈子明急于治疗并因体弱怕感冒，不愿出席"刘宾雁良知奖"颁奖仪式。）

一平致王康 2014 年 1 月 22 日 上午 10:46

谢谢康兄！就这样吧，辛苦你！什么时候回去？挺为你担忧。

一平

王康致一平 2014 年 1 月 22 日

本想春节前后回去，北明光召认为可过些日子再看。当局这次恐怕没有什么耐心，我有自知之明，也有点消息，回去手头几篇东西可能写不成，移民局那里没有下逐客令，就再住下去。近日把给光召散文的附笔写完，争取老实写个"作品"。光召在他的地下斗室无声无息为中国招魂，北明一样。其他还好。

一平致王康、北明、郑义 2014 年 1 月 22 日 下午 12:44

康兄：等到六四后再说吧，眼下回去风险太大。习搞国家主义，会加重打压，民间的空间会更加缩小，做不了什么事情。这是大格局。我以为，老兄需要调整一下心态，将重心转到写作上来。中国之无救，乃在没有了"魂"，再怎么弄，也是行尸走肉。有魂方有国，这是招魂之意义。中国不会缺少活动家，但是缺少思想和精神。作为一个思想家，老兄的本分是奉献思想和精神，唤回国人之魂。中国处于大乱之前，再怎样拯救，也难逃一劫。我们倒是应该考虑，大难来临怎么办？之后又怎么办？我对中国文明怀有信心，中国即使亡，中国文明也仍然将复生。如果能留下这束火种，就是希望。此可谓老兄之真使命。老兄这些年来，一直为国事奔波，实为可敬，"浩气长存"即老兄组织锻造的国家复生之祭器，功在千秋。老兄下一阶段的使命，乃是静心坐下，奉献你的思想，为汉语——中国

文明的载体，注入精神和灵魂。于此，郑兄是我们的榜样。

　　坐下、静心、书写，以人类那些伟大的思想家、作家为伍。期待你，祝福你！

　　一平

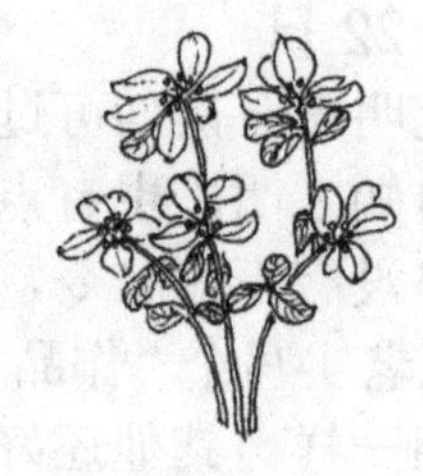

第 39 辑 圣家族大教堂的心灵震撼：真正的自由

郑义致一平 2014 年 2 月 6 日

一平：

现在也只有你能听懂我的这些混热胡话了。

近日偶然拿起《高第密码》（大陆译高迪），是一部畅销的悬疑小说。简直想不起来为何要买这本书，也许是天启。

扉页抄录如下：

安东尼奥·高第

安东尼奥·高第生于 1852 年 6 月 25 日，许多人视高第为 20 世纪初期席卷欧洲的"歌德式复古运动"之父，此风潮至今仍影响当代各种派别的艺术工作者。

身为虔诚的天主教徒，高第摈弃世俗邀约，毕生奉献天主教工作，全心投入世上最伟大的建筑经典之一"圣家堂"的修建工程。

1926 年 6 月 7 日，高第在巴塞隆纳被一辆不明电车撞到，由于当时他衣衫褴褛身无分文，许多计程车司机都不愿将他送到医院救治，怕他付不起车钱。最后他终于被送到一所专门收治贫民的医院，那里没有人认出这位艺术家的身份，直到第二天他的朋友才在那里找到他。当他们企图将他转到一所较有规模的医院时，高第拒绝了，据说他当时表示："我就是属于贫民阶级的人。"

三天之后，也就是 1926 年 6 月 10 日，高第不幸过世，巴塞隆纳人悲痛万分，人们将他葬在圣家堂内。由于高第从未使用蓝图建造他的经典建筑，一切全运用他独特鲜明的想象力，他的直觉全由上帝赋予，因此他的同侪无法完成圣家堂的修筑工程。也因为如此，高第被世人喻为"上帝的建筑师"。

很难表达对这段文字的一瞥之感。似若雷击。

10 年前自我写《红刨子》始，便放弃过去写提纲的套路，提笔就写，把自己和作品完全交托给圣灵。也就是从那时开始，文风大变，连续写出 10 篇"不像是自己写的"散文。我知道我已进入某种境界。现在手头这部长篇史诗，不算集中读民国三年，从动笔始已两年了吧，仍然是这种写法。体会良多。从世俗角度看，至少是构思时间无限延长了。过去写提纲，就算花上一年，也仅仅是一年。现在不仅时时要构思笔下正写的章节、细节，还须不断构思与修正总体。这样算下来，花在构思上的时间几乎是无限延长了，贯穿了整个写作。而且，随写作进展，精神与艺术境界也在变化，也就是说，创作主体在变化。因此，这个成长中的主体远非那个"原始主体"可比拟。自然，这种生长式的构思也绝非提纲式的僵硬的"原始构思"可比拟。

从神圣角度来看，就是我每日的祷告：祈求圣灵的引导，把自己完全交托于神。这种交托也不是无所作为，而是放下、放松，倾听神的启示。这是一个把自己从知识、理性、技巧中解放出来，获得真正的创造自由的过程。这也就是每一个基督徒所尊崇的"信心、希望和爱"。每当我站在多种选择的交叉路口踌躇不前时，就耐心等候圣灵的带领。实在听不到启示，我就按不确定的直觉走下去，安慰自己说：你要把完美留给上帝。这次写作，使我走进了先辈的岁月，也使我经历了奇妙的与神同在。其实，我们的生命，不正是试图走进神的岁月吗！因此，高第不事先规划蓝图，通过直觉与上帝沟通使我震惊。原来，在一百多年前，早就有人这样做了。一枚音乐、绘画、文学作品尚可理解，而高第建造的是一座宏伟无比的受物理学、结构学和钱财等约束的大教堂啊！他得到了真正的自由！

你在欧洲呆过，可能对"圣家堂"（圣家族大教堂）有印象。但下面有几个视屏链接仍值得一看：（郑注：链接略去。）

——如何？神圣、宏伟、庄严、绚丽、圣洁、优雅、妩媚、华贵、浪漫、还有：充满不可思议的青春的热情！

高第说过：他不是第一个（教堂开建第二年他才接手），也不是最后一个。（他建了40多年，他死后又建了80馀年，建成大约在2026年即高第逝世100周年。）因此之故，他又说过：他到不了应许之地。

——这是一个完美的典范。他的信心、他的自由、他的谦卑、他对完美的追求以及把完美留给上帝，最后，并非最不重要的是贫穷。上帝用这张最华贵的浴巾洗净了他的灵魂。他完全听懂了，并且，一定是怀着感恩之心接受了。

近来，戈登和高第带给我两次连续的心灵震撼。

上帝要启示什么呢？

祝好！

郑义 2014 年 2 月 6 日晨匆匆

一平致郑义 2014 年 2 月 6 日上午 11:37

郑兄：

近日正想给你写封信。

能听你讲述你的小说是我的荣幸！仅就汉语来说，这将是一部空前的巨著，能在其创作间听你的讲述，不是幸运吗？

前两日翻阅《汉堡剧评》，其中提到：亚历士多德说，历史学家在于记述所发生的事情，而诗人在于讲述所发生的事情的性质。就你的这部作品，历史仅是框架、是背景，中心则是其间所体现的人性，那些人物的情感、性格、心理，进而说也就是他们的人格、尊严、精神、美感、高尚。人类的全部历史均是人性的历史，人类的全部文明最终也凝聚于人的具体所思所感所言所行。最终有没有特洛伊城，有没有那场战争，乃至有没有荷马，都不重要，但是那部伟大的史诗点燃了西方文明之火。

创作这样一部恢宏巨作，压力无疑是巨大的，可幸的是为此你已经积蓄了一生，你的阅历、经验、境界、美感、精神，乃至写作历程都足够丰盛了，举世而言当今这样的作家能有几人？有哪个作家到了这个年纪还为一部新的创作激情澎湃，泪水纵横？这已经是奇迹了，而作为作者则算是神的恩典了。应该说你已经具有了创作这样一部巨著之所需。

眼下，我以为老兄主要是需"解放"自己，毕竟这部巨著的压力太大了。你说"圣灵指引"，我想这就是你创作这部作品的全部秘诀，遵循它，不计得失成败，勇往直前。如你所言"从神圣角度来看，就是我每日的祷告：祈求圣灵的引导，把自己完全交托于神。这种交托也不是无所作为，而是放下、放松，倾听神的启示。"的确，凡是人类神圣之作均非靠个人之力所能完成，作为基督徒需要靠神的引导和力量。

而我要从世俗的角度来讲，就是官知止而神欲行。一生的积蓄修炼，你已具有内在功力——武术家讲内功。老兄做人做事，包括写作，要求都极高——尽善尽美，但是深受儒家传统影响，我们也多有外在的价值、条框和意识负担，从而束缚我们的自由、想象、创造力。放松、解放，就是进一步放弃这些，你内在的精神力量和审美感均充沛，要依靠这种内力，抛弃外在参照和限定，无论是历史本身，或是文学名著，你之内省能通得过，就是好；因为人类精神与审美已融入你的生命之中。

谢谢你传给我的照片！人类文明中凡伟大之作没有时间性，那是永恒之美之神圣。一部伟大的作品即是一座文明之祭殿与圣殿，是人灵魂的居所，人从这里通向神。你所创造的正是这样一部雄伟之殿堂，就算中国民族灭亡，这也是最后一个祭奠。

祝福你！祝福你的作品！我们等待着！

一平

附录郑义 2021 年 2 月 13 日日记：

姜光宇的自媒体极佳，此人全面，了不起。今看他讲米开朗基罗节目，谈创作大卫雕像，称米开朗基罗从来是从雕像头部刻起，依次向下，就像从水中渐渐升起。甚为震撼：我的写作亦然，从开篇渐展开，基本下笔无悔。没有严格周全的提纲，用已完成部分引导后文，让文字自我生长。几年前发现高第建圣家族大教堂亦是无事先设定的蓝图，边建边想。原来米开朗基罗在前！这种方法之核心，是相信作品有自己的生命，艺术家并无绝对的创造权，仅是在漫长的过程中发现其生命，助产而已。亦可理解为放松（放弃）理性，让圣灵引导前行。——艺术创作中最深刻的规律！

第 40 辑 王康评论：《金棕榈，自由与胜利的象征》

郑义致王康 2014 年 2 月 9 日 18:49

老康：谢谢你，写得太认真，读了太多的文字，实际上写成了"郑义论"，太辛苦！

事实上，你才是汉赋的传人。《浩》画正是《史记》和两汉大赋的遥远传承。《金棕榈》毕竟是小作品，何足道哉。

我整理了全文格式。个别赘字和漏字作了增删。你可以用附件中这个文本。

以下几处请斟酌：

"全部两汉大赋都不曾也不能铺陈'【此句似不妥，汉赋须顶礼】

"他在《历史的一部分》中告诫那些还没有现出面目的'反思'者"【可否改为"初露头角的"？】

"使徒【可删】郑义被一阵轻微如闪电的颤栗击中心脏"

"一定【可改为"也许"】还没有一位作家、流亡者把你观察得如此细微"

——极感不安，浪费了你太多的生命！

另，昨日饭桌上我说起"三五知音"，你怀疑，笑曰：三五知音俱无，完全不被理解。你是对的——其实，真正理解的，除小明，只有你和一平。这些年来的孤独，也唯有小明相伴。好在我感觉已得自由，不在乎这种忽视、漠视甚至故意蔑视了。

你给了我极大的心灵上的支持！

光召

（郑注：此处略去王康长文《金棕榈，自由与胜利的象征》。）

王康致郑义、一平、北明 2014 年 2 月 9 日 21:33

是我的荣幸和责任。过或不及的遗憾，就请忍受。正式出版前再斟酌。

写作顺利，像波托马克河一样奔流不息。

第 41 辑　谈卢作孚、《红轮》

一平致郑义　2014 年 6 月 24 日　下午 12:11

郑兄：

你对卢作孚的见解甚准，等于是将之复活，民国人物又增添丰富的一笔。深入地揭示人性内在悖论冲突，显示其悲剧性，较空泛的拔高，更具意义，也更显其可爱。一方面有圣徒的情怀：救国救民、清廉、奉献精神；另一方面却又有垄断航运的野心，扩张无度，有如赌徒，自毁自败。一方面坚定反共；另一方面又憧憬计划经济，特别是其本人又是私营大“资本家”。由此也可见那个时代之自由，人性发展之丰富。你的小说又增加了一个丰满之人物。

近日时常翻阅索氏的《红轮》，颇有收获。著作的副标题是“往日叙事”，的确，他是从具体细节重新注释历史——他个人对那段历史的阐释。其所记述的斯托雷平甚令人感动，他是俄罗斯的中流砥柱，是俄罗斯传统的继承者，也是现代俄罗斯的建设者，很像是蒋公。其所担当之险，难以想象，而其从容担之，不计生死荣辱。何其伟哉！现代文明可能不会再有此类人格。

不知这部书，你是否已经读过。目前汉语翻译出版是三卷九部。如果你尚未读，不妨得空看看，对你的这部小说会有帮助。这部著作，作为历史过于琐碎；作为小说，又论述过多。

你那里如果没有此著，我可邮寄给你。

祝好！写作顺利！

一平

郑义致一平　2014 年 6 月 24 日　21:55

一平你好！

谢谢你一如既往的理解和鼓励。

卢作孚于 1950 年初主动向中共（周恩来）提出“公私合营”。后来毛大感兴趣，受到启发。民生公司遂成为第一个实现公私合营的民营企业，并成为全国样板。虽卢本人因对民生前途绝望而自杀，但中共接过他的建议，在五年后（1956 年）开始全国公私合营运动，一举消灭了私人资本，走上社会主义道路。从卢早年幻想计划经济到毛实现计划经济，这个圈值得思索。另，卢其实走的是“高积累、低分配”之路，后来毛走的也是这条路，以致和党内稳健派反对“高积累、低消费”要求“综合平衡”的方针产生尖锐冲突，随后导致大饥荒、七千人大会，最后是文革。这些历史现象，值得进一步思考。我不着急，慢慢来，时间到了就想明白了。

《红轮》我看过一部分，因为对这种写法不欣赏。长篇小说也应该在一个有限的篇幅内完成一个意义（或主题、主题群）。姚雪垠《李自成》写了 16 本，《红轮》也不遑多让。你说的斯托雷平主要在哪一部分？我会找来看看。

他们谁都没明白，卢作孚之死，不仅是对一生事业之绝望，对家乡全力支持他的投资者之愧疚，还有背叛蒋公、民国、友人之悔痛。本来他是一个对中共有较深看法的人，但为了对家乡父老负责任，转而投共，不料事与愿违，人生完全破碎。

祝好！

郑义

一平致郑义 2014 年 6 月 25 日 上午 6:45

郑兄：谢谢！我随时想到什么就写几句，你忙，不用都回复。

我将前三卷给你邮去（第三卷关于斯托雷平）。作为小说，《红轮》不足，多观念叙述，少细节刻画。索主要是叙述历史。长处是，索充满激情，富有勇气，他有自己的观念与理解，而不顾政治正确那一套。无论是历史还是文学，政治正确很可怕，全然扼杀了精神。

一平

第 42 辑 感谢王康书评：《<神树>，流亡的民族寓言》

郑义致王康 2014 年 6 月 27 日 15：58

老康，谢谢你费心写这篇大文！（《神树，流亡的民族寓言》此处略去。）

一如既往地写得很好。我看了两遍，不好评论，只是心存感激。有些好文章是不好评论，超出了自己的能力。

时间和距离无疑有助于理解。我自己就很少从流亡角度看自己的创作，或者缺乏理性的观照。拜读你的文章，倒是能使人从你提及的那些大人物身上读懂一些东西。今后，不宜将我与大人物相比，还是需要拉开时空距离，那应当是我一命呜呼之后的事情。后代人看得更清楚。我个人感受与那些大师级别的人物有相当差距，评价是后人的特权，无须预支。当然理解并感谢你的美意，望铁成钢尔。

仍然坚持我的建议：停止写我的评论系列，已经够了，总要在某个地方止步，此其时也。我们的年龄，必须收缩了。你的摊子铺得太大，把生命撕碎了。我和一平建议的《毛泽东论纲》，早就该动笔了。实在不能在我身上再耗费你的宝贵精力！至于我，真如保罗所说：我对于这个世界，已经钉在十字架上；对于我，这个世界也已经钉在十字架上。前大半生，我是通过这个世界建立了与上帝的关系。最后的岁月，就是尽量撇开这世界直接与神交待了。而且，主给我的时间不多了。

总而言之谢谢你！

光召

王康致郑义 2014 年 6 月 27 日 下午 4：14

光召，快了，还有两三篇就结束，回头写我的东西。

老康 6，27

第 43 辑　从"鹰的重生"谈及救赎与自救

王康致郑义 2014 年 6 月 30 日 1:35

Subject:鹰的重生（百看不厌）

大自然永远是我们的恩师！

（郑注：此处删去视频链接）

郑义致王康 2014 年 6 月 30 日 下午 8:49

老康，此事不确。圣经《以赛亚书》中有经文，上帝应许我们"如鹰返老还童"。有人就编撰了这篇励志文。基督教内也有人以讹传讹，在讲道时引用。下面是一位牧师的订正：

最近在网路上看到"40 岁的老鹰"的文章，觉得很被激励，也很感动，于是在 8 月 26 日的主日讲道里与弟兄姊妹分享，却没有注意到这是一篇寓意故事，也忽略查验"鹰"的真实生态，为避免造成弟兄姊妹对「鹰」的误解，特别澄清及说明，也为造成大家的困扰，深表歉意。特别说明如下："40 岁的老鹰"的内容全是寓意故事，用意在于鼓励人能放下旧的包袱，愿意学习新的事物，勇于改变，开创新的未来！一般鸷鹰科鸟类（大家所俗称的老鹰只是其中的一个种类）的寿命大约 7 至 35 年（动物园豢养的最长有活到 60 几年的纪录）不等，要视种类而定。鸟类的爪子和嘴喙会一直生长，但因会有磨损，所以会维持在一固定的长度上；在正常状况下，不会发生嘴喙长到碰到胸膛。鸟类的羽毛会因繁殖、飞行及因应环境的缘故汰换，大多数是一年换一次，旧的羽毛会脱落，长出新的，而且是陆陆续续的换，所以，羽毛的生长情形及数量是维持在一定的状态，不会长的又浓又厚，而影响飞行。旧毛更新后，也可以说是如鹰返老还童。

我注意这件事，是因为我们教堂牧师也讲过，我觉得也许可以在某处借用，一查才发觉有误。

光召

王康致郑义 2014 年 6 月 30 日 下午 10:02

不过，这则寓言还是非同寻常，令人感慨……

郑义致王康 2014 年 7 月 1 日 上午 11:02

自然。我实在希望这是真实的！

转念想，鹰之"再生"，上升为寓言，就遭遇一个坚硬的的神学障碍：上帝说：生命在我，拯救在我。人不可僭越，不可能自救（从根本的意义上），鹰更不可能了。这更像是一个"人定胜天"的寓言。

王康致郑义 2014 年 7 月 1 日 上午 11:18

人不可能在神学意义上自救，但若人没有自救的愿望和可能，上帝也无从施恩。其实，基督教圣徒能达到的境界，中国圣贤一样做得到，包括杀身成仁舍生取义。当然不能以此推及更深的信仰世界，但可以认为儒家君子也走在十字架路上，至少不是相反，即孔孟道德世界可通向耶稣灵魂宇宙。早生 500 年、73 岁的孔子何尝不能与 33 岁的耶稣拱手致意呢？

郑义致王康 2014 年 7 月 1 日 下午 12:25

是的，我认为这个世界是人神共建的。有些人不承认自救，不能苟同。我写张自忠，就遇见这个问题。为什么我们每一个人都为他的舍生取义感动？其感动程度远远超过对一位受洗赎罪的基督徒！既然我们这样的普通人都如此感动，那么，比我们更有同情悲悯之心的上帝，一定会更感动。儒家与基督教是一个大问题，我还没想明白。慢慢来。也许永远想不明白。

王康致郑义 2014-07-01 12:48

自从《红刨子》后，尤其到《金棕榈》、《素棺》，你的文字就徘徊在儒家—基督教之间，亦即人神之间，东西方之间……

一平致郑义、王康 2014 年 7 月 1 日 下午 5:45

冒昧插两句。如果不从自身的信仰出发，而从各文明体系而考察，我以为，在各文明体系中，人都可以达到道德的极致，人的生命的深层有为群体奉献的本性，犹如母亲能够为孩子献出一切，生命之本，乃是延续种，而非个体本身，由此便生成出人的终极的至高的道德命题：牺牲；而且人类终极道德是封顶的，不可超越的。由此而言，各文明的终极道德命题是一致的，并且都有达致的路径和方式，无论是基督教、佛教、犹太教、伊斯兰教、儒，乃至原始部落的文明。与其它文明体系相比较，中国文明最重要的特征乃是非神性，也就是说其是人文文明，或说世俗文明。

如郑兄所说，儒家的道德完善宗教上属于救赎，更困难，因为他完全依靠人的内在自觉，因此儒讲修身，老百姓讲是作人；而非神的外在的绝对要求和戒律。孟子讲唯士为能。我曾和康兄说，儒学缺少人民性，就是因为它太难做到了，而不像宗教有天堂有地狱，人民很容易接受。就道德的终极价值，中国的圣贤们和基督教的圣徒们是一致的，在同一水准，体现的也是同样的人性。当然。这是就道德命题而言，但是着眼文明体系的其它功能，比如人的认知功能、社会组织功能、技能等等，各文明体系相距甚远，有些方面简直不可同日而语。比如中国的文明体系不可能产生自然科学，因为中国的文明基因中没有理性探索未知的基因，方块字也没提供抽象、逻辑的符号工具。如果没有西方文明的冲击，中国文明将永远周尔复始的循环。但是文明有一个更重要的法则：道德是文明之本。此非价值的高低，而是人之共生的根本法则；否则再伟大的文明也将解体。美国的阿米什不用电不用机械，但他们至今生活得很好，如果世界发生大灾难，能生存下去的恰恰是他们。五四，中国知识分子对科学、民主的盲目崇拜，而反中国传统，是错误的，也是幼稚的，其与中国后来的文革有一致性，或者说是这支传统的必然结果。当下中国的根本问题不在政治，在特定的状况下专制是可以接受的，根本所在乃是文明系统被根本性地摧毁了，而最核心的则是道德认定（非一般所言的道德）被摧毁。中国文明的复兴需由此着眼。二位兄长所做，实乃与此废墟上重奠基石。兴之所言，不知对否。

郑义致一平 2014 年 7 月 2 日 21:39

一平，你思路开阔，谈及的都是基本问题，大问题，我感觉自己还处于整理思想阶段，在信上很难谈清，而且自己也没有想清。就当下写作而言，无法透彻也不一定是坏事，因为上帝所造的世界本身就充满不解之谜。我只要不以思想来抽象甚至改变现象，有可能保持世界与真理的多样性、矛盾性、平衡。即便有自己的倾向性体认，也要谨慎保持平衡，因为上帝的真理是神秘的，也是平衡的。

儒学与基督教是个艰难问题，再找机会讨论。

一平致郑义 2014 年 7 月 2 日 下午 10:54

郑兄：我是随便谈，不影响你的小说写作就好，也不用回复。

　　我想，你的小说中是否需要描写一段庙宇，废弃的，或者炮火轰毁的庙宇，庙宇在中国有重要的符号象征的意义，而且有其美感，特别是苍凉、破坏、毁灭的美感，其在汉语中意义非凡。这样一部史诗巨著，佛教要有一笔才好。

　　一平

第 44 辑　俄罗斯文学与苦难

一平致郑义、王康、北明 2014 年 7 月 4 日 下午 2:06

郑兄、康兄、北明：节日快乐！上帝祝福美国，也祝福你们！
一平

郑义致一平 2014 年 7 月 5 日 19:09

一平，也祝贺国庆好！
看下面这段：

对托尔斯泰，美国作家们更是称赞不已，也羡慕不止。豪威尔斯几乎读了托尔斯泰的所有作品，深感托尔斯泰帮助他认识了自己，觉得这位俄国文豪虽住在十分遥远的地方，却是世界上他感到"最最亲切的人"，他的良知，他的威力，都"迫使你去深思、去体会迫切的重要问题"。

德莱塞年轻时在托尔斯泰的影响下开始写作生涯。他认为，托尔斯泰的伟大永垂不朽，但并不在于他的社会学说和道德学说，而是表现于他的长篇小说，其作品是真正的艺术创作，不仅真实地反映现实，而且具有巨大的感染力。他在《曙光》一文中写道："他的作品在我眼前展现一幅又一幅的图画，它们的生命力使我非常震惊，非常赞赏，我脑中突然闪过一个念头：当一个作家该有多妙。只要真能像托尔斯泰那样写作，迫使整个世界都听命于你的文字！"

海明威最爱托尔斯泰描写战争的书——《塞瓦斯托波尔故事》和《战争与和平》。他说，战争是文学中最重大的主题之一，托尔斯泰当过兵，亲身经历过战争，所以描写战争的作品，就"没有比托尔斯泰的作品更好的了"。他在《战争的人们》序言中写道："我爱《战争与和平》，爱它对战争和人的绝妙的、深刻的、真实的描写。"但他又坦率直言，他没有相信过"这位伟大的伯爵的议论"，不喜欢他的"沉闷的、救世主式的思想"，因为这些思想和议论并不见得比那些福音传教士式的历史教授高明。

赫德林.加兰则十分尊敬作为"改革家"的托尔斯泰。他写道，他重读托尔斯泰的论文，觉得它们惊人的朴素、真诚，而且与现实生活中的人们有最为直接的关系，这些论文"在我脑海里重现了一幅又一幅鲜明的图画，我仿佛看见这位'俄国苏格拉底'扶犁耕地，或是手持做皮靴的锥子坐着——因为他渴望他的生活符合他的改造社会、使社会公正的学说"。

威廉·萨洛在《天才》一文中写道："我所认识的美国人，只要他们一般读点什么的话，那一定读过托尔斯泰的书，而且会继续读并继续喜爱他的书——他的卓越的长篇小说，出色的短篇小说，他的哲学论文（这些论文常常有点古怪，但仍然非常重要，因为它们都是他为真理、正义和人类尊严而坚决斗争的证明）、他的日记、书信以及关于他的论著。我所认识的美国人都尊敬托尔斯泰，把他看作自己的朋友，看作一位贤明的，有时有点怪诞而严厉，但总是为爱而激动的老人。他的天才是在一位强有力的巨人身上体现出来的全人类的天才；他大概也意识到这一点，因而凡使天涯海角的人感到痛心的事也都使他深感痛心。"

诺曼·梅勒至死一直遗憾自己没有写出一部像托尔斯泰和陀思妥耶夫斯基的长篇小说那样的史诗作品，一部"把社会与个体、公众与私人有机地交织在一起的托尔斯泰式的杰作"，尽管他自己一生写了十多部题材广泛的长篇巨著。2007 年逝世前不久，他还认为"至今尚无一部'伟大的美国小说'"，即使是二十世纪最杰出的美国作家海明威和福克纳也没能把国家作为一个整体执于掌中，却使之缩小成为细微的局部，因为美国今天的生活方式已使美国小说家们不能像十九世纪俄国作家那样从根本上领悟世界。他感叹道："文学失败了。事情都让电影、电视去做了。大众的觉悟和国家的文化都陷入了泥淖。"

——依我之见，美国产生不了长篇史诗，还因为美国历史没有大悲剧。

郑

一平致郑义 2014 年 7 月 7 日 上午 11:58

郑兄：

我同意你的看法。海明威说"人不能被打败"，大概这就是美国精神上的欠缺。人之命运最终是失败，古希腊悲剧早就阐释了。其实伟大的哲学、思想都是悲观的，宗教之成立也在于对人世的绝望。只有当人认识到终极而绝对的不幸，人的精神才走向成熟。美国文化之简单，或说浅薄，如你所说，其历史没有大悲剧。美国太幸运了，两百多年除了一次内战，几乎没有过什么大灾大难，简直是一马平川，与世界更是胜利接连胜利。对于国家此乃天赐，但是于精神文化流于浅薄，这对美国的未来不是好事情。五十年之后的美国如何？我不是很看好。其文化储备不足，当然也还有其它原因。

在读马克吐温，借密西西比之行，重温这位作家。马属于风俗作家，他和沈从文、马尔克斯属于同一类作家，讲述某一地域的故事——风土人情。这类作家会讲故事，人物丰富多彩，栩栩如生；但是他们的作品缺少精神性，没有对人终极意义的求索和要求。马克吐温的弱点是有太多的喜剧性，乃至过于夸张，而人深层的不幸被忽略了。马克吐温太幸运了，这应该感谢美国，美国的富饶和自由，感谢密西西比河两岸民众生机勃勃、自由自在的生活。而沈从文太不幸了，他没有发展起来，大概只完成了自己的三分之一。原因有二，一是他的文化负担太重了，由于中国的文化传统深厚，而他又没受过什么教育，因此颇自卑，他的一生都在竭力弥补这一课，其实做为一个小说家，完全没有必要的。马克吐温的幸运则是美国没有历史，他完全没有文化负担。其二，49 年"新中国"完全剥夺了作家写作的权利，其时他还不到 50 岁。

欧洲古典文学到俄罗斯到达顶峰。从果戈理到托尔斯泰那批作家多是贵族，而且是俄罗斯最优秀的人。俄罗斯地处寒带，多苦难多战争，文化落后，这使俄罗斯民族总是处在荒野的中，进行终极性的发问状态。而俄罗斯贵族又是接受欧洲的教育——最进步的人文文化，二者形成巨大的反差，或者说存在于精神的双重的剧烈冲突。19 世纪恰是欧洲人文精神，特别是文学发展到高峰阶段。在这种状况下，俄罗斯一批最优秀的人才投身文学，作为贵族他们对文学没有名利的格外所求，而俄罗斯文化的不发达，文学则是他们追求真理的最高形式。反之，西欧国家，文化发达，文化分工早已完成，文学不担负文明的整体性的责任。俄罗斯的苦难、这批作家的良好教育、修养、他们的优越感、对文明责任的担当，以及俄罗斯壮阔的自然，这些成就了俄罗斯文学。其是西方文学的巅峰，整体而言，不可超越，而进入二十世纪，文化的方式更加丰富了，特别是电影。文学的黄金时代已经过去。与科学不同，文学、艺术无进步可言，高峰就是高峰，消失后就将永远不再。

顺便想到这么多，不见得对。

一平

第 45 辑　一平诗《绝望的歌唱也是歌唱》

一平致郑义 2014 年 8 月 10 日　23：40

绝望的歌唱也是歌唱

我常常愧疚
你的内心是否掩藏黑暗
——哦，过深的黑暗

我无法原谅，那个邪恶的国家
——我的祖国
所有的言语均失去意义
只剩有一句实话
"坏人霸占了国家"
他们消灭善良和诚实
让每一叶青草都熏染血污和谎言

我无法原谅他们的残忍和卑鄙
一伙罪犯，屠戮后
就是公开掠夺
他们的国家　他们的财物
我诅咒它：灭亡
我已经听到它的塌毁

可是，那么多无辜的人
他们怎么能逃出那场劫难
我仿佛看到再一场来临的暴行
他们满身血迹，惊恐奔逃
或倒毙，或淹没大海

哦，我们的国家
一切正直、善良、希望
都被打扫干净

只能任凭他们每日的抢劫和谎言
他们绑架了一个国家
如果不能霸占，就将它毁灭
——一个多么悲惨、不幸的民族

"诅咒"，一个可怕的字眼
黑暗中的黑暗
可是除此还有什么别的可能
我们含泪远望
那些持守正义的人
一个个走入监狱
这个撕碎的国家只剩下最后一幕：
将诅咒付之以行——
而那又将是怎样的灾难

那一首诗高贵而优美
"将诅咒变为葡萄园"
我常常默默诵咏
让阳光、鸟鸣驱逐内心的黑暗
似乎是警诫，不能让黑暗吞没
在绝望中拯救自己
为未来保持"光"
但是，你该如何面对罪恶
太黑暗了，只有背身忘却的时候
光明才会撒向湖岸和青草

可是它矗立于黑夜
就在你的身后，如魔鬼的诟笑
我们怎么能视而不见
祈望漫天的繁星
化为正义之剑
如果能够拯救
情愿与其一同毁灭

我祈求上帝的宽恕和救赎

　　而上帝给予他们的也将是雷霆
　　是的，怎么能容忍正在行恶的魔鬼
　　怎么能对奥斯维辛去歌唱
　　正义是剑
　　并非黎明的鸟鸣
　　如果必需
　　谁也无法拒绝那倾注的血流

　　但是，黑暗中仍有一种歌唱
　　对持守的歌唱、抵抗的歌唱
　　"在苦难的狂喜中
　　歌唱人类的失败"
　　——何以狂喜，我们唯有悲痛
　　如同仰望
　　那个走上十字架的青年

　　黑暗中的腐烂
　　比黑暗更加令人绝望
　　但绝望的歌唱也是歌唱
　　悲痛的歌唱也是歌唱
　　那歌声穿透黑夜
　　化为一道星光

　　2014 年 8 月 10 日　于伊萨卡

郑义致一平 2014 年 8 月 11 日　21:05

　　一平：
　　非常成功的诗篇！
　　情感饱满，而且流动起来了。没有任何滞阻，不被成串的意象
打碎。
　　真诚无解的矛盾，内在的力量就油然而生。情感的撕裂及痛苦，
形成了强大张力。诗情于焉诞生。
　　深刻来自于真实、真诚。

而今大量诗歌是无病呻吟。

让内心深处的情感流动起来，就是最好的诗。普希金就是这样，简朴、流畅。

值得祝贺！

郑义

一平致郑义 2014 年 8 月 11 日 22:01

谢谢郑兄、北明！谢谢鼓励！慢慢写，写一点是一点。也许会写一点大的作品。

周琳还在读郑兄的小说，快读完了。今天她还说，老郑之后，再没有人能写这种小说了。

祝你们写作顺利！

一平

王康致一平 2014 年 8 月 11 日 22:19

一平，心有戚戚。中国悲剧还没到底，最终玉石俱焚还是否极泰来，无人能表。俄国从地狱回来，多少靠诗人先知们立下文字，中国最烂贱者，反是文人。……

第 46 辑　周琳读后感：为女主人公纯钧担心

郑义致一平 2014 年 8 月 4 日 17:03

一平周琳，谢谢你们！

这次聚会，成为我的新起点。你们的友情和理解，给我莫大鼓舞！

希望周琳读完后，我们能有一个电话。喜欢的部分，不喜欢的，一般的……

这对我下一步写作至关重要。车上大家谈起，一致认为周琳的发言最为感人。

祝好！

郑义

周琳致郑义 2014 年 8 月 12 日 13:23

郑兄：

谢谢你的信任。第一章刚刚读完，我好像列不出来哪些是喜欢、不喜欢、一般的。应该说是都喜欢，所以又开始读第二遍了。

最热爱的部分是写自然、大江、险滩的那些文字。一如既往的优美、丰沛、深邃，让人有种不敢读完的感觉。

最感人的场面是关于战争的场景、战事、人物。死亡是作品灵魂所在，因此震撼人心，使人盈泪。

最精彩的部分是人物的对话和民风，无一例外的准确、生动。无论是令人发笑的川言，还是神父发自天国的声音，是阅读中的一种享受，耐读。

大概是基于女性阅读的心理，有疑惑的人物似乎还是纯钧。你说过这是最困难的人物。等待看你这个神话的结局吧。

周琳 8 月 12 日 2014

郑义致一平、周琳 2014 年 8 月 14 日 下午 9:21

周琳一平你们好！

谢谢周琳特地用心写了那么多表扬的话！

你喜欢人物、战争和风景描写，这对我是极大鼓励。也就是说，拙作基本上达到了"平衡"。其一是情节推进速度与其他文学要素之间的平衡。情节太缓慢太平淡自然不好，但情节发展太快，太"抢戏"（戏剧性太强）就更不好。在最坏的情况下，读者根本不关心人物、心理、景物、民俗，只是急切追撵故事。我是凭自己的估计来掌握这种平衡的，你的评论对我的努力是一个重要的肯定。谢谢你！

　　另外，你还说了一句至关重要的话，今后不会再有人这么写了……此话令我一惊！想了想，令人深感绝望，但可能是真的。由我，怀着这种信念来写，投入平生所学，以生命最成熟的最后的岁月，是许多机缘的配合，不是可刻意求之的。因此，我要珍惜，要加倍努力！这是上帝赐予我的恩典！

　　谢谢你的鼓励、提醒！郑义

一平致郑义　2014 年 8 月 17 日　下午 6:56

　　郑兄：谢谢你！

　　周琳很喜欢你的小说，特别是这一部。文革期间，她 15 岁，因为读《红楼梦》被朋友揭发，遭学校批判，划为异类学生。

　　周琳写过不少诗，因为不掺和文坛的事情，因此诗写得很纯粹，比我写得好。不过，她不把写作当回事，如果用心一些，会更棒。周琳没有什么功利心，也不介入文学纷争，她的趣味还是那些传统经典，她为你的小说感动落泪，就说明你写的真好！这的确是一部非凡的作品。我们私下谈论，她略微有点为纯钧担忧，因为你对她的期待太高了，她在作品中的位置也太重要了，而且其他人物都那么精彩。

　　我的那处房子马上就修好了。如果你愿意，可以带上你的电脑和用品，一个人到那住一段时间，多久都可以，绝对安静，不会有人打扰，写累了，就去湖边散步。看你的意愿。

　　每每想到你们，内心都很踏实，中国的文化本该是这样。

　　祝福你！

　　一平

第 47 辑　三人谈第一卷主人公

一平致郑义　2014 年 9 月 1 日　17:02

郑兄：再读大作，还是很棒，是成功之作。

第一卷中两位主人公都弱了一些，可能因为其他人物都太强了。

我们上次电话交流过一些看法，关于蒋，你抓住了他冲突的核心，即现实与现实的责任，作为一个国家的统帅，特别是在战争中，他不得不痛下杀手，也不得不卷入黑暗之政治，他必须担当这份命运与责任，身在其位，他并不能乘桴浮于海，这是比成圣、殉道更难的事，他的违背自己的圣贤的道德与心愿。有了这层冲突，蒋就会更深入更坚实。

第一卷中，郑璧诚的定位与内在冲突尚需加些笔墨，否则有点撑不起来。我们上次也谈过，可以将郑和蒋作为一组对应的人物来写，如果说蒋是国家之统帅，那么郑可作为普通人（中国精英阶层的普通一员）；蒋的领域是政治、战争，郑的领域则是和平、生活和建设；蒋更多体现历史的关键时刻，而郑则多在日常；蒋是儒家和基督教的完好结合，郑则是儒家和佛教的完好结合；蒋的冲突是圣贤之路与残酷之现实，郑的冲突则是佛家的出世与儒家的救世，还有一层冲突则和蒋公一致，那就是佛家的精神境界和现实的担当，包括对家庭的担当。等等。

小说中的人物大多是战争中的英雄，郑则多需要体现日常生活的一面，如此人物的距离就拉开了，人物所分担的表现内容也有了不同的领域，可谓各有各的天地。由此看来，郑这个人物也会是很丰富很坚实的，不怕撑不起来。

可能最难写的会是女主人公。因为你给这个人物的定位太高了，近乎女神，用此来平衡战争与全书道义之责。有这样一位"虚构"的女性也好，但是怎么完成呢？我想不太好。就第一卷来说，她的呈现似乎没有担起你赋予她的意义。娜塔莎、阿克西尼亚、安娜都是现实人物，因此在那几部巨著中都很饱满。伊利亚特中的海伦，则不是很成功，她几乎算不得是主角。在你的这部史诗中，女人比男人难写。

祝第二卷顺利！

一平

王康致一平、郑义 2014 年 9 月 1 日 23:48

　　就初看印象，还是觉得结构上较均衡，文学跟历史的虚实转化，融会贯通，都匠心独运，背后是作者的关怀所在。两大主人公的差异和对照，不必强调，人物确有其命运，还是顺其自然好。后面还有三部，呼应、映衬、回复，都是光召擅长。女主人公至关重要，与两位男主人公的关系，与整部小说意旨和风格的关系，我还是倾向于更精神化、神迹化、纯文学性。其实开篇已经赋予悲剧性和疏离感，再回人间，面对民族的大悲剧，她的感受神情言语行为都不会再与寻常同。如果一定有类型，我还是以为"宛在水中央"，是抗战风烟之上之外的女神形象。

　　两点建议 1，作者更直接地进入创作（有些冒险，但值得尝试，十几篇散文特别《红刨子》、《金棕榈》和《素棺》就异常成功）；2，文学性超过历史性（扬长避短，可加快进度，文气更充沛流畅）。

郑义致一平、王康 2014 年 9 月 5 日 20:49

　　一平老康你们好！

　　你们所提的都是大问题，本想能给你们一个回应意见，但一时想不明白，恐怕要假以时日。但你们的意见都很好，我会反复认真思考。能有你们这样的知音，是我的幸运！郑

一平致郑义 2014 年 9 月 5 日 下午 11:32

　　郑兄：我们的意见不用太在意，你在战中，我们是旁观，难免乱支招。

　　下面是几个具体的乱招：

　　1、第一卷中要有一节，具体叙述（一个生动而有分量的故事）郑如何弃革命而走上实业（交通）救国，这将定位郑的人格基调（建设性人格）。而这也确是尊父的人生转折，这一情节在小说中应是非常重要的，

　　2、第一卷中，可以展开其尊崇的两位先师中一位的故事，其故事有传奇性，而又是真实的，此是郑的人格根据。

　　3、第一卷中要表明郑的佛教信仰，可以写一节其资助建庙，附带可以引入一位老僧，庙宇之美，同时又可展开，其家庭中的矛盾

——人生的烦恼与困惑，同时这又是其妻置办房产，留后路的缘由，恐怕这也不是为自己，而是为整个家族。托尔斯泰与妻子的矛盾也在此。

4、郑与纯钧的爱情，郑应该有很大的纠缠，第一卷中对二人的爱有些回避，因此也没有深入表现郑的人格内在矛盾和冲突。

如果有这几点，郑就会很丰满了。

我是乱说，不一定对，可能是臭招。

一平

第 48 辑 评北明新作《莱比锡的烛光》

北明致郑义、一平、王康 2014 年 9 月 2 日 7:30

　　光召，一平，老康：

　　这篇勉强叫做散文吧。写完了，给你们都看看。提提意见建议，如何能改得好些。

　　请不外传。北明

一平致北明、郑义、王康 2014 年 9 月 2 日 10:03

　　北明：很棒！优美、诗意盎然，闪烁理想之光，此文和以前那篇写音乐的文章一致，这正是你的文风，这也是汉语写作所缺乏的。照这个风格继续下去！此类文章可能不会有什么反响，不和今日的大众的"趣味"，但是要自信，要坚持。文以载道，这是伟大之传统，为文明及文明的传统写作，远离大众。

　　这段历史，我不是很熟悉，如果史实没有什么出入，就不用修改了。文以气胜，修改过多，会损气。祝贺你的好文章！

郑义致北明、一平、王康 2014 年 9 月 2 日 17:43

　　刚读完。

　　非常令人感动！多次听你谈及，细读之下，仍然感动。

　　立意好，核心人物好，事件好，作家好，文字好。如此，就全好了。

　　一个成功的范例。自然，首先在于作者内在的饱满，精神的充溢，其次在于细节。所有进入叙述的细节，都是珍珠，令人眼目一亮，印象深刻。相反，没有细节，就成了枯燥的转述。即便是历史写作，也是看重细节的。

　　文体独特，游移在文学和历史之间。与散文较近。没关系，文章好就对了。

　　如果想改，删去一些与主题人物与事件离得稍远的事件即可，技术上可以做到，改得更清爽透明单纯，就成了一片优秀散文。只是，删去一些精彩材料令人心痛。

　　可以分两步：先如此发表，然后删出一篇散文。如删去 1/2——1/3 篇幅，就是一篇佳作了。美文经得住时光磨蚀。

　　努力是有价值的！如此一篇篇写下去，不成大家也难。

　　遣词造句有拿捏的印迹。轻易不可造词。要有维护祖国语言纯洁性的强烈意识。清纯自然是最高境界。

由衷祝贺你！

大愚

北明致一平、郑义、王康 2014 年 9 月 2 日 下午

一平，谢谢鼓励。此文写作时间长达四个月，主要劳作就是查阅资料，比较各种说法，还原整个事件的时间顺序和场面，可以说做到了相对准确无误。唯一的遗憾是这位牧师有一部传记，是德文，无法阅读。这是最大的遗憾，否则，故事将会生动的多。先这样。

北明

王康致北明、一平、郑义 2014 年 9 月 2 日 22:20

在历史巨变中挖掘人性，在人性中发现神性，是中国文字的新突破，《金棕榈》和《莱比锡的烛光》是空前成功的代表作。俄国人始终有整体表达传统，最优秀的作家都同时思考历史、哲学和宗教问题，思考魔性、人性和神性，并有自己强烈的立场，别于西方精神分化各擅其长的现代理性。对中国，俄国方式好过西方。

此文涉及若干领域、事件，尤其与 64 开枪对比，让人精神上痛切震撼，看似相同的历史环境，发生全然不同的后果。其实，同样的极权主义，深层道德基础大不一样。最令人费解的是，教堂、牧师、烛火，即使在西方，几代人以来似乎远离现实的物事，却是决定性的力量。结束东德政权的，是传统精神、宗教力量。中国反对派要么基本沿袭官方思维、文字，要么食洋不化，从来没有依靠传统道德精神，总在陈述一种目标，我们要取而代之。中共的哲学则是寸步不让，两者永远限于以暴易暴的泥淖。看看王×余×，哪有一点君子风范？政治反对派的人格低于寻常水准，不如放弃。

叙述波澜起伏，准确而细腻，文体华美而醇厚（感叹号多了点！）结构庞宏而条理清晰。最后一部分，直接评述，三致意焉。提示精要，发抒感慨，上乘之文必生共鸣之势，正体现对读者的信任尊重，以及作者旨意。

此文若广泛传于国内民间教会，乃至各色人等，会有醍醐灌顶之功。看看人家，想想自己——中国人这点鉴别力还是有。

好的文字，不是压制，是托起；不是惩罚，是宽宥；不是审判，是救赎。此文也当如是观。

老康读后 2014，9，1

北明致郑义、王康、一平 2014 年 9 月 2 日 23:04

　　都不是外人，把你们的评论依次排列，发给每人看看。我也有权高兴至少一天。

　　此文内容萦绕心中四年之久，感慨始终挥之不去。本该依照决心不再拐弯，专心把庚子国难弄出来，结果因为六四 25 周年纪念，引发有一点点责任感，故下决心再拐一次弯，到莱比锡巡礼一次。

　　不料一折腾四个月过去了，其中卷入六四筹备活动耽搁了十几天。所费功夫主要是进一步查阅资料，还原碎片般的历史。有光召和两位兄长的肯定，够我高兴至少一整天了！

　　谢谢。此文写作最大感想依然是奥威尔写作时的矛盾：想写成纯粹的文学作品，但是始终不能脱离新闻性、资料性的局限。奥威尔曾经为此极端沮丧又无可奈何，我发现我一直处于这样的麻烦当中。只是最近努力想加强文学性。——这大概是我们这个时代的特征：纯而又纯的文学到哪里去建构呢？奥斯维辛之后，即或有诗，也不再同于前了！这篇文字，产生的前提不是人性、文化、个人抒情，而是历史、现实，民族命运。我不知道这算是时代局限还是时代特征，唯有一点告慰自己的：我写自己感受到的东西，我听从自己心灵的指引，我抓住数年挥之不去的感受，表述长久以来的沉思。

　　把莱比锡教会的非功利主义的行为，放在本民族的关照中来写，其实是极端功利主义的思维：希望提请国人注意信仰的社会功用。这让我也感到有些不安。但是人们不能取消这种思考，看看有多少著作分析描写美国立国精神、清教徒精神和加尔文的思想，就知道了。

　　再谢谢。我稍加修正，准备投给台湾的传记文学看看。不行，再做打算。标题暂时改为"莱比锡的烛光——柏林墙这样倒塌"（更不像散文了）。

　　一平，跟光召商量好了，这个中秋节我们去你那里过！

　　北明

一平致北明、郑义、王康 2014 年 9 月 3 日 12:05

　　北明：高兴你们来！就是又让你们跑路了！这次来，我们去那处最漂亮的酒庄，专门为你的这篇文章庆贺！郑重一点，还要听你读一段！这是你写作的一个里程碑，可以预见未来你的重要作品。要自信，再自信！北明本质上是诗人，好在你没去写诗，因此也就超越了诗人们——诗人们集体堕落了，已经全然不是诗人。诗——

精神之光，道义——文明之道统；悲天悯人——宗教之情怀；美——灵性之极致，这即是你的道路！

　　文章，我以为不配图片为好，因为图片太漂亮了，即分散读者对文字关注。再问问二位兄长的看法。

　　一平

第 49 辑　谈论索尔仁尼琴、基督教与儒学

一平致北明、郑义 2014 年 9 月 21 日 下午 10:22

北明：谢谢你！借助你的翻译，我学习了一遍索翁的文章，也学习了一次英文，都甚有收益！感谢！

索翁的思想确是很重要：他强调了人类最古老也最核心的命题：人的意义和价值，是快乐，还是善？由此，文艺复兴以来的人文精神值得重新思考。在普世的幸福追求中，人类走到了尽头。儒家的精神的核心是做人：仁是人的终极目的。这和基督教的精神是一致的。我们确实需要对西方文艺复兴以来的思想进行反省。

我的想法可能和索翁有些区别，我不想对文艺复兴的人文思想否定，而是在人性的存在中，必须坚持"仁"的终极意义，以此平衡人性。

索翁承继了俄罗斯的精神传统，给西方现代文明带来了新的生气，这是西方文化需要汲取的宝贵资源，特别是在西方趋向没落的时期。我热烈期待俄罗斯与欧洲的融会。

后面几节，作为学习，我试着有些文字修改（兰体字），可能不对。

一平

王康致一平 2014-09-23 14:05

一平，索翁最后回归东政教基础的斯拉夫主义，有一条隐蔽的历史轨道，即俄国跟西方一千年的恩怨。

公元 988 年基辅罗斯与拜占庭帝国联姻，接受基督教，1453 年君士坦丁堡被奥斯曼土耳其攻陷，莫斯科被定为第三罗马，留立克和诺曼罗夫两个王朝结束蒙古—鞑靼统治后一路向东征服。其间欧洲经过文艺复兴、工业革命和启蒙运动，彼得一世开始西化改革，直到拿破仑入侵，亚历山大一世率反法联军攻下巴黎，十二月党人提出建立共和国并遭尼古拉一世镇压，俄国贵族始分化为西化派和斯拉夫派，俄国从此一分为二。然后是作家、诗人、大学生登上俄国历史舞台，下层贵族和平民力量崛起。赫尔岑、恰达耶夫、屠格涅夫代表西化贵族，陀思妥耶夫斯基和托尔斯泰基本拒斥西方，别车杜到涅洽耶夫、巴枯宁到普列汉诺夫最后到列宁，则代表俄国底层，刚好接上工业革命中期欧洲无产阶级革命即马克思主义的兴起，

遂以十月革命和共产国际为号召，以马克思主义取代西化派之欧洲启蒙主义，以工人、士兵、贫农取代下层贵族、地主和新兴资本家，如此这般，实现了俄国一千年的弥赛亚救世主义转换。代价是 6000 万俄国生命，是古拉格群岛，索翁身历其中。

索翁 1974 年到西方后，美国和西欧尚未完全从二战物质与精神废墟中脱身，又被冷战和伊斯兰革命纠缠，资本主义面临的文明危机不亚于共产世界。在索翁眼里，苏联邪恶而强悍，西方自私而疲软，现实世界没有希望，他几乎只能从俄国历史寻找根源和解救之道。索翁对西方的失望确有太多理由。事实上，苏联失败近四分之一世纪，西方至今没有拿出 21 世纪改善人类处境的哲学和办法。索翁因此用 20 年时间写《红轮》。在这点上，郑义的思考和写作跟索翁十分接近。不同的是，郑义从基督教和中国儒家获得信仰和道德的力量和灵感。俄国临时政府不到一年，民国有 38 年可圈可点的历史，因此郑义的长篇更可能为中国招魂。苏联解体后，俄国进入新历史阶段，但是因为普京克格勃一寡头集团和中共不仅避过审判而且捞取全球化红利、红二代急欲重建帝国而与俄国结盟，俄国还徘徊在老苏联和新俄国之间。

老康 2014，9，23

一平致王康 2014 年 9 月 24 日 下午 1:31

康兄：索翁的思想我还在思考。欧洲文艺复兴以来的思想需要反省，抛开上帝，以人为中心，最终导致个人至上、享乐至上、欲望至上，另外的词语就是自由和个人，基督教文明的道德储备逐渐消耗殆尽。索翁归附东正教的出路，我不是很接受，这条路和伊斯兰教的原教旨主义大致相近——从思想精神上。作为世俗世界，儒家思想可能真是出路，起码是一种有益的补充。因为有基督教的背景，欧洲文艺复兴并没有形成一套完整的，特别是个人的人文道德与精神体系；但是儒家正是。自由、民主、人权，这些词语都庸俗化了，中国自由派以为，这些就解决了一切，太浅薄了。康兄的道路正是复兴儒家，这也是老兄的宿命吧，这条道路是中国文明的正途，但为自由派所摒弃排斥。虽千万人，吾独往矣！盼望老兄的兴儒大作！郑兄正在路上奋勇直前，祝福他！一平

王康致一平、郑义 2014 年 9 月 24 日 下午 2:06

　　西方自由主义从对基督教的怀疑批判开始，但中世纪末期到文艺复兴，正是基督教改革打开了欧洲近代人权与宪政之门。无论如何，西方世俗权利与宗教信仰之间总是存在对抗，彼此之间也冲突不断。像儒家那样公开鼓吹讲信修睦，和谐温情，而且一以贯之，确实为中国文化所独有。孟子后"儒分八派"，但从未达到基督教、犹太教、天主教、东正教之间的分歧，更没有出现逊尼派、什叶派之间你死我活的仇恨。在世俗意义上，儒家确实可作持中协调和平天下的角色。一个大问题是，如何驱逐马列主义，恢复孔孟之道。幸有民国历史和台湾在，中国现代统一与中华文化复兴应相辅相成，彼此成全。既然在历史记录和义理上有此功用，就不能排除通往形上价值和终极关怀之路。反之，若没有"天道"、"太极"之类中国式的上帝意识（区别于人格、神格和任何位格的宗教），也未必可以得出中庸、并行和勿施人的道德自觉。一平，我好歹有唐君毅作后台，你却平地拔起，全靠一己阅读思考，让人惊讶又欣喜。

第 50 辑　与伊斯兰文明的冲突是本世纪根本性冲突

郑义致一平、北明、王康 2014 年 10 月 9 日 9:15 PM

见附件——

（郑注：附件《再多说几句有关'伊斯兰国'的事》此处略）

一平致郑义、北明、王康 2014 年 10 月 9 日 10:56 PM

郑兄：谢谢！个人主义、享乐主义、自由主义导致基督教文明没落，人文主义的最后一站是享乐主义——文明的黄昏，黄昏是人文文明最美好最温暖的时期，之后是新的黑暗。伊斯兰国是之预兆。他们不是一小撮，背后是整个伊斯兰世界，伊斯兰国是其最极端的一极。伊斯兰文明与基督教文明的冲突是此世纪的根本性的冲突，由此西方应该将专制与民主的问题放到次要地位，接纳俄罗斯（由此而言，西方将俄罗斯作为敌手，是战略错误），构置基督教文明的新阵容。在此大格局下，复兴中国传统文明——儒家文明乃具有"天下"之意义，中国文明本质上是人本文明，根基深厚，加之强大的体积，其具有抑制伊斯兰教的作用，而且在基督教与伊斯兰教的冲突之间，中国文明具有缓冲、中和的重要意义。当下，中共是中国文明复兴的瓶颈，其不被打破，就不能有中国文明的复兴，而抵制中共，民主自由是最有力的武器，但由此也限制了中国知识阶层的眼界和语言，并带来极大的副作用，就是对中国传统文明的漠视及摒弃。五四以来，中国自由知识分子起到了很大的负作用，其直接西方左派，破坏中国传统文明，对共产主义在中国的兴起和胜利负有责任。复兴中国文明乃是中国今日之天道，郑兄的巨作、康兄的大画意义均在此，康兄作为唐君毅的后人，可考虑设立一项唐君毅奖，以召唤中国传统文明的复兴。

一平

北明致一平、郑义、王康 2014 年 10 月 10 日 上午 12:06

一平说得太好了。

郑义致一平 2014 年 10 月 11 日 21:45

一平：

这真是一封具有启示意义的信，把我们近年来感觉到的、忧虑的事情讲清楚了。

　　附件是小明刚译完的索尔仁尼琴的讲话，极好。他的要旨正是你所说的"文明的没落"。你与他都充分肯定中世纪，而对文艺复兴以降的"人文主义"表示深刻的质疑。"文艺复兴"是否定基督教神学，"人文主义"是直接僭越上帝。

　　你更深刻的是明确提出"把专制与民主的问题放到次要地位，接纳俄罗斯（由此而言，西方将俄罗斯作为敌手，是战略错误），构置基督教文明的新阵容。"这是一个极为清醒睿智而极具紧迫性的新世纪战略。日前我转发的《再多说几句有关'伊斯兰国'的事》，有几句重要的话：极端个人主义直接导致了传统婚姻家庭的解体，西化程度较高国家和地区因下降而无法维持正常经济运转，更无力抗衡全球伊斯兰化。——千禧年世纪之交，世界发生了一个前所未有的根本性变化：过往世纪，对罪恶的最极端制裁是"死"，亦即否定人对生命的热爱。伊斯兰恐怖主义仇恨一切，包括漠视自己的生命。这是对上帝的最高的反抗。世界从文艺复兴僭越上帝，高扬个人，终于走到仇恨上帝，仇恨生命。倘若几分之一的人类不惜与仇敌同归于尽时，文明的长夜就降临了。人类史上，这种仇恨的力量从来没有如此强大！

　　在这部长篇写作中，我不断感觉"民主至上主义"的荒谬。在通常的社会状况下，在和平时期，民主制度显然优胜，但需要制度性补充。在战争时期则相反。在人类漫长的历史中，民主社会仅仅是一瞬。那末，此前的历史是史前史吗？当然，这个问题两句话谈不清。但我们的感觉是准确的：以个人自由（实为放纵）为核心的民主社会出大问题了。我有一种模糊而恐怖的预感：我们的后代将会猝然面临一种远比二战集体屠杀、种族灭绝更为残忍的境遇。

　　太晚了，再谈。

　　郑义

　　我没发给老康，他对基督教、有位格上帝的看法我不很清楚，免得引起不必要的争论。我们先私下谈，随便些。又及

一平致郑义　2014 年 10 月 11 日　23：07

　　郑兄：这是非常重要的问题，我们应该深入探讨下去。这些问题，你的小说中都会遇到。对于瑞士、瑞典、荷兰这样充分小和高教育的国家民主是好的，但是对于中国、俄国是行不通的。比如如何看待蒋公及中华民国，如果用今天的"民主"去判断，只能将之

抛弃，中共的革命就是对的，美国也是因此最终抛弃了蒋，由此导致民国的灭亡。

波兰、俄国，我都有亲身体会，在波兰，民主是好的，我赞成，但是用到俄国就是灾难，这正是叶利钦的失败。如此庞大落后的俄罗斯，怎么让普金搞民主？这样要求普金，如同当初美国对待蒋公，最终将国家推向极权。

民主（至上）最终将吞噬西方文明，人文主义的终点是享乐主义，到此文明就走向灭亡。现在西方依靠科技武器可以维护自身，如果没有现代武器，伊斯兰肯定会扫平欧洲。再想远一点，伊斯兰国家最终也会掌握最先进的科技和武器，那时将如何。想想，伊斯兰国不过万把人，但是整个西方对之没有办法。可以想象吗？如同笑话吧。实际这是西方的没落，伊斯兰崛起的显示。

现在我们可以理解索翁的思想，为何其激烈地批判美国和现代文明。由于极端的个人主义、自由主义（滥用的自由）、享乐主义，西方文明走到尽头，新的黑暗已经来临，伊斯兰国是预兆。（这件事需要深思，绝非媒体说的那么简单，绝非是反恐问题。）

我们最熟悉的是文学，但我们眼睁睁地看到，欧洲文学的经典价值，完全被抛弃了，诺贝尔奖已经归属莫×一流。民主化、大众化、多元化、自由化，将腐蚀欧美最根本的文明价值。如果热爱基督教文明，那么现在需要的不是对它的赞颂，而是批评和警示。

你说的对！圣经教育我们，在家庭中，男人是首，女人是肋骨，这乃是建设保护家庭的箴言。但是女权主义兴起，男女是平等了，但是家庭解体了。女人都冲向社会，争当博士、教授、明星，成就伟大的事业去了，家庭则无人照顾了，孩子们没有了充分的母爱，并且女人也不愿再生育了。我们看到，美国很多问题的青年，是因为他们儿时的孤独，没有得到充分的母爱，没有兄弟姐妹。

当今，文明的意义乃是维护传统，西方就是基督教的传统，中国就是儒家传统。文明就是维护"人"的存在，使之完善。如此看来，我们是反动派，反对"进步"、"发展"学说的反动派。能成为极少数的个人，站在传统的一边，反对"现代"、"发展"、"进步"，甚至"民主"（庸俗化的民主），乃是幸运的事，因为我们反对伪真理，伪进步，伪繁荣。

其实，我想写一本书《民主的终结》，中心是民主崇拜最终吞噬文明。

我们可以逐步思考下去！也许，我们想错了，但是思考则是文明的活力！

　　一平

郑义致一平 2014 年 10 月 14 日 21:58

　　一平：

　　心里一直想着给你回信，可是居然两天之内拿不出时间！我的时间似乎粉碎了。杂事总避免不了。

　　明天再找时间。今天先说一点：你想写一本书是极好的打算！一本书的写作，往往把自己的生命带动起来。我热烈支持！但题目要选好。可以先模糊些，反正要读一大批书，在阅读过程中再修正。

　　再说。

　　郑义

一平致郑义 2014 年 10 月 14 日 下午 10:32

　　郑兄：你背负使命，写作是第一位的，我平时不给你电话，是怕打扰你。我的信你看看就行了，不用回。大行不顾细谨。

　　很多事情，开始是好的，但是离开具体性，会逐渐变质，在广泛推广中，一向是被庸俗化；另一向则被神话，二者是一致的。自由、民主都有这个问题，前几天见到一位母亲，带着小女儿开车一百多英里，去大学看望大女儿，到了大学，大女儿却不见，说是学习太忙。个人的自由膨胀到这个地步，人与人就没有了"人"的关系了。

　　如果你那里干扰多，可以到我这里写作，两处房子都可以，周琳也不在，绝对安静。

　　一平

第 51 辑　写灵魂与祭祀——回到文学的源头

一平致郑义　2014 年 11 月 27 日　13:13

郑兄：感恩节好！

你说你的写作是写死亡，没错，但还是可以理解得更具体些。准确地说，你的写作是祭祀，其包括三个方面，一是殉难，英雄们为了信念、道义走向死亡；二是祭奠，对死难的祭奠，悲剧性的哀悼，并赋予荣誉与意义；三是招魂，生命在殉难中消失了，但通过祭祀，使英魂归回。我想这三点就是这部作品的意义。那一场战争，那一时代，无数的人悲壮地走向殉难，但是他们的英名、精神、魂灵完全被埋葬了，无声无息，并满含耻辱，我想你的这部作品，就是一部伟大的祭祀，重新唤回逝去的英雄们，恢复他们的尊严和荣誉，唤回那被埋葬的声音、精神、魂灵，唤回一个被消灭的死去的中国。文学、艺术是从这里起源，并发展而来的。当其不断和这一源头分离，也就逐渐枯萎干涸。我想，你可以将这部作品，作为一场祭祀来写，不要受小说形式的限制，艺术形式的创造是由内在的精神、情感的表述所带动出来的。比如，这部作品中的真实人物的数量、分量、故事，都会远远超过虚构的人物，但对于这样一场伟大的祭奠，不得不如此，应该说这也就是创造本身了。

随想随说，不一定对。不用回复！

一平

郑义致一平　2014 年 11 月 27 日　下午 6:27

一平、周琳，感恩节快乐！

每日每时感觉上帝的恩典！

在生活和写作中与圣灵同在，此刻即在天堂。

你说的祭祀，对我很有启发。确实这样，实际上已经写成这样。但有明确意识就更好。

对于"死亡"的主题，我还在思考。核心思想是：死亡赋予生命予意义。不是有生才有死，而是有死才有生。这是基督教的一个基本概念。我们正是与耶稣在死亡上合一（同一）（即死在十字架上），我们才与耶稣在生命上同一，即走出时间（死亡），获得永生。一般讲"盖棺论定"，是指死亡是生命的终结（因此可以进入评价）。但死亡应该是生命的开始：正是因死亡之虚无之不可抗拒，人开始思索生命的意义。认识到那仅仅是肉体的终结，就可能认识到生命之本质是"一个灵"。获得这种启示，真正的生命就开始了。

因此，我对于死亡有十分积极的理解。而我们的父辈们，尤其是那些经历了战争的先贤，都是以死为生的。"舍生忘死"不足以说明。"舍生取义"更深刻，由此他们走入历史。而历史就是永生，就是中国人的宗教。从这个意义上，中国人是有信仰的。

正在炉子里烤着一只鸡，不写了。打住。

祝你们全家感恩节喜乐平安！

郑义

郑义致一平　2014 年 11 月 28 日　7:30

说死亡，就是在说灵魂。没有灵魂就是真死，有灵魂就是永生。

说陀思妥耶夫斯基深刻，正是因为"拷问灵魂"。但"拷问"不确，他不是上帝，而只能是"追询"。索尔仁尼琴似有美中不足：对政治—历史的关注超过了灵魂。其实晚期他有很多文字可证实他对灵魂的关注。

《圣经》可一言以蔽之：爱。亦可一人以蔽之：耶稣（旧约是对耶稣出场的铺垫）。其实其指向都是"灵"。

昨晚的烤鸡很成功。

有些信只写给你，并不 CC，因为你关心灵魂的问题，我们交谈起来简单，不致成为一件事，要写得周全，就累。

郑义

一平致郑义　2014 年 11 月 28 日　上午 8:20

郑兄：祭祀是文明的第一束光，因此说人的意义是由死亡而来的。如你所说，人对死亡的态度，决定人对生的态度。中国传统将死者为大，重葬、守孝，三年不改父道，都体现了对生的严肃、对传统、对仪式、对经验积累的重视。我想，人对灵魂要求是与生俱来的，我们找不到哪一种文明，哪怕是原始部落，不相信灵魂。中国文字中有许多鬼魂的字，即使当今中国民间也存在大量原始崇拜。科学的兴起，扫荡了灵魂，同时也压制了生命的灵性，这是现代人焦灼、空虚的原因，人由而成为生理性的物体。你在"奋战"中，不用回复。我想到哪说到哪。

一平

2015 年

第 52 辑 讨论郑义长篇第一卷后三章

一平致郑义 2015 年 1 月 7 日

郑兄：在读第二遍，尽可能地读仔细点，也多想想。我随读，随将感受写给你，免得遗忘。

雷鸣远这个人物写得很是有神采。这个人物太重要了，他就是中国的基督（从人文而言），或者说是基督行事于中国。中国的传统文明自成体系，完整而坚实，是人类的伟大文明之一。但是其有欠缺，毕竟它是世俗文明——非崇神文明。在世界各文明的撞击和交融中，中国文明需要极大地汲取基督文明，也就是说儒家道统需要有一次与基督文化的融合。从基督教来说，儒家需要基督的洗礼，从儒家道统来说，其需要汲取及融汇基督精神。儒家文化是最具融汇性的文化，无论是佛教、道教，其都曾很好地给予吸收和融汇。蒋公和兄也是很好的个例，我虽未受洗，但也有此体会——多年来一直很注重此事。中国文明的希望就是，儒家道统与基督精神的融合，并且这也正是中国文明的趋向——复兴传统热潮及家庭教会。因此，我对中国文明一点也不悲观，而且多元素的文明将更有生命力，也更丰富。此是兄的这部大作品的深层内涵。

雷鸣远与张自忠的一幕体现的正是这个主题。两个活生生人杰之后正是两种文明的融合。这不是单向的，雷神父本身也中国化——接受了儒家。由此而言，两种文明的融合，其本身也丰富及扩展了基督教文明。特别是在基督教走向没落时期，这就更加重要。中国文明的复兴本身也复兴及丰富了基督教文明。雷鸣远和蒋、陈、宋的交谈也体现了这个主题。这个主题，将使这部作品蕴有极强极深极广的精神内涵，这就是此部作品的"神"。其实，兄本身正是这两种精神的优美融合。在这部作品中，兄可以更自觉地着眼于此。所谓史诗，诗意所在乃是精神，蒋公说精神不死，正是这种精神。作品虽是写史、写事、写人，但中核乃精神，古人云文要有神、字要有神、画要有神、人要有神，均同此。

在此，我上面一点题外的话，也是旧话。兄作为基督徒，当然需在作品中体现基督之精神，但从作品角度，我再提醒一下（不针对此两章），在作品中也要通过主人公体现一些佛教精神，这也将是未来中国文明的一元，并且也是中国传统的一部分。坦率地说，我有点担心，因为兄是基督徒，而忽视此点。

　　关于义和团之内容，所表述得很是到位。如雷神父所讲，我爱主交给我的羊群，也不能不爱义和团。真是伟大之精神——爱与悲悯！数十年的老共之统治，留给国人险恶之心态，此乃中国最大之祸害。或仇外，或逢华为贱；不在观念之对错，乃是心态之恶劣。作品没有回避义和团之残忍，也没有回避"帝国"之强权；颂众教士之出汗流血、前仆后继，亦批判"保教权"之蛮横——政教合一。有真，事态真实之记述；有正，义和团之残忍与其兴起之原因；有爱，雷神父在义和团血刃之下，而誓要做一个中国人，谴责盛气凌人之"教会"、爱义和团，何等之精神，乃是基督临中国。

　　圣彼得大教堂，雷神父痛苦一节写得很是光彩。上天的神圣、庄严、辉煌与人间的苦难，个人的渺小相融一体。乃为交响乐章之一高潮。

　　关于此章雷神父先写这么多。

　　一平

一平致郑义　2015 年 1 月 7 日

　　郑兄：

　　兰封战役。有关战事，我不太懂，不多言。具体谈几点。

　　1、有关"六、七十年后网上军迷"一事，可直接引用他们的研究数据，但不将他们引用文中。因为一旦引用当今的事情，那个时代的场就被破坏了，有如穿了一个洞。此部作品是要重构那个时代的人与精神，因此相对封闭为好。有关现今军迷们提出的问题，可在本章后以注解陈述。

　　2、历史小说的难处是，需要不断地记述史实，这是必需的，但也是枯燥的（相对文学而言）。因此，在陈述战事中，是否可以考虑再多穿插一些人物的记述和场景的描写，以增加文学的气氛，与陈述战事平衡。

　　3、李必藩自杀一节是否还可以补充些内容？军人于战场上，因战"败"自杀，是非常典型的实例——杀身成仁，其比战死更有悲剧性，其自杀前心理、精神也更丰富、复杂——更具人性，也会更感人的内在冲突，由而其死也就更具意义。这一节值得更深入更丰富地表现。这是一个体现人性和意义的肯结。

　　4、龙幕韩将军被处决。至于龙将军为什么弃守阵地似乎没有交代？作为一位被处决的将领也是很有典型意义,有丰富人性之因素,特别是其最后的愿望是进忠烈祠。想其放弃阵地,大概是:1、军力不支,不得放弃;2、怜惜众部下之生命。想其选择时也是万分艰难,或者已有受死之心。最后,蒋去狱中看望龙一幕,很有人性。想是没有史料披露二人谈话之内容,但是小说可以虚构。据兄对二人性格的充分把握,何不虚构一下,可更充分地展示人性之丰富,也体现战争、政治之残酷,可更高昂其悲剧性,而且这也为最后母女二人送尸回乡埋下丰厚的伏笔,会使那一节更饱满,更悲哀,也更优美。

5、对于兰封战役失败,蒋负有很大的责任,可以说是主要的责任。蒋最后点头同意是上头指挥的失误,但面对那么多的阵亡之将士,还有对龙将军的处决,内心必是十分痛苦、内责的。有关蒋对此战的反省及内心痛疚,是否还可以多写几笔?我在阅读上略感不足。

此节先谈这么多。不一定对,见谅!明天再谈下一章。

一平

一平致郑义 2015 年 1 月 8 日

郑兄:

法肯豪森与蒋百里一节写得精彩。两位伟大的军事家,纵横古今,有眼界,有胸怀,有智慧;且有人品,有诗意,有生活,有情趣。从古希腊战场到屈原辞赋,到民间龙舟,到朴素的小酒馆……。而这是在战争中,可谓战争中的人、文化、友情和生活;而又在此闲谈中,展示了中国的杰出战略构想,点出了日本狂战之短见。精彩!

叙述中法肯豪森引用了一句蒋夫人的话:"纵使大好河山悠远历史都染上鲜红的血液,或毁灭在战火中,亦在所不惜…",不知此话是否是蒋夫人的原话?此话似乎说过了,蒋公作为军人可以这样说,但是蒋夫人作为女性、国母如此说显得有的冷酷。请再虑。

黄河决口是大事件。从最高军事会议,到现场实情,到决堤,记述的很是充分,也充分地表明了脉络及理由。张国宏、熊先煜两个人物设计的好,性格也都鲜明,两人从不同的角度体现了怜民与抗敌之间的冲突,及痛苦而被迫的选择。最后,张的下跪和熊的哽咽都很让人感动。决口的功效记述得简洁,但充分。黄河水泛滥的描述悲苍而富有美感。最后那一节:大地、村庄、生活的死亡,广阔而深远地表现了战争的残酷。

一平

郑义致一平 2015 年 1 月 8 日

一平：

关于雷鸣远等，你的看法很深刻，也很准确。

写这些章节，我内心满是感动。觉得自己的生命得以升华。比如雷鸣远这个人物，我创造的地方不多，基本是传记材料，我不过加以理解，并根据文学需要提炼、编排、虚构。虚构部分也是有所本的。比如徐州大撤退救护伤员，事情发生在山西战场，挪到河南；与张自忠长谈是虚构，但两人经历、心理都是真实的；比如与蒋宋陈长谈，史料是见过几面，我根据线索把内容具体化，再把他处的事情挪到这次谈话里，事实与心理俱是真实的；就连圣彼得大教堂一节，基本内容也是真实的，他的话与感觉，全是传记材料。简而言之，我更多的是一位发现者、仰慕者，不过是追随着先贤的足迹。我没有"拔高"，能理解他们已经很不容易。

雷鸣远这个人物可能成为我小说里最光彩的人物，或之一。这刚是第一卷，后面三卷中他还有重要故事。第二卷会写到张自忠之死。这个人物大部已完成。

当笔下一个人物进入这种圣洁境界，我们就要小心了：不可以我们习得的道德感正义感来衡量他们，而要以他们的作为来衡量我们的"真理"。

第二封信所谈都很准确。难为你如此细致！误你太多时间，于心不忍。电话里再细谈吧。最近王康忙于搬家，小明也忙乱，还没给他们看。

谢谢你！

祝好！

问候周琳。

一平致郑义 2015 年 1 月 8 日

郑兄：阅读你的作品本身也是学习和感动的过程，汉语能有这样的作品是荣幸，我能先睹也是幸运。你的体会真是好：有些人物是神的创造，我们需以恭敬之心去描述。我是首次听到作家这样谈他的人物。如你所说，有这样的人物，作品不好都不可能。

你专心写作品即是，我的信不用回！

待你得空，我们电话聊。

　　　　——平

郑兄：

静娴母女二人送夫回乡一节写得极美，中国传统悲凉之美，如秋风秋水，苍凉无尽。长江、湘水、洞庭……，加之两岸风土人情——码头、商旅、船工、号子、土庙，而血脉乃是屈原之魂之诗。而此天地之间，是一对孤零的母女，一具棺木——一个殉国的军人……这也是一种念天地之苍苍，怆然而泣下。这一节写得太好了！

可惜这一节戛然而止，似乎没有完。后面是否还有？如果就此而止，甚憾，似乎应该还有个高潮：是否船在这停一下，静娴上岸凭吊一下？这么一个美丽的女子，这样的身世、处境，该多写几笔。否则太可惜了。这一节可与作品的楔子相呼应，后者是悲烈性之美，如火如激战；而前者则温婉、静宜、悠远、悲凉。

其实，这一故事本身——多么美优美悲凉的故事啊——就可构成一个优美丰厚的中篇，好过《边城》。

　　　　——平

郑义致一平 2015 年 1 月 10 日　20:56

一平：

1，你的意见很对，不必谈及军迷的讨论。这确实是第一次破坏了严格的时代叙述。我当时很犹豫，确实是军迷们发现的，怕贪天之功。如你建议，改在第五卷加以说明。

2，战史交代枯燥，会尽力改进。这是一难点。

3，李必蕃、龙慕韩之死材料太少。虚构是一条路，但考虑到李必蕃之死是对于兰封战役之必要交代，不可花费笔墨过多；龙慕韩不铺开，也有好处，保持了历史事件的不清晰、神秘。想写细也难，实在搞不清楚。至于兰封之失，蒋也是略写。后面有更深刻的痛苦，此处不过是铺垫。

4，蒋夫人的话是原话，对外英语直播。中国文化中有不计利害得失的成分，生命并非最宝贵的。西人决斗，也是荣誉高于生命。注意南宋灭亡的崖山之战，首辅大臣背小皇帝投水，上万军民投海自沉。日军总估计哪一仗失败后中国必降，是"算"，中国人誓死不屈，是从自由与尊严等基本价值出发的"断"。

5，张国宏、熊先煜实有其人。自然有相当虚构成分，但简历是对的。

　　6，龙慕韩灵柩回乡，如你所说，可细写之处很多，我所考虑的，是一个平衡的原则。要根据在整体构思中的位置，来决定每一局部的篇幅及用力。否则局部会"跳"，如一幅画，某一细部太用力，就从画幅中"跳"出来了。前面李必蕃、龙慕韩之死亦然。我心中随时要掂量局部在整体中的份量。龙妻陈静娴，当年 29 岁，守节 40 年。于 1973 年去世，享年 69 岁，葬于安庆市公墓。写了几句，想想删了，留待第五卷交代一下。

　　7，另一个原则是节制，避免写足。写足就容易写过。宁可不足，过犹不及。

　　谢谢你这么细读！有你这样一个读者，胜过千千万万。

　　我在旷野上的一座修道院里。你的鼓励及其珍贵。

　　电话里再细谈。周一送美妮返校，之后。郑义

一平致郑义 2015 年 1 月 11 日

　　郑兄：你以个人之力，光复一个民族被掩埋精神，艰苦卓绝，可谓也是一场战争。我于旁唯有敬重，为你的写作祈祷！此作非个人之事，乃是一个民族的血脉，一古老文明的光照。文明的创造多在偶然之个人，一个民族及文明有此一个偶然乃是大幸！

　　一平

第 53 辑　一平：美国应联手俄罗斯抵制伊斯兰扩张

一平致郑义　2015 年 1 月 10 日 13：52

郑兄：谢谢传来的资料。读过了，和我这些年的想的所见略同。当今，世界本质的冲突是基督教文明和伊斯兰教的文明，所谓伊斯兰的极端主义、恐怖主义都属于政治正确的说法，是西方媒体和政客不敢正视现实、不敢得罪广大伊斯兰世界、自欺欺人的说法。伊斯兰教的历史短于基督教近千年，其未为完成人文化的转变，其目的就是征服世界，用可兰经统治世界，这是伊斯兰文明的本质。

西方的没落是文明高度发达的必然结局，人文化的极致就是人的现世享乐，如果这是人普遍的生存价值，那么文明就走到解体，其也将丧失对外部的抵御能力。

最主要的象征就是，人不再生与育，性从繁殖成为享乐。目前欧洲国家，伊斯兰人口占近 10%，50 年后这个数目可能升到 30%以上，到那时欧洲将伊斯兰化。这个趋势似乎不可避免，尚不提恐怖暴力。目前，法国的教堂少有人去，渐渐变为清真寺。

有个很触目的现象：1998-2000 年，我在纽约布鲁克林。当时这里的博物馆举办了一个艺术展览，作者将大象的粪便涂在圣母画像上。可悲的是，平时博物馆没有人去，但此展人们排队参观——而不是抗议，而媒体也大肆宣扬。再一些年前，有艺术家将基督像浸泡在尿液里展览。当时，我即感到基督教文明的没落乃不可抑制。而此次巴黎事件，乃是伊斯兰人为几幅讽刺该教的漫画而进行自杀性的袭击。两者对比，触目惊心。

如果，基督教国家的人都放弃了基督教的教义，比如美国人正在放弃勤俭、自立、戒欲，而转向享乐、消费、纵欲，那么基督教文明也就走到了尽头。看来，欧洲似乎是抵制不了伊斯兰教了，人口增长和恐怖暴行，两方面夹击，将征服欧洲，美国能否抵制伊斯兰化，现在还有希望，但几十年后可能就无望了。其实，美国南方一些州不妨有更大的独立性，有更独立的宗教政策，比方以基督教为该州州教，进入学校，总之是需要更保守的文化政策，维护美国的清教传统。

基督教文明中，最有力量对抗伊斯兰世界的是俄罗斯，普金对车臣的镇压是例证——但是受到西方的批评。因此，西方国家需要放弃短见，将政治制度放到一边，联手俄罗斯，使之逐步欧洲化，强化基督教文明的力量，抵御伊斯兰教的扩张。

从文明体系来看，中国也是抵制伊斯兰化的重要力量，当然这需要结束现今的政体。中国的问题不在专制与民主，而是什么是中国的文明价值，是共产意识还是中国传统。如果中国回到儒家为主的传统文明，加之对基督文明的学习和吸收，包括基督教信仰，那么这个文明体也将是很有力量的，特别是中国传统重视家庭和伦理，崇尚繁衍，其足以对抗伊斯兰化。中国的计划生育政策既是残暴的，也是对中国民族毁灭性的阉割。

一平

第 54 辑　文明之核不是艺术和科学，而是崇高的正义

一平致郑义、王康、北明 2015 年 3 月 6 日 9:12 PM

　　各位：看过这部小书了吗？值得一读。读后感受颇多，对作者深怀敬意。作者明恩博，曾说服老罗斯福总统和美国国会，将庚子赔款退还中国办教育。

　　一平

一平致郑义、王康、北明 2015 年 3 月 6 日 下午 9:17

　　补充：

　　作者在著作中最后说（100 多年前）：

　　听一听文化的伟大倡导者马修·阿诺德的话："每一个受过教育的人都热爱希腊，感激希腊。希腊人是世界各民族艺术和科学的举旗人，就如犹太人是正义的举旗人一样。如今，世界不能没有艺术和科学。艺术和科学这两面大旗的举起自然也就极大地占据了世界各民族人民的心灵，而品行则被视为寻常的事。辉煌的希腊因为不注重品行而从地球上消失了；因为人们向往品行、持恒、性格……不仅如此，当今时代需要越来越多的美和知识，知识受到如此尊重，而能够带来胜利和能统治整个世界的不是希腊人，而是犹太人；不是卓越的艺术和科学，而是崇高的正义。"

第 55 辑 对长篇总体的讨论 警惕"完美"之陷阱

一平致郑义 2015 年 3 月 19 日 下午 2:59

郑兄：谢谢你昨天的电话，每次通话令我大有收获，对你的这部巨著怀有更大的期待和信心！在持续的写作中，作品随之更加恢弘、丰富和饱满，同时也更加深入和坚实。十多年前，你写了《中国之毁灭》，再前，你写了《红色纪念碑》，连续起来看，这似乎是中国命运的三部曲：残暴-毁灭-重建。用一个不恰当的比喻，这部作品就是中国耶路撒冷的重建；或者说一座"非人工"的中国神殿，祭奠中国先贤英烈和被毁灭的精神，唤回逝去的魂灵，复兴中国之文明。

我有个冒昧的提示：你追求完美，但要警戒进入完美，形式上的完美是无限的，其每一处获得均要付出代价，有时甚至伤害到内在精神。大礼不拘细节。你说，希望给作品留下一些"洞"（大意），其实作品有些缺口、不完善正可起到这个作用。维纳斯的残臂，而使之有神圣之感，这是当初雕塑者所未能想到的。二十年前，我在卢浮宫瞻目此作，特别想了这个事，如果那只臂膀保留完好，肯定就没有了观者无限的想象空间。古典主义是尽善尽美，但到极致反而会僵硬，阅读的想象力没有了，因此欠缺、不尽善尽美，反而会将作品推向完美，艺术中完美的极处是由观者完成的。

庄子说"官知止神欲行"，这是写作的最高境界。活到这个年纪，写到这个份上，应该说成熟老道了。因此，作品的外在形式可以少考虑一些，如篇幅、人物数量等等，作品饱满的内容、精神常常会创造出其所适应的形式，也就是说作品的内在神力会自然生长出恰当的形式，而非事前的理性设计。伟大的、富有创造性的形式，常常是这样产生的，如同高山上充沛的水流会自然冲刷出它的河道，而成为伟大的河流。这样一部大作品，如此壮阔的场面及丰厚的内容，以往长篇小说的表述框架和形式肯定是不够用了，如果尽意的表达，肯定会有种种超出常规之处，而这正是你对形式的创造。

古典主义的精神是宗旨，但是古典主义在形式上有其固定和僵化的一面，现代主义的发生不是没有道理，也不是全然无取。

如果，你对这部作品提出一些有关长篇小说形式创造的要求，可能会有助于你的写作进展，因为这将使你得到进一步的解放，减少传统长篇小说形式的束缚。以便使形式适应内容而变。比如，此作的第一部，如果所记述的人物远远超出了经典作品的数量，但是读者在阅读中浑然不觉，仍感到尽兴，那也就是好。

中国艺术传统中有几个字很是有益于创作：气、意、势、场。中国画的大写意可谓是创作的至高境界。我们在文字表述中也不妨汲取。年纪大了，再读《三国演义》就更多地体会它的了不起之处。当然，它不是一部人文精神的小说，不同于《红楼梦》，但是其视野、场面、结构、复杂及丰富性，在世界的长篇中尚无可比。

我体会，在你"长篇小说"的观念中，有几个重要参照：《战争与和平》、《静静的顿河》、《飘》、《战争与回忆》。这几个参照所构制的范畴，我觉得尚容纳不了你这部作品所有表达的内容，后一部不提，前三部其实都是写几个中心人物的故事，历史、战争、政治仅是背景，而你的这部作品，后者本身即是所要表述的主体。因此，不妨将《三国》纳入你的参照，难得的是《三国》的人物也写的那么好——当然他们是传奇。《红楼》写了大观园的群体人物，而非仅是宝玉和黛玉，大概这是和西方小说的一个区别。可贵的是，这一群体写得都很好，长篇不一定是写一二中心人物。在生活中，每个人在其具体的场景中都是重要的，都可表现的栩栩如生，哪怕只有几笔。

西方文化中，个人中心，大概这也是他们的小说、电影都是以一、二人物为中心。但是在实际生活中则不是这样。因此，我对以个人为中心的作品，抱有怀疑。反之，我对《三国》《红楼》的这种群体人物的表述更肯定。

我零零星星想到这么多，不一定对。冒昧言之，见谅！

一平

郑义致一平 2015 年 3 月 20 日 下午 9:19

一平你好：

先报告一个好消息，第一卷人物总数统计出来了，不管是否有名有姓，只要有活动的，不多不少 200 个。（郑注：以下删去对全书人物总数之估算过程。）

也就是说，全书人物与《战争与和平》相当。

如此，增加了我的信心：第一卷之疏密度可以保持下来，而不至于人物太多。（郑注：以下删去第一卷重要人物名单。）

每次与兄交谈，都有收获。这次你有谈及西方源自罗马的"征服"传统，非常重要！我会不断思索。你的感觉很对，这三部连起来似乎构成意义。这跟我的经历、时代相称：流亡者。在圣经（旧约）写作上，"被掳"是一个核心点，许多学者把旧约划分为"被掳前"、"被掳期间"和"被掳后"，而且，一部分先知书就是在耶路撒冷被摧毁，以色列人被掳到巴比伦时期写作的。

在长篇史诗的形式创新方面，我并无刻意追求，顺其自然的好。至少有一点或可超越托尔斯泰，即人物灵魂之挖掘。也许十个左右人物会上升到灵魂的追问。仅此一点，这部小说就集古典主义之大成，而又有改进。有几个人物的精神深度，估计也许会接近陀思妥耶夫斯基。这是私下里跟你吹的牛。能否实现，还要看最后交账。

我对古典大师满怀感激之心。

郑义匆匆 3 月 20 日

一平致郑义 2015 年 3 月 23 日 上午 11:01

郑兄：越了解民国，便有越多的体会。年青时以为英雄时代乃高歌猛进，改天换地，现在体会到，那乃是一个危机重重、灾难重重、甚至最终全盘覆没之时代。正是在那一个不幸之境，志士们忍辱负重、舍生忘死，捍卫道义与尊严，乃至最后。此乃一个时代，一种文明的悲剧，大悲剧。老兄的大作，正是此大悲剧的祭礼，即是对已逝的祭奠，也是对未来的招魂。似乎冥冥中先辈给予你的命名，便预示了你的命运。不用回复！

第 56 辑　谈论齐邦媛《巨流河》

北明致一平 2015 年 12 月 16 日 20:19

一平，

这期间看了齐邦媛的《巨流河》，深受触动，这位老人八十岁开始写，为此挪到老人公寓谁都不见，四年后出版此书，终于完成一生所愿。她说："我的心上刻满弹痕"。此书前半部分回忆中国抗战时期她的家庭与大学生涯。那时民国政府有令：不到最后一日，弦歌不辍！果然如此，她和她那一代人，因此成为中国第二代也是迄今最后一代受过中西合璧高等教育的人。此书写得沉着、简约、饱满、含蓄。后半部分到了台湾，写她为台湾文学毕生的奋斗，期间也有女性为学的苦楚。现在她九十岁了吧。我后来又看了她的视频，虽然高龄，开颜举止像个小女孩，天真、活泼、庄重、透明。令人肃然起敬。我需要向她学习的一处是，她每年生日独自到一家旅店闭关，写作一周到十天，算是给自己的礼物。这个礼物，我以后也要给自己了。因为写作一事上，我比她更艰难些。读过此书我一直想给她写封信，但是至今没写，只是念想缭绕心头。

北明

北明致一平 2015 年 12 月 17 日 14:55

一平，

（郑注：此处删去关于电子版字体的议论。）

又，我居然找到一张 2000 年秋华府女作家协会年度笔会期间，我与齐教授的合影，挺高兴。发来看一眼。记得当时她在会上演讲说："你们不要总是写自家后花园那点事儿，要有大胸襟、大眼光，才能写出好作品。"因为会员大都台湾外省女作家，格局不大，而且题材大都局限在卿卿我我花前月下，甚至有些娇柔做作，而且确实有小家子气之嫌。记得她还言及大陆学术论文，说相当粗糙而不规范，更无法与国际学术接轨，比如引证都不注明出处等。

一平致北明 2015 年 12 月 18 日 23:52

北明：我也找到台湾版了。今天大致看完了，后面写的不如前面，到台湾后就更是一般了。但是前半部还是挺好的。郑兄看过了吗？建议将抗战胜利前的那部分推荐给郑兄，或许对他写这部小说有用。我以为：1、作者第一个恋人是陈纳德手下飞虎队的飞行员，最终殉国。他这个人物、他的家世、他的爱情都很感人，可以借用；2 撤退、逃难中的某些细节可借鉴；3、当时青年学子们的生活、情感、精神面貌，特别是他们的爱情方式，可参考；4、作者的文字语言是那个时代的，可借鉴；5、战事重庆的生活情形可参考；6、当时大学的状况，比如臭虫之多，可参考；7、对当时学者们的记述可参考。

作者的言语精练、准确，流畅而典雅，可谓那个时代之正宗。

说的不一定对！见谅！

一平

北明致一平 2015 年 12 月 18 日 23∶56

一平，光召看过这本书，感受跟你一个样。不过是多年前看的，也许忘了许多细节。我把你的信转给他。北明

郑义致一平 2015 年 12 月 19 日 12∶36

一平，谢谢！

《巨流河》写得不错，但囿于自传形式，在结构上不匀称。生活气息很浓，文字也不错，齐邦媛是个很有文学修养的人。（4 年前曾给她写过一封书评式的长信。）

但是她的细节我不打算借用。我给自己立下一个规矩，不借用甚至不参考当代文学作品，尤其是著名作家的细节。可能是过于自信，也免物议。最根本一点：我的细节早已够用了，远超过这本大书之需要。而且，民国真实生活中的细节好得太好，常感觉眼前一亮。

齐邦媛和那位年轻空军的恋情确实写得好。

祝圣诞快乐！

郑义

一平致郑义 2015 年 12 月 19 日 下午 7∶50

郑兄;那个时代的人真是让人感动！可以说那是个英雄的时代;而当今则是投机和戏子时代。祝写作顺利！

一平

第 57 辑　耶稣上十字架的故事还要怎么"进步"呢

一平致郑义、陈奎德、王康、北明　2015 年 12 月 22 日　19:28

郑兄、奎德、康兄、北明：圣诞快乐！祝你们团聚愉悦！

看到一则资料，顺便转给你们！

一平

请读 2015 年 12 月 21 日　煮酒君谈史：

《一个 903 人家族，310 位流氓，190 位妓女，60 位小偷，7 位杀人犯！》（郑注：该文此处略去。）

这历经百年的两个家族，让我们感受了信仰和爱的巨大能量。所以，在金钱关系里面才有了一条定律：信仰，是连接能量的通路！

记得上次有人提到皮尤调查，这里也说到美国宗教的衰落。

郑义致一平、北明、王康、陈奎德　2015 年 12 月 23 日　下午 10:44

各位好友，祝圣诞快乐！

上次和一平聊天，谈及近读司各特长篇《修墓老人》：长篇历史小说主要元素，早在司各特那里已基本全备。那如果再加上普希金、雨果、托尔斯泰、陀思妥耶夫斯基、《静静的顿河》，20 世纪长篇有何根本性发现与进步呢？一平向来持文化保守主义，那晚又突发一妙语："耶稣上十字架的故事，还要怎么'进步'呢？"——经典性结论！

就借一平之妙语，把耶稣诞生及上十字架的故事，送给各位，作为圣诞的祝福。

上帝与我们同在！

郑义

2016 年

第 58 辑　神是"人的自我意识"，因而是人造的吗？

一平致郑义、王康、北明　2016 年 4 月 14 日　10:13

　　各位：继续在写马克思的共产主义。昨今两日写了一小段话，是写作中的心得，传各位分享。一平

　　"自我"的无限扩张和征服意志。蔑视神，推倒神，崇拜"自我"，将自己放到主宰宇宙的位置。马克思宣称："哲学，只要它还有一滴血在它那个要征服世界的、绝对自由的心脏里跳动着，……老实说，我痛恨所有的神。这是哲学的自白，它自己的格言，借以表示它反对一切天上的和地上的神，这些神不承认人的自我意识具有最高的神性。不应该有任何神同人的自我意识相并列。"（引自戴维·麦克莱伦《卡尔·马克思传："学生时代"》）

　　由于人的微小、无助和恐惧，人先天具有敬畏、尊崇神的要求，神给人以保护，同时要求人顺从。神是绝对的永恒的，人将自身的生存经验和规范托付给神，以神的旨意训示于人，人诚恐遵循，文明由此确立。统治人的不是王，也不是教主，而是神训——人世代积蓄的生存经验及由此归纳出来的法则和规范。人类的群体总是不断出现变异的个体，叛逆、挑战人既在文明秩序。就文明体内部而言，如果文明秩序足够强大，叛逆的个体可扩展文明的空间，为之增添新元素；反之，如果文明本身虚弱，那么其将被颠覆，毁灭性的灾难即到来。

　　任何族群、文明体总会不断出现个别的变异个体，叛逆、挑战，别出心裁。而最危险、最野蛮、最狂妄的叛逆，乃是自立为神，此即魔鬼。梅菲斯特是一种人格，非常理可以理喻，其任何堂皇的言辞均在蛊惑，其受基因支配，亦不能决定自己。当今，我们可以广义地理解"神"与"魔鬼"。

北明致一平、郑义、王康　2016 年 4 月 14 日　14:30

　　一平，写得好！人立己为神，无法超越自己。自我正确，自己做过的事均是正确，自己一切（文字、价值、判断、喜好、知识……）都源自自身，如同看见世间最大的愚蠢样板。马克思主义变成一场

运动，导致人类在上个世纪迷失损失自我毁灭。如同无神论者制造无数人间自大狂祸害同类。无论进化论是否正确和有根据，在社会学意义上，我认为宗教是最可靠的自然法保护者，也是文化和文明的创造者。虽然在个体意义上，我认为中国禅宗和佛教更有说服力。——即是说，我弄不懂人死后要去上帝的天国报道，还是要去佛们的世界。从前，我认为我自己可以做个散仙，在太空多维世界到处游荡，现在似乎越来越缺少这个胆量和潇洒了。

　　一笑。北明

一平致北明、郑义、王康　2016 年 4 月 14 日　15:05

　　谢谢北明！所有的法律最终归于自然法，而人的存在最终也归于宗教，那是文明的起点。宗教是人存在经验和法则的绝对化。人的存在需要这个道义的绝对化。文明的衰落，起于这个绝对化的消解。但是，这是人性存在的一个必然。

郑义致一平、北明、王康　2016 年 4 月 14 日　21:57

　　一平你好：

　　人不应僭越神，否则文明走向崩毁。这个主题是非常好的。圣经里最大的罪就是僭越和骄傲。但是我觉得你的论述尚有待完善。即便不从基督教角度来谈，你的论述可能有循环论证的问题。"人将自身的生存经验和规范托付给神"大致近似于"人创造了神"。人创造了神，再以神的名义来规范人，人和神互为根据，互相论证，但其逻辑起点仍然是人、唯物主义、人本主义，而不是神。只要秉持这种论点，并坚持理性的彻底，那么存在的无非是人所创造的，藉以规范自己的虚假的神，一个逻辑魔术，一个理性所扮演的神。这跟马克思所说的"具有最高神性"的"人的自我意识"是一回事。正因此，马克思不承认这个人造的神，因为"人的自我意识具有最高的神性"。马克思的根本错误是唯物主义之逻辑起点。他一口咬定没有神。如果有呢？那他一切理论大厦就崩溃了。

　　所谓自然法，其实指先天的，先于理性而存在于我们心灵的道德禁忌。我们既不能创造它，也不能改造它违背它。不是我们"使用"自然法衍生出整个法律体系，而仅仅是服从它、遵照它建立了实体法。前些日子翻了一本美国法学家写的书《信仰与秩序——法律与宗教的复合》（伯尔曼），主要论述法律存在一个神圣来源。自然法的另一种说法叫上帝法。

问题太大，随想随说，供你参考，也不一定正确。

郑义匆匆

一平致郑义、北明、王康 2016 年 4 月 15 日 上午 9:02

谢谢郑兄！你说的对。我写的时候想到了这个问题。由信仰而言，认识人是被造的，神的告诫来自神，是绝对的，人唯有遵循。但是，在世俗的理性分析中，就不好由信仰而言，二者是悖论。后者颠覆前者，而前者否定后者。如何协调好，我还想不好。关于自然法，你说的是对的，自然法有个神圣的来源，那就是神律——上帝法。信仰与理性最终是冲突的，理性是有限的，无法对终极问题解释，但是人又需要其解释。生命的最高境界是信仰，它属于生命的实践——实行信仰；到了哲学——论理解释，就是低一层次了，哲学仅是解释系统。世间所有的思想、理论均在信仰之下。

天气渐渐暖和了，有的迎春花已经开了，等你过来！

一平

第 59 辑　读《唐君毅全集总序》有感：我等先天残疾

王康致郑义、一平、北明　2016 年 4 月 16 日 15:28

　　光召、一平：请以此文为准。老康

　　（郑注：王康《东去江声流汩汩，南来山色莽苍苍——唐君毅全集总序》，此处略去。）

一平致王康、郑义、北明　2016 年 4 月 16 日 18:52

　　康兄：大作拜读！恢弘，饱满，文采流溢。总的感觉很好！

　　有关唐的学友的那数十个人名可以不要，第一说不全，其二参差不一，罗列太多人名，生硬，有损文韵。再，尼采、叔本华均属另类思想家，不好与唐贤并提。此段之后，有点乱了章法，感觉杂乱，前面说过的，又说回来了。于此段之前，文章大致完满了，煞尾即可。话不可说尽，意到为止。所言不一定对，见谅！

　　一平

王康致一平、郑义、北明　2016 年 4 月 16 日 21:58

　　一平，大学时期曾有一个读唐小组，后来都退出，就因唐的哲学艰涩，与习焉不察的文字不同。

　　我一则因为亲戚关系，接触较早，二则对新儒家特别同情，觉得他们太不易，复兴跟对话都很难，又须做。

　　那份名单本来更长，因都是唐多年师友，也算集体致意。谢谢！

　　老康

郑义致王康、一平、北明　2016 年 4 月 18 日 下午 10:14

　　老康：

　　几乎用一整天时间囫囵吞枣式读完大作，感概万千，竟一时不知从何说起。这种存亡继绝的大圣贤，在我的知识构成中竟然缺失！至晚年方才意识到我们这几代人先天不足，被五四、马列所禁锢，长成了残疾人。现在要补救，为时已晚！生为中国人而不懂中国文化、哲学，这是痛感终生遗憾的事。唐君毅之人格、思想、眼界、胸怀，处处都高于我等凡俗，正如司马迁所言，"高山仰止，景行行止。虽不能至，然心向往之。"只是，到我这个年纪，缺了的课，就永远补不上了！

文章写得极好。许多段落极精彩，更感人至深。如唐家亲情与深厚家学，如在游历中与先哲神交而真理"直接呈现"，如童年仰望苍穹、十七岁游学北京、十九岁南京月食、二十岁玄武湖独步等天人感应之关节点，如唐婉拒欧阳竟无和熊十力，等等。正如你言：唐"是 20 世纪中国思想家知其不可为而为之的悲剧典型"（应为悲剧英雄，文化英雄）。又"最坚定地捍卫中国文化而又最少偏见、最具世界文化事业的思想家。"

唐君毅哲学，是理性与情感、直觉平衡的学问。他写作时下笔如有神的灵感、"某种强烈难抑的浪漫主义"、闻梵音诵经垂泪始终等等，皆是与世界本源力量的直接接通，天人合一、人神合一的高峰境界。他不是我等凡人，不求彼岸但终究一窥天国。他的热情、刚毅、悲剧感都令人无限感动！这种先圣，二、三百年不太可能出世了。这若干届中国人已经不是中国人，甚至无礼无义无廉无耻不是了人。

我怀疑，别人写唐君毅传记能比你好吗？首先要读通他思想，这就不易。此外他的人格、热情与智慧，不到相近的人生境界是写不了的。写好唐君毅传记，是对当今中国的一个救赎。我不敢硬劝你，但心有大遗憾。

这篇文章要细读，反复读。谢谢你费心引介！

神祝福你！

光召 18 日匆匆

王康致郑义、一平、北明 2016 年 4 月 18 日 22:21

光召，传不传给你，我一直犹豫，一是实在不忍占你太多时间，二是唐氏哲学离时代太远。读信后知道我多虑了。唐君毅在天之灵会格外欣慰，我则感受你的文字的份量。不多说了，晚安！

老康拱手

一平致王康、郑义、北明　2016 年 4 月 19 日　上午 12:01

康兄的这篇文字对郑兄的小说有益，会增添那个时代的光彩和气韵。郑兄舍点时间，值得！感谢康兄感天动地的大作！唐先贤也将欣慰！

康兄说得对，儒家至境在行，心至知即达。人各有命运。郑兄一生之经历，之苦难，之自强，之仁爱，之信仰，之负重，之担当，虽未如唐先贤之渊博，然已达仁。做人如此，也为光彩。

一平

王康致一平、郑义、北明　2016 年 4 月 19 日　上午 10:13

谢谢一平！光召的写作是我们的灯塔，为那个时代的圣贤树碑立传，也为我们这个时代赎罪。能有点益处，我很欣喜！

老康

郑义致王康、一平、北明　2016 年 4 月 20 日　下午 9:08

老康过奖！哪里是"灯塔"，连火把都不配！我们是先天残疾，后天再努力也有限。看看历史，看看先贤传记，就明白自己了。既然是残疾者，就要有自知之明，在可能范围内，做一点力所能及的贡献。我倒是愿意变成一小堆篝火，给孤独的旅人一点温暖。

能完成这部大书，我也就无憾了。

一切主题、信仰、范畴、思想，在轴心时代就已经完成。后来不过是修补和出妖蛾子。人性谈不上进步，幸福感也是。我们一定比古希腊或先秦的人更幸福吗？不会的。上帝是公平的，不会给先来者或后来者更多的祝福。

郑

王康致郑义、一平、北明　2016 年 4 月 20 日　下午 9:24

火柴、蜡烛、篝火、灯塔……太阳，都是光明。至少对我们，光召的文字已是篝火，近日大陆微信传递《素棺》，我都收到六、七个了！全文！

第 60 辑 漂浮在音乐中的归程 何谓经典

郑义致一平、北明 2016 年 4 月 24 日 18:27

一平：5 点半到家，报平安。

一路上神奇美好，跟你和北明说说。

在我们平常歇脚的那个河畔休息点，偶遇一件事。停好车，上厕所回来，见一老人从草坡走到 15 号路边，跨过铁护栏，双手向车流招呼，背上似乎背了个随身包。便想大概要搭便车吧？又见一人小步追过去，又想，是想邀他搭便车，不必拦车了。便打开车门，提上一平预备的丰盛午餐，往河边走。眼角余光里，看见有人奔跑，意识到发生了什么事。转过身一看，那护栏边站了五六个人，都高举双手摇摆。一辆车紧急停下，一长串车停下，这才发现有个老女人叫唤着往路中间走。而公路对面，颠颠地跑过来一条小白狗，那种叫 Lucky 小白狗。转身坐下来，打开午餐，泪水不禁沁出。多么美好的国度！不光是那么多人救狗，那些车，特别是头一辆，肯定不知道发生了何事，但急停下。只是因为有人要他停。正是圣经所说的，"只要相信"。

好了，故事讲完。除了这一件事，归程丧失记忆，330 英里，基本上不知道如何开的车。一遍遍听《自新大陆》，车便浮在了空中，道路与蓝色的萨斯奎汉纳河都消失了，惟有我的人物在演绎他们的故事。常常涌满眼眶的泪水中，一章构思完成，甚至溢出，看见了他们的死亡。很想定名为《安魂曲——中国抗日战争记事》。

去的一路，构思好一章，回来又是一章。

感谢伊萨卡遥远诗意的路程。感谢老婆让我独行，与我的人物厮守。

生活，多么奇妙！

愿感动我的灵加倍感动你们！

郑义即日

北明致郑义、一平 2016 年 4 月 24 日 19:11

大愚，你的路遇和经历会让一平的"心疼"稍微缓解。——他总说，你开车这么远，老大不忍的心疼。这么美好的故事，我们真要感恩!昨天看中国孔雀舞神杨丽萍为舞蹈之美而放弃生育的故事，她说，每一棵树，每一株草，都有生命，都是我的子孙。她天性接近大自然，远离皇城在云南定居，守着花儿鸟儿水儿树儿，虽然照顾自己辛苦，但是深得自然精神。这样的边缘人物，才是世界宇宙的中心！这个世界只要有爱、信任，就有光、有灵魂、有生机、有欢乐。此一去，美国平凡的现实之光和中国那些兵将之魂陪着你呢，不虚此行！谢谢分享。

　　明

一平致北明、郑义 2016 年 4 月 24 日 20:58

　　谢谢北明！如你所言，让我们永远铭记："这个世界只要有爱、信任，就有光、有灵魂、有生机、有欢乐！"

郑义致一平、北明 2016 年 4 月 24 日 21:46

　　一平：能和你聊聊小说，我很高兴。往返路上，我收获也很大。小说完成之前应该还能跑得动。

一平致郑义、北明 2016 年 4 月 25 日 10:52

　　郑兄：我又想了一下。我以为，有关"学者式的小说"是个误解，这样的历史小说都需要丰富的历史知识，雨果、歌德、托尔斯泰这样的巨匠都是"学者"。从另一方面说，大历史框架和丰厚的史实可能也正是此著的长处。关键是人物、故事、情感是否饱满，能将大框架撑起来。《红轮》我没有全都看，目前汉语也没有翻译全。不在于索翁写历史，而是他写得太散，集中不起来，像是历史记事，而且人物、故事也都不饱满。索翁不是好的小说家，八十年代末，我曾在北图读了他的全部汉译作品，他的小说只有《伊凡·杰尼索维奇的一天》写得好，其他都较差，他最重要的作品是《古拉格群岛》，但那不是小说，是纪实报告，长处是饱满的道义感。

　　只要人物饱满、故事充实，大的历史框架就是长处。我还是很欣赏《三国演义》的大历史框架，少年读三国是读其传奇故事，年纪大了，则是读历史中的人性或人性的历史。这是作者和金庸的区别。

人们读小说，大多是读"好看"，因此金庸风靡，但是将三国、红楼读完的人并不很多，读懂的则更少，《静静的顿河》、《战争与和平》，很多作家也未曾读完，荷马的两部史诗，有多少人读过呢？伟大的作品不是一般人可以理解的，因为人们的心怀、经验都不够，伟大的作品都有其"枯燥"性——人们没有耐心或没有能力去体会的那一部分。雨果的《悲惨世界》的欠缺就是太追求"好看"了，显得像传奇。

这个年纪，兄长对人性、历史、文学都有超乎常人的经验和认知，坚定你的体验，按照你的意志写，不用在意读者和他人。这是一部回馈民族苦难、英灵、回馈大地与上帝的恩典之作，废墟之间重燃道义、精神与人性之光之作，祭奠之作，有此信念足矣！

一平

郑义致一平、北明 2016 年 4 月 25 日 18:31

一平，谢谢你的鼓励！

所谓经典，不一定读者众多，经得起时间淘汰而已。金庸与三国演义之别即是。

普鲁斯特《忆似水年华》有多少读者？就连作家，也不会有几个人读完。我有时随便翻开，读读他的描写。《顿河》、《战争与和平》是很好读的，但真正读进去的，在一个时代中仍然不会太多。写这种"元"史诗，我想最好走中庸路线，自己感觉发挥好了，能交代自己了，就好。你坚定了我的想法。

手上这部作品，在精神高度、人物深度、气象和一般文学技巧上我都有把握。奎德的话，是一个提醒。写"学者"成分（如战史、战略、政治等诸方面）时，我尽可能非"学者"化一些。这是可能做到的。

其实，《战争风云》创造了一个不错的形式，把战略部分写成一部战史著作之摘录，一位德国将军（战略学家）在监狱里写的，作者再以第一主人公（虚构人物——美国海军将领，曾参与若干国际间高层政治）对摘录部分加以评论。这种另辟楷体字专章的写法，

方便一般读者跳过，也方便认真者细读。我曾长考，决定不走这条
路。除了完全照搬不好，另外蒋公、蒋百里、法肯豪森、陈诚等人
物皆与战略牵涉甚深，写战略就是在写人物。

　　尽力而为吧，我有信心。

　　郑义

第 61 辑　一平谈天才与经典性大作家

一平致郑义　2016 年 6 月 19 日 12:17

郑兄：你昨天讲的诸多问题很重要！我又想了想。

天才性的创作，在文学上不可缺，但是其也有弱点，就是其多是某一点的"奇迹"，非常人所能达致，然而是极端的、某一点的，却不完整，不体现完整的人文情态或精神。于此，那些经典性的大作家，则更重要。其不在某一点上有极端之创，甚至有点笨重，但却有大框架的完整性，和内部的平衡。它们确立文明的架构。庄子可读，但不可立世；孔子可读，亦立世。前者可无，后者不可不有。

兄长的写作多属于后者，这实胜于天才性的创作。你说，在此前提下，更多地打开生命内在的闸门，使作品更丰富，更饱满，这是非常好的。如果把握住作品根本性的人类悲剧性命运，大致就能处理好二者的平衡了。我想兄长的生命中有此蕴含，那种饱满的生命、情感、热血，这些本身都是超越理性的，特别是对细节的热爱，对万事的悲悯，这些都是平衡理性最可靠的厚重力量。再此，兄不用担心，可以做好。兄长对自身要求甚严，求完美，这会不自觉地带入写作中，会束约生命的潜能，不妨宽容、"放纵"自己一点，艺术需要自律、节制和约束，但是对完美的过高要求，会伤害到生命的创造力。因此古典主义也是有其弱点的。古希腊雕像尽善尽美，但是与真实却有差距。维纳斯的精伦之处，恰在于断了一支手臂。要允许这部作品有欠缺、有粗糙、错误之处。中国的大写意、草书有可借鉴之处。

再，你昨天说的对日本战犯有悲悯之情——可怜之感，我想这是很好的。

如果我们看当今非洲两个部落之间残杀，不论谁对谁错，都会让我们感到悲痛，这是人类之悲剧。荷马的史诗就是这样来看战争的。近日，读了几篇戚本禹的回忆录，和你的感受有相同之处，这个国家、那些混乱、残害、历史，乃至毛集团、毛本人都是很可怜的，而非恨，每一个人都是那么偶然、身不由己，一切都是那么盲目……。从政治上看不对，但从人性上看，则是人本身的悲剧，包括人的残暴都是那么的可怜，人身不由己。最近，美国发生的奥兰多枪击案，死了 50 多人，凶手罪不可赦，但是从人性上看，那个凶手也是很"无辜"很可怜的，他并非知道自己，也并非自导自己的所为，他也是被命运所支配，有他的"真理和道义"。这样，我们就回到了古希腊神话。人的存在是如此地不幸，我们除了悲悯，泪水，最终无以言语。

兄长太忙了，不用回复！

一平

郑义致一平 2016 年 6 月 19 日 17:18

一平：

谢谢鼓励、鞭策！所谓人生得一知己足矣。

昨晚讨论很重要。

你的几点意见都很对。我再细思量。大体定下心来。但这一段时间的思索还是有价值的。

你提及草书，那是真正的艺术。草书之前，书法是实用理性的，草书尤其狂草把其中的艺术成分提炼彰显出来，从此（唐代）之后书法遂被承认为艺术。有位四川同乡叫张商英，宋代人，最高做到宰相。其著名轶事是草书不自识：一次得佳句奋笔疾书，叫侄儿抄正。侄儿抄到难辨别处问他，细审再三，也认不出来。怪罪道：何不早问，叫我也忘了！

这个"忘"字很有意思，大约与陶渊明"此中有真意，欲辨已忘言"相通。

真正的艺术、艺术感觉应该是忘我的，说不清的，非理性的，——等于自由的。

愿圣灵引我进入自由之境！

祝好！

郑义匆复

第 62 辑 老宅里的文学讨论 百年后的人们会羡慕我们

北明致郑义、一平、王康 2016 年 7 月 28 日

各位：

上次讨论第一卷时未作记录，想起来甚为遗憾。这次讨论第二卷前四章，时间三四个钟头，可惜本人听得入神，录不完整，挂一漏万。但文字比记忆强，特作简单整理如下。

时在 2016 年伊萨卡酷暑 7 月 28 日，一平周琳百年老宅。

（以下是北明记录：）

主人安排，先谈总体印象，再分章讨论。

一平：

郑兄这部长篇是汉语文学中可与世界文学比肩之作，中国的《战争与和平》。《战争与和平》写的多为青年，托尔斯泰当时也还年轻，可谓青春之歌。这部作品显得比《战争与和平》成熟。中国道统中断，甚至在知识界中。这是部存亡继绝之作。道统要回到具体的人，现仅剩残留之背影。复活了民国人格、情感，令人感动的不仅仅是英雄气概。人际关系、人格。与《战争与和平》比，多了深厚历史内涵。人物也比《战争与和平》多。中华文明的史诗。

北明：

当代文学中绝无仅有。历史、传统已严重污名化。文字上，我早就提出要反对"新华语体"，野夫说是"延安窑洞语"。在语言上有贡献。比一般存亡继绝要艰难，中间隔了一个中共几十年统治。小说之成功拜流亡二十几年。一个预感：由于真实历史具冲击感，大部分人会当成历史读，文学性当代人是否能意识到？是留给未来的教科书。

周琳：

阅读时常惊叹"天啊！"老天怎么就给了郑兄如此的优惠、拣选？这是天意。写战争有心灵撞击。残酷、血腥、死亡！人们的悲剧，人性的悲剧。又可看出战争中的美与人类精神，一种美丽的血腥，是诗性的，可反复读。

最受益的部分是对日军的描写。过去只是仇恨。其实中日人性

无差别，日本人也不乏忠诚。作品不是民族主义的，可以消解仇恨。语言、意境之美，不可挑剔。细节好，阅读有享受。

心中一直有个结：纯钧出场太残酷，赤裸绑大木板上，对女性的极度侮辱。遭受了这种处置，比地狱女鬼还低贱了 36 层！得救之后要么死要么疯，怎么可能融入新生活？或者可虑不要这样侮辱，给她搭件衣裳？接受不了。文学经典中任何受辱女性都能接受，难接受这种侮辱。她如何从地狱重返人间？请给我理由。

王康：

偶然记住了一平生日。（郑注：此次聚会假一平生日。）

这部长篇始终无名，只叫长篇。首先是祭奠。画大画时，不断有恍然大悟的感觉。画了二百多名殉国将领，创作者们并不熟悉。我问谁能说出二十个名字？十个？历史被湮没了。存亡继绝对中国人是宗教。记得几年前光召在大纸牌子上罗列了几十个人物，如果能写完，一定是事件、人物的感动。当然首先是对蒋公的祭奠。中国历史上凡优秀的文学都是祭奠，成了宗教的替代。这部作品不仅是对历史、文明的保留、续存，而且是确定、再创，是招魂。这与他的信仰有关系。祈祷、祭奠是相通的。

第二点，文学。对中国当代文学不以为然。这部作品是拔地而起，不是俄罗斯文学那种群星灿烂，而是旷野之中。中共成功实现了赎买，文学完全失去使命感。高、莫能出人头地是自然的。这部作品是流亡状态造成的。《战争与和平》是里程碑，滋养了我们。托尔斯泰之后，再无这种理想主义的写作。卡夫卡、现代派没有给我们提供任何意义、价值，读不读无所谓。这部作品是古典主义、现实主义的，对世界、人类的忧患意识，是世界文学废墟上产生的作品。作为作家，非常成熟。但要面对不熟悉的历史，工作量巨大，放弃了驾轻就熟式的写作。文学才华渐渐开始驾驭历史资料。前此所写的十篇散文有新的审美，无人能及，对这部小说写作当然有重大作用。审美、文字高度个人化，与整个人生与流亡连在一起。出自于流亡生活的干净、思虑的干净。

第三，动人的描写，有十篇散文的影子。许多章节是战争特写、散文。托尔斯泰以后，一百多年来，整个文学下坡路中出现的杰作。

第四，文气、生命力让我惊讶。生命力饱满，身体没有大的灾病，好兆头。

第五，国内作家，从选题即开始安排出版。光召相反，完全回到写作，减少往来。

　　按一平安排，下一步分章谈。有大量对话未及一一记录。

　　第十四章是最完满一章。众多事件与人物，技巧完美，生活气氛浓。和平是战争最后落脚点。道统是战争最后的目的。三个女人关系处理得好，有个性。（一平）

　　这部作品是男性化的，女性要加强。（一平）

　　对话太多，许多只是陈述性、交待性，不如作者叙述，否则有阅读疲劳感。一段中改换人称，无必要，制造混乱。（北明）

　　第十五章，戴笠暗淡，重要，要加强。冈村与参谋烧纸条细节好，两个人物都出来了。小俣、法肯豪森令人感动。紫穗槐与紫丁香有区别，是中国的土地和气派。（一平）

　　本章蒋是仪式性人物，怎么写出人性，是挑战。（一平）

　　同意一平，戴弱了一点。（王康）

　　德顾问团及中德关系背景，读者会要求交待。会不会影响中美关系？（王康）

　　第十六章，冈村宁次读后有敬重感。偷地图有伤人格，内心冲突未交待。（一平）

　　张鼓峰事件，扩大了抗战视野。写天皇一段，日本内部政策制定，不是铁板一块。（一平）

　　鸡连长写得好。杨遇春出场弱了一点。（一平）

　　对蒋公描写，写"大骂"不妥。（王康）

　　第十七章，小蒋在苏联的苦难要写。（一平）

　　王阳明是心学，不是理学。蒋每日常课还有邹容《革命军》。（王康）

　　第十七章是写得最好一章，蒋经国写得好，最后唱国际歌一节也好。（北明）

郑义致一平、王康、北明 2016 年 7 月 29 日 8:24

　　一平周琳：

　　说不尽的感谢！

　　感谢你们特意晾晒了被褥、新买的划艇也装在小卡车上，刚吃完烤肉玉米，转身便走了。

　　首犯是我，当然也有从犯。我感觉饱足，不能再添加什么了。一切超出预想。

　　直到现在，仍然被某种惊奇所攫获：怎么可能，在纽约上州的一个湖角，一幢二百年老宅，坐在老式煤炉的小客厅里，一共五个人，认真谈这个世界之外的人和事！世界之大，美国之大，可谈文学与故国，也就是这几个人了。怎么会？

　　竟然就是这样。

　　所谓超出预想，是指真正转换了视角。稍一扭转，棱镜就放射出异样的光芒。一个人每日在斗室中独自面对一个读了一千遍的世界，自己固有的思路永远是最有道理的。驱车数小时，就得到了另外的道理和角度。真是很神奇。不是朝任何方向开上三百英里、三千英里就可以得到。我突然发现，上帝赐我使命，不仅仅是一个命题，而是打了包的，除召唤，还一次性赐予我好妻子、好朋友、美国、五指湖畔的伊萨卡，装一大包袱皮里，从天上一家伙扔给我。神圣的空投救济！打开一看，初时并无省悟，多年后方感觉，每一样皆是珍贵无比之馈赠。有这么好的几个朋友，写不出传奇也难。因为这几个人，每一个都是传奇。

　　所有的人，你们加上新流亡者老康、朝夕相处的地上的主小明，说的那些有分量的话，一直在心中萦回不去。并不急于定夺。不仅增加了信心（太艰难），更有焕然一新的预感。不会叫你们失望。

　　你们是我的呼唤者、鼓舞者、扶持者！

　　郑 29 日匆匆

王康致郑义、一平、北明 2016 年 7 月 29 日 下午 10:21：

　　我们不仅是奇迹见证者，还是参与者。再过 100 年，所有人都会羡慕我们，有幸最早沐浴逝去不到 100 年的先知圣贤的光辉，有幸结识复活他们的我们时代的文豪，有幸因此得到启示和提升……

第 63 辑　谈《伊利亚特》悲剧英雄

郑义致一平 2016 年 8 月 11 日　下午 11:46

友谊地久天长 Auld Lang Sine - Sissel
（女声独唱加圆号，合唱）：
https://www.youtube.com/watch?v=UOwNBP_B1xo
管弦乐：
https://www.youtube.com/watch?v=OIb7zfhTuvM
管弦乐队，聋哑人表演：
https://www.youtube.com/watch?v=AG26_045IJg
《魂断蓝桥》主题歌：
https://www.youtube.com/watch?v=8B61zO-s__g

一平致郑义 2016 年 8 月 12 日　上午 10:03

郑兄：谢谢！真是好！

昨天你提到《伊利亚特》，真是豁然开朗，一下子就通畅了。如此就不会再有纠葛和障碍，可以"勇往直前"了。我听了都很激动，大受鼓舞。昨晚就读了《伊利亚特》的第一章。

你讲的那几个情节也很震惊，都是极致场景。

我继续读《伊利亚特》！

一平

郑义致一平 2016 年 8 月 12 日　下午 1:19

以下两个美军演奏的链接更好。

这是军人的理解，沉甸甸的。

美国海军陆战队军乐队演奏：
https://www.youtube.com/watch?v=W-4GWgiMWxA
美国陆军军乐队演奏：
https://www.youtube.com/watch?v=T6fI8FvvBhA

郑义致一平 2016 年 8 月 12 日　下午 1:41

海军陆战队军乐队演奏的那首是葬礼的速度。这首曲子也用于葬礼。

一甲子前中华民国大崩溃之际，一位伟大的老军人目送他年轻的学生（即俄国所称"士官生"）整装出发，一辆接一辆十轮大卡驶出校门，走向败亡之命运，军乐队所演奏的正是这支乐曲。每念及此，眼泪就止不住流下来。

成都中央军校毕业阅兵式、分发式，也是献祭和送葬的仪式。

一平致郑义 2016 年 8 月 12 日 下午 4:13

谢谢郑兄！传来的歌和曲子都听了，人类能创造出这么美好的精神，这就是人的意义了，终极的意义！你的作品也是。继续读《伊利亚特》。这个年纪再读，和以前感受不同。到了这个年纪，就知道人性的有限了，在此前提下理解经典，更赞叹其辉煌。一平

郑义致一平 2016 年 8 月 12 日 下午 10:11

找出一年多前写的读书笔记，关于《伊利亚特》部分节录如下：

莎士比亚认为《伊利亚特》无聊，因此在自己的剧本《特洛伊罗斯与克瑞西达》里重写了一遍。他认为特洛伊战争没有价值（借人物之口："问题不过是为了一个忘八和一个婊子。"——指海伦夫妇）。他甚至认为战争本身不过是周期性发狂，"谁得到荣誉？星期三死去的人。"——调侃英雄。因此，《特洛伊罗斯与克瑞西达》并不具有他最出色的悲剧的特点，因为疯狂并不可悲。大部分战争文学亦然，疯狂不是滑稽的，就是可怕的。前者如《好兵帅克》，后者如《西线无战事》。——反言之：战争与英雄都是有意义的，构成悲剧。大部分战争文学着眼于疯狂、可怕、荒谬是浅薄的，不是悲剧。

《伊利亚特》是史诗般的悲剧。与莎士比亚的《特洛伊罗斯与克瑞西达》相比，虽然写的是同一场战争，但莎士比亚把神去掉了，然而使《伊利亚特》壮丽可畏的正是那些神。（托尔斯重写的《福音书》也是把神去掉了。）

为什么？

因为荷马的英雄们卷入了希腊诸神的一场争吵，神明各助一方，直接介入战争，如此，一场光荣的真刀真枪的较量就变成了一场对英雄的嘲弄，变成了超自然的神祇之间的一场斗智。英雄成了棋子。那么，在这场神祇之间的卑劣的争吵中，是什么给了《伊利亚特》英雄人物那种宏伟的气魄呢？或者，是他们不顾神明干涉、反复无常，表现出的那种一往无前的战斗意志？或者，是他们在一个不公正、不可测、歹人获胜、好人倒下、不可思议的意外事件决定胜负的局面里，为了荣誉而

以生命去冒险？

——结论：是的。在一场无意义、不公平、荒谬愚蠢的战斗中，像一个男子汉大丈夫一样战斗下去，战斗到死，这就是人类问题中最古老的问题——无意义的邪恶。这就是荷马所看到而莎士比亚所忽略了的悲剧。

总而言之，《伊利亚特》的世界是一个幼稚而可鄙的陷阱。赫克托尔的光荣在于：在这样一个陷阱里，他一举一动如此高尚，以至全能的上帝，一定会自豪而怜惜地伤心落泪。自豪：因为他用一把尘土创造出了一个这么高超的人。怜惜：因为在他修修补补的世界上，一个赫克托尔必须不公正地死去，尸体在尘土中被拖曳。但是荷马并不知道有什么全能的上帝（在一神教之前），故事中的诸神之父宙斯极为无聊荒唐。因此，希腊神话被淡忘了。（即是说，因为没有上帝，荷马史诗的全部意义便不可能完全展现。）

（郑注：在 2014 年 12 月 18 日日记中，有关于这段笔记的记述——）

今日专门腾出时间写了一篇读书笔记．其实算不上笔记，是对沃克《战争与回忆》中一段关于约伯的文学谈话的整理，在整理中（加深）理解。《约伯记》历来是圣经中最难理解的篇章。

核心问题仍然是无谓的苦难。这真是一个最古老亦最深刻的问题。《伊利亚特》中荒谬的战争背景、约伯荒谬的受难其意义在于展现了正直、高贵、信仰、希望和爱这些人类品质。

我的长篇史诗，最初是师法《战争与和平》、《静静的顿河》，再加上陀思妥耶夫斯基，继而古希腊悲剧，现在是《约伯记》。在一场荒谬的、不公平的、无数偶然性起决定作用大战中，中华民族通过她忠诚儿子的献祭，成就了自己的高贵与荣耀，也荣耀了上帝。

一平致郑义 2016 年 8 月 13 日 下午 9:18

谢谢郑兄！我赞成你的论述。终究到底，人类的存在本身就是荒谬的——"幼稚而可鄙的陷阱"，然而赫克托尔们——蒋公、雷明远、张自忠……能做得如此英武、高尚，也就是人之意义，即使其毁灭。因而悲剧也就是人类文明的终极意义，美的最高呈现。

我继续读荷马。一平

第 64 辑　诗的流动　用神圣的颂赞超越残暴与仇恨

郑义致一平、王康、北明　2016 年 8 月 30 日下午 1:33

一平：

诗无定评，又何况是现代诗，又何况是写小说者"论"诗？所以，不足为训，不过是一点外行的感想，供你一哂。

读了两遍，仍然是粗读。印像中较喜欢的如下：

黄昏、青鸟与上帝、一年的最后一天、大雪（似可与前首合并）、你、你们、致 C、密茨凯维支广场、黄昏、骑马的女孩穿过海岸、简朴、维纳斯、冬天已经过去、豹、致 W、雨、树上的女孩、未婚母亲、书信、意外的客人、春天、紫丁香、雪地上的橡树等。

分析自己的阅读兴趣，可能比较喜欢流畅通晓的，不太喜欢意象繁杂、纷至沓来。意象使用得太繁杂，会影响对全诗的总体感受。你不断被一个又一个突兀、新奇的意象打断，停下来理解、思索。这就成了理性的研究。诗可以深刻，但可能不是从第一层即词语的层次上表现（那就成了警句）。若读者在词语上便遭到"伏击"，须且战且走，那就太艰难了。艰难倒在其次，可以转换预期心态，就当作读论文，也不是读不下去，但那种诗所特有的如歌的美感就消失了。普希金、泰戈尔、屈原、李白、杜甫多么流畅优雅！同代人，郭路生与北岛，我就喜欢前者。近日重读了你与我的老同学仲××商榷的长文，完全赞成。你评价《相信未来》前两节是中国新诗经典是准确的，至少符合我当年的感觉。

> 当蜘蛛网无情地查封了我的炉台
> 当灰烬的余烟叹息着贫困的悲哀
> 我依然固执地铺平失望的灰烬
> 用美丽的雪花写下：相信未来

> 当我的紫葡萄化为深秋的露水
> 当我的鲜花依偎在别人的情怀
> 我依然固执地用凝霜的枯藤
> 在凄凉的大地上写下：相信未来

当时有雷击之感！诗可以如此忧伤美丽，忧伤可以如此美丽！

我们的同代人！"精神的绝望和语言的唯美都达到极致。"这是你的评价。我倒不觉得是绝望，而是希望——基督教崇尚的永远不绝的希望。这是青春和生命的内在本质，与政治、时代、环境无涉。仲把诗完全政治化了。再来看北岛的《回答》。也是名诗。

> 卑鄙是卑鄙者的通行证，
> 高尚是高尚者的墓志铭，
> 看吧，在那镀金的天空中，
> 飘满了死者弯曲的倒影。
>
> 冰川纪过去了，
> 为什么到处都是冰凌？
> 好望角发现了，
> 为什么死海里千帆相竞？

　　第一不美，第二不感人，读毕想一想，原来是一个批判性的思想。《相信未来》前两节可以永远流传，可以感动无数世代。北岛的"不相信"，只可能留下两句警句，一个荒谬时代的机智注脚。我这里是接着你的长文谈。"冰川纪"、"好望角"都不是好的形象，等于"用典"（老康说用典多了不能读）。这里就谈到一个重要美学问题：音乐、诗（甚至小说）要保持流动。不可因用典和繁复使用意象而造成过多停顿。郭路生写知青列车开行的一瞬间："……我的心骤然一阵疼痛，一定是/妈妈缀扣子的针线穿透了我的心胸/这时，我的心变成了一只风筝/风筝的线绳就在妈妈的手中……"多么优美感人！陈旧落套的意象，革命性的翻新，而且自然流动：妈妈缀扣子的针线—穿透—心胸—心变成风筝—线头在妈妈手中。

　　其实，"流动"在古典绘画中也是存在的。我没有研究，至少在《圣女尤拉莉娅》上很明显。下面是这幅名画——

　　（郑注：画作《圣女尤拉莉娅》此处略）

　　尤拉莉娅是罗马帝国迫害基督教时期的一位著名圣女，年仅 13 岁，宁死坚持信仰。她的尸体是残缺的，受过各种酷刑，钉过十字架，挂起来火烤，割乳房，最后砍了头。但画家向我们奉献了一个纯美的半裸体，没有一丝被残害的痕迹，用神圣的颂赞超越了残暴与仇恨。我们的目光首先会被白色背景上的裸体吸引，其中形式感很强的散发隐约透露出暴行；沿着画家的引导，我们会注意到那纯白的背景是雪（圣女死时天降大雪，掩盖了尸体），持矛的士兵证实了殉难，围绕尸体的雪地鸽子营造出神圣感。再远处是气氛压抑的围观者，目光稍加停留，会发现处于中心位置的小孩举手指向天空。天空上有什么？一只鸽子，圣灵与灵魂的象征。如果你首先注意到士兵的长矛，那矛尖也指向飞翔的鸽子。最后，你会发现远处士兵的矛尖也指向飞翔的鸽子。所谓的"空间艺术"也象音乐和诗歌一样流动起来。而所有的流动都指向飞翔的鸽子——圣灵或灵魂。颂赞的主题进入大合奏的高潮。从那只飞翔的鸽子，还会把你的目光引向雪地上的鸽群，再次细看，你会发现鸽群与刑场、死亡之间存在强大张力，（不是现实主义而是浪漫主义，）终曲大合唱。我的解释不知对否，但我的目光确实是这样流动的。

扯远了。还是很喜欢《奥斯维辛、春天与复活节》。连贯、通畅、流动、一气呵成。散文化也很好，减少了跳跃。我同意老康的意见，你还是要回到诗歌上来，其他的尽量少写。你多年前的诗稿，不要放弃，应该完成。你在人格、思想、情感、艺术感觉上已经非常成熟，远非那些行时诗人可比，要格外珍惜。我们都应该让诗歌引导余生。

你要听听在行者的意见，我的审美相当保守。总是念念不忘普希金、泰戈尔式的自然流畅。这些大家不故作高深，不掩盖自己，而正是他们的热情坦诚打动了我们。一位现代诗人终于理解了布罗茨基，说道：哦，在你们那边，还有缪斯……和阿波罗！——这同时也是一个自白：在他们那边，早已没有了缪斯和阿波罗。

这封信写得断断续续，总还是有些杂事要做。

郑义
2016 年 8 月 30 日

一平致郑义、王康、北明 2016 年 8 月 30 日 18:22

郑兄：多谢了！你的写小说那么大压力，还花费这个功夫，真是不好意思。我的信也好，文章也好，你都不用回复，别耽误你的写作。否则就不好意思传给你看了。

你说的对。老郭这两节诗可以传下去，那一首告别的诗也很好。不明白仲何以要批判老郭。其实人的观念并不重要，因为那是可以变化的。"人"的基本内容还是伦理的，儒家的仁义二字。刘宾雁先生的仁厚之心远高于海内外的自由派。

我完成手头这点事，就全力写文学了，主要还是诗，那日康兄还说应该写部大作品，我想也是。人生的这后一段，要将前大半生的积蓄完成。心中有几部作品，放了也有几十年了，愧疚的很，早该写。我想到你说的约拿的故事，写作在某种程度上也是受难，认真的事总是难，因此总是想逃跑。这实在是坏习惯。

　　这个周末你们是否愿意过来航船、去葡萄园喝酒？一平

王康致郑义、一平 2016 年 8 月 30 日 19:02

　　光召这篇简短文字，对《圣女尤拉莉娅》的分析，可给了我大启发。

　　接着要画《报到》，虽然风马牛不相及，但结构和流动能相通。

　　这种文字也只有光召能写，受用得很……

一平致郑义、王康、北明 2016 年 8 月 30 日 19:57 GMT-

　　郑兄关于圣女尤拉莉娅这段话太重要了。我不知道如何回复，只能到网上看资料。如何使残酷上升到人类终极之神圣？我们一直受所谓批判"美化"现实的影响。其实这是错的。如郑兄所言，神圣的颂扬超越残暴和苦难。这句话让我深思，如果没有神的信仰难能体会。我想到那些在火刑柱上的基督徒，他们在烈火中最后一刻想的是什么？那必是对神的颂扬，他们看到的一定是天堂、是神。这大概就是郑兄说的超越残暴、苦难，是善、爱、光明、神圣战胜了残暴。从残暴、苦难中生发出来的爱、美、神圣，那已经是文明的终极。郑兄这段话及这幅画，让我重新理解了天堂，那不是逃避的处所，而是从残暴苦难中诞生的，而神圣的意义也就在此。无残暴、苦难的美、信仰、天堂、神圣是多么轻飘。大概这也就是残暴苦难之意义，上帝让人受苦的意义，生命和人真正的意义。

　　一平

第 65 辑　筹备赴佛蒙特州索尔仁尼琴故居

一平致王康、郑义、北明　2016 年 9 月 6 日　18:35

康兄：知道你的身体状况，很是惦念！不妨到我这里住些日子，散散心！

一平

王康致一平、郑义、北明　2016 年 9 月 6 日　19:05

一平：我有些老毛病，现有新说法，也倒不太以为意。……光召北明若到佛蒙特看老索故居，我们就一块去，他们 11 月初要去澳洲半月，看老索故居应在 10 月中旬左右。昨晚想，现在有各种测量血糖血压的仪器，还有测算智商的标准，怎么就没有测量品德的科学方法？你的写作开始了吗？

一平致王康、郑义、北明　2016 年 9 月 6 日　20:15

康兄：你一个人过，怪难的。我还在写那本书，正在写从五四到共产革命一章。大致想明白了。科学、民主不可取代伦理，以之打倒孔夫子，开毁灭中国文明之始。以科学、民主为新文明的旗帜，大错。清理中国近代思想，要由此开始。由思想上说，从五四到共产革命，有内在之逻辑。文明的主题是宗教的、伦理的，此不可动摇；根基一毁，全盘即毁。人的日常言行即可检测道德。如徐的那一发言，不在对错，乃在没有对他人的尊重——没有做人之常识。人的意识此一时彼一时，并不重要。而与人为善乃是做人之本。郑兄、康兄均为楷模。

一平

王康致一平、郑义、北明　2016 年 9 月 6 日　21:44

一平，我们该公开跟"自由派"分手，就像当年《路标》诸君与革命党激进派告别。完全对！宗教伦理是文明和人性之根，民主科学至多是枝叶。一百年的迷误，应该澄清了……

郑义致王康、一平、北明 2016 年 9 月 7 日 下午 8:41

科学、民主是工具而不是一种价值，更不是基本价值或最高价值。宗教、伦理是基本价值和最高价值。现代社会的毛病正出于此。我们能有共同思考，真是人以群分！

苏炜说 10 月中旬去看老索季节正好，他也有时间。我想请他们夫妇一起去，我这辆旧车可坐七人，正好。如你们同意，我再问问苏炜老索处具体情况。他们离得比较近。

郑

王康致郑义、一平、北明 2016 年 9 月 7 日 20:59

我反正跟着走，只有一点要求：现在办了银行卡，老不用，哪天丢了，就用不上了。所以我们可以歇好点的旅馆。

老康

第 66 辑　《伟大的母亲》　将诅咒化为葡萄园

一平致郑义、王康、北明 2016 年 9 月 30 日 下午 1:20

近日在写"从五四到共产革命"，看了些资料。很有收获。从思想文化上，

中国遇到的最大的挑战是儒家传统和西方进化论的冲突。西方在"上帝死了之后"，人性中被制约的野蛮力量被释放，并使之合理化，这就是进化论，主张生命竞争推动人类的发展，并进化人种。加之资本主义，这股扩张、征服的力量伸延到全世界。中国传统文明被此击垮，并且国人开始学习这种野蛮性，当今的中国即是体现。如果维护儒家的道统，那么最终是和西方的这股"进化论"之争。

不用回复！

一平致郑义、王康、北明 2016 年 10 月 4 日 23:22

这是我 97 年写的一篇文章，今天偶然在北京之春网上看到，传给诸位。20 年一晃而过，今天已写不出这样的文字了，生命渐渐麻木了。悲哀！

一平

（郑注：指写天安门事件的《伟大的母亲》，此处从略）

王康致一平、郑义、北明 2016 年 10 月 5 日 16:28

一平：儿女是母亲的未来希望，白发人送黑发人是人间最深悲剧。

我的父母最后选择自行离开，是在绝望之极，包括不忍见儿子先走的绝望。

我们这把年纪，死亡成为某种视野，文字也成祭文。

只是觉得鲁迅的文字难免令人想起"国民党反动派"的罪恶，可能稀释了中共的血腥。

供你参考。

老康

一平致王康、郑义、北明 2016 年 10 月 5 日 16:44

谢谢康兄！说得是！20 年前，尚想不到那么多，如果是今天就不会引用鲁的文字了。文革期间，有一段时间没别的书，就通读了鲁的全集。因此深受其文字的影响。鲁是表达沉痛、愤怒、仇恨、斗狠的文字天才。他的文字是有毒的。年青时，内心的愤恨无以表达，读鲁迅所以很过瘾。这些四十多岁以后，才有认识和反省。将诅咒化为葡萄园，我很有体会。

一平

王康致一平、郑义、北明 2016 年 10 月 5 日 17:19

谢谢一平，完全理解，半月后往索翁故居，再详。

郑义致一平、王康、北明 2016-10-05 20:51

一平：

不同意你的结论性感叹。你的生命蒸蒸日上，哪里"麻木"了呢？

第一不是事实；第二，千万千万不可对自己有这种暗示。

年轻时提笔就写，年齿渐长，下笔不易，是成熟的表现。

进入长篇写作以来，感觉更热情、浪漫了。因为笔下是一个热情浪漫的时代，不能不受感染。

诗人更是青春长在的。

我同意前些日子老康的建议，回到诗歌上来。

那是你的葡萄园。但再耗十年就不好说了。

愿你有我的紧迫感。

神赐福于你！

郑

一平致郑义、王康、北明 2016 年 10 月 5 日 下午 11:24

　　谢谢郑兄！是应该回到文学。内心有些情节，将这本书写完就交差了。我对写诗还有信心。

　　希望不辜负两位兄长！先写写短诗，之后写大作品。明年会有点成效。

　　一平

第 67 辑 秋色中索尔仁尼琴故居之旅

王康致一平、郑义、北明、郭恩扬 2016 年 10 月 24 日 12:09

　　各位：这次跟着到索翁故居，秋色迷蒙，正是朝觐时节。当年托尔斯泰自己生在他们家族亚斯纳亚·波利亚纳的古老庄园（"栅栏"），距莫斯科 200 公里，是俄罗斯色彩最浓重的地方。索翁走得太远，他总需某种长久和相似的东西，冷得像俄罗斯的地方！托翁在他的栅栏里几乎度过一生，他有五个儿女。我还不知道索翁宅邸的名字，姑且叫"索居"。托翁和孩子们周围，有两个仁慈妇人：塔佳娜和亚历山德拉姑母，托尔斯泰说：她们有两项德性：镇静与爱，她们永远服侍他人而避免为他人服侍，惟一的嗜好是读圣徒行传。她们颂赞上帝的庄严，当她们找不到言辞的时候，就泪流满面匍匐在地！这卑微的心灵对于托尔斯泰的影响是超越文字与一切。

　　索居也有两名以爱和奉献为使命的女性，这个消息使我有点明白了托翁和索翁的伟大来源。

　　特别奉告，走进寒舍，发现老光眼镜就在桌上，原封不动。

　　谢谢各位慷慨忍受我的坐享其成和唠叨。

　　秋渐深，多穿。

　　老康　2016，10，24

一平致王康、郑义、北明、郭恩扬 2016 年 10 月 24 日 20:08

　　谢谢康兄！谢谢诸位！感谢恩扬的精心安排，使我们的这次朝圣之旅多有收获。一平

北明致一平、王康、郑义、郭恩扬等 2016 年 10 月 24 日 下午 11:45

　　各位，老索流亡地之行及其他，挑了几张，缩小尺寸发来分享。卡文迪士小镇所拍不多，好的更少。举凡图片里没有北明的，就是北明拍的。谢谢一切。

　　北明

（左起）郑义、一平、北明、王康、周琳等一行参访索尔仁尼琴在美国流亡十八年的故居，在故居所在地佛蒙特州卡文迪小镇索尔仁尼琴博物馆内合影。前方这张椅子是他当年写作《红轮》时的座椅。摄于 2016 年 10 月 22 日。

2017 年

第 68 辑　胡适——读书人的矫情

一平致郑义、北明、王康 2017 年 3 月 2 日 10:32

　　谢谢郑兄！文章看过了。胡是好人，但我对其评价不高。在国家危难之中，讲什么追求个人的自由与权利就是爱国，那么数百万死难的将士该如何？这种读书人的矫情，无言以对。五四以来，中国的这种自由主义，疏通了通向新中国的道路。

郑义致一平、北明、王康 2017 年 3 月 2 日 12:09

　　同意二位意见！

　　蒋公是对的，蒋廷黻、丁文江是对的，胡适完全错了。

王康致郑义、一平、北明 2017 年 3 月 2 日 下午 5:41

　　自由主义（至少在中国）应有反省。英美自由主义（包括俄国）都珍视传统，只有中国自由主义以反传统为能事，对马列主义入主中国大有助益，更是甚嚣尘上的虚无主义的温床。此外，我没有见到一个堪称君子的自由人士，我却见过熊十力、梁漱溟儒家君子！现在国内自由主义者，大都沽名钓誉之徒，国外更甚。打住。

郑义致王康、一平、北明 2017 年 3 月 2 日 18:18

　　本人对胡适无好感。国难当头，出使美国不要钱不要枪，到处演讲，得了 27 个荣誉博士。蒋公受不了，宋子文去，才改变此状态。抗战初期"低调俱乐部"，甚至主张承认满洲国，干脆把东北不要了，道德上亦不是君子，浪得虚名尔。实在不想说他了。

　　郑

一平致郑义、王康、北明 2017 年 3 月 2 日 下午 9:48

　　胡获得那么大的声誉，是中国文明的悲哀，说明中国文明传统失去了价值。

第 69 辑　基督教文明之没落，是因为太文明了

北明致一平、郑义 2017-03-12 18:15

　　文明脆弱，不堪一击。但是如果你用残暴手段保护文明，你已经是残暴的一部分。在冷战后建立的全球秩序解体之后，这将是人类在本世纪正在和已经面对的难题。对于这一二律背反，西方世界知识菁英早有明确的意识：原子弹的制造和应用，成功地降低了整个反法西斯阵营的道德水准。——当梅尼克在《德国的浩劫》中指出这一点时，他代表了上个世纪西方的良知及其痛苦。本世纪人类远离了热战，走出了冷战，却面临了超越冷热的恐怖主义。国家主权与民族尊严已是明日黄花（东亚地区除外），人们发现目前所遭遇的危机更加深重，乃是人类文明与传统之断灭。目前还看不出文明人类能够拿出什么好办法，既能免于文明之毁灭，又能保全道德之完备。更加可悲的是，仅仅由于指出这一事实，文明世界内部已经争执不下并严重分裂了。

　　北明

一平致北明、郑义 2017 年 3 月 12 日 下午 6:48

　　谢谢北明！

　　基督教文明的没落，重要的原因之一就是太文明了，这就是文明的悖论。文明的标志之一就是人道精神、限制暴力。如果没有这两条，基督教文明可以全然消灭其所有对手。比如伊拉克战争，美国之所以处处被动，深陷其中，就是因为对暴力的有限使用。如果像历史上的种族战争，十个伊拉克也让美国消灭了，并且可以用刺刀逼迫阿拉伯人改信基督教，但是由于文明，美国人不能这样做，反而要保护伊拉克人的宗教信仰，保护伊拉克平民。由此，美国就深陷其中，赢不了这场战争。高度的文明最终会被野蛮所吞噬。这是文明的宿命。蒋公失败于中共，也是野蛮吞噬文明。文明是悲剧。郑兄的小说所体现的也是如此。

　　一平

郑义致一平、北明 2017 年 3 月 12 日 21:03

　　一平周琳：

　　感谢你们这么远来看我们！真是不敢当得很！

感谢你亲自朗诵的诗！仍然是当不起的感觉。

一平说得对，文明难以战胜野蛮。真是令人悲观、伤心。也许，与第三次世界大战相比，前两次大战真算不上屠杀。民族国家的存在，也许原意是避免种族大屠杀的，相当于种族隔离。现在这种"世界大同"，是把战争普及到每一国家和城市。没有边界，没有军民之分。

文明人类有可能觉醒吗？是不是为时已晚？

郑

北明致一平、郑义 2017 年 3 月 12 日 21:33

马克·斯坦因说，有三个办法：第一，归顺穆斯林，但那意味着西方文明的解体；二，消灭穆斯林，但那意味着美国不再是从前的美国；第三，改造穆斯林，但是归根结底只有穆斯林自己才能改革伊斯兰教，自由世界能做的只是创造条件提高改革伊斯兰教的可能性。关于第三种办法是唯一可行的，但是他形容这个任务是地狱般的任务，异常艰难而不可知其结果。"只有几处堡垒，除了这几处要塞和光，整个星球将非常黯淡。"

我想，我们处在最大的两端黑暗中间。可能是既未逃离专制暴政，又尚未解除伊斯兰黑暗的最后一代华人。

一平致北明、郑义 2017 年 3 月 13 日 15:31

谢谢郑兄、北明！

郑兄的一生可谓苦难中的持守、建设——文明之木匠！此次聚会最让人感动的是大家倾心静听北明朗诵郑兄的作品，那是心灵的倾听。中国文明一片废墟，一切好的都被摧毁，弃于荒坟野冢。而郑兄拾捡起一片片瓦砾，精心擦洗、拼合，赋之以光彩，使之复活，而为一幅恢弘的民族史诗。所谓文明的建立、精神的再生，实乃孤独的个人，日日夜夜、点点滴滴的持守和奋争。所有来参加聚会的人都是幸运的，他们来见证一片废墟之间，一个民族与其精神的复生。这是何等荣幸！每个人的内心都被深深打动，我们是"光召"的受惠者。人是一种意志与精神，其死即行尸走肉。光召、招魂，冥冥中，郑兄是有使命的。

基督也好、佛陀也好、孔子也好，都是苦难中建立，文明由苦难而成就。欧美后现代文化也是由于没有了苦难，而流于形式，以致无聊到破坏。在废墟、在苦难中孤独地建设，这正是文明的意义，这也郑兄的道路。

中国是一片废墟之糜烂，而欧美也在没落，世界将面临新一轮的黑暗。由此，文明也开始有新的意义；欧美的此种同性恋式——享乐、标新立异、无生命内容的文化也走到了终结。生生不息，文明在不幸中也是如此。汉语的文明二字很好，好过西语"civilization"——源于城市，文相对于暴力、野蛮；明相对于黑暗；文明相对于暴力、野蛮、黑暗而存在，而具有意义，否则文明就趋向没落。我的一个朋友由美国移居到俄国，他说当今俄国尽管有种种问题，但是比美国具有思想，有精神的活力。

黑暗是宇宙的本质，那些星体是自身的燃烧与光，它们在黑暗中成就灿烂的星空。

一平

郑义致一平、北明 2017 年 3 月 13 日 20：50

谢谢一平，你的鼓励，是我坚持下来的力量！

"人间天国"的理想是乌托邦。有人说《圣经》是上帝造人后留给人的"使用说明书"。在人类始祖被逐出伊甸园时，上帝曾嘱咐男人必须流汗耕耘，女人必承受生育痛苦。一般人理解为诅咒，我以为是祝福。流汗耕耘、承受重负、生育众多，人就完全了。你所言"文明由苦难而成就"也大致是这个意思。所谓现代病，一概如此。

马克•斯坦因说，将来的世界，"只有几处堡垒，除了这几处要塞和光，整个星球将非常黯淡。"是可以想象的。到现在，可以理解十字军东征、左宗棠扫平西部回乱、以色列强势自卫及扩张。

现在开始挽回，也许为时未晚，比如限制伊斯兰教入境并高额资金赎买伊斯兰移民回归本国，但民主制度，愚民不相信末日并不愿意花钱。显然需要独裁者。但又可能自身回到黑暗时代。若内外黑暗叠加，那就真是启示录时代了。

真是令人无限悲伤！

文明被科技、福利、极端个人自由毁掉了。

我们给后代留下的将会是一个怎样的时代呢？

郑

一平致郑义、北明 2017 年 3 月 14 日 上午 10:33

　　郑兄，你说的对。上帝将人驱除伊甸园，让其受地上之苦，有深刻的内涵。人性有罪，人世必不完美，人必劳作、必受苦，这是人的本分。当人力图建立人世天堂，不劳作，不受苦，不养育，人就僭越了本分，灾难就将来临。

　　当今欧美之好来于前人的文明积累，是世代基督徒们的克制、牺牲、勤俭、辛苦劳作的积累——美德的积累、文明之积累，但是后人不对之珍惜而对之挥霍，自然会败家。

　　不用回复。祝小说顺利！

　　一平

第 70 辑　郑义致歉：文学聚会上讲多了

郑义致一平、王康、北明 2017 年 3 月 14 日 20:43

老康一平：

我要向你们致歉。

昨晚小明跟我讲，原来我的发言是 15 分钟，之后，大量时间是你们二位发言。结果我说个没完，把你们的时间都占用了，以致你们三言两语结束。这两天小明很忙，来不及跟我细谈，我则以为应该多讲几句，不可敷衍，以答谢各位拨冗出席的朋友。总之，没弄好，向你们真诚致歉！

聚会中，最接近、最理解的朋友往往照顾不到。你们不仅仅是拙作的见证者，还是栽培者、浇灌者！若无老康的力荐，我可能去写黄河了。那毕竟是不可与长江史诗相比的。若无老康和一平夫妇的倾听、鼓励，我的路是孤寂的。你们的存在，是我热情与力量的来源。老康赠送的长联和画作，一平赠诗《红橡树》，都是我长途跋涉中的一个加油站。再谢再谢！生活能如此保持并流淌下去，是你们赐我的福分。不能再好了！

衷心希望大家保持健康，一起走完此生之路。

郑义鞠躬！2017 年 3 月 14 日

王康致郑义、北明、一平 2017 年 3 月 14 日 下午 10:00

光召，这种聚会，一生难有几次。你是寿星，天然是中心。大家都非常愉快，是受你几十年为人、写作的感染。二十馀人安静细听北明朗读，足证长篇透人心脾的力量。支撑流亡者，是时空隔绝的故国之思，你则超越思念，走进复活之途，为故国招魂。在我的理解，这也是为上帝效命。子曰：知之者不如好之者，好之者不如乐之者。相信你在践行责任中，艰难而欣悦。毕竟偌大中国，只有你被挑选来完成这一非凡使命。珍重！

老康拱手 2017，3，14

一平致郑义、北明、王康 2017 年 3 月 14 日 下午 10:12

郑兄：这是哪里的话！大家难得听你讲自己的写作，你多说几句是大家的幸运，难得的很！我们是附带的，说不说不重要，即使说也是为了当日寿星的中心。七十大寿，难得啊！希望有个聚会，郑兄专讲自己的写作！一平

郑义致王康、一平、北明 2017 年 3 月 14 日 下午 10:48

　　谢谢你们的一片心意！真正要讨论文学，要关起门来，几个人。否则是热闹、场面，不可能谈得深入。

第 71 辑　从感恩谈及基督教并儒家传统

　　郑注：王康首信遗失，标题是"不抱怨的世界"，2017 年 3 月 16 日 10:07

一平致王康、北明、郑义　2017 年 3 月 16 日 14:11

　　谢谢康兄！年青时不懂上帝的教诫：要感恩！以后才明白，这是一种恩惠，它让我们的心光明、开阔、从容、喜悦。基督教也好、佛教也好，或是儒家的心性，都是教育我们，人的存在是心，也就是精神、灵魂。我常常想到郑兄所说，好得不能再好了。感恩，让我们走出黑暗。
　　一平

北明致一平、王康、郑义　2017 年 3 月 16 日 19:53

　　基督教是大众苍生的精神修炼，儒家是知识精英的道德实践。
　　前者提升民族整体生存状态和精神世界，这就是为何有信仰的美国人是我们感到时时处处与中国相反的根本原因。
　　后者养育悲剧英雄和先知，使这个国家民族即便在黑暗时代（比如现如今）也能够保存火种，蓄势待发。
　　二者自好其好，也都好。若要一比高下，思维和行为已经偏离儒家宽厚、仁义、中庸的道德精神。
　　北明

王康致一平、北明、郑义　2017 年 3 月 16 日 下午 7:11

　　儒者不怨天，不尤人，下学而上达。罕言精神、灵魂，而重"德行"。孔子"发愤忘食，乐以忘忧，不知老（死）之将至云尔"，君子立其大本，然后待命。

一平致王康、郑义、北明　2017 年 3 月 16 日 20:28

　　儒家是精英文化，"士"立身之本，就人文精神来说，乃是人类最完整而系统的"人"之思想伦理。但是，我以为儒家有一欠缺，就是其是精英"士"的思想伦理，而缺少人民性，行之全靠人的自律与修行。中国数千年来有一问题难以解决，即是人民的文化和教育。在宗族社会中，民有家族伦理的制约，但一旦宗族社会崩溃，民就失去秩序。而基督教本是底层民众的宗教，人民接受宗教比接受理性的思想伦理要容易，教会有直接的组织、教化、救助民众的功能，并且在教会中贵族和贫民得以融汇。我在波兰参加过不少教会礼拜，切身体会到基督教教化民众的意义。神父讲道、集体吟唱圣歌，其进入百姓的日常，并指导其生活。我在波兰常常想到这是中国下层民众所欠缺的。近代，河北地区有一些天主教的村庄，天主教在那里传教有上百年的历史，相对比而言，在近代的动乱中，这些信奉天主教的地区社会、民生、秩序以及百姓的心态也都好些。我们在波兰时，周琳打工的中国公司的老板就是河北天主教的信徒，他们公司的人也大多来于那里。同样是在雅宝路做生意，在道德上，他们比其他的中国公司要好，也更有信誉。当代韩国很有意思，其是儒家传统保存最好的地区，好过台湾，但是四分之一的国民信奉基督教。二者很是融洽。韩国基督徒的日常伦理基本还是儒家的，比如注重家庭，敬重父母、老人，讲究礼仪；而遵循儒家的非基督徒，也不排斥基督教。而且韩国学习西方的科学、教育、人文也是很成功的。我想，这可能会是中国未来的文化模式，中国应该向韩国、日本学习。他们都是在主体上继承传统，而竭力学习世界好的东西。这是我对中国的期望。

郑义致北明、一平、王康　2017 年 3 月 16 日　下午 9:46

　　圣经教导：凡事感恩。人的生命自然而然就改变了。撞车了，要为人未重伤感恩；许多人还买不起车，为自己是有车族感恩。房塌了，为家人平安感恩，尤其感恩还享受着上帝创造的阳光空气水树林草地。亲人逝去，为相互之爱，为共度的美好时光感恩……

　　不是什么"正能量"、"知足者常乐"、"想开点"，而是真诚感恩。你想透彻了便不可能不感恩，不需要手腕上系带子。我们白白得到的那些最重要的东西都是无条件地赐予。

　　说绝了，我现在嘎巴一下就死，无论人或神，谁都不欠我，而只有感恩之情。为我的妻子、女儿和你们！

　　郑义

第 72 辑　渴望河畔小屋　河流是生命之起源

一平致郑义 2017 年 5 月 10 日 20:37

郑兄，谢谢你和北明！虽然在 DC 只有两天，但是很愉快！下次去一定看看波多马克瀑布，真是壮观，是我们这里无法比拟的。

那处河湾（郑注：雪兰朵河）确是一处极佳的写作之地，整个生命可融汇于树林与河流之中。在那里心境确实不一样。

我大致算了一下，如果建一座 1500 平尺的新房，连同地皮，大致将在 25 万美元，十几万可能拿不下来。

我想不妨先买下一块河边的地皮，两三万亦可，先置办一辆房车。二手房车几千美元，大点的够一个家使用，可以住宿、做饭、洗澡、如厕、照明，俱全，亦有窗、桌子可以写作。起码可以住整整一个夏天、秋天。而且待条件许可，随时可建住房。即使不建房子，地皮早晚还可以卖掉，地价只会上涨。并且一小块地皮，每年的地税只有几百元，不像一座房子，每年的地税要 5、6 千元。

这个建议，我大致和北明说了一下，她很是赞成。因为花费不多，家里也有一块可以野外宿营的地方，她和妮妮随时可以去度假、生篝火。总之，她觉得这个想法可行，她赞成，说可以继续找地，合适就买。我想这个事可以着手办。

说的不一定对！都是建议，信不用回。祝小说顺利！

一平

郑义致一平 2017 年 5 月 14 日 21:05

一平你好！

每次见面，对我都是极大的鼓励。人是社会性动物，不可能再鲁宾孙式的孤独中生活、创造。

但也不需要多，人生一知己足矣。你说"整个生命可融汇于树林与河流之中"，把我想在河边写作的深层意识点明了。关键词是"生命"。幼时，生命是在嘉陵江的涛声中度过的。青年时，则是太行山乌马河。我们知青的土房就在河边，生命与河息息相关。从天旱时的涓涓溪流到大雨后的山洪，从黄昏时同学们拉手风琴在河畔歌唱到夏日在深不见底的水潭里游泳、在洪流中抢救木料，竟然就如此度过了人生中最富于幻想与青春活力的 6 年。于是，从童年到青年，河流就如此长入了生命。我渴望听见河声，渴望在河的水涨水落中写作，原来是生命的底色。你设想的计划也许可以实行，但眼下找不到一块（如那块七千元的）临河之地。有遗憾，但我不抱怨。人生许多愿望是不可能实现的。目前也知足了。上帝若垂怜我，会赐我一块生命之地（或一座小小的破房）。我真的不在乎华屋豪宅，心向往之，就是河边的小小旧宅。上帝不理会我，那也是他的美意。他总是以种种不可思议的方式引领我、驱策我走向他的应许之地。

雷鸣远神父少年时曾在一座修道院门口看到这样一条箴言："看我延长了逃亡，而停留于旷野里。"他即热泪长流，坚定了一生的信仰。每次想到此，同样感觉神圣的召唤。要"延长逃亡"，"停留于"聆听召唤的"旷野里"。——这是一则神秘的箴言，如同我跟你说过的另一则："一切围绕河流生发的传奇故事总是天真纯洁的。"

近日在写张自忠部悲壮的急行军，令人泪眼婆娑。

愿神赐福于你！

郑义

一平致郑义 2017 年 5 月 15 日 上午 11:26

郑兄：谢谢你！

我们算是阅尽沧桑了，总算是明白世上的好与坏。如兄的阅历、胸怀、品德、意志、才华、勤勉，这样的作家在世上已经没有了。兄长可谓是存亡继绝。与兄结识是幸运，每每相谈多有所得，鼓励我向着高处。

河流是生命，其与土地孕育万物，唯有最广阔、丰富的生命朝向河流与大地，所谓人类即是它们孕育的故事，因此天真的，河流是生命的起源。

我想找地不一定要在那处河湾，沿河都可以，只要幽静就好。多花点钱也可以，我也可以分担一部分。找找看。如果方便，将有关的网址给我一个，我也可以查查。

一平

第 73 辑　《静静的顿河》——饱满的爱的力量

郑义致一平 2017 年 10 月 24 日 21:55

你 2002 年写的《多馀之馀》我 2004 年曾拜读。当时感觉甚好。昨、今两日又读一遍，感觉非常好。大概是因为近年来我集中注意力分析人物。分析瞿秋白不是一件易事，很容易偏执一端，而你把握得很恰当。这是一篇不可多得的好文，埋没了。

分析人物一般是小说家的基本功。我不明白你何以得心应手？

愿神赐福于你，愿圣灵引导你的文思！

郑义

一平致郑义 2017 年 10 月 25 日下午 2:44

郑兄：谢谢你！我教了许多年的书，常常需要给学生分析一些作品。慢慢就熟悉了。年青时也曾尝试写小说，但动起笔就觉得不是那块料，小说需要处处细节，而我没有那么丰厚的生活。

慢慢做吧，能做什么就做什么。年纪大了，没有青年人的躁气了，算是进步！

再谢！一平

郑义致一平 2017 年 10 月 25 日 22:31

一平：

刚才我把你的旧文《冬夜，静静的顿河》打出来了。见附件。

原文是我收藏的一张剪报，不知发表于何报纸。

这篇文章我拜读过多次，品味无尽。

打一遍算再读一遍。

郑义

附件：

《冬夜，静静的顿河》

天浩

再读《静静的顿河》，没有二十岁初读时的那种激动，但却有更多的理解和收益。真是伟大之作，小说写到这个境界几乎达到极限。今天，以至之后，人类大约再也写不出如此作品，就像在写不出巴赫、莫扎特、贝多芬的音乐。

　　"我们光荣的土地不使用犁来翻耕
　　我们的土地用马蹄来翻耕
　　光荣的土地上种的是哥萨克的头颅
　　静静的顿河到处装点着年轻的寡妇
　　我们的父亲，静静的顿河上到处是孤儿
　　静静的顿河滚滚的波涛是爹娘的眼泪"，

　　今天人类还会有这样的诗句吗？

　　人说到底是一种生命。生命有什么道理吗？没有。一朵盛开的花，一只飞翔的鸟，一头被击毙的野鹿……；只是美好、幻想、悲哀和不幸。这是一千种公式、定义所不能取代的。"理"可以制止爱情，但绝不能说服爱情。文学艺术的源泉是对生命的爱和幻想，它所表现的人的悲剧、命运由此而来。这个道理是简单的，也是永远的。此源泉枯竭，文学也即枯竭。

　　荷马是永恒的。但如果理性地去想，《伊利亚特》不就是两伙衣衫褴褛的部落，为个女人，操着刀棍石块，杀来杀去吗？哪里有什么阿克琉斯、雅典娜、奥林匹斯的众神。今天，将全世界诗人绑在一块，也写不出一部《伊利亚特》，人再也不可能有荷马日神般的爱和幻想。文明的进步，使人丧失了神话的能力；或者说后者是前者的代价。

　　人类不断进步，可是另一方面，人也在不断丢失；不仅是精神，也还有经验的细节。搬进现代都市，你还能感受冰河的开化、麦粒的成长、畜群的顶撞、树木根须在潮湿的泥土中顽强地伸延吗？生命与自然母体的血脉铿然截断，取代后者的是车辆、喧嚣、水泥和钢铁。生命被截断了爱的源流。应该想一想，我们生命的背景和细微的关联。

　　《静静的顿河》的每一章，都令我感动；那就是作者广阔的心灵，对大自然和生灵的无尽之爱：泥土、麦田、滔滔的顿河、驰骋的马群、磨房发酸的气味、栅栏、女人、春天的小桦树、草原上的星空、篝火和悠晃的歌声。在波澜壮阔的历史画卷中，作者对各种人物不仅有深刻的洞察，更有深厚的爱、同情和悲悯。

　　我们今天的作家，还能有如此丰厚广阔的包容吗？由那无尽的细节：雪下的麦秸、牡马的鼻息、女人被奶水浸硬的衣襟，到壮阔残酷的战争。的确，今天的文学有了更多的变幻和技巧，书写越来越容易，越来越离奇；可是我们失去了什么？如同大城市中人的生命的退化，作家、诗人远离大地、星空和草叶，他们逐渐丧失辽阔的视野和爱的力量；他们走入书籍和符号的制作，你很难很难再听到大地深处的生命之歌。

　　在这初冬的深夜，地面是细微的薄雪，幽蓝的夜空蕴含无限的秘密，达致宇宙的深处。这片辽阔的北美大地，此时有谁也在阅读《静静的顿河》吗？也会像我一样，加入它的故事，倾听翻涌的泥土、爱的触摸、奔腾的马蹄、刀刃和火光？这是人类漫长的历史、命运，壮丽、悲哀而不幸。应该说，我很奢侈了，在和平的现代文明中，在温暖丰足的家中，阅读这部壮阔的史诗，它弥补了我的寂寞、单调和苍白。（寄自纽约）

一平致郑义　2017 年 10 月 26 日 9:54

　　郑兄：太谢谢了！感动！

　　已经多年了，再看这篇小文，眼睛有些湿润了。谢谢你保存了这篇小文！

　　文学最根本的力量是爱，不是道德意义的爱，而是发自生命深处的热爱，从头顶的星空，到我们脚边的草叶。由爱，而悲悯、同情、沉痛……。这是俄罗斯文学的本质，巴尔扎克、狄更斯再好，但没有那么饱满的爱的力量。兄长生命中最本质的也就是爱的力量，加之苦难。

　　圣经体现的也正是这种精神。这也就是文明的核心！

　　看看这篇小文，更感到有更多的事情要做。谢谢你！

　　一平

郑义致一平 2017 年 10 月 27 日 9:43

　　日前，妮儿教豆豆开车把车前脸撞坏了。出去修要花很多钱，孩子们心里有压力。只好自己动手。前天一下午修理，昨一整天喷漆，平素活动不到的肌肉累得直抽筋。一日竟如此过去，连给你回信都没时间。我插队山村老支书有次告诫我：郑块儿啊，龙多不治水——你本事太多了！这是我第一次听到这种意见。你我都属于有多种经验和训练的人，感性的力量与理性的力量大致平衡，因此有多种可能。所以要选择，要割爱。我先是停掉政论性写作，后来停掉散文和生态研究。以你之文学天才和思辨能力，写什么都能写好，但还是要选择。现在我其实只能跟你谈文学，你的艺术感觉和修养都是一流的。我很难想象没有你我如何坚持完成这部巨著。

这篇小文极好，超过了那些洋洋万言的大块文章和著作。他们在分析，你在初冬薄雪的深夜感受。其实在旧作中往往隐含了一位作家最富于个性的终极的追求。因而总是不断在写作中回到过去，不管我们是否意识到。有些旧文会使我们惊喜、感动、叹息。也许当时灵感奔涌，也许是圣灵降临。

愿圣灵永远与我们在一起！

郑义

一平致郑义 2017 年 10 月 27 日 下午 5:52

郑兄，谢谢你！孩子们安全就好，碰坏车常有的事情。难为你亲自动手。近日，房客的暖气坏了，我换了一个发动机。动动手也好，否则许多机能都退化了。

你说的对，应该将其他放弃，专注文学。我构想的那部作品，太复杂了，有点把握不住，也就搁置了，再酝酿酝酿，过段时间接着写。

作为生命，人的最初就是他的本然，不断回到那里就是生命的源泉。思想、观念都不重要，重要的是生命的情态。

文明的历史很偶然，很多决定性的事情，其实就是一个人。比如孔子，没有老人家，中国文明就是另外的样子。有关民国的这部史诗，唯有你能写，而没有这部作品，这一部壮阔的史诗可能就淹没了。有你这部作品，是民国精神的幸运，是先贤们的幸运。不论这个国家怎样，但民国的精神则可以世代相传。我们看历史，起码要以百年为周期。新中国仅仅是历史的一瞬而已。

谢谢郑兄！我会全力投入文学。

专心你的小说，信不用回了。

秋安！

一平

2018 年

第 74 辑　一平史诗《荆棘鸟》　王康感动流泪

一平致郑义、北明、王康 2018 年 2 月 2 日 6:25 PM

　　诸位，近几个月，写了一首长诗——改写了一个澳大利亚民间传说。因为是叙事诗，因而主要是散文化语言。草本，郑兄在前看过，提出了可贵意见。这个版本汲取了郑兄的意见做了修改。原想在这个版本的基础上，改为一个抒情版本，将会更诗化，以后再做吧。

　　文本还需要再修改，望各位提出意见。文本勿外传。

　　谢谢！

　　一平

　　（郑注：一平长诗《荆棘鸟》此处略）

北明致一平、郑义、王康 2018 年 2 月 3 日 0:42

　　一平，

　　读完了你的荆棘鸟！

　　一边看，一边觉得这是中国出世之作，简直不是中国能写出的，直接中国史前意识与神话。伟大的史诗！让人落泪，让人沉思。我不能说我完全读懂了其中的某些逻辑关系和意味，我还会再读再体会。

　　祝贺你写出这样的作品，有此长诗，中国诗歌不再在文学宫殿之外翻跟头。

　　北明

一平致北明、郑义、王康 2018 年 2 月 3 日 09:18

　　谢谢北明！过奖了，只是一首长诗，算个尝试。荆棘鸟本身是个关于歌唱的美丽传说，我将之改编了。这其中有郑兄、康兄和你的，你们就是荆棘鸟，你们激励我、感动我，写的过程中常常想到你们，将你们融入了其中。不在于我们做了什么，做出了什么，而是这种精神。

　　东方的精神是轮回的，而西方的精神有永恒的拯救，这二者我解决不好，也是诗中的内在矛盾。北明说得对，我正是想回到古神话精神，想试着写个古希腊诗剧，年轻时就写过。再谢！

一平

王康致一平、郑义、北明 2018 年 2 月 3 日 10:49

精卫、女娲、大禹，华夏民族始祖们都是荆棘鸟，希腊神话普罗米修斯、西西弗斯也都是荆棘鸟。北明的《史前意识的回声——中华民族生命流假说》三十年前曾尝试在远古神话里为现代人接通天地创造、毁灭、复活、重生之路，学术中断了，以生命续上！一平此诗，套老话惊天地泣鬼神！待评说。释迦牟尼在轮回中走向解脱（涅槃），孔子在道德生命中实现当下意义，尽性而知天，生命圆满自足，无待于外，非轮回也非超越。供参考。不赘。

老康匆匆

一平致王康、郑义 2018 年 2 月 3 日 1:38:16 PM

谢谢康兄！盼你的大画完成！　一平

北明致一平、郑义 2018 年 2 月 3 日 12:53

一平，

昨晚老康兄从手机突然发来几个字，如下：

"一平《荆棘鸟》，感动，自始至终，泪流不止。伟大诗作！"

我想，此诗一些地方，再加入一些细节，就更完美。目前几乎全是大骨架，缺少一点细节。细节不好写，尤其这一只鸟一个天一个地一种飞翔一个太阳一个神杖……全部一，确实很难构成情节和因果对应而生成细节，但是一就是所有，就是始也是终，就是昼也是夜……。没有细节，故事难以生动。

只是建议，如果不成，现在这样已经是杰作———一个生于西方，演化为汉语的伟大史诗！是彻底世俗化的中国本没有能力和灵魂接纳的史诗，想起来，就悲慨。北明

一平致北明、郑义、王康 2018 年 2 月 3 日 下午 1:15

谢谢北明！你说的对，有些地方尚需要润色，也需要补充些细节。先放放，冷下来再改。

康兄的大画，郑兄的小说，你的几部著作———包括节目及日常操劳，都是沥血之作，生命的献祭。这些都是活生生的。文明就是由生命的祭奠而来。基督是最高的表象。中国自 49 年后，文明即毁灭，当下西方基督也是过时的精神。人在成为现代化的动物，甚至

不如动物。许多珍贵、美好的东西都消亡了，或毁灭，或腐烂，于是精神只能飘向过去，往古。一平

郑义致一平、北明、王康 2018 年 2 月 4 日 18:17

一平：

祝贺你！确是成功之作。但说成功之作远远不够，正如北明所说，"汉语的伟大史诗"。老康的泪水也不是轻易流的，是深深的感动，是"惊天地泣鬼神"。我同意这些评价，已经是顶级的了。献祭—救赎的主题，是人类文明核心中的核心。把人类文明化约为"进步"是一种简单的观念，这是抵制宗教的结果。各类宗教的主题是最深刻的：毁灭与拯救。在这个毁灭的时代，敏感到并抓住了"拯救"，就登上了文学与思想的山巅。从这里望下去，世俗的生活就显现了它的隐而不露的最深刻的意义。

因其沉重的分量，这首诗还需要时间。金属冶炼过程中有一个"退火"阶段，要把高温状态的金属缓慢冷却（尤其是高级金属），让它自行修补晶体内部缺陷，再结晶，晶体再生长。一般会留在炉中继续燃烧，慢慢降温，或埋在沙里。——这个过程有哲学意味。也就是你所说的先放放，冷下来再改。

我特地再读了《奥斯维辛、春天与复活节》。这首诗值得重新评价。一个朦胧的感觉：《奥》诗的长处，在《荆》诗中表现不够。一是细节，一是氛围营造，一是语气。《奥》诗显得更从容（放松）、温婉、沉郁。《荆》诗太明丽、昂扬。好不好，一时说不清楚。但我倾向于前者。曾国藩曾论及文学写作，认为最高境界是阴柔中见雄奇。（记不准确了大意如此。）

以上是初步想到的。拿不准，活跃思想而已。

就这个文本，至少可先删。

如最后一章第 4 节"真诚的血"开始共三行。似乎多馀了。这类文字还有一些。

死前"露出满意的微笑：'成了'"一句，与耶稣之死太靠近。不写读者也会领悟。

先放放吧，好东西，要慢慢品味。

望我这些感觉不要对你的文思和风格造成干扰。

问周琳好！

郑义

一平致郑义、北明、王康 2018 年 2 月 4 日 下午 7:21

谢谢郑兄：

看到这个小故事，挺感动，就写了。没多想，毁灭是内心的痛楚吧，拯救则是难以抑制的冲动和期盼。

你说的对，冷却一段时间，再删节，有些地方太激昂。

在继续读古希腊神话。早年曾有个想法，将古希腊和先秦融汇起来。中国的早期神话，有些也很好，只是中国人文文化成熟得太早了。

一平

第 75 辑　进步是文明的陷阱，我们需要向后看

北明致一平、郑义、王康　2018 年 2 月 17 日　21:52

为什么我们不能把公民生活托付给市场？
讲师：Michael Sandel
课程简介：迈克尔·桑德尔（Michael Sandel）表示：过去 30
年，美国已从市场经济漂流到市场社会。美国人的公民生活端赖身
家财产，这种说法不失公允。（三个重要的例子：教育、司法、政治
影响力）在这场听众参与讨论的演说中，桑德尔请大家诚实思考一
个问题：现行的民主社会，是否凡事都可以出售？

　　（郑注：链接此处略去。）

一平致北明、郑义、王康　2018 年 2 月 19 日　17:16

谢谢北明！美国的前景不乐观。美国立国的基础是新教价值，
但是六十年代反文化运动之后，这一精神基础便瓦解了。随着科学
观及物质主义的发张、人性的自由化，美国无法回归基督教信仰。
这是最根本的问题。文明即传统，凡传统的中断及瓦解，文明就将
覆灭。

　　一平

郑义致北明、一平、王康　2018 年 2 月 19 日　21:32

讲得很好，简明扼要。
市场偶像化，就成了一个异教之神。
与歌德《浮士德》一样，用灵魂与魔鬼交换权力、能力和财富。

一平致北明、郑义、王康　2018 年 2 月 19 日　下午 9:41

如果说资本主义就是市场，而市场就是金钱为本，那么其必将
把人类文明统统带向毁灭。可以说，这就是所谓的现代社会。基督

教传统上抵制金融——放债是恶行，基督徒不屑去做，中国传统上抑制商业，佛教、伊斯兰教都有抵制金钱的教义，儒家也是取义而舍利。

北明致一平、郑义、王康 2018 年 2 月 20 日 0:09

　　一平，我们恰好经历着美国传统峰巅之后的转折和衰落。幸与不幸，均在其中。中国就更不必说了，《河殇》标志着当代没有旧学根基的新知识人，已经再度回到"五四"的起点。戊戌变法 120 年过去，中国当代知识人只比前一代人更无知、更激进。胡适还竭力以"文艺复兴"来诠释"五四"新文化运动，这一代则已经不仅没有旧学国故，甚至没有了文化自觉意识。你多年来对文明价值的思索，是极为重要的。你的长诗，毁灭与救赎的主题，正是对这个这个末法时代长期思索和感受的结晶。北明

一平致北明、郑义、王康 2018 年 2 月 20 日 9:28

　　谢谢北明！作为一个观察者或者作家，在这个时代应该说是幸运，因为传统被颠覆，一切都在变化中，都有待思考、认知。前人没有现成的答案。但是作为生活者则不幸，有太多的灾难和悲哀，很多美好的东西都消失了。现在可以理解茨威格自杀的原因。进步、发展是文明的陷阱。我们需要向后看，从人类以往的经验中，寻求有益的价值。文明在身后。

一平致北明、郑义、王康 2018 年 2 月 21 日 6:47 PM

　　请读这篇文章：

http://www.wenxuecity.com/news/2018/02/21/6999624.html

　　这位教师说了真话——在美国这个自由的国家，讲真话成为困难的事情。她讲了美国孩子教育最重要的问题。父母对孩子的管教。父母不像父母，孩子不像孩子，所谓自由毁坏了家庭和教育。美国只有少数精英青年优秀，但大多数普通青少年没有未来，他们被自由纵容坏了。文明根于人性的自我约束，自由成为了神话，在摧毁文明。

　　现代世界的一切都需要重新审视。

北明致一平、郑义、王康 2018 年 2 月 21 日 21:09

　　一平，我们一直在关注的就是保守主义问题！宾夕法尼亚大学

法学院的教授 Amy Wax 在发表《美国奋斗文化崩溃的代价》一文之后（此文翻译有误，确切应为《为美国中产阶级价值崩溃付出代价》），遭到多所大学教授攻击，甚至联名要求开除她。结果是，她在华尔街日报再度发文，标题就是：《我们在校园不能讨论什么》。这里是链接：（郑注：链接此处略去。）

　　都不是长篇大论，但是所问所提十分尖锐。今天本台中文部部分同事再度面对公司场地可能出租、中文部解散的前景，据说这是美国广播董事会的核心价值。时值中共大外宣得势，势不均力不敌之时，还要自我削减。美国左派们已经幼稚到无以复加的地步了。而本台领导们也深受现代主义影响，找不着专业媒体和中国言论之要点与重镇。我们曾经眼看着中国生态环境在两代人之间毁灭，现在，我们正在看着世界最民主文明的国家，把自己的立国之本，当成垃圾扔掉。

　　经常去我的脸书看看吧。我最近忍辱负重，重登脸书了：

　　（郑注：链接此处略去。）

　　我把这位中学教师的质疑，也转贴到我的脸书了。建议你开脸书，从美国各个总统，到各机构，到各市长官员再到到美国各大媒体，都有自己的脸书，这个窗口这个阵地，应该是有用的。

　　北明

一平致北明、郑义　2018 年 2 月 21 日　下午 9:54

　　谢谢北明：不知道你有脸书，一定去看！

　　在这个时代，立于边缘，做一个冷静的观察者思考者是很好的。在进步、发展观下，保守注定是孤单而被边缘化的。

　　势不由人，文明及历史有自己的逻辑，如同自然法则。基督教文明如郑兄所说是盛极而衰，文明有其局限和边界，超越了，就过犹不及。

　　人类的终极希望本在彼岸，但一定要落到世俗世界，就会走到反面。欧美知识分子本是由教士演化来的，但是教士成了激进的革命者，就成了问题。

　　一平

第 76 辑　从《铁达尼号》谈起

一平致郑义　2018 年 2 月 23 日 9:15

谢选骏：铁达尼号的精神随着铁达尼号的沉没一去不返。

《铁达尼号唯一存活副船长，隐忍半生，终于公开不为人知的沉船故事》说：

（郑注：引文较长此处略去。）

谢选骏指出：铁达尼号的沉没一百多年，发生了两次世界大战和一场冷战，铁达尼号的古典主义随着铁达尼号的沉没一去不返。随着后现代的来临，自私和冷漠已经成为主旋律，尤其是发展中国家已经开始逆向殖民的时候，全球历史即将翻转，一个弹丸小国都可以左右大国的命运，匪夷所思的事情成为日常的光景。铁达尼号的精神随着铁达尼号的沉没一去不返了。

郑义致一平　2018 年 2 月 23 日 12:38

每看一次都感动！人生的最高境界。

一平致郑义　2018 年 2 月 23 日 16:50

谢谢郑兄！发展、进步也使人类丧失了很多可贵的东西。现代化大概将埋葬文明传统。北明传送的那个视屏多么可鄙，这就是当今的世界，尤其是中国。

郑义致一平　2018 年 2 月 23 日 18:07

基督教有强烈的末世情结，过去不解。

最近在看一本小书，抄几段：

20 世纪的俄罗斯文学始终弥漫着一种强烈的末世论情绪和启示录期待。

作为俄罗斯民族精神内核的启示录情结，不仅包括这个民族所特有的"指向终结、指向未来、预感到灾难的末世论的精神结构"和"特殊的神秘主义的感觉"，更重要的是其中蕴含着弥赛亚意识。别尔嘉耶夫指出："俄罗斯人的整个精神能量都被集中于对自己灵魂的拯救，对民族的拯救，对世界的拯救上。其实，这个有关全体拯救的思想是典型的俄罗斯思维。"

在启示录情结的感召下，20 世纪俄罗斯文学将重新寻找上帝作为自己的神圣使命。正如帕斯捷尔纳克在《日瓦戈医生》中所言："艺术总是被两种东西占据着：一方面坚持不懈地探索死亡，另一方面始终如一地以此创造生命。真正伟大的艺术是约翰启示录，能作为他的续貂之笔的，也是真正伟大的艺术。"

——我发现自己的长篇写作越来越深地步入上述情绪、情结。也许真是圣灵带引。感恩！

一平致郑义　2018 年 2 月 23 日　22:43

谢谢郑兄！圣经、佛教都是讲末世和末世的拯救。中国的精神已经死亡，欧美的精神正在死亡。人类没有了神圣之精神，人沦落得不如动物。因此人类的灾难或毁灭乃是自然，不足惜。中国沦落到这个地步，非大灾难无以拯救。在同时读《神曲》和《浮士德》，对后者不以为然。后者仅仅是世俗中的个人逞能——个人的夸张和放大，絮絮叨叨，满是自恋，而前者则在神圣之中。年纪大了，可以平心阅读经典了。祝贺郑兄的大境界，可谓是苦难的收获，文明来于血泪、苦难、荒芜。非此就没有神圣之精神。

北明致一平、郑义　2018 年 2 月 24 日　13:06

一平，

那张长枪短炮拍摄猪交配的图片，那些人，可能不是记者，只是游客。可能是个旅游团队。无论他们是组织起来的摄影团队，还是乌合之众，或是记者，都只能证明中国人的恶俗已经到了成为风气的地步。令人想起，一个旅游团在英国被烧毁的楼房遗址前的合影，以他人国家的痛苦为娱乐，遭到英国人抗议，似乎终被驱逐了。

此外，你最近某个回应说（大意），牧师们如果激进，要把天堂在地上实施，就是灾难。我理解这就是上个世纪共产主义所干的那一套。

　　不过，上个世纪，反抗共产暴政和纳粹暴政最早、最坚定者，大都是宗教界首领。

　　你怎么看朋霍费尔、弗瑞尔（莱比锡尼古拉教堂八九年带领周一和平游行的牧师），以及匈牙利大主教闵真谛，还有教宗保罗二世，这些反抗共产主义的神父或牧师们反抗共产暴政的行为呢？我认为这与共产主义领袖们的行为需要严格区别。

　　我抄一段我《莱比锡的烛光》里的一段话（我现在找不见这段文字的出处，应该是在美国历史英文书籍中）：

　　早在十九世纪末，在阶级斗争学说从德国转入俄国之前，罗马天主教教宗奥利（Leo）十三世就针对文艺复兴以来欧洲面临的政治社会歧途和社会改革的世俗要求，发表过人道主义的谏言。在他发布的《新事物通谕》（Rerum Novarum, 1891）中，为私有财产和宗教教育辩护；在强调工人的自由结社权力和公正待遇的同时，他谴责社会主义和马克思主义，否认阶级冲突是社会的自然状态；在支持保护劳动者的法律法规的同时，他反对以个人利益为前提使用暴力革命手段；在强调富人与穷人在相互尊重的基础上和平共处的同时，他呼吁现代社会以共利资本与劳工、业主和农户、领导与被领导等全体阶层的和谐社会为目标。

　　反抗激进主义，不应该算作激进主义。保守主义对激进主义不能听之任之，无所作为。而这种反抗是被动的，不是要把天堂搬到地狱，乃是要把地狱从人间消除。

　　你对文化的思考长久又深如，若有立论，必有道理。我需要多听听你的看法。北明

一平致北明　2018 年 2 月 24 日　16:09

　　北明：谢谢你！

　　电信中的闲谈，表述不准确。你所提到的都是值得肯定的。实在地说，基督教指向天国，对这个世界是否定的，但是基督教文明则给人类带来的巨大福音，欧美文明中的好的东西大多是基督精神在此世的落实。人类文明从未达到这样的程度。我所不赞成的是将人类的极致理想放于世俗世界，那本是属于彼岸的。具体而言，法

国大革命、共产革命、当今的政治正确，都属于此类误差。以保罗二世为代表的对共产极权的抵抗，是保守人类传统的力量对激进革命的抵抗。激进不表示意志的强度，而是指文明的方向。这样看似乎会清楚些。我们的看法应该是一致的。

北明致一平　2018 年 2 月 25 日　18:54

嗯嗯，一平，明白了。放心了。

不过我看韦伯论述的清教伦理精神，基本兑现到世俗世界：勤俭、勤劳、责任、工作、禁欲，创造……目的都是为了世俗世界的和谐美好和安全。

他的论述里，美国和初期的资本主义成果，都不是清教伦理的副产品，而是目标明确的落实之地。

我会再认真读一下他的论述。北明

一平致北明　2018 年 2 月 25 日　20:02

基督教有一重要思想，凯撒的归于凯撒，上帝的归于上帝。基督教要求个人追随上帝，包括个人的道德的品质。也就是说，宗教是作用于人的。而近代以来的激进思想，都是要改变社会的，比如革命者为了改变社会，实现人间天堂，可以做任何恶行。

郑义致一平　2018 年 2 月 26 日　20:18

看日剧《红十字——女人们的入伍通知单》，一直在流泪。

女主人公也就是美妮年岁，已进入生死莫测的战争。看见她，就不能不想到我的女儿。想到我的女儿，就明白了基督教。

基督教不是一种理论，甚至也不必理解为宗教。最简单地说，就是一位父亲对儿女的爱。是一种对爱的解释而已。

你只须把互相残杀的双方都视为自己心爱的儿女，就理解上帝之爱以及耶稣之赎罪祭。耶稣说，爱你的敌人，其实是上帝说：爱你的兄弟姐妹。爱敌人很难，但爱自己的兄弟姐妹很容易。

写了这么多战争，现在越来越憎恶战争。渐渐失去了杀敌的荣耀与胜利的喜悦。渐渐地老了，开始有老人之心。

记得有位国军将领在胜利后曾说：真应该与日本人抱头痛哭！

愿上帝拯救我的灵魂！

郑义

一平致郑义 2018 年 2 月 27 日 9:06

谢谢郑兄！

你说上帝于人是父亲对儿女的爱，残杀的双方都是他的儿女。为之感动，神正是这样看待世间和人。年纪越大，越觉得人很是可怜，和街头斗殴的孩子们一样。神爱世人，不是因为其是圣人，而是因为其是罪人。年青时不理解，为什么要将人视为罪人，年长后就明白了它的意义。

战争可谓是人类最大的恶吧！真应该与日本人抱头痛哭，说得真让人感动！，

我会看这部电影！

一平

郑义致一平 2018 年 2 月 28 日 20:31

今晚终于看完。

十分感动。

战争自然有正义与非正义之分，往往是清晰可辨的。

但这并不是一切。

无论穿什么军装，正义的最后底线是军装底下的人、人性和爱。

这个故事里，女主人公从日军护士到共军护士到韩战联合国军护士，始终持守内心人性的呼唤。命运可以把我们抛洒到任何情境，但守住信望爱的底线，我们就葆有了救赎的希望。

其实，《顿河》之感人也在这里。葛利高里因情势在白军和红军之间多次转换，所不变的，是他对杀戮保持距离，还有对土地、家庭、儿子和情人的爱。

爱既是最高的标准，也是最低的限度。

我想主会理解人的无奈，因此主会同情、喜悦、宽恕守住了爱的底线的人。在最后审判的时刻，会说"这是我的儿女！"

这部长篇写作，使我见识了太多的残忍，因此对柔软的东西格外敏感。最近又读诺曼底登陆，无数的场面都很感人，但最感人的，竟然是德国兵对一名法国女子的关心：

安妮·玛丽，一位 19 岁的幼儿园老师。登陆战开始后，"她冷静地骑上自行车，朝位于奥马哈海滩克莱威尔她父亲的庄园走去。

她用力蹬着车，骑过了德军机枪阵地以及海边行进的德国军队。一些德国人向他招手，还有一个人警告她要小心点儿，可是却没有一个人要阻止她。她看见飞机在扫射，德国人四散隐蔽，而她，安妮·玛丽，发束在风中飘扬，蓝色裙子被吹得涨鼓鼓的，却继续前进，她感到十分安全，她从未想到过，她的生命很危险。（她艰难穿过战线，冒着炮火回到被炸坏的家）突然，那扇破门打开了，她的父母站在门口。她伸出双臂搂住了他们俩。'我的女儿，'他父亲说，'对于法国来说，这是了不起的一天。'安妮·玛丽的眼泪夺眶而出。"

——很平凡的一段。我却感动。为什么？容我我慢慢分析自己。

也许是，在不义中坚守爱更不容易？即便这爱不过是残留，那也很了不起，荣耀了主。

打住。郑义

一平致郑义 2018 年 3 月 1 日

谢谢郑兄！

我看了前半部，后面还没看。从电影中可以看到导演对这场战争的基本态度，大概这也是日本多数人的想法——人道精神。他们比国人强的太多，中共的宣传教育扭曲了国人的人性。宗教的意义是作用于人性的，文明的最高意义也就是人性的文明。我着手写葛底斯堡的长诗，看些资料，一方面是人的勇气、尊严、热情、对国家、家乡的爱，另一方面却是残酷、仇恨、死亡、污秽。人即悲剧。

第 77 辑 读张伯伦回忆录 战争与救赎

一平致郑义、北明 2018 年 3 月 2 日 14:18 05:00

　　郑兄：不知道你读过这本书没有，美国内战将军张伯伦回忆录：

（郑注：链接此处略去。）

让人感动不已，古老的骑士精神，英勇而慈悲；高尚而谦卑。

这是一段摘录：

　　是哪些人挑起了这场惨烈的战争？我们不知道，但不是我们。这是我们从祖先的罪孽中继承下来的诅咒的残余。我们用自己的生命和鲜血作为祭品，将这种罪孽和诅咒荡涤干净。我们所有人都受到一种更强大意志的支配，都共同为一个更加崇高的目的而贡献着自己。这个力量和意志往往通过人类的幻想产生影响，人类在理想的指引下穿过风暴，最终实现自身的自由和解放。

　　我们战士们饱含泪光，他们坚定的目光深情地穿过堆放在地上的武器和军旗，凝视着投降者同样饱含泪水的双眼；我们战士们饱经风霜的双手穿过曾经让我们这个国家和民族分裂甚至毁灭的战场，和投降者同样饱经风霜的双手紧紧相握。上帝啊，请宽恕我们吧，让我们的双眼永远注视着对方，让我们的双手永远紧握在一起，不再分离，永为一体。

　　我们的胜利是我们的荣耀。我们的荣耀是因为我们的胜利是为了整个国家、是为了所有人，我们眼前这些战败的人和我们自己的福祉。我们的喜悦是一种深沉悠远、无以言表的满足感——就像是得到了某种悄无声息的、隐秘的神灵所给予的赞许，我们就如同《旧约》中的"民族天使"——引领大众，目光远大，心怀怜悯；经历所有人类的可怕冲突和惨烈的磨难考验之后，仍然傲然倔立；不故意犯错，也不轻易指责他人；改错恕罪，变其为良善；确保对人类纯粹目标与高尚事业的不变继承；最谦卑的服务，不惧代价最沉重的牺牲，为了人类的自由和解放，对殉道牺牲，目不斜视，欣然拥抱，即使这种殉道被有所误导。

一平

北明致一平、郑义 2018 年 3 月 2 日 15:00：

一平：真是令人感慨万千。韦伯和托克维尔，都没有把美国先民看错！这个民族百多年前，堪称世界上最伟大的民族。

"这是我们从祖先的罪孽中继承下来的诅咒的残余。我们用自己的生命和鲜血作为祭品，将这种罪孽和诅咒荡涤干净。"

有这样的认知相应的行为，战无不胜。这完全彻底是源自信仰、依据信仰、归为信仰。相对而言，中国国共战争，从目标到结局到认知都不能相比。

中国每一次国事，都走向更加衰败。用陈寅恪的说法，是一种政治退化。究其原因，就是没有上帝没有神的激进主义……最近读代思想史，也有些感想。越读越明晰，也越悲观。先不说了。

我看了一下，这是一本译著，不是中国人自己写的，应该信实可靠。我把此书转为 Word 版了，给你们发来，看起来方便些吧。北明

一平致北明、郑义 2018 年 3 月 2 日 16:22

谢谢北明！

该著，我还会再读。文明是具体的、有生命的、体现于人的。张将军、李将军体现的都是人类最高的文明，肃然起敬。

我想郑兄的大作将是对中国毁灭之文明的一次"救赎"！

这里还有一段话，让人感动，似乎那已经是古老的精神了：

历史上的英雄人物都不是自我主义者，而是拯救者，拯救弱者，挽回错误，扭转危机。他们将痛苦和牺牲留给自己，他们带给人类的不仅仅是和平与安宁，更是人类对自身认知的升华。随着时间的流逝，那些为人类寻找真理的伟人赢得了人们的尊敬和爱戴。如果我们回顾历史，最能让人们记住和推崇的是这些典型的英雄人物及他们的伟业。

一平

郑义致一平、北明 2018 年 3 月 2 日 21:21

　　"我们用自己的生命和鲜血作为祭品，将这种罪孽和诅咒荡涤干净。"

　　——我们永远也写不出这种文字！

　　用自己献为活祭，这已经是人作为人的最高境界。

　　我要好好拜读。

　　这部小说，刚进入时和写到现在，对战争的感觉已经变了很多。

　　元宵节好！

　　郑义

第 78 辑　重读惠特曼　把完美还给上帝

一平致郑义 2018 年 3 月 7 日 12:58

郑兄：

祝小说顺利

在重读惠特曼，多有体会。惠是个"野蛮人"，有诸多的欠缺，但是他的伟大也正在此，他强大的生命置于广阔的大自然中，无限地热爱、拥抱，开创了美国精神的神话。

伟大的都是生命饱满的，同时也是有欠缺的、有粗糙之处，正如生命本身。因此完美不是伟大之作品追求，而是生命的与精神的饱满，其缺欠之处常常是生命本身之体现。如果将惠特曼的随意、粗糙都去掉，就没有了他。

我的体会不知对否。

一平

一平致郑义 2018 年 3 月 8 日 9:04

郑兄：我是这样想，你写的是一部巨著，这样大的作品，可以将自己的要求放宽一点，尤其是历史小说，有太多的限制，如果将完美作为要求，压力就会太大了。总体上精神、情感、气势饱满就好，具体行文上有些瑕疵，不是很重要，毕竟是小说。我在读惠特曼的时候想到你的小说，想如果粗糙一点可能会更好。颜真卿的《祭侄文稿》有不少涂抹之处，字迹大小不一，可见作者悲痛不已，生命抖颤之状。此帖感人之处也此。惠特曼的自我之歌与之同理。

你的写作有一种近乎严苛的完美要求，这是美德，但也使写作太艰难，也难免有些拘谨。惠特曼是另一种道路，和我们不一样，因此我说是"野蛮人"，但是他有启示，可以汲取其长。总之，祝你的小说顺利，别太为难自己。

说的不一定对，见谅！

一平

郑义致一平 2018 年 3 月 8 日 21:11

一平：

难为你处处想得周到！

我与惠特曼完全不同。你说他"随意、粗糙"，对他来说无伤大雅，本来就不是他的追求。他是开创者，前所未有的文体，新世界自由、豪迈的心灵。而开创者的桂冠很难有人敢戴上。我绝非开创者，不过承前启后，存亡继绝。承前与启后都不一定做得到，惟心愿而已。在文体、流派上我毫无追求，亦无奢望，自我定位是继承古典主义。古典主义宏大精深，敢说继承已是斗胆。我只是鄙薄现代主义，宁愿狗尾续貂。正如帕斯捷尔纳克所言，能追随圣经《启示录》叙事，即便狗尾续貂也是伟大的作品。年岁渐长，我渐渐放弃了文学的野心，而意识到我最大的可能是做上帝的一个小小铅笔头（此说缘自刘燕子散文集《你也是神的一支铅笔》），改而追求在写作中"与上帝相遇"。与上帝相遇不仅仅是灵魂事件，也是美学事件。其实我已经放弃"完美"了。我一介凡人，何德何能竟敢追求完美。把完美还给上帝吧！我已经开始放松。

古典主义之美与惠特曼之美不同。古典主义之美，其极致我以为是断臂维纳斯和荒草丛生的哥特式教堂废墟。它们都是完美与残缺、完美与毁灭之结晶。完美能够与残缺、毁灭相映生辉吗？这是一个上帝的秘密。

再说。

愿神赐福于你！

愿你的圣灵永远在头顶盘旋！

郑义

一平致郑义 2018 年 3 月 9 日　上午 10：06

郑兄：谢谢！

你说得对，我们学不来惠特曼，他是开创者。我赞赏你的古典主义写作。完美的极致的确是美与废墟的合一。

别太艰难，对自己宽容些、放松些，自由和创作的空间也会大些！

祝好！

第 79 辑 整部西方文明史是海伦与玛丽亚之交织

一平致郑义、北明、王康 2018 年 3 月 13 日

　　诸位：这是读伊利亚特，顺便写的一首诗。也许会就其他英雄再写几首，合成一组。

海伦

海伦，你赤脚走过海岸
亮丽的阳光也不禁赞叹
你的美惊呆大海
蔚蓝的海水翻起敬慕的浪花
她们涌上沙滩亲吻你纤纤足印

你飘飘的黑发，光洁的肌肤
春光般的妩媚和微笑
俘获了所有君王
你的矜持，燃起他们的痴情与梦想
你值得骄傲，连庄严的时光都为你止步

你融化了尊贵的权杖，
大理石的宫殿为你建立、敞开
英雄们燃烧的激情啊
你将他们带入没有孕育的奢华幻境
他们为你而奉献荣誉
所有的权力、财富、赞美都流向你
献予你，为争夺你而战争

你的美，是你的幸与不幸
仿佛神创造了一切，而要让其毁灭
如此高贵、美丽的海伦
你召唤一切，却播下连连的灾难
——如同你被一次次掠走、强欢

那一场残酷的战争，那一座伟大城市的毁灭

海伦，美的至高
生命之渊的秘密
繁衍和激情升华的光幻
如此精致，绚丽、光灿
让世间一切沦为尘土

众王之冠，神所创造的极致
晴朗的季节，光焰绽放的鲜花
时光中绽放的时光
绚丽啊，只是不孕育果实
美优雅地将未来任性地燃尽

海伦，你的另一个名字是毁灭（注）
如此地芳香、光洁、美艳
熄灭了身后的果园、高山、大海
你将所有的目光带入美的光幻
——毁灭的征兆

妄想的大火焚毁一座座城市
而你坦然、骄傲地屹于废墟之上
它们成为你的背景
使你更加美艳，而永恒

在灾难之前，在毁灭之前
赞叹吧，为海伦的美丽
阳光下，让我们像幸运的浪花
　　拍打她的脚面，亲吻她的足印

（注：希腊文"海伦"和"毁灭"相近）
2018 年 2 月 3 日　于伊萨卡

郑义致一平、北明、王康 2018 年 3 月 13 日

写得极好！我要再读。郑义

一平致郑义、北明、王康 2018 年 3 月 14 日

谢谢郑兄！我的体会，美是文明的终极实现，但文明也由此盛极而衰，因为生命背离其存在的本质。

祝小说顺利！

郑义致一平、北明、王康 2018 年 3 月 14 日

一平：我很喜欢这首海伦。

除这首诗本身，还在于写作状态：自由、放松。这是一种很难达到的境界。

进一步想，这种状态（放松），是否也来自于"无知"——放弃理性判断，完全托付于情感。

比如，"美"就是神秘的，吸引人类却又无法洞察、把握的。

海伦就是神秘的。据《伊利亚特》，她造成了特洛伊之毁灭。而另据维吉尔的《埃涅阿斯记》，她又是罗马之起源。特洛伊覆灭后，青年贵族埃涅阿斯背着年老父亲，率幸存者向西逃亡，越过地中海，抵达台伯河畔，建立起罗马城，就此开创了一个伟大的文明。——一个绝色美人，就这样成为古希腊灭亡与古罗马诞生的血肉纽带。

因此之故，说海伦至美毫无疑义；说海伦倾国倾城是祸水，就值得讨论了。

海伦之美，超出了艺术描写力，因此历史上没留下她的肖像（包括伟大的荷马）；海伦之美更超出了人类的道德判断力，因此除了震惊、感动，无话可说。（我对这段历史无研究，也许还可能有更多的话，但粗略有粗略的好处。）

在理性闭口无言之处，诗就开始了。

再说。临时想到这些，先写几句。

《战争与和平》、《静静的顿河》，在某种程度上，作者都可视为"无知"的。前者对历史，后者对革命。

一平致郑义、北明、王康 2018 年 3 月 14 日

郑兄：谢谢你！

你说的对。人的理性很有限，好的艺术创作常常是"无知"状态，或说超越理性。藏教中有神谕，就是让人出于完全的理性的控制，凭生命被压抑的"潜能"去体会生存的处境，以作出行动的抉择。心理学也证实"直觉"的存在。我们写作都有体会，有时一整天也写不出一行，有时忽然文如泉涌。理性在理性的既定范畴之内有用，但超出此范畴，就失效，那时就要靠人的经验和"直觉"。再，作品本身的内涵和作者想表达的常常不一样。

我也挺喜欢这一首诗，就诗而言比荆棘鸟好。我继续努力，也不知道还会写出什么，可能这首诗是我的极限了。

郑义致一平、北明、王康 2018 年 3 月 16 日

一平：

《海伦》固然很好，但离你潜能所能达到的高度还差远了。我坚定不移地如此相信。

我建议你写当代、身边、经历，感觉比写希腊英雄好得多。

《荆棘鸟》先放一放，可以改得更好！一定！

这几天写作紧张，再谈。

一平致郑义、北明、王康 2018 年 3 月 16 日

郑兄：高兴你的写作"紧张"，说明顺利！别分心！

毛说农村包围城市，我是以洋围土，先从外围学习、练习，然后进入中国的主题，汉语的当代文化多是负面的，只能从外、从古、从民间借助。

你说圣灵引导，太对了。古希腊诗人写作前都要祷告，祈望神给予灵感。中国古人也要沐浴焚香。

信不用回了。尽心写小说，别分心！

郑义致一平、北明、王康　2018 年 3 月 22 日

一平：

链接是评介《白鲸记》的片子：（此处略去链接）

有时间可以看看。多数是胡评。后世对《白鲸记》附加的东西太多了。其实梅尔维尔就是个"不知"。

他的优点是任凭直觉，不在乎理性。在于他，最根本的冲突在于既信上帝，又对上帝心怀不满，要反抗上帝。既喜欢撒旦又不喜欢撒旦。既是基督教文化的果实，又动摇于无神论。既认出亚哈船长是魔鬼，又被他的生命力和意志所吸引……总之，《白鲸记》是"不知"的作品，正是因了这"不知"，凭直觉抓住了永恒的主题，并给后世留下无穷的阐释空间。

作为长篇，在技术上并不很成功。

《海伦》给我以启发：你何不写写纽约上州的地名，那些有意思的，与古希腊相关的。一个小城一个小城地写去，我想是有写头的。

一平致郑义、北明、王康　2018 年 3 月 23 日

郑兄：谢谢你！昨天晚上收到后，就看了。确如你所说，许多的论说很是勉强。许多年前看过这部书，我也认为这是美国最伟大的小说，只是还较粗糙，这挺像惠特曼。这部书，我还想再读。人最终之问是自然——包括自身的生命。宗教是对之的终极回答，而文学、艺术所表达的则是无解、是永恒的发问和悲剧；艺术是没有答案的，是问。

回答出"从哪里来，到哪里去"，艺术即死亡。屈原写了伟大的天问，柳宗元却浅薄地写了地对，天问只能问，却不能作答。由此因此后人也就可以对之无限地注释。我在想，从常识来看，任何国家都不会为一个女人打一场十年的战争，显然特洛伊的战争是出于霸权、财富，但如果照此写《伊利亚特》即大为逊色，该诗的魅力恰恰写这是为了一个女人的战争。真是奇妙，看似荷马的错处，恰恰是之伟大之处，是该诗魅力的核心。生命有两大内部动力，繁衍和死亡。所有伟大的业绩、英雄，其内力还是有潜在动能，繁衍——性爱和死亡。玛利亚和海伦是女性的两面。玛利亚代表了生养、

抚育、爱、奉献，她不是上帝，却是上帝的母亲；而当性爱没有了繁衍，上升为美，那就是海伦。因此海伦之下是特洛伊战争；玛利亚之下是新约。整部西方文明史——包括艺术史，是此二者的交织。男人对女人种种纠缠的爱即是：海伦还是玛利亚？

你的建议很好，我也想试试写伊萨卡。

郑义致一平、北明、王康　2018 年 3 月 23 日

一平：

这个视频很感人：

https://www.youtube.com/watch?v=NDZZqmJXn5g

特洛伊战争有霸权和财富的解释，但为一位绝色美女而战的因素是存在的。连中文里面都有"倾城倾国"这么一个词。迟至中世纪，骑士们为女人（多为贵妇）而战是常态。不是争夺而是尊崇。其中多不牵涉欲望，而是对纯美的崇拜。

特洛伊复灭，逃出来的后人创建了罗马，罗马从灭绝基督教到接受为国教，并传播到整个世界。这段历史也许就合了你说的海伦到玛丽亚。即多神教到一神教。多神教绚烂绝美，基督教悲悯神圣，其间存在巨大张力。伟大的作品就位于其间。这是一些表面的附会，更深的需要思索。慢慢体会吧。

总之，我们也许触及了艺术的本源之物。

一平致郑义、北明、王康　2018 年 3 月 24 日

谢谢郑兄！

我们慢慢体会，心诚总会不断深入，逐渐接近真理。

在《海伦》之后，我又写了六首，还差一首特洛伊的毁灭。有关《伊利亚特》的组诗就算结束。

《伊利亚特》中的这七个人物都让我感动。七首加在一起，也挺长的。你闲时看，当作休息，别打扰你的写作。

刚刚完成尚未修改，放放再说。

（郑注：《伊利亚特诗七首》篇幅太长，此处省略）

第 80 辑　世界名著不同的写作状态

一平致郑义 2018 年 4 月 3 日 18:33

　　郑兄：读维吉尔的史诗，想到你的写作。由此，为你写了这首诗，以表对你艰苦卓绝的写作的敬意，并预祝你的史诗完成。这乃是对中国毁灭之精神的一个拯救、复生。

　　刚刚写完，尚未修改。写得不好，言不尽意，见谅！

　　一平

　　（郑注：《埃涅阿斯——给郑义兄》此处略去。）

郑义致一平 2018 年 4 月 5 日 22:58

　　一平，谢谢你写的诗！

　　今下午读毕伊利亚特诗七首，浮想联翩，浮一大白。现头脑昏沉，一时说不清楚，容后再谈。

　　谢谢！明日约好带老康兄弟去黎瑾家，回来再说。郑义

一平致郑义 2018 年 4 月 5 日 23:18

　　郑兄：祝你、康兄、黎兄相聚快乐！

　　都是练笔，不用认真。休息时，看看散心。别分心，全力写你的小说。这些诗都是顺便的习作，不值得费心。待有了重要作品，再请教。

　　一平

郑义致一平 2018 年 4 月 8 日 20:49

　　一平你好！

　　周四晚，读完你的特洛伊诗七首。注意到一个表面现象：从行数上看，核心的英雄美女，海伦 46 行，赫克托尔 39 行、阿克琉斯 52 行。但另外几位战争核心之外的人物：安德洛玛克 57 行，老国王 73 行，卡珊德拉 73 行，伊菲格涅亚 165 行。——看来，那些战争边沿却被毁灭的老人与女性似乎是你情感的中心。他们本来与英雄业绩、野心、荣誉牵涉不深，但令人痛惜地被毁灭了。这也许是

诗人的直觉，但尤其准确。英雄美人加起来不及伊菲格涅亚（165行），因为她是完全无辜的祭品。

我原来建议你写附近的古希腊城镇，看来错了。那不过是史，而你单独写这些悲剧人物，就成了诗。

另一个感受，是自然流畅。诗人有要说的话，流动起来，就是最好的诗。现代派是没有多少要说的，就在句子、词汇上反复做文章，象征、隐喻、通感密不透风，读者就成了破案的福尔摩斯。有谁愿意在读诗的时候去做侦探呢？

关于这几首诗，我们日后还可以讨论。

最令我感动的是荷马史诗太伟大，后人难以企及。自以为对荷马史诗已经有不少理解，但通过你的诗，受到震撼。由你对单个人物的歌唱，集中感觉到命运！千年之前，荷马已经对人类命运有了如此深切的洞察，我们何以相差如此遥远，想起来就不禁流泪。人类幼年时代的文学至今无法比拟，一开始就是顶峰！以伟大的莎士比亚为例，他的全部悲剧，似乎加起来也远远比不上伊利亚特里不胜枚举的大小悲剧。诗七首的七个人物全是悲剧，至少还有安提戈涅及其他，远比莎士比亚丰富且深刻！汉姆雷特、麦克白、李尔王、奥塞罗如何比得上《伊利亚特》？伟大的古希腊悲剧时代一开始就达到顶峰，后无来者，千年孤独地耸立于文明的初源。帕斯捷尔纳克谈《圣经·启示录》，认为《启示录》之狗尾续貂也是伟大之作。同样，荷马史诗、古希腊悲剧的续貂之作也是伟大的。

读完你的诗七首，我敏感到不同的写作状态问题：

《红楼梦》是清醒的；

《白鲸》是不清楚的；

《顿河》是矛盾的；

荷马与古希腊是不可知的；

《启示录》是神秘的；

《红楼梦》是警示；

而荷马与古希腊是叹息。

荷马不追求合理化，不图解"真理"，甚至也不试图解释现实（传统现实主义）。荷马是流浪歌手，不是审判者。他虔诚地、直觉式的把解释权、审判权还给了上帝。

许多感受一时说不清，就此打住。

总之谢谢你，给了我极大的启发。

愿圣灵引导我们！

郑义

2018 年 4 月 8 日

后院的鸟，到春天就起劲地唱了。有只老鸟一直在唱："快写吧，快写吧，快写吧——快写！"今年又唱开了。有只新鸟唱的是"维吉尔，维吉尔、维吉尔——维吉！"果不其然，你就写维吉尔了。又及

一平致郑义 2018 年 4 月 9 日 12:04

郑兄：谢谢你！你的小说在啃结上，打扰你很不好意思。这些文字闲时看吧，不用回。写作常常是一气呵成，不能分心。

这几天正读维吉尔——一只新鸟，看了他的《埃涅阿斯》。大概可以说维吉尔是西语文人文学语言的奠基人，但丁是直接从他而来的，《神曲》即由《埃涅阿斯》而来。维吉尔奠立了西语的文雅文体。但《埃涅阿斯》这部作品不成功，维吉尔想沿袭荷马写一部埃涅阿斯的史诗，但他已不处在神话时代，当时罗马已经进入了人文时代，因此该作品写的"神话"很勉强，在结构上就撑不起来。而且荷马太强大了，作者被笼罩住了。该作品写了十年，最终没有完成，维吉尔对之没有信心，临终前嘱咐将之烧毁。

希腊神话及荷马史诗是古希腊人世代吟咏流传下来的，百经淘洗，有关人的命题均囊括了，其后西语文学均是"人文"化的延伸，其是西方文学的汹涌源头。人最终是生命，有关人的生命之命题、体验有终极性，其一旦呈现即不可超越。《圣经》不可逾越，希腊神话和荷马也不可逾越，它们是西方文明的源头，对之只能颂咏、学习。我这几首诗，即是对古希腊的描红、练习，不敢再写了。

你说的几种写作，我都赞成。总之，就人的存在和命运，他们都是悲观的。人是一种不幸。由古希腊来看，惠特曼就很幼稚了，惠特曼饱满的生命和热爱，让人感动，但那仅是年青生命的冲动和热情，并不是人生。惠特曼到了晚年——中风后才显出对人生的悲观。悲观才是人的成熟精神。美国文化的欠缺就是其缺少悲观的精神，其结果就发展到好莱坞的大片。

莎士比亚的意义可能主要是对英语的文学语言的贡献——奠定了英语的文学语言。但是就作品的内容没有那么好，最好的只有哈姆雷特一剧。莎的地位那么高，主要是因为英国是近代世界的征服者、霸主，英语成了世界语。莎有浓厚的市井气，这是英国文化的一个特点。无论如何，我都读不了狄更斯，接受不了他的气味，莎

的大部分作品，我也接受不了，年青时读莎的全集，不明白为什么他如此受崇拜。年纪大了就明白了，那是语言的权势。汉语作为失败、"毁灭"的文明，其悲哀是无限的。

我的野心就是收集残败的汉字，让之沐浴两希之光，使之再获生命。中文文明高度理性，如你所言《红楼梦》那么悲观绝望之作，但作者十分清醒。这有其长，也有其短。中国传统有个大屋顶，近代以来这个大屋顶被掀翻了，文明没了保护，于是有了一系列的灾难。但没有大屋顶之后，倒也可以沐浴天光了。这是我们流亡出来的意义。

闲聊，不用回复，尽心你的写作！

一平

郑义致一平 2018 年 4 月 9 日　19:39

此片可看，《卡桑德拉大桥》：

（郑注：此处略去链接）

又及：阿伽门农在征服特洛伊后，回国却被其妻克吕泰涅斯特拉所杀，因怀恨他以长女伊菲革涅亚献祭。其时，卡桑德拉已是阿伽门农侍妾，一同被杀。克吕泰涅斯特拉与海伦是同胞姐妹。

命运啊！

第 81 辑 一平读《飘》 史诗性作品之要素

一平致郑义 2018 年 4 月 20 日 10:06 PM

郑兄：近日读了《飘》，过去没有读完过。此次认真读了一遍。

有不少体会。最大的体会是对老美国——主要是老南方有了了解。文学在某种程度上比历史更真实，因为提提供细节，人的具体的生活情态、情感、精神。

南北战争是美国历史最重要的事件，可惜尚没有一部伟大的史诗作品。西方近代文学中，伟大的史诗作品大概只有俄国那两部，连雨果的作品都算不上。

《飘》的真正价值是小说的背景——南北战争，而小说的主题是女主人的爱情故事以及她的个人奋争的精神。女作者当时只有 25 岁，很有文学天赋的，写到这个份上也算是了不起了。但是就这么一部伟大的题材，还是很可惜。可能也是美国文化的局限吧——个人主义、绝不认输的精神，加上浪漫的戏剧化爱情。其实，作者应该将女主人的爱情当作组织小说的线索，主要记述南北战争才好。作者太年青，本末倒置了。

小说的前九章写得非常好，战争中女主人在家乡的艰苦挣扎也记述的好，

还有亚特兰大的沦落的上流社会也好。作者自幼听老一代人讲述，很是有底蕴。

一般人喜欢的多是女主人和那位"花花公子"的爱情故事，小说改编为电影就是以此为主题。但这却正是小说失败的地方——以伟大的作品来要求。

史诗性的作品需要有几个要素：1、大的历史背景；2、人类的终极命题——悲天悯人的精神；3.丰富的生态记述；4、悲剧性。

西方近代文学多是个人主义的，其走到头就成了卡夫卡——人的毁灭。个人主义有其重要的意义，但局限太大了。回头看看我们的《三国演义》和《红楼梦》，还真是很了不起。

忙你的小说，不用回复！

一平

第 82 辑　上帝说"审判在我"，人不可僭越

一平致郑义 2018 年 5 月 2 日 12:51

郑兄：

你每次来都挺不落忍，开这么老远的车，一个晚上又匆匆回去。记得你讲的故事，古人骑毛驴走上半年去看望朋友，这是让人感慨！

那日，你提到《圣经》所说"审判在我"——审判在上帝。此教诲让我想了再想，真是受益。如你所说，审判权在上帝，那就是说，人不能自任审判者。一是人的认识是有限的，自认为对的，却常常是错的，即有如让一个孩子做国家大法官。而更重要的是，如果人自认为是审判者，就会将自己放在高高在上的位置，持有审判的权柄，但人是罪人，并没有审判的权力。而人一旦自命为审判者，就会站到众人的头顶上，充当上帝，将他人踩到脚下。再，充当审判者，就会将自己看作是真理的持掌者、化身；而将他人看做是被审判者、罪恶。还有，自命为审判者，就是选择了一个敌对的立场，滋长恨、惩罚的心理。因此上帝说"审判在我"，是至关重要的警示，训诫人不可僭越。

启蒙运动之后，出现了市民知识分子，其带来了一个不好的沿袭，自命为审判者，真理、道德的化身，高高在上地审判人、世界。其极端化就是共产革命，从马克思到列宁都是自觉或不自觉地充当上帝，拯救人类。年青时不理解，上帝为什么将骄傲列为罪，上了年纪才懂得，人最可怕的是狂妄。人需思考、认识，但审判不在我，那是上帝之权。鲁迅之悲，就是自命审判者。

这是我的一点体会，不用回复。康兄在画那幅大画，怕影响他，也怕他误会。就不抄送给他了。

郑义致一平 2018 年 5 月 2 日 18:39

老鹰小鹰的故事见附件。

一平致郑义 2018 年 5 月 3 日下午 12:20

谢谢郑兄！很好的故事，可将一些细节引入诗中。

第 83 辑　伊萨卡　葡萄园把一切都化为感恩

郑义致一平 2018 年 7 月 14 日 20:26

一平：

打搅数日，深感不安。你比我们劳碌，忙里忙外的。

每次去伊萨卡，都感受到你的友情，成为生命的支撑。葡萄园把一切都化为感恩。

《荆棘鸟》是澳洲传说，明显的西方文化背景。我以为罪与献祭是它原初的且真实的主题。因此，不宜也不可能把它改编为"凤凰涅槃"。

我的几个主要人物，也都必须按照他们的文化—信仰背景来理解，不可以根据自己的偏爱进行改写。蒋公是儒家与基督教背景，雷鸣远神父是天主教背景，我父亲最终皈依佛教，这些都不是我能操纵并扭曲的。

我唯一能做的，即尽可能理解他们、尊重他们，对笔下人物抱有最大的悲悯之情。

感觉很累。真是老了。最轻松有益的，还是我一人慢悠悠去，畅谈一番再慢悠悠返。这种方式，看来还可以持续多年。

问候周琳！

郑义

一平致郑义 2018 年 7 月 15 日 上午 10:01

郑兄：谢谢你！

我们算是历经沧桑了，总算是懂得了何为人生，何为人之意义！你们来就是节日！

你的关于"罪"意见很重要，我会再修改！写中也遇到一个问题，就是既然众人如此罪孽深重，神何以还要将之复活？因此需要有对众生的赎罪，用清洁的血清洗罪孽。这一点需要加入诗内，

谢谢你的提示！

从肃穆的墓地，到葡萄园，到毁灭与复生的畅谈，何等地美好的一天！如你所言，好得不能再好！

谢谢你们来！

一平

第 84 辑　郑义谈托尔斯泰、信仰与写作

郑义致一平、王康　2018 年 7 月 15 日

　　晚饭喝了点酒，借酒遮脸，斗胆跟你谈谈托尔斯泰。既然我是遥远的后来者，就不能不想托尔斯泰，因为《战争与和平》如巍峨大山站立在我前面。不仅是向前贤脱帽致敬，更要紧的是思考自己存在的意义。既然我要以剩馀的生命完成这部史诗，不能仅仅是狗尾续貂——尽管狗尾续貂也很不易。

　　边写边想。这封信算是整理思想。

　　托尔斯泰是伟大的天才这是不需要讨论的。据说一位哈佛教授讲课时拉上教室全部窗帘，点燃一支蜡烛，说这是普希金；再点一支说是果戈里，再一支说是契柯夫，最后拉开窗帘，阳光充满教室，说这就是托尔斯泰。我以为这是恰如其分的评价，辉煌的天才。天才就是天才，是无法彷效的。我的悲剧在于写多年后方才发现我跟在了《战争与和平》之后。起步时太勇敢，等看见大山时进退维谷了。

　　37 岁至 41 岁，四年完成《战争与和平》！天才啊！

　　45 岁至 49 岁完成《安娜卡列尼娜》！也是四年，天才啊！

　　完成了他最辉煌的著作之后，开始反省自己的生命，感觉极度空虚，处于自杀边缘。不敢出去打猎，怕调转枪口自戕。一系列阅读、思考的结果，是于《安娜》完成后次年，开始写作《托尔斯泰福音书》。此后再 9 年，61 岁至 71 岁以 10 年时间完成《复活》。此乃赎罪之作，仍无法获得良心平安，完成《复活》后第 11 年离家出走，与世长辞。

　　作为一个基督徒，我早就留意《托尔斯泰福音书》。阅毕扼腕长叹。此福音书是《圣经》四大福音书的整理、汇总，但致命的一点是删除了所有神迹。即，托翁把耶稣从神子变成了一个善人，否定了神。即，他把基督教、东正教从根本上取消了。以我之浅见，直接后果至少有二：超越规律的"神迹"，其实是伟大的自由。倘若没有了神迹，一切均在逻辑——必然——理性中，自由便死了。其二，基督教是信仰，信仰必须是一（即一神、唯一），信仰是相信未见（并非实证、理性）之物。去除了神迹，就斩断了与神的关系，脱离了力量之源泉，而基督教也就从信仰降格到道德。

——这个问题不展开，我是藉此来反省自己的人生——

在与托翁大体相若的年龄段（中年后期渐入老年），我走向基督教。他后来力行的接近底层、从贵族生活转向劳动者，恰是我前半生的真实境遇——被侮辱与被损害，不可接触的贱民，黑五类、贫贱的农民、乡村木匠、叛教者、流浪者、逃亡者——不是努力去做、去体验、去共患难，而是"就是"。当我从对撒旦的信仰转向基督信仰，我的心就安放妥帖了，并获得前所未有的力量。以我的经历，我斗胆认为托翁浅薄了。他过于高傲。这个不敬的想法在别尔嘉耶夫那里得到证实："托尔斯泰的高傲在于，为了执行神的意志，他不需要神恩的帮助"。"其根源在于他不需要救赎，因为他不知道罪，没有看到在自然的途径中恶的不可战胜。他不需要救赎者和救世主，没有什么人像他这样，与救赎和拯救格格不入。"再次打住，这不是我想在此处讨论的。

我的问题是：伟大的《战争与和平》、《安娜·卡列尼娜》是怎样写出来的？

是东正教博爱、悲悯与天才的结合。即便在写《托尔斯泰福音书》之前，他似乎也不是一个极端虔诚（拘泥、原教旨）的基督徒。那末，真是这种宽松的精神状态造成了艺术才能的自由抒发吗？（荷马、维吉尔都是多神教。）——我想是这样的。受基督教文化影响的大作家甚多，但虔诚的基督徒作家甚少。因为虔诚者总想以文学来诠释，主题先行，现实世界生动活泼的多样性便消失了。那么，我能获得并保持托尔斯泰前期的生动活泼的多样性吗？——因为我自认为是一个虔诚的基督徒。

在托尔斯泰、陀思妥耶夫斯基、《静静的顿河》之后，我还有可能吗？

也许。

至少可以试试。我的可能性有四：

其一，我恪守历史与人物的真实性，警惕主题先行，让历史和人物自己去发现自身的意义；

其二，弄清自己的身份，不是宗教大法官，不裁判，不居高临下，却保持最大的谦卑、同情与悲悯；

其三，学习《圣经》写作的基本方法，承认对立价值双方的合理性，承认上帝（真理）有一块禁足的飞地：神秘性——上帝的秘密；

其四，原以为我是师从托尔斯泰、雨果、巴尔扎克直至司各特，后来发现不对了，我的源头是荷马、维吉尔、古希腊悲剧。认准这个多神教的源头也许有助于保持活泼天真？（但又不是英雄史诗。却是《伊利亚特》、《埃涅阿斯记》加上古希腊悲剧再加上《圣经》。）我手中的长篇从最初构思的英雄史诗，渐化为迷离泪眼和轻轻的叹息。

郑义 2018 年 7 月 15 日

第 85 辑 北明写拉赫玛尼诺夫音乐

北明致陈奎德、一平、郑义 2018-08-07 10:24

奎德，
此文写拉赫玛尼诺夫。写完自己忘了。
被人翻出来，发现没发表。
能发表一下吧？
北明

一平致北明、陈奎德、郑义 2018 年 8 月 7 日 11:15

谢谢北明！写得很好，如诗，如音乐！
此世界再没拉拉赫玛尼诺夫这样的音乐家，美国没有，欧洲没有，俄国也没有。他们绝迹了。世界进步得多快啊，最美好的都消失了，如同那些最珍贵的禽鸟。永远也不会再有普希金、拜伦、泰戈尔！想想拉赫玛尼诺夫的悲哀，我们还能说什么？

第 86 辑　王康索尔仁尼琴讲座：同为流亡者的切肤之痛

郑义致王康　2018 年 8 月 22 日　下午 8：38

老康：

索尔仁尼琴讲座听完了。听见了结尾处你的高歌，妙不可言！一位重病在身者的欢欣与希望。

演讲一如既往地深刻、流畅、宏伟、热情、坦诚。尤其难能可贵的是国人已久违的庄严，用庄严叙事纪念东正教最后一位先知，最后的一位古典主义、保守主义大师，再贴切不过。这种庄严感尤其来自于你内心深处的孤独、孤愤与献身感。不会再有一个人如你这般谈索翁了，连俄国人在内，永远。这不是知识，是同为难友的切肤之痛。我想就连索翁也不会想到，他有一位遥远而贴近的中国知音、知心、知魂。这里面有些命定的奥秘，除了我们青年时代起的文学—思想背景，又加上了流亡，所以是同难者的切肤之痛。谈话中的真诚也是罕见的，完全的无保留的和盘托出，没有距离、面具和虚饰。我想听众必然会有强烈感觉。与一般讲座不同，这是一次心灵的沟通，个人与上帝，个人对个人的。

你未受洗，但谈及俄罗斯先贤们精神背景时比基督徒更无畏坦诚。上帝知晓一切。

最后听到你谈先贤祠，居然提及我。自然首先将其视为一份来自知友的难得的鼓舞、知遇、鞭策，同时深感不安。倒不是谦卑，我绝对不是这种级别的人物，宾雁够份量，我之修为、贡献望尘莫及。入先贤祠至少要满足两个条件：其一，殉道者；其二，百年、二三百年后在民族记忆中自然浮现。这一番厚爱令我无言以对！背自己的十字架往前走罢了。还要有一个好死，倒钉十字架或垫坦克。但这种幸运可遇而不可求，那要看上帝的旨意。张载横渠四句，前两句是上帝，后两句是圣贤。这四句加起来，人间是没有的。愈近晚年，愈懂得了人之限制。因此谦卑不仅是一种道德要求，更是一种对事实的认知。

你我都要保重。我们有未竟之事要做。

萧男的主持很有水准，诚挚、准确、有风度、也是一番风流！只是这样长的耗神的演讲不可再有了，自焚式的。

保重再保重！闭门谢客，先完成油画巨作。

上帝知晓你心，必格外垂顾于你！

光召
18 年 8 月 22 日

王康致郑义　2018 年 8 月 22　11:00 PM

　　光召吾兄，周五黎瑾恩扬来，我们再聚，我有话想说。索翁讲座大概最后一次。画成，若还在，也许再说一次，不会超过半小时。晚安！

　　康

一平致王康、郑义　2018 年 8 月 24 日　上午 2:50

　　一口气听了康兄近 4 个小时的演讲。这是一场伟大的演讲，可以传世！才华横溢，激情澎湃！

　　演讲中的一些观点尚可讨论，但这不重要。重要的是，整个生命奉献给真理、人类的苦难、救赎的精神。康兄，你已经站到了峰顶！此是你一生生命的精神呈现，其配得上你一生之经历。

　　致敬，鞠躬！

　　一平

第 87 辑　从一场葬礼谈死亡、信仰、生命的意义

郑义致一平、北明、王康、陈奎德 2018 年 9 月 3 日 10:12 PM

一晚上看刚去世资深参议员马侃追思会：
（https://www.youtube.com/watch?v=RKajabUVtQg），感概良多。建议各位一定抽时间看看。因不是现场直播，可以在停滞画面快进，实际上花不了 3 小时。

追思会在国家大教堂，近几届总统出席。庄严的宗教仪式使我回想起这个国家的伟大基础。

几支歌印象深刻；居然合唱了《约翰·布朗之歌》。"约翰·布朗的尸体已经在坟墓里腐烂，他的灵魂已升上天堂，哈里路亚，哈里路亚，哈里路亚！"——自由的象征。军队合唱团和教堂唱诗班，全体起立，总统和夫人们一起合唱。无数次去葛底斯堡，没遇见一个黑人。很久之后，加上今晚，终于明白约翰·布朗为黑人自由献身而不图报，在更深层的意义上，是拯救自己的灵魂。因此，这支歌不当仅视为他人自由而是灵魂自由之歌。

几个发言后，又合唱了一首圣诗，是我们教堂常唱的《你真伟大》。歌颂的是耶稣基督，歌词大意是："主阿，我神！当我想到，神竟愿差祂儿子，降世舍命，我几乎不领会，主在十架，甘愿背我的重担，流血舍身为要赦免我罪。我灵歌唱，赞美救主我神，你真伟大！何等伟大！"——我注意到他的儿子开始拭泪。

这个伟大的人，荣耀了上帝。

最后的一支歌是《美丽的阿美利加》："啊，美丽的阿美利加/辽阔的天空/金色的麦浪/耸立在富饶平原上的巍巍群山/阿美利加！亚美利加/上帝赐福予你！"

美国的根基已经开始动摇，但因其深厚，至少还有几十年一百年可以挥霍。

愿上帝赐福阿美利加！

郑义

一平致郑义、北明、王康、陈奎德 2018 年 9 月 5 日 下午 8:53

郑兄：
看了！谢谢你！文明即仪式，或者说仪式是文明的集中表象。

基督教创造了人类文明的最高仪式。在观看中，我体会到人类最高荣誉不属于此世——人世，最高的荣誉归属神、归属逝去的魂灵。人文主义之"进步"，从另一个角度看则是"人"的下降。在这个葬礼中，我们可以看到人与神的关系，如果没有神在高处的呼唤，就不会有这样庄严的仪式，通过该仪式，人获得意义与尊严。

没有那个高处的牵引，这个仪式就会跌落破碎。如果人们可以穿着拖鞋、短裤去教堂礼拜，或出席葬礼，就说明文明在失去它的庄严。前次，你谈康兄的演讲，特别讲了"庄严"这个词。文明失去庄严，说明了它的沦落。这是当今文学、艺术的要害，其以亵渎、委琐为尚。不客气地说，当今的文学、艺术就是耻辱，避之不及。美国还有这样的葬礼，让人感动。不过美国年轻人对之不以为然，甚憾！你的这部作品的珍贵之处，在于它恢复了——或说再现了"庄严"。

上次电话中，我提到：自由与人的意义成反比。今天人们多说的自由是人性的自由，或说人性的解放，就此而言，自由与人的意义成反比。写作也是这样，在缺少言论自由的状况下，写作则具有更高的意义与价值。而当人充分享有言论自由了，写作的意义就会下降，乃是垃圾泛滥。

再谢！晚安！

一平

郑义致一平、北明、王康、陈奎德 2018 年 9 月 7 日 8:57 PM

一平：

谢谢你的体悟！

我们的感觉是一致的。

比如去教堂，是不可以穿 T 恤、短裤、拖鞋的。过去的时代，人们都盛装去做礼拜，小孩子也要穿西服打领带，女人要梳妆穿裙子，背后就是神的庄严。

上帝向以色列人颁布十诫时，警告人们不可接近山脚，接近就会死亡。惟有摩西可以上山与神面对，但摩西也不可逼视，只能见到神的荣光。摩西下山后，满面耀眼的光芒，那不过是沾染了一点神的余光。在圣徒式的人物死亡中，我同样可以感觉到这种耀眼的余光。就这余光已经使我热泪奔流了。这是我们接近神的珍贵时刻。

不知你留意那些仪仗队军人没有？他们目不斜视，其实意是不以现世为意，而注视着一个至高神圣的所在。也许我的理解不准确，但所有的仪式都有一个超越性的向往，那就是上帝。

你说"基督教创造了人类文明的最高仪式"，我深以为然。多神教也不是不存在庄严神圣，但只有一、唯一，方能达到极致。

回想我在小说中不断地写死亡和葬礼，那应该是圣灵的带引。在死亡中，我们可以窥见神的意旨，也可以多少领略上帝的荣耀。人类正是通过死亡理解生命的。愿上帝在我们人生的终点赐予一个有意义的、他所喜悦的死亡！

郑义

北明致郑义、一平、王康、陈奎德 2018 年 9 月 8 日 上午 8:22

意义是我们生命的价值。我一定好好看麦凯恩的葬礼。昨天看了使徒保罗的片子，很有感触。保罗行为体现出爱的巨大能量，扭转了人心，实践了不以仇恨和复仇对应邪恶的超越，为此宁肯自我牺牲。如果人心中没有高于自己的神，这是无法做到的。人不可能使自己伟大，也无法荣耀自己，他若脱俗超凡，必定要借助他的造物主的力量。

我非常羡慕光召的生命状态。我们必须看见自己的有限，并找见可以信赖和依靠的那更伟大的力量，才可能使自己进入无限。

一个问题问光召：路加给典狱长的女儿治病，一刀见血，救治好了，这是真的吗？新约使徒行传，我回头再仔细看。

北明

王康致郑义、一平、北明、陈奎德 2018 年 9 月 8 日 上午 11:22

死亡是生命真正开始还是永远寂灭（抑或又一轮循环），仅仅取决于信仰与否？信仰是从天而降还是本心固有，是生命救赎之必须还是生命存在的基础，是独自体验还是共同追寻，是孜孜以求还是沉默不语？犹耶伊皆独一神、儒释道合三为一？谁去判教？也许不应如此发问，也许根本没有答案。我越来越困惑。21 世纪世界终结、人类毁灭，可能性远大于此前时代。谁能面对，恐怕只有耶稣；谁能避免，或许只有孔子？但他们已遭背弃，还可复活？王康匆匆

郑义致王康、一平、北明、陈奎德 2018 年 9 月 8 日 6:05 PM

基督信仰可以简化为十字架。有一个人自称是上帝之子，之所以道成肉身降世为人，是为了以自己的血来赎世人之罪，使承认这

一赎罪祭的人灵魂得到拯救。

如果其他宗教创始者都自称上帝之子，问题就比较难判断了。但没有，惟有耶稣自称为上帝之子。

耶稣不仅预言了自己的死亡，还预言了自己的复活。如果其他宗教创始者中也有一位死而复生的，问题也复杂了。但历史记载唯有耶稣。

还有一些不可忽视的旁证：

耶稣的门徒们虽然亲见他的许多神迹，但终究将信将疑，耶稣受难时作鸟兽散。耶稣之（受难—死亡—）复活坚定了他们的信仰，此后再无动摇，四处传道，除一人寿终正寝（约翰）全部经酷刑而殉道。若他们未经历、不相信耶稣死而复活，不相信耶稣是道路真理生命，很难如此行事。

我信仰基督教，除了内心深处的感动，还有一个很简单的认知：基督教历史上的十多次大公会议。每次都聚集了数百上千名神学家、主教，会期也极长，有几次长达数月、甚至两三年多年。这些人都是最有学问、最诚实、最有思辨能力者，至少在他们生活的时代。既然这些最智慧的人认真讨论、争辩过上千年了，我觉得自己应该对他们的结论表示起码的尊重。我在学校算是好学生，但在班上并不是最好的学生。有几个同学不仅成绩好，而且学得更轻松。由此，我自知不过是中人，无论智慧或热情，都不能与人类中最智慧的一群相比，必须保持必要的谦卑。当然信仰之路各不相同，而且是绝对个人的事情。这仅仅是我自己简化过的思想和走过的路。说得可能不对，供各位一哂。

郑

一平致郑义、王康、北明、陈奎德 2018 年 9 月 8 日 下午 8:49

宗教非理性，因而是危险的。传统宗教之所以可信赖，因为在漫长的时间中，其已经积累起充足的经验，或者说它们已被证明，是可以信赖的宗教信仰。人性先天具有信仰之要求，中国人的天也是信仰。我比较悲观，认为人类最终会毁灭。人类如自然界的癌，其吞噬自然，最终大自然遭到毁灭性的破坏，人类也将失去寄生的肌体。基督教、佛教都是引导人们走向彼岸，它们认为此世是无望的，是罪与孽的世界。

北明致一平、郑义、王康 2018 年 9 月 9 日 上午 9:24

我有一个发现：唯物主义世界出来的人，对世界的认知（世界观）基于或限于眼见耳闻，以及眼见耳闻所建立的想象。

而其他世界，文明世界，包括台湾、香港、以及旧中国，前苏联和有深厚宗教基础的东欧的人们，绝大多是并非如此。他们的世界不限于以人自己感官所能接触到的，因此他们没有"此在就是唯一"的偏狭。

我记得一位仁波切写的《西藏生死书》中一句疑问，当时把我吓了一跳。他问道：怎么就能确认生命只有一次？既然有一次，为何不可能有两次，或者多次？我被吓了一跳的，不是这句问话本身，是这种思维方式，这种不以经验事实为基础的思维方式。

我想，即便人的经验十分有限，即便唯物主义把人的思维局限在所见所闻所触的局促时空里，唯物主义者依然可以意识到，人不是宇宙的中心，人是可怜而脆弱的物种，人太有限了。而唯物主义切断了人与自然、与无限沟通的潜能和可能，使人变得更加有限、更加可怜。

中国古代笔记小说写了大量的鬼神世界，西方现代医学从濒死体验中证实了死后的世界，现代物理学的实验（哈佛等世界各地大学里）确认了人体特异功能……。如果这些都不能破除唯物主义的牢墙，我想是我们被埋葬得很深、心智被铁幕封锁得太严密的缘故。（多年前我就被一项统计调查震动过：70-80%的美国人相信天使的存在）。

我们这一代被切断了旧中国，又与西方传统文明无缘，无人幸免。我一直认为，自我变法是我不能缺少的人生功课。这功课里应该加上一条，开拓那个被我们的时代否决的知识领域，研究那些同样浩如烟海的关于彼岸的古籍和文字。

一个最起码的智慧是：不能肯定一个事物，不等于是对这一事物的否定。这个判断跟知识无关，跟悟性有关。

如果眼见了，经验了一种神秘事物，依然依据唯物主义世界观来否定它，那可能说明人的心智被控制了。这就不是认识论和学习能解决的问题了。解铃还需系铃人，只有神秘能力能解决和解释神秘现象。

北明

第 88 辑　一平：西方的问题是文明的透支

一平致郑义、王康、北明 2018 年 12 月 17 日 下午 1:41

近来读历史，有点体会。人类以往是权力腐败。但是民主制度解决了这个问题——需要基督教新的道德伦理，但是民主制度限制了权力腐败，却带来了人民的腐败，包括金融、大财团，以及底层民众吃福利、工会，他们无限地消耗国家财富，以及滥用自由、透支传统等等。还有个现象，美国的法官很是清廉，但是律师腐败，以名义上合法的方式无限地掠夺。美国的司法消耗的资金超过军费。还有一个问题就是媒体滥用语言权力，无法制止。美国的民主制度是人类最好的制度了，但是带来了人民腐败。谁来制约人民？

再，西方的自由观念起于对外的扩张，当向外扩张的时候，人需要将个人能量最大地向外释放，并可最大地掠夺财富。这是伯林所说的积极自由的来源。还有，古希腊还有一个自由的来源，就是城邦间的相互战争和政府，以及奴隶制、城邦独立。不被征服、不做奴隶，这是古希腊的自由观。中国自古是农业文明，四边的可耕地已经开发用尽，财富主要来于耕种，农地就那么多，没有向外扩张的可能性，其所能做的就是希望天下太平，踏实地种地。而且中国农民本身就是"自由民"——欧洲的观念，因此中国没有自由这个概念——就人的社会权利而言。五四新文化争个人自由，但最终是反父权、叛逆家庭，因为国家、社会对个人并无实际的限制，这和欧洲、日本完全不同。

郑义致一平、王康、北明 2018 年 12 月 17 日 4:25 PM

很令人兴奋！

我最近忙乱，要全力恢复写作，一时无法拜读你的两篇长文，见谅！

但你简短的文字令人兴奋，从现实出发，不被"主流"、"普世价值"所局限，这是真正的思想自由！这种自由，只有一位诗人在远离尘嚣的古希腊方可以得到。

> 当你踏上伊萨卡之旅，
> 期待漫长的旅程吧，
> 它充满冒险及发现。
> ——当代希腊诗《伊萨卡》

郑义

又及：

莫尔的乌托邦由最智慧的老人掌握权力，计划经济。一是经济过于复杂，计划远逊于自由竞争；二是最智慧的老人也是人，也可能腐败。民主政治用民众代替了最智慧的老人，但民众也会腐败，也可能被收买。欧洲的福利政府和中国的毁灭资源生态政府，都成功地收买了知识分子及普罗大众。

一平致郑义、王康、北明　2018 年 12 月 18 日　上午 10:58

谢谢郑兄！谢谢如此美好的鼓励！

受困于内心情结，总是想走出来。成了文字。

专心你的写作，这更重要。

自由民主对中国很重要，起码是对抗中共统治的最强力量；但是于西方却是人民对自由民主的过分使用。比如法国正在发生的黄背心运动，街头暴力已经成为人民的娱乐，并且是周期性的，有个借口就发泄一下。

西方文明的政治制度已经到了好的极限，文明得以最大地实现，以致过了头，人们对之滥用。西方文明发展到今天得益于世世代代基督徒们节制、爱、牺牲的精神，这是西方文明的来源，也是其精神和道德储备；否则再好的制度也无济于事。西方的问题是文明的透支。

第 89 辑　《乡下人的悲歌》——失去信仰的美国

一平致郑义、北明、王康 2018 年 12 月 8 日 上午 10:58

这篇文章值得看看，该文所提到的那本书体现了另一个美国——美国的下层白人的生活处境，而这是大多中国人所忽视的。我住在美国乡下，对美国下层生活深有体会。美国底层白人的生活困境不是经济问题，而是失去了生活的意义与方向。这是美国基督教没落之后，美国人的处境。我逐步理解，为什么上帝派遣牧师牧放人类羊群。当羊群没有了牧羊人，该是怎样的景象？我看到大量下层白人的不幸，心里挺难过的，他们不该这样生活，也能够不这样生活，但是为什么呢？看看阿米什人，他们并不富裕，但是生活得健康。人是管理不了自己的，需要上帝的牧养。中国失去传统与之类似，只是更恐怖，人都疯狂了。出于人道精神，我一向是反对灾难的，但渐渐懂得，圣经中那些频频降临的灾难是有意义的，那是上帝救赎文明的方式。

（郑注：此信所提及的是介绍万斯《乡下人的悲歌》的文章）

郑义致一平、北明、王康 2018 年 12 月 9 日 上午 9:23

文章看了。完全同意一平！大生产、大金融、跨国公司、全球化也是罪魁祸首。

所谓现代文明，其实指的是科技文明。完全抛弃精神之后，人就不成其为人了。毒品是神的替代品，是人间天堂再加上彼岸。郑

一平致郑、王康、北明 2018 年 12 月 21 日 下午 3:10

这是《乡下人的悲歌》的前言，我复制在这里。在前，我提到过这本书，这是另一个真实的美国，与一个强盛、富裕、理想、乐观、积极向上完全不同的美国。可能二者合在一起才是真实的美国，遗憾的是人们所关注、津津乐道的多是其闪亮的一面。过去左翼作家、艺术家们有个好传统，就是关注底层社会和平民的不幸，那时他们尚是反抗者，受上层社会排斥，柯勒惠支的版画多么让人感动。但是当今的左派乃是高高在上的既得利益者，靠贩卖空话获取利益。他们早就背叛了，是舆论的统治者。他们远不如川普这个狡猾的商

人诚实，有悲悯心。

（郑注：万斯《乡下人的悲歌》前言此处略去。）

郑义致一平 2018 年 12 月 29 日 上午 10:03

一平：

发现写得最好的是第一自然段，再读，确认是你写的。"过去左翼作家、艺术家们有个好传统，就是关注底层社会和平民的不幸，那时他们尚是反抗者，受上层社会排斥，柯勒惠支的版画多么让人感动。但是当今的左派乃是高高在上的既得利益者，靠贩卖空话获取利益。他们早就背叛了，是舆论的统治者。"这段话叫我明白了为什么左派虚伪、卑鄙。

美国中小城镇的没落，显然与大托拉斯、大商业、大金融、全球化相关。

应该向前追溯到哪里？

从分工—机器以来的整个工业化进程当然不可一概否定，但问题是产生在哪个阶段？孙中山说"节制资本"，有何可操作性？这些问题有感触，但仅小说就吸尽了精力时间，有感触也是支离破碎。

再谈。

郑义

一平致郑义 2018 年 12 月 29 日 上午 11:28

谢谢郑兄！你忙，我传送的信和文章都不用回。我偶然有点想法，记下来，都不成熟，只是让思想流动起来，免得僵化。我们正在经历人类未曾经历的时代，以往的思想不足以应付，需要面对现实去思考，对或不对均不重要，用心即好，人的认识毕竟有限。欧美现有的制度已经做到了极限，问题在于"政治正确"将自由、民主无限放大，乌托邦化，以致文明的透支。宪政、共和、分权制衡、保障民权以及社区自治，这套体制很是完整，但是将之扩大为"人民为大"、"人民主权"、"人民国家"就过了，当今的左派就是用"人民"的词语忽悠"人民"，以致国家、政府、舆论都要讨好人民，但结果则是害了人民。鼓动人性自由。于是人们离开教会，同性恋、吸毒泛滥；鼓动福利，结果产业纷纷破产，国家入不敷出；鼓动人民的权利，闹得法国动辄骚乱。

关于《乡下人的悲歌》那段话是我写的。那部书有一个盲点，作者看到了问题，但是没有弄清为什么。客观的原因是，福利主义导致产业掏空，工人失去稳定的生活保障，流落为打零工的；主观的原因是人们失去了信仰——宗教；而后者更重要些。科学带来最大的问题是瓦解了人的宗教信仰，但是人需要宗教信仰，失去信仰人就无法支撑自身的存在，于是垮掉。

祝新年快乐！小说顺利！

2019 年

第 90 辑　《山鹰之歌》——颂歌与挽歌合为一体

郑义致一平、北明、王康 2019 年 1 月 7 日 下午 10:08

一平：

多年来，习惯性地把喜欢的圣诗、街头快闪和少数能存入情感深处的歌曲放进一个文件夹。今晨突然想听《山鹰之歌》，好驱走另一个烦人的旋律。不料欲罢不能，进而在网上海搜，把一天的写作时间都献给了这支歌。

下面是几个链接：

山鹰之歌

英文版（后来填写的歌词）：

https://www.youtube.com/watch?v=sswFrz321d0

秘鲁版（可能是原始的歌词）：

https://www.youtube.com/watch?v=BaxAjBqJQlI

印第安世界著名排箫大师 Leo Rojas：（如醉如痴！看啦，这位天才的街头艺人！）

https://www.youtube.com/watch?v=SYDrQqJVZMc&index=2&list=RDZ1EOnEe8RxM

印第安艺术家街头表演（笛子）（真正的理解！）：

http://v.qq.com/x/search?q=%E5%B1%B1%E9%B9%B0%E4%B9%8B%E6%AD%8C&stag=9

——感觉如何？

纯朴、优美、舒缓、明亮如澄澈晴空、高亢又不失温婉。欢乐也忧伤，颂歌又是挽歌，如醉如痴。——这么多情感怎么可能融为一体！真正的史诗风格！

这首歌的原始版本是"神鹰飞去"的传说：200 多年前，一位领导秘鲁人反抗西班牙殖民者的民族英雄 Tupac •Amaro 在起义中被害，死后化为一只山鹰，永远翱翔在安第斯山的天空。

网上搜不到原始歌词，我从视频上打下来：

原始歌词：

随着拂晓明媚的曙光
安第斯的山鹰苏醒
牠慢慢地张开翅膀
飞到下面清泉喝水
呜……
大地马上变得一片翠绿
充满爱与祥和
随后百花盛开
阳光普照麦田
普照麦田
呜……

随着拂晓明媚的曙光
安第斯的山鹰飞向地下
天空因看见牠飞走而落泪
在牠离去时大雨倾盆
呜……
牠的到来使大地变得一片翠绿
充满爱与祥和
随后百花盛开
阳光普照麦田
普照麦田
呜……

这首歌扬名世界于美国人翻唱，但歌词完全改了：
流行歌词：

我宁可是只麻雀，也不愿做一只蜗牛
没错，如果可以，我会这样选择
我宁可是支铁锤，也不愿是一根铁钉
没错，如果真的可以，我会这样选择
我愿航行到远方
像来了又去的天鹅
一个人如果被束缚在地上

> 他会向世界发出最悲伤的声音
> 我宁可是座森林，也不愿是一条街道
> 没错，如果可以，我会这样选择
> 我宁可感受大地就在你的脚下
> 没错，如果真的可以，我会这样选择

——我不敢说不好，但世俗化，肤浅了，成了一首"励志"歌曲，"心灵鸡汤"，自我实现。正如拉美魔幻现实主义，灵感来自于秘鲁神奇的自然和史诗，但不幸世俗化意识形态化，播下龙种收获跳蚤。

一天沉浸在很深的感动中。《山鹰之歌》是小规模作品，但包含了史诗的主要元素。为英雄之死赋予意义，必然是颂歌与挽歌合为一体。

我为这种欢乐流泪不止。

小明近来在做贝九《欢乐颂》的专题节目。欢乐就是自由。

一切令我们内心燃烧的，必然有其深刻之处。

好了，不能再听了。总得在一个地方打住。

今天本想谈前日晚所提及的铜蛇，也只能简单谈谈。与《山鹰之歌》一样，也有某种神秘的东西。

圣经《出埃及记》记载的是单蛇杖，不是双蛇杖，我说错了。双蛇杖和单蛇杖分别源于罗马神话及希腊神话，单蛇杖才是救治的象征。

"百姓到摩西那里，说：'我们怨恨耶和华和你，有罪了。求你祷告耶和华，叫这些蛇离开我们。'于是摩西为百姓祷告。耶和华对摩西说：'你造一条火蛇，挂在杆子上；凡被咬的，一望这蛇，就必得活。'摩西便造制造一条铜蛇，挂在杆子上；凡被蛇咬的，一望这铜蛇就活了。"

在《创世记》里，蛇象征罪恶。为何在这里成为拯救？（后世也把单蛇杖视为拯救。）

这个困惑在千年后写成的《新约》里得到解释——《约翰福音》写道："摩西在旷野怎样把蛇举起，人子也必须照样被举起来"。耶稣被钉十字架，既是赎罪的祭品，也是罪本身，多重象征。"因为经上记着说：'凡挂在木柱上的人，都是被咒诅的。'"

旧约铜蛇成为新约耶稣的预表。背后是基督教最深刻的一个思想：以信称义。（信，而不是行为。）因为上帝是创造之神、生命之神，因此它的拯救，不是手术、药物这类有形的方式，而仅仅是不可见的非物质的。仅仅需要做一件事"仰望"（即"信"）。在旷野里，被火蛇所咬的必死者，只要一仰望挂在木杆上的铜蛇就必获重生。挂在十字架上的耶稣也是，只要承认耶稣是自己罪错的祭品，就即刻获得赦免与永生。神可以具象呈现，但其本质是精神性的（"神是一个灵"）。《创世记》中，神不是用手，而是用说话创造了世界。耶稣救治许多不治之症，仅是一念，然后说：你的信救了你。

之所以谈及这个问题，是你的信中多次谈到文明之堕落、毁灭，其根本原因是失去信仰（即仰望）。我完全认同你的意见，拯救很简单，就是"信"、"仰望"。确定了上帝唯一至高的地位，其他一切崇拜皆偶像：金钱崇拜、科学崇拜、市场崇拜、人民崇拜、进步崇拜等等。除了回到上帝，这个世界没有拯救。现代人类的罪恶早已超过了索多玛、蛾摩拉。

就此打住。

新年快乐！

郑义 1 月 7 日

一平致郑义、北明、王康 2019 年 1 月 8 日 下午 12：52

谢谢郑兄！听了几遍热泪盈眶。两首歌词相距甚远，如你所言后者是励志，而前者则是永恒之神明，况且是一个民族或文明灭亡的悲剧挽歌。人文毕竟有限，人的自由最终属于神明，即你所说仰望，人唯有在仰望中方达至生命的终极自由，也就是中国的古老境界天人合一。

读《乡下人的悲歌》有不少收获。当今美国文明的核心是家庭的解体——家庭是文明的元细胞，而家庭的解体又在基督教信仰的衰落。基督爱的精神很是具体，乃至在家庭中，责任、奉献、牺牲、克制、忍耐等等，失去这些任何群体都不可维持，即使是家庭。和平、富裕、自由、进步惯坏了人民，腐蚀了人的意志，自由成了放任、个人成了自恋。

你多次谈过美国的军队。该书中，作者提到作为一个被抛弃的孩子，挽救和改变他的一是外祖母的爱，另一个是参加海军陆战队。正是军队中那种"非人道"有损尊严的强化训练使他成为一个有责任感、"无坚不摧"的男人，而这些价值在当今社会、大学、媒体都是负面的，退役后他找工作，因为穿着陆战队军服而被拒绝，在大学大学生谴责参加伊拉克战争的美国军人是残酷的傻瓜，等等。

很荣幸，我们离现今的世界与价值越来越远，而离神明越来越近。

谢谢郑兄！信不用回，祝小说顺利！

郑义致一平、北明、王康 2019 年 1 月 8 日 下午 9:25

一平：

仍有未尽之言。

我特别要向你推荐街头表演的箫，那位红斗篷的印第安人。

没想到的是跪姿，仰面吹奏如一祭师。（祭师也可以是跪下的！）身体的起伏，斗篷下肩头的轻微耸动，忘我痴迷，完全是神灵附体。音乐处理也出人意外：第二乐段向来是高八度，他却低下来八度，居然同样感人！（低八度也可以是强大的！）——乐曲本身有极强的弹性。无论高亢还是低回，一样是英雄颂。注意他演奏完毕向摄影机举手微笑——一个极其平凡的人，俗人。先前充塞灵魂的圣灵离去，从祭师瞬间还原成一位凡人。

看过 Leo Rojas 演奏的排箫，你再看看马云鹤的排箫，就连乐器本身都不一样！一个是竹子做的，真实古朴；一个金碧辉煌，能亮瞎了眼。一个有泛音、气声，说不上嘹亮；一个音准悦耳，你会听出背后有银币的碰撞声——他们在消费《山鹰之歌》。一个是灵魂的狂舞，一个是淑女秀。话说得可能有点损：一个是"人壳"，里面是空洞的；一个也是"人壳"，里面躁动的是燃烧的灵。特别是哪位披大红斗篷的街头吹箫者，拿起箫来就是祭师，放下箫就成了俗人、"人壳"。

英文版合唱稍好，好歹还有激情和内心的感动，但把与神相关的苦难、献祭、忧伤和狂喜丢掉了，惟剩"政治正确"和"个人"。

——对自由的完美诠释，对神圣自由的完美诠释！

文明史上，还有比印第安更酷爱羽毛（飞翔—自由）的民族吗？

匆匆言不及义。

郑义

王康致郑义、一平、北明 2019 年 1 月 8 日 下午 9:48

光召，一平：你们的文字往还都仔细看过，我的手机微信与电脑联网，晚上在床上也可以看邮箱。我全力应付病，但能观注你们的思绪，又是一年到来，一年更比一年急迫，世界恐怕在劫难逃。

老康匆匆

一平致王康、郑义、北明 2019 年 1 月 9 日上午 10:13

　　康兄：你在艰难中，服用新药的反应打乱了正常生活，受难了！但癌细胞得到抑制，盼服药的反应尽快过去。

　　最近读欧洲的历史，很有感概。人类的历史从来都是很血腥的，西方的文明是战争中打出来的，相比之下中国文明要温和得多。因此很为中国文明抱不平。五四，中国知识人转向对西方文明的崇拜，不过是成王败寇。学习乃是必要，但成了崇拜就成了拜偶像，无论科学还是民主，用之取代孔子即是摧毁文明，由五四到文革，其中有内在的逻辑。而这正是唐先生们那时的焦虑，但是推动历史的乃是人类的盲目野蛮，文明很是微弱，只在一个信。而信又在睁眼闭眼之间，这也就是文明的艰困，非有人走上十字架，不足以成信。

一平致郑义、王康、北明 2019 年 1 月 9 日 下午 12:18

　　谢谢郑兄！精彩的论述，我收存起这段文字！

　　我再三听了印第安人的吹奏。他们鲜丽的服饰、羽毛，如醉如痴地乐声，那里有生命的淳朴与神圣、万物的呼吸，乃至神明。如果我们将之与今天坐在高铁中玩手机的青年，联系起来看，就会沮丧，当今的人丢失了那么多，有如飞驰列车上的附着的能呼吸的配件。现代人类失去了生命的神圣与庄严，这也就不难理解现代音乐歇斯底里地叫喊。

　　我们这里原是印第安人的地域，至今一些地名还是印第安语，比如那座美丽的湖泊。他们消失的历史很悲惨，而那也是一种文明。很想为之写一首印第安人之歌，可总是感到才力不够，无法达及他们神圣的生命。

　　谢谢郑兄！

郑义致王康、一平、北明 2019 年 1 月 10 日 7:28 PM

　　老康：

　　你还是安心养病。

　　我书房门口，挂了你的一副索尔仁尼琴的炭笔画，上有你题写的索翁语录：

　　"作家，就需要洞悉人类心灵和良知的秘密，洞悉生与死的冲突，洞悉战胜精神苦难的通道，洞悉那些全人类通用的法则。这些法则产生于数千年前无法追忆的深处，只有当太阳陨灭时才会消亡……"

我所做的，无非是试图洞悉自己的心灵，而已。

一平：

你可能还没看到印第安人街头表演的《山鹰之歌》。

我给的链接有问题，需要进一步确认。

先进入如下页面：

http://v.qq.com/x/search?q=%E5%B1%B1%E9%B9%B0%E4%B9%8B%E6%AD%8C&stag=9

然后在一系列小画面中点击 7:43 秒的那个街头披红斗篷跪姿演奏者

另一也很好，同样地点，同一演奏者，只是换上了羽毛头饰：

https://www.youtube.com/watch?v=Hc4vBZjXxOY

下次我会带给你一部西班牙人征服美洲的原始历史记述(《征服新西班牙信史》。好在亲历，没有意识形态。郑

一平致郑义 2019 年 1 月 11 日 上午 10:44

谢谢郑兄！这几个版本都听了。太好了！

第 91 辑　为什么科学不应该被装进笼子？

郑义致一平 2019 年 2 月 24 日 9:08 PM

一平：

传你几篇最近写的小文，闲时可读。

祝春天好！

郑义

（郑注：此处略去附件：《<流浪地球>与"生物圈二号"》、《<流浪地球>与科幻片主流》、《论霍金<远征新地球>畅想》、《地球是住破了就扔的老房子吗？》。）

一平致郑义 2019 年 2 月 25 日 下午 3:16

郑兄，几篇小文都读了，所谈都是当今人类最重要最根本的问题。其中所言对科学的笼子甚为重要，商业也同样。人类对此星球的破坏将持续下去，不可遏制。自由已经成为欲望和利益的无限膨胀。只是这个星球是有限的，所谓的流浪地球也好，移居外星也好，都是毛式虚妄。人自身是不能管理自己的，这也就是人类所有的文明都起于对神的敬畏。非此人就是疯狂的兽类，如果有了知识和科技，即无异于毁灭一切的魔鬼。此类小文耽误了你不少时间，但是值得，其使我们的心灵贴近人类的命运，乃至自然万物，同时让我们保持警醒。我们这个地区的网络瘫痪了，正在抢修。上不了网，也打不出去电话。我这是用手机回复，先写到这。祝小说顺利！

第 92 辑　一平：我们在一起就是祖国

一平致郑义、北明、王康 2019 年 3 月 17 日　上午 10:27
　　郑兄，这是去年写给你的一首诗。忘记是否曾传给你了。今天
看到，转给你。
　　如说的不对，见谅！

失败之命运
——给 ZH

那是实在的命运
犹如生命最终步入死亡

足够幸运，你已经历
每一天的天空、阳光
风霜雪雨
一生的错误、挫折让你丰富
人生即是承负

他们，属于他们
你，属于你
尊严的太阳照耀高耸的山巅
也照耀纤默的草叶

放逐远方，于边缘瞭望
穿行广袤旷野，垂首冥思
有孤寂才有自由
远离喧嚣，得有真然之生命
遥远的星，闪烁
无垠黑暗的夜空

你有幸来到、看到、经历
如此激荡的世界，波谲云诡
即使未能说出

万物风云已融入你的血流

所有的既成都是偶然
每一片大陆都可能沦陷
时光的大河翻卷云涛
没有谁知道它奔向何方

生命，古老的悲剧
滴血的翅膀擦亮天空
寒秋，迁徙飞翔的大雁
林中惊慌奔窜的野鹿
每个生命都饱经艰辛、磨难

接受命运，失败
让我们清醒，看明真实
心日渐柔软
目光转向所有的不幸
悲悯让我们懂得过失、泪水
听到高处的声音

必然的归宿、真实的命运
阅尽世事沧桑，既无妄念
平静、从容
茫茫长空，苍苍秋色
黄昏，高原飘逸远去的云

2018.7.5-6 于伊萨卡

郑义致一平 2019 年 3 月 20 日 下午 5:53

一平你好！

这首诗你未曾传给我。说不尽的感激！

连日来家中有事，又北明姐、兄嫂来，总是忙乱，想静下心来写几个字不可得。今天趁做饭前几分钟，简单写几个字。

你没有任何"说的不对"，是对人生的最高赞美。既承你错爱，其实也是写给所有艰难人生中跋涉者的。失败是人生最高境界，只要坚持信望爱。上帝不看重成败得失，唯关注人生的意义。失败是除死亡外最温存而严格意义的炼狱。我以你的佳意为路标为牧者手中的鞭、杖与竿。

近来常暗自思忖，你是神赐我孤寂同时赐我的良友知音。我以你为荣耀。只是心疼你的时间，应留下来完成自己的使命。

神实在是看得起我们，方才赐我们艰难困苦，有无限怜悯，让我们相识相知。惟有感恩。

过些时候，会陪几位亲戚去伊萨卡玩玩，然后我们一起去千岛湖。希望周琳也有兴趣。

小说不断有心得，有时心潮激荡，超出了我起初的所想所望。

春天好！

郑义匆匆

一平致郑义　2019 年 3 月 20 日　下午 11:02

谢谢郑兄！

你是我们的做人的榜样——不只是我，由衷而言！49 年后，中国的苦难摧毁了整个民族，看到那么多"杰出"的人，人格却都很让人失望，还不如刘宾雁那一代的共产党人，很是悲哀。这不是个人的问题，整个精英、知识界都是这样，一个民族摧毁了，一种文明摧毁了——延续 4000 年的文明。然而在这个时代，你走了相反的道路，苦难成就了您，升华了你，你继承儒家及基督教传统中的优秀品质，并将二者自然地融合在一身。而中国的现实相反，是将两种文明中最坏的东西结合在一起。

我们反复谈过人类的悲剧，尤其是谈到蒋公的失败——我所说的失败是这个意义上的失败。在这个时代，做这样的失败者是荣耀。文明的确是从苦难、不幸、失败中诞生的。如果我们在大陆当一个"名家"，体会不到这一点，失败让我们看到神的荣光。这也就是基督为什么以受难成就他的道，什么是上帝，那就是十字架上的基督。

郑兄谢谢你的鼓励，我们在一起就是祖国！

诗的题目为《命运》似乎更好点吧——更简洁？

欢迎你们来！最好请亲戚们办一下加拿大签证，去渥太华看看！时间，需要避开 5 月中旬数日，我弟弟的儿子和女朋友要来，其他时间都好！

你那里忙，什么时候方便，我给你电话，听听你小说的新得。

晚安！一平

第 93 辑　与王康谈死亡　华美人生

郑义致王康 2019 年 6 月 7 日　上午 10:48

老康：

昨晚听小明说你情绪不好，开始口授遗嘱。

心情沉重。我完全理解。多年前我也面临这种状况。那个给我动手术的医生是我见过的美国医生中最粗鲁的。我问他是否扩散了，他说"也许。太晚了（Too late)!"我看世界的眼光顿时发生变化，一个将死者的眼光。残疾者、街边行走的超级肥胖人都成了值得羡慕的幸运者，因为他们有生命。

死亡是一件无法窥透的事情。

你是极睿智者，犯不着我来安慰你。更何况我知道的不比你多。简单地说，死亡是每个人都要经历的，或者是一个地方，或者是一个过程，总是无法回避的。人生不过百年，活长活短差别不大，起码在上帝眼中。写这部长篇以来，我不断与死亡打交道，不断寻找死亡的意义与价值。有两句话要跟你说：

其一，你的生命是辉煌的。你一生所承受的苦难艰辛，以及你的英雄般的奋斗，实现了一个人、一位智者超越俗世的意义。你那些充满青春活力、理想、希望、闪耀着来自天堂的神圣光辉的文字、讲演、画作，已成为这个民族最辉煌的纪念碑，无论是死还是活，已进入永恒，可谓死而无憾。有多少人可以说死而无憾呢？极少极少！

其二，西岸友人为你安排的那位名医不可错过，一定要抓紧治疗。画的事暂且放下。过了这一关，又是一幅新天地，新生命！

也许这场大病是上帝给强者特别安排的一个试炼呢？从基督教讲，这是格外的恩典，看得起你！主要磨一磨天才式的人物。当代（民国—中共）著名传道家倪柝声写了一首著名的歌，叫《你若不压橄榄成渣》，所表达的正是这个意思。

> 你若不压橄榄成渣，它就不能成油；
> 你若不炼哪挞成膏，它就不流芬芳；
> 你若不投葡萄入酢，它就不能变成酒；
> 主，我这人是否也要受你许可的创伤？

在网上很容易找到，音乐也好：

（郑注：此处略去链接。）

这个人，是这样写，这样唱，也是这样走完人生旅途的。

他就成了橄榄油、葡萄酒和芬芳的香膏。

你我一样。

有事出门几天，上路前匆匆。

神会格外看顾你！

光召 7 日 11 时

王康致郑义 2019 年 6 月 7 日 11：50 PM

光召，信阅，异常受用。

死亡从诞生开始，伴人一生，最后收拾一切离开。

自前年手术后，我就开始意识到生命开始进入死亡阶段，近日出现骨扩散转移，这种意识被时不时的骨疼痛提醒。大师兄建议到休斯顿接受一位波兰医师治疗，我欣然同意，只是需先在附近医院进行放疗，制止癌细胞进一步扩散（下周一即开始放疗）。

古人令我们羡慕，孔子 73 岁，从来不需要扫描，不知道病患，只是学不倦诲不厌。孟子 80 开外还在断言 500 年必有王者兴云云。今人可怜，被潮流裹挟，被欲望裹挟，被恐惧裹挟（今年六四 30 周年，国内知识界鸦雀无声，彻底堕落），你我至少不在此列。夸张点说，命运待我不薄，此生不虚。

只是忙坏了累坏了小明，好在不可接受的局面已过，馀下的交付自然。无论何种结局，都已在上苍垂顾中。

今天在医院还给小光小明说，卢沟桥事变后蒋公在庐山发表讲话：和平未到绝望时分，绝不放弃和平；牺牲未到最后关头，亦绝不轻言牺牲。何等气概，何等定力。不仅是抗战宣言，也是人生智慧。中国有此领袖和宣言，足可应付一切横逆。

好，不早了，匆匆奉复，馀皆无言中。

康 2019，6，7 结卢

一平致王康、郑义 2019 年 6 月 8 日 上午 12：21

康兄：知道你检查的结果，没敢给你电话，不知道该如何言之。

你给郑兄的信让我宽慰，不愧为豪杰！蒋公说得好：和平未到绝望时分，绝不放弃和平；牺牲未到最后关头，亦绝不轻言牺牲。为人亦如是！

这是堕落而苟且的时代，而你的人生却豪而杰，友人赞之华美。

这是让人敬慕的人生，可谓为人之幸！《史记. 侠客列传》中记述的英雄，让人赞叹，兄亦属于此列！人生富与贵易，而慷慨悲壮则是至极。

　　望治疗顺利！

第 94 辑 烦请一平通读第一、二卷

郑义致一平 2019 年 11 月 3 日 7:49 PM

一平周琳你们好！

感谢你们的盛情接待，又度过了美好的一天！

知音难觅，情到深处更孤独，写作尤其如此。

请你们读稿子，心中十分不安。要耗费你们许多宝贵时间。但很无奈，也唯有你们了。请任何其他人读，一切需从头说起完全不可能有我们之间多年形成的心灵沟通。王康病重，也不便去打搅。许久没跟他谈文学了。

这一稿基本上可算定稿，自己改来改去，丧失了整体感觉。不仅有许多增删，章节次序也有调整。我只能借你们的眼睛获得通读的感觉。拜托了！

当然不必着急，先把房子修好。

抽水马桶是否漏水，需要再检查一下。若有滴漏，要把水箱底下的螺丝再紧一紧。

愿神赐予你们平安喜乐！

郑义

一平致郑义 2019 年 11 月 4 日 上午 9:31

郑兄：能作为这部巨著首位读者，是莫大荣幸！这部书承载这中国自古之道、人的精神与尊严，阅读即是精神的汲取。蒋公说精神不死，此著正是！

房子大致修完了，告一段落。我会仔细拜读！

你这么远来，特意带着零件工具，帮我修马桶，令我十分感动！真是感动！

去休斯顿的机票都订好了，下月初我们又能见面了！

祝好！一平

第 95 辑　一平读完前两卷简评

一平致郑义　2019 年 11 月 16 日上午 11:39

郑兄：

读完了第一卷——读得较慢。

气势恢宏，有如庄严的神殿，坚实、庄重、端正，平衡感很好。读完两卷后，我会写一篇郑重的评述。

书名《永生的江河》，意到了，但气势尚抵不上内容，尚需要一点恢宏——浩然之类。副标题"中国抗日战争记事"有必要，此著不仅是虚构的小说，也是抗战的历史——史诗。其在真实的历史中，呈现血肉丰满的人物，由人物体现悲剧的人——英雄之精神。重要的其是人类正统之精神，而此精神正被当今之人类所摒弃——由而更见此著之意义。

人物都饱满，石原莞尔、张自忠、雷鸣远尤其好。附带的小人物也都好。纯钧到第十章便立住了。郑壁成一家的生活气息很浓，显示出战争中民族的生活，郑的妻子写得好。将此一家的记述抽出来，本身就是一部丰富的长篇小说。第十章是文学性最浓的一章，因为是生活。历史、战争之不好写，即在其本身不是日常的生活。十二章，龙之妻女送灵柩回故乡，写得太好了，大美，虽短，但可为经典。读之不忍掩卷，如果展开就是经典的中篇。

掘黄河一章，张国宏这个人物甚是感人，有这样一个人物，此事件即完整了。这一章似乎应加上一幅泛区农民逃难的景象，战争的苦难最终落于民，这也是战争之残酷所在。由此可显示人的大悲大哀大悯——人类之不幸与上天之泪。

郑明堂这个人物，似乎有点戏剧化，不像其它人物那么实。他于学校作报告一节挺好的，但其讲述的故事与前面的记述有点重叠（部分），阅读上有重复之感。有关照相馆陈列纯钧照片一节有点过，于此两人物形象有些负效果，似乎可以淡化一点，显出纯钧的美貌对自身的压力即可。"人权"一语较勉强，其在当时社会用语中不太使用。再，明堂对纯均的爱显示得太突然，其间有个过渡才好——心中暗恋。

坎坎坷坷潦草之见，不一定对，见谅！

一平

郑义致一平 2019 年 11 月 17 日 5:26 PM

一平，谢谢你，也只有你能如此认真阅读，也只有你能提出如此细致的有价值的意见。文学知己难得！

你的意见，我都会好好想，过几天再跟你说。

若周琳有时间，能否烦请她也读读。上次她的意见就很好，是我忽略的地方。有时候稍加修正，感觉就对了。女性有不同的视角。上次她对战争描写感兴趣，对我是极大鼓舞。

上帝赐福予你全家！

郑义

一平致郑义 2019 年 11 月 17 日 下午 7:11

郑兄：能见证你完成这部艰苦卓绝的巨著，是荣幸！这是堕落加流氓的时代，唯你有这份良知、勇气和意志写这部存亡继绝之作。我们唯有敬意！（不是客气话）

周琳在读此著，可能读得较慢。

我说的不见得对，坚持你自己的见解和风格即是。

二卷读后，我将写一文，完整地表述我对此书的理解。

谢！

一平致郑义 2019 年 11 月 26 日下午 2:28

郑兄：第二卷读完了！

完整，很是饱满、坚实。两卷 70 多万字，几乎没有废笔。这是经典的一个标志。

各战役，记述完整、清晰。

此卷郑明堂立住了，特别是炮队泥泞中行军一章，这一章很精彩，写出了战争的新意。现代战争的正面交锋大多差不多，炮火、射击、白刃战等等。这是战争很难写的原因。

凡生活的场景都写得精彩，细节很是丰富。有关民生公司的私与公的矛盾、冲突，恰到好处。郑和纯的情爱写得美好，诗意盎然。"世俗"的郑妻写得也到位，护家、饱满的母性。外婆也写得人性丰满，其在郑妻与纯钧间构成和谐，围拢了这个大家庭，类似贾母。

　　记者小俣带出战争给日本民族带来的苦难，特别是饭冢这一章，该人物寥寥数笔，但显现了日本军人的一个具体形象。

　　杨遇春、冈村宁次都写得好。杨与蒋经国喝酒一章生动——就文本，我不熟悉真实的蒋。施忠诚也写得好，处于家国之间的冲突、痛苦与耻辱中。

　　于右任、林森、欧阳万里论古文物，阔谈中延申到中国古老之文明，阐述了此书存亡继绝之精神。此是本著之命脉，人类文明、精神之传承、延续。

　　庐山夜袭一节似乎有点生硬，显出虚构的痕迹。可再斟酌。

　　关于中国底层民众所遭受的战争苦难，尚可以再加重些，民众是战争苦难的最终承担者。比如，女人背尸体一节，可否让小俣深入村庄，记述一下整个村庄的毁灭。寡妻孤女扶柩回乡一节之好，在于她们之无辜，却承受了具体的苦难，其后有无限的悲哀。此书的英雄精神足够了，但与之相较，悲绝之情尚要加重写才好。英雄之后，乃是人类无尽的悲哀与绝望。

　　武汉会战中——最后几章，可否穿插一节民生公司抢运货物，因为拖延武汉会战的时间的目的之一是为了抢运物资。再，在结构上，后面战争的比例有些大，阅读感到有些沉重，变换一下是对阅读的调节。

　　宋的"darling"的使用，在阅读中感觉不是那么好。我不知道当怎样处理才好，她毕竟是在美国受教育。也可能是本书的汉语气场太大了，排斥这个"洋词"。

　　二卷以蒋百里之死为结束，甚好。此章可以多写几笔，因为是整卷的结束，以托起全卷。

　　先写这些，不一定对。我会再读！很快就见面了，届时详聊。

第 96 辑　一平致王康七十寿赠诗《直指苍天》

一平致郑义、北明 2019 年 12 月 1 日 12:38 AM

郑兄、北明：
这是我去年写给王康的诗，担心不吉利，因此没完成。此次将之补完。不知祝寿中读是否合适。先给你们看看！
（郑注：一平诗《直指苍天——献给王康兄 70 岁生日》 此处略去。）

北明致一平、郑义 2019 年 12 月 1 日 上午 8:07

一平，
写得太透彻了！读之泪下。
可以做更多用途。
我觉得这次生日，可以小做临时改动：
把前面的死亡两个字回避，改成"高处"，
把最后两段暂时隐藏不用。用倒数第三段结尾。
一路平安。飞机上尽量睡一会儿。
北明

郑义致一平、北明 2019 年 12 月 1 日 上午 9:19

一平：
写得极好的诗！饱满、浩瀚、沉痛而不失希望。总之好极了。
省事的办法：第一二两句和倒数第二段暂时删去就完全可以了。以后再恢复。
不能再好的礼物！郑义

第 97 辑　索尔仁尼琴哈佛演讲　高第建神圣家族大教堂

一平致郑义、王康、北明 2019 年 12 月 11 日 11:42 PM

郑兄、康兄、北明：你们好！

我在写郑兄大作前两卷的评述，涉及到索翁。查到他的一篇文章，他 1978 年在哈佛大学的演讲，转给你们。因为这个演讲，他遭到美国舆论的严厉抨击，因为他批评了美国。今天再看此文，他的批评多是对的，是先见，都应验了。可惜美国人当初听不进去，至今已晚。

（郑注：附件《索尔仁尼琴于哈佛毕业典礼的致辞》此处略去。）

北明致一平、郑义、王康 2019 年 12 月 12 日 下午 6:47

此情可待成追忆，只是当时已惘然。

他努力一生，不是为了获奖和赢得掌声，只是为了防止最坏的事情发生。为此先知先觉先愁先忧，费尽心机，尽说人不愿意听的丧气话，还要为了左右逢源而苛责自己，自己撑自己，累得眉心凹痕深入灵魂，无人在意，还嘲笑他杞人忧天。

但是当最坏的事情开始发生时，恍然大悟的人们却指责他是罪魁祸首。——这世界如此薄情冷酷荒谬愚蠢，制造冤案如此轻易轻薄轻松，没有继续下去之理！

索尔仁尼琴地下有知，作何感想？当时不能唤醒庸众，是他一生最大的失败！最深的悲哀，最痛的悔恨。

好在他已经提前离开了这个以自我为中心的世界，那负有"使命"者、无知无畏者、冷眼旁观者、看笑话者们，想诬陷他怀有不可告人而故意耽误美国，已经不能得逞了。

我替他发发牢骚。因为他已经不能、不愿、也不会再说话了。

郑义致一平、北明、王康 2019 年 12 月 12 日 10:03 PM

谢谢一平发来这么好的文献，收藏了。

此人是上帝派来的先知。

他的思想深刻系统彻底，远非任何西方思想家可比。

在他面前，我们都是思想、人格、道德的侏儒。

我们所能做的，只有勉力接过他的火炬。我们的火炬远不如他的灿烂。但我们还是要像旧约里的先知们那样，站在索多玛、蛾摩拉的城门口，喋喋不休地转述神的预言。尽管时代与命运各各不同，但上帝不看功业，惟看人心。我们纵有罪错，但上帝总是按我们每个人具体的形象接纳我们。这是唯一的信心和安慰。

郑义

北明致郑义、一平、王康 2019 年 12 月 12 日 11:13 PM

光召说得真好！

只有心中有上帝，才有这样的语言流出来。每次光召发言，都让我耳目一新。有神的光！谢谢。

一平致郑义、北明、王康 2019 年 12 月 13 日 上午 8:49

郑兄这样说，火炬已在心中了！那就是信仰的光！

王康致郑义、北明、一平 2019 年 12 月 13 日 下午 8:14

光召、北明、一平：

昨天验血，PSA 继续上升（304），看来化疗效果也不彰。

当初手术医生就称只有半年存活，至今已两年半。恐怕来日无多。

上次你们远道而来，长途驱车送现金，实在辛苦。

此信想说的是，所写《授权书》，所列图画、剧本、小说已没有可能完成。以前所写文字都属多馀，所谓全集，已无意义。

你们都忙，就请放下这份乌有工作。我的谢意不因此稍减。

圣诞节快到，遥祝平安喜乐。

老康

2019,12,13 休斯顿

郑义致王康、一平、北明 2019 年 12 月 14 日 11:21 AM

老康：

　　病情反复，不可能不影响情绪，我们都理解，我也曾被告知可能扩散。以你之睿智通达，望能勘破生死，处之泰然。

　　接你信，正是夜读时间，手头是史怀哲自传《生命的思索》，正好读到史怀哲结识高第一节。高第是我所倾慕的建筑家、艺术家，不知道史怀哲与他有一面之交，引起我注意。大约五年多前，偶尔发现巴塞罗那的神圣家族大教堂，敏感到我不写提纲的方式与高第不画总体设计图相似，只不过他的作品之永恒之伟大是我所望尘莫及。这座需数代建筑师、工匠接力方能完成的大教堂给了我莫大安慰。高第作为早期总建筑师在工地工作了 43 年，直到交通事故被一辆有轨电车撞死。其时，大教堂仅完成了约 1/4。接下来是三代总建筑师，前后 200 多年，至今尚未完工。纯思辨的永恒总令人感觉遥远，圣家堂与高第这种具象的永恒却可亲可近。一切与圣家堂和高第的信息都使我振奋。

　　让我把这一页打出来：

　　……我结识了大名鼎鼎的加泰隆尼亚建筑师高第。其时他正全身心营造那座奇特的圣家族大教堂，雄伟的大门以及大门上方的高塔刚刚竣工。与中世纪的建筑师一样，一开工，高第就清楚，这栋教堂不耗费几代人的功夫是完不成的。令我终生难忘的是，站在教堂旁的工棚里，他以其历史同乡雷蒙·卢尔当年的语气，向我讲授有关教堂设计是怎样体现神圣三位一体的深奥理论。他说："用法语、德语或英语我是讲不清的。所以，我要用加泰隆尼亚语来叙述，你当然听不懂加泰隆尼亚语，但是你一定能领会我的意思。"

　　查看大门入口处矗立的石雕作品《逃往埃及》，我不禁拍手叫绝：那负重蹒跚的驴子，多么生动，多么形象！这时他说道："你懂艺术，应该知道这个驴子绝非凭空捏造，石雕的一切绝非虚幻意象，所有意象都是真实再现：约瑟夫、玛利亚、小耶稣及寺院僧侣。从熟悉的人群中我筛选出合适的面孔，立刻浇筑石膏模子，接着将面孔雕刻出来。看见那只毛驴了吧，太难了。听说我在挑选《逃往埃及》的驴子模特时，大家把巴塞罗那地方最棒的驴子都牵了过来，劳而无功啊。当年玛利亚和小耶稣骑的驴子并不挺拔、健壮，他们骑的是一头哀伤疲惫、发秃齿豁的驴子。一头面容慈祥、眼神深邃的驴子，那才是我的偶像。临了终于来了一位卖砂石的女贩子，她赶着一辆驴车，驴子低垂着脑袋，几乎触到地面。我费尽口舌才将它牵了回来。回到巴黎，我照驴画驴，一丝一缕地浇出石膏模具。驴的主人在一旁哭个不停，心想驴子就要死了。《逃往埃及》里面的驴子就是这样……

　　——这头驴和耶稣进入耶路撒冷时骑的那头驴是大家熟知的。玛利亚骑驴赶路，半途把耶稣生在马槽里，以及耶稣入耶路撒冷不骑高头骏马而骑一头毛驴，都暗喻耶稣从生到死的谦卑。我不是说这个。上面一段文字感动我的是那头哀伤疲惫的毛驴。它使我不得不联想到高第以及你我，并所有负重跋涉行将就木的人们。我们是有限的，暂时的，但谁是无限永恒的呢？惟有神。当我们像高第一样投入圣殿的建造，不需要完成，就获得了永生。
　　愿与老康、一平、小明共勉。
　　愿神赐予我们喜乐平安！
　　光召
　　2019 年 12 月 14 日晨
　　（郑注：神圣家族大教堂视频网址此处略去。）

一平致郑义、王康、北明 2019 年 12 月 14 日 下午 6:03

　　谢谢郑兄！感动！我们需要这种精神。

王康致郑义、一平、北明 2019 年 12 月 14 日 下午 8:42

　　行到穷处，读光召纪念高第文字，两肋肩胛疼而内心欣悦。无力详叙感受，就此打住馀在心头。
　　哈利路亚！

北明致一平、郑义、王康 2019 年 12 月 15 日 6:32 PM

　　一平，光召，老康兄：
　　今日昨日把老索这篇演讲才读完了一次。仔细琢磨他的这些令人惊异的先知见解源于何处。我们来到西方世界，惊讶、欣喜，在感慨这个社会文明、人性、温暖、合理、和谐……需要很多很多年，才有心理空间和认知能力，觉察到其中的缺憾，并慢慢地领悟其间的道理。可是老索来到美国仅仅四年，他已经明晰了西方的缺憾，准确无误。

昨晚，尚未全文读完，我开始琢磨，老索凭藉什么拥有了先知般的洞察力？他也来自共产极权社会，还是那个社会最典型的受害者，他怎么就轻易超脱了自己的"奴隶出身"的束缚，并摆脱了对西方文明优势的赞美？为什么他几乎直接就进入西方现代文明的根部，成为这个文明之缺憾的最深刻的诠释者？如其所言，他并没有非此即彼，没有因为西方的没落而赞美东方专制，是否因为他超越此岸的信仰以及建立在这个信仰上的对人类贪婪本性的认知，使他拥有一个"全善意识"（或者叫做上帝的意识？），这个意识，使得他有能力超越政治的局限和个人生活经验的羁绊，成为一个伟大的深刻的洞见者。否则，他如何能够走出古拉格，立即就摆脱了那沉重枷锁的阴影，越过了对西方自由、人权的赞美，而成为这个文明之基础的守护者，和更高文明的推荐者。（他的推荐是：我们来到了一个类似中世纪到文艺复兴的历史大转折点，在"新的生活层次，在这个层次上我们的生理天性不会像在中世纪那样被咒骂，但是更重要的是，我们的精神生命不会像在这摩登时代一样遭受践踏。"）

这不是仅凭智慧和知识可以抵达的高度，也不是个人经验或悟性可以建造的思维方式。这样的智慧，我在当代美国保守主义者身上也看到了。比如丹尼斯·普理格。我翻译过他的某一两篇演讲，直指美国如今危机之根，发人深省。这一代（与我辈同代）美国保守主义者们也是上帝的门徒（犹太教、基督教等）。他们都超越了人的局限，来到了须弥山顶，谦卑如草，高远如星辰。不过他们依然没有索尔仁尼琴那样，早在七十年代末期，就看明白了美国的误区。

在读完这篇演讲之前我还诧异，老索文章是否指出了西方文明缺憾的原因，即：是什么原因导致西方文明呈现今天之没落趋势？我记得他总结苏联灾难时说过的话："我花了五十多年的时间来研究我们革命的历史。在这个过程中我读了数百本书，收集了数百份个人的见证，并且我本人已经写了八部著作，试图帮助清理这动荡后留下来的废墟。……如果有人要我用尽量简练的语言来总结其根源，除了重复，我实在无法说得更加准确：'人们忘记了上帝，这就是一切的起因'。"可是针对西方的没落，他是否在七十年代末就注意到我们如今才注意到的那个根源：信仰的式微？

今日把他的文章读完，不出所料，他指出：西方人文主义是缺少基督教传承的人文主义；西方的人本主义（这个我们一直向往、追求的主义）是人高于一切、自为宇宙中心的人本主义；西方的自由主义是淡忘了社会责任的没有限制的、导致道德破产的自由主义。最终这一切必将与物质主义、享乐主义、个人主义、贪婪、糜烂、狂妄、自负等人性结合，成为文艺复兴之文明堕落的开端。

索尔仁尼琴无情地消解了我们反对极权主义的神圣武器：个人、自由、人道与人性。美国今日的状况证明了他的敏锐和先知、他的来自上帝精神的敏锐和智慧。

索尔仁尼琴没有对俄国失望，他说是苦难使俄罗斯人深化了他们的精神追求和信仰。东正教是他们民族的救赎。东欧情况亦然。回看中国大陆，黑尘滚滚，不见光亮，不知道救赎之道何在。

谨与各位分享。

北明

一平致北明、郑义、王康 2019 年 12 月 15 日 10:27 PM

谢谢北明分享！

苏联极权统治和毛的极权统治还是有很大的区别了，即使斯大林时期也没有灭绝俄罗斯的文化传统，普希金、托尔斯泰等经典作家始终都是俄罗斯的骄傲，是苏联学生的必读书籍。毛文革将墓碑上的字都抠了。这个危害还将遗传几代人。我在波兰六年，明白了什么是文明的根。波兰除了政治上屈从苏联的统治，在精神文化上从未中断自己的文明，特别是天主教。索翁在住院治疗癌症中，接受了基督教，他的精神扎根东正教信仰，这是他的精神之源，他对俄罗斯最后的忠告也是遵从神。他有个预言说俄罗斯未来将灭亡。我相信，因为俄国回不到东正教的信仰了。俄国社会现在也是黑社会化。中世纪一千年积蓄了基督教文明的道德、公义储备，这是文艺复兴后欧美国家得以辉煌的基础。六十年代反文化反宗教运动之后，美国的新教精神伦理就被抛弃了，几代青年人肆意挥霍前人几百年的道德储备，这是欧美国家没落的根本原因。看看法国几乎走到了绝境。苏格兰也在争取独立，英国要没有了。世界在进入乱世。普世价值再好也只是政治、社会价值，但是文明之本在于每个人的人心，人类文明从来如此，到了现代社会才被抛弃。过分的人权、自由、福利、个人主义是西方文明自杀的毒药。国家之文明其实也很简单，其取决于每个人为之贡献多少。

　　美国为什么能成为如此伟大的国家，就在于美国的先辈们克制、勤奋、清廉、节俭，而当今的人们则像富家子弟挥霍祖上留下的家产。基督教的自由是以上帝的信仰、道德自律、罪、忏悔为前提的，抛弃上帝，自由就是由罪释放出来的魔鬼。激进的法国，今天已走到绝境，再有半个世纪到百年，就将被伊斯兰接管。文明到达一定的高度，人就会放纵堕落，这是人性本然。当今西方文明不是不好，而是太好，发展到了极致，人可尽情享用，不管未来。

北明致一平、郑义、王康 2019 年 12 月 16 日 8:35 AM

　　一平，

　　你的总结是深刻的，接近事实，我完全同意。你多年对文化与文明的思考，对人性与文学本质的思考，最终落在了信仰之上。这是我对你的思想发展的观察，不知道对不对。

　　欧洲可能只有东欧几国如波兰、捷克等能够在未来废墟上保持住。保守主义这两年在美国崛起，在英国也有迹象，未知是文明最后的挣扎还是能力挽狂澜。

　　我们碰巧生活在东西方文明走向衰败的起点。继绝存亡的努力根本抵不过滔滔"前进"之世界洪流。老索已死。我们，因为语言的限制，甚至不能进入美国非主流的保守主义阵营。有语言和活动能力的，为了联盟反共，根本不愿在美国政治势力中做选择。这当然是可以理解的。

　　我们需要一个阵地和刊物，发出声音，以凝聚思考，深入思考，但是却没有资金。

　　如果不是心中有神如不是为了未来（如光召），不是为了对文明的痛惜与爱（如你），不是为了不可抗拒的对人生意义的追问（如我），一切努力都可以不做了。

　　老索预言的历史转折不会在我们这一代发生，你的诗歌中那只荆棘鸟的伟大使命我们无力完成，我们只不过是西西福斯吧……

　　北明

一平致北明、郑义、王康 2019 年 12 月 16 日 1:00 PM

　　谢谢北明！对的，文明由信仰的中心点而建立。有信仰中心，人就有共同意识认同，由而有共同的道德规范，进而形成文明秩序，并在时间中不断进行修补调节成为传统。如果失去信仰及传统，文明即毁灭或解体。这是我从文革教训中体会到的。

郑兄近日那篇关于瑞典女孩的文章就提出了对未来后代的责任。是的，个人是不能救世的，那是神的权利，我们只能就能力所及讲出我们一生的经验、体会，为未来后人的选择提供一个参照。康兄的《浩气长流》、郑兄的巨著的意义都在未来，未来中国的目标和道路。人的一生能做此一件事就很了不起了。由中国传统而言，那就是圣贤所为。我们都照此努力。

北明致一平、郑义、王康 2019 年 12 月 16 日 5:10 PM

一平，你的思索深刻，那些从美国现实出发，抗议左派言行，捍卫美国传统价值的人们实际上出于这个立场。你说的"共同意识认同"，也就是普拉格多次在大学演讲时提及的"clarity to agreement"，可以翻译成"基本价值起点的认同"。例如，人类性别只有两种，个人不能至高无上，等等。他认为，没有这些基本价值认同，无法讨论问题。

当他针对支持堕胎者的问题，回答说反对堕胎不是侵犯女性人权，而是维护新生命之必须时，他指出了提问学生的一个基本概念，即怀胎不是生命而是一些无意识元素，之后，他揭示并强调了胎儿就是生命的看法与胎儿只是无意识元素的天壤之别，就停止了争论。因为不同的价值无法对话。这是一种智慧的对话方式。

信仰确实是文明的基础。太重要了。谢谢你！
北明

一平致北明、郑义、王康 2019 年 12 月 16 日 下午 9:14

谢谢北明！人类的所有问题最终都会归结到人的精神信仰与道德。我们成长于中国文明的废墟之中，跌跌撞撞走到今天，总算明白一点道理，算幸运，但也很悲哀。孔子说"朝闻道，夕死可矣。"共勉！

第 98 辑　与王康谈"一生都迎向十字架"

王康致郑义、北明、一平　2019 年 12 月 22 日　下午 1:33

　　光召：是不容易，主要是坐久了腰疼，两肋癌细胞左右夹击（每天服食止痛药，算把它们扛住）。年过七十，气息本衰弱，前几天为重庆捐款学生写字，最难支撑就是腰，现在才知道老年人最怕腰疼。你用了几十年的眼力，但愿白内障手术后会增加一些光明。明天礼拜一，准备白天画《波兰之星》（80 年前卡廷惨案、1956 年波茨南罢工和 40 年前团结工会）。晚上若精力尚可，开始写重庆事件《红与黑》。小明已把莎士比亚全集和迪伦玛特上、下集电子版传我，很是方便。圣诞节就要到了，我以一个准教徒祝你和小明、美妮圣诞快乐。现在我才开始明白，我的一生都迎向十字架。

　　老康

　　2019, 12, 22　休斯顿

郑义致王康、北明、一平　2019 年 12 月 22 日　下午 9:57

　　老康，你的领悟十分重要！我也是人到晚年，才明白一生中所有重大事件（出生、磨难、反抗、流亡……）都指向一个前定的目标：认识耶稣。我不断地说，流亡是我生命中一个飞跃，来美国最初是感动于自由，最终是成为耶稣的门徒。前者赋予我世俗的、形体与精神的自由，后者赋予我灵魂的自由，也即不犯罪的自由。"一生都迎向十字架"是一句彻悟的了不起的总结。何以你如此醉心于俄罗斯？就是因为你早就感动于它的信仰、十字架。你的圣灵早就在引导你！

　　衰老、死亡并不可怕，子云朝闻道夕死可也。有一首基督教圣歌："如果你收去的东西，你以自己来代替……"也是同样的道理。

　　《你若不压橄榄成渣》视频：

　　（郑注：链接此处略去。）

　　词作者倪柝声，20 世纪初中国著名基督徒，五十年代初被判刑 15 年，瘐死狱中。

　　歌词中"每一次打击，都是真利益"我以为不确。迎向十字架是求取真理，真理是生命的本质，不是可以度量的"利益"。

　　光召匆匆

第 99 辑　一平前两卷书评及书名讨论

一平致王康、郑义、北明 2019 年 12 月 24 日　下午 3:44

康兄：郑兄完成了小说的前两卷。我想为其写个评述，也算是介绍吧。

这是第一篇，先大致介绍一下这部巨作的背景。正文的评述还没有写，节后就写。

传给你看看这一篇，有不合适的地方望指正。

闲时看，别费精力！

谢了！

一平

（郑注：一平评论《由正义到招魂——读〈永生的江河〉之一》此处略去。）

王康致一平、郑义、北明 2019 年 12 月 24 日　下午 10:55

一平：读完评论，有点感想。

理论分析份量过重，进化论、现代文明等，《永生的江河》似乎是其反题的一部作品。如果一定要有理论阐述，倒不妨集中在老郑与索翁代表的中、俄现代文学使命的比较上。《红色纪念碑》与《古拉格群岛》，《永生的江河》与《红轮》，都可展开为悲剧史诗式的分析。19 世纪托尔斯泰与陀思妥耶夫斯基两座高峰大大提升了俄国和西方文学评论，连梅列日科夫斯基天才人物都从中看到了一个新的文学世界。建议看看其宗教—哲学随笔《未来的流氓》、《重病的俄罗斯?》、《永远的同路人：世界文学中的肖像》，特别是比较性文学评论杰作《托尔斯泰与杜思妥也夫斯基》（皆有中文译本）。郑、索作品的比较性分析，还具有 20 世纪国际共运历史的背景、人类命运大较量。若深入下去并展开分析，一定会有许多令人激动的发现……

《永生的江河》毕竟是文学作品，其中历史环境、事件、尤其人物，足可称为一部中国现代史诗，也是文学评论绝佳的分析对象，可惜展开太浅。今天右肋癌细胞厉害，阅读、打字困难，匆匆打住。

老康 2019, 12, 24 休斯顿

一平致王康、郑义、北明 2019 年 12 月 24 日　下午 11:34

谢谢康兄！我会再斟酌。此篇仅是《永生》写作的一个背景介

　　绍，下一篇再评述作品。理论说多了，会删减，尽量不说。
　　辛苦你了，以后不用写，在微信中留几句言即可。
　　一平

王康致一平、郑义、北明　2019 年 12 月 25 日　上午 11:00

　　古代与现代文明优劣长短，文学难以置喙。历史里的人性是恒久的题材。光召和索翁都是受历史召唤的人物，是 20 世纪特殊悲剧的祭师。除哈佛演讲，索翁华盛顿劳联—产联的演讲、在台北国父纪念馆的演讲、尤其是在获得诺贝尔文学奖的演讲，其启示性都弥久常新，是人类 20 世纪不可重复的精神文本，当然也是比较中、俄文学最权威教材。但是，光召的写作，绝不是索翁在中国的回音（就文学而言，普希金、托尔斯泰、屠格涅夫、契科夫等 19 世纪的诗人、作家对他的影响更早更深）。如果把两人的遭遇比较，索翁的创作环境和条件远比光召好，20 世纪俄国文学土壤依然深厚，索翁绝不是在荒原上踽踽独行。光召无论在国内还是海外，几乎一直在绝境里自说自话，"只有一个读者！"用"艰苦卓绝"形容，毫不过分。眼下这部作品，不仅可与《战争与和平》、《悲惨世界》相比，在文学精神的变法和使命意义上，可接向弥尔顿《失乐园》、但丁《神曲》和荷马《伊利亚特》。更开创了中国文学悲剧史诗的体例。

　　"为中国召魂"，正是光召这个名字的本意。

　　我大概看不到这部作品问世。不过可以想见，在若干年内，不可能引起世界性反响。但是，如果有一篇（或几篇）可与作品匹配的序文，辅以有力的翻译、出版、发行和批判、讨论，也许会得到改观。

　　所以，一平，你的介绍、分析，意义实在太特殊。如果光召作品有 150 万字，那么足可当成上千万字，你的序文有一万字，也可自我扩展成百万言。

　　今天是圣诞节，我们在圣灵光华下互相接近，勉励。
　　老康 2019, 12, 25 休斯顿

郑义致一平、王康、北明　2019 年 12 月 30 日　下午 1:50

　　一平：
　　老康提到的《托尔斯泰与陀思妥耶夫斯基》（梅涅日科夫斯基著）是一本极好的书，我读过两遍，划满了。
　　我今午已快递寄出，大约可周六前收到。你可以乱划，没关系，书就是这么用的。

梅氏的许多思路、角度令人耳目一新！这也正是俄罗斯文学与宗教的秘密。

我下次买旧书，也会为你买一本，然后把我读过的这个版本换回来。这本书我还会读。

你真的不必认真写，交流式的短评即可。你的时间宝贵，于心不忍。

老康也是，前两卷未寄你，实不忍让你费心过劳！养病第一，其他都不重要。人生中已做完了 1000 件事，不必在乎再多做一件少做一件。

光召

"只有一个读者"是最高的境界。向上帝交差太不易。想想就不寒而栗：世界及美的创造者！又及

一平致郑义、王康、北明 2019 年 12 月 30 日 下午 5:39

郑兄：新年好！全家喜乐！

谢谢你了！我正想读这本书。书，我就读这本，之后归还，你不用再买了。

记得你说的：上帝看重的是你的心。凡由心而出就是了，不在于写什么。此文也算是一次思绪整理吧，随写随有收获！

高第教堂很是让人感动！记得高第曾说，上帝从不着急！你从容地写，越从容圣灵便越饱满。有圣灵带领，自会风满船帆。

祝好！问候北明和妮妮！

一平

王康致郑义、一平、北明 2019 年 12 月 31 日 下午 6:46

光召，2020 年终于来到，你与小明、美妮新年好！

从一平文章方知，你的长篇取名《永生的江河》。初念觉得赶不上《神曲》，700 年前但丁听到了"未来世界的心跳"，人类现世福音的"三位一体"：和平、面包和自由；500 年前，马丁·路德在瓦特堡教堂大门张贴其"95 条论纲"时，一种异常的经历撞击了他：一个人深更半夜在一座古老教堂尖塔上沿楼梯盘旋攀爬，黑暗中他伸开手臂平衡自己，无意中抓住一条绳索，刹那间钟声大作……；也不如《战争与和平》平实而有概括力。你当然希望灵感喷泉般爆发出一个只可神遇的名字，但目前这个名字还没有跟你这部注定不

朽的作品相匹配。

我到休斯顿已半年，感受良多。今天阳光灿烂，中午去看了一处地方，空间很高，可画我那些大画。当然要进住，还需一番努力。

晚上此地朋友邀请吃跨年饭。现就等屠医生那里通知，何时使用免费临床药。但愿有转寰。

新年快乐！

老康拱手

2019, 12, 31 休斯顿

郑义致王康、一平、北明 2020 年 1 月 1 日 下午 9:12

老康新年好！

今天是新年第一天，谢谢你的来信！

书名太难决定。现在这个书名不能算最后的决定。肯定会有一个只可神遇的名字，只是不知道它悄立在哪一处大河拐弯处。现在这个名字，江河与永生都是小说里最基本的元素。我有一个野心，即后世人们会说，长江就是郑义笔下的长江，正如俄国人看见美景，会说这是列维坦的俄罗斯。长江及其支流在小说中浓墨重彩，气象万千。她本身是许多象征的叠加，天真、纯洁、自由、曲折、坚韧、苦难、屈辱、救赎……最终流向永生。她是此岸与彼岸之间的自然连接。我们的先辈如叶枯落，随波而逝，在史诗灿烂的星光中流向永生。不着急，静候钟声吧。

屠医生真是最好的，没有之一。这种新出来的药，其实已经相当成熟，只需作最后的临床统计。愿上帝格外看顾你，让你进入效果绝佳的那个百分比！

光召

北明致郑义、王康、一平 2020 年 1 月 1 日 下午 10:12

光召，

我同意老康兄关于这个这部小说名字的建议。当然看了你的解释也明白了你的用这个名字的深意。

不过仔细想想，49 后描写长江的作品不在少数，包括那首歌颂长江的歌，都将进入垃圾站。历史上很多景观千古存在无人介意，后竟一举成名胜，是因为文人的出色具体的描写，比如人们记住了红楼梦里的"大观园"，不是因为这名字本身，乃是因为大观园中的人物、故事、寓意和风情，"大观园"因此成名。未来人们记住郑义的长江，不会因为永生的江河这个宣告式的名字，而是因为小说的内容。再说，这个名字不够沉着，也不含蓄，像个少不更事的美国娃娃，少了苍凉、沉雄、浑厚和高古之气。

康兄写过不少你的散文的评论，我得空会再读。老康才华太大，作品往往喷涌而出，不择地不择时不择人，令人有目不暇接之惶悚，只能幻想大块时间仔细阅读。老康关于这部小说之评论、建议中肯，我若有补课的时间也会找来阅读。

今日见大陆画家李×，对他印象良佳。也有某种凄凉：大陆画家再背运，依然有一番天地和可塑空间，只有我们三五几人，进入他乡冷宫，凡事只可想，只可自勉，致死不渝地做下去，不见任何结果。这是我们的命运。想起来一个问题，是李南央问我的，她问：郑义是否曾说过一句话："我写作是给自己看的"。我回答说：不。他说过的是另一句话：我写作是为了未来，是给后人看的。

活着，却要彻底放弃此生，这不是人能轻易抵达的境界。除非有神，不可仰望。类似于那些放弃现世而刻石经的古代僧人……

北明

2020 年

第 100 辑　史诗的内在精神是赞颂

一平致郑义　2020 年 1 月 9 日　下午 10：49

郑兄：你读过托尔斯泰的这篇小说吗：《伊凡·伊里奇之死》。这是托晚年的一部小说，当时反响非常大。但我对这篇小说很失望，他本不应该写。

郑义致一平　2020 年 1 月 13 日　上午 9：45

一平：这几天动白内障手术，阅读不便，未及时回复，甚歉。
我没读过这部小说。你有何感想？
附件是刚写完的一篇散文。你看看有何不妥处？
郑义
（郑注：附件《最后的飞虎队老兵》略去）

一平致郑义　2020 年 1 月 13 日　下午 1：13
郑兄：谢谢！
希望手术成功！
文章拜读，很是感动，不禁垂泪！（此文中有一句陈纳德的引文表意不是很清楚，可能是翻译的问题："而 20 万人和 1000 架飞机的航空队，将它羽翼之阴影横扫整个亚洲大陆"，这大概是说日本方面吧。可以再查对一下。）多么美好的老兵，多么美好的追思！当今，美好多为放逐了。年青时读过加达默尔的"论赞美"，不是很明白，那时追逐的是"深刻"。年纪大了，看明白了世事才明白何以要"赞颂"。人的存在最终要落于肯定："是"。上帝的第一创造是：要有光。荷马、希腊神话、教堂颂歌，都是"赞美"。人的精神到了《城堡》、《恶心》、《禁闭》就死亡了，深刻通向地狱，但是人能否穿透再出来？陀思妥耶夫斯基是地狱之火，他也没能出来。再翻阅《战争与和平》，于深刻其无法与陀相比，但它是赞颂，是歌唱。
还在写那篇文章，其中重要的一点就是《永生的江河》是赞颂、是肯定，是重回史诗、英雄精神，那些人类高尚、美好的品质，人之为"人"。当然，于今老兵、陈纳德都被扫地出门，英雄、光荣、美德都属于"小丑"类辞语，感谢命运我们置身世外！

又读了小说的第十章，写得真好，特别是纯钧凭吊莲花石的记述，写得好极了！大江、千年石刻、爱、死亡、悲悯的老艄公……。

如果就作品，托翁的那篇小说可以不读，如果为了全面了解他晚年的写作倒是可以看看。

我以为写得很糟糕，像一幅潦草的讽刺漫画。人性的一般弱点属常情，即使批判也当有所悲悯，如莫泊桑的《项链》，对一般人居高临下地草率讥讽，倒显得作者不当的傲慢。再，作家应知道什么当写，什么不当写；如你所言如果总是与共缠斗不放，最终自己就会与之同化。托的这篇小说有点类似。这篇小说让我觉得托挺庸俗——起码是在写此著时。

信不用回！祝你写作顺利！

郑义致一平2020 年 1 月 13 日 下午 7:57

一平，你的话真是使人愉悦！

关于赞颂，你说到点上了！我只是有一点感觉，感觉那些"深刻"、否定，无法使我的心共鸣，其实是一种仇恨，对人类、对生命的仇恨。如果说赞美属于生命渴望，所谓"深刻"就是死亡渴望。莫泊桑的《项链》我从来不喜欢，如你所说：讥讽、傲慢。那位半生赎买项链的女人，在神的眼中，是纯洁的，值得珍爱的。如同契柯夫的《带阁楼的房子》，换一个作家，就会成为完全不同的作品。你对《战争与和平》的肯定，有超越性！很重要，十分重要！这个话题可以生发出一部专论。毫无疑问，史诗都是赞颂的。正是这些赞颂肯定了人类的生命与历史，赋予意义。

莲花石一节确实写得好，那是我亲临现场和我的人物一起演绎的。事先未曾"构思"，是一句跟一句生长出来的。这种篇章也不可多得。

晚年的托尔斯泰有些傲慢，自义，像一位活着的上帝。

"而 20 万人和 1000 架飞机的航空队，将它羽翼之阴影横扫整个亚洲大陆"一句，你的感觉很准确，其文字易引起误解，特别是对那段战史生疏者。我改了改，加"增至"二字："而增至 20 万人……"——第十四航空队（前飞虎队）后期很强大，但仍然是美军陆军航空兵中最小的一支部队。

神赐福于你！
郑义
眼睛逐渐恢复，效果不错。希望巩固。

一平致郑义 2020 年 1 月 14 日 下午 1:10

郑兄：谢了！
今天和朋友通话，还谈到宗教和德性是文明的根本之事。现代科技与大都市瓦解了人类数千年积蓄的传统。
索翁写《红轮》也是转向史诗，追寻那些高尚的精神品质，与你不约而同。在汹涌的喧闹潮流中，这是英雄式的写作，是被上帝之光照耀的荣誉。
我会将《战争与和平》的那一段感受写进文章中，以说明《永》的史诗意义。
祝写作顺利！

第 101 辑　关于长篇小说景物描写的讨论

一平致郑义　2020 年 1 月 15 日　下午 12:22

郑兄：

因要写一节关于长江的文字，而将《永生》前两卷写长江的文字都勾划下来。我发觉，前两卷写河的文字有点少，是否需要增补一些？这也是一部关于长江的史诗，如果记述不够，就难撑起来。再，河流代表绝对的大自然，所有的生命、人、历史都来于此。俄国文学的恢弘之气即在辽阔的自然背景，大段大段对自然的描写，而欧洲小说大多是城市背景。长江足够恢弘，可以更多借势。还有，由于作品中记述的人物和事多而实在，就显得有点紧凑，多加入些长江的景象、神话传说会有增加舒缓的张力和空间，也是平衡吧。大作中凡记述江河的文字都很好，就是少了些。

具体而言：

1、可以多写一些江河山川景象，特别是恢弘的大景像。如果加上四季、晨昏夜晚、天气变幻，可以写的还是很多。

2、可以考虑，再加入一些神话传说。大禹治水，就有劈开巫山的传说。关于长江的起源也有神话。中国的神话传说有个特点，多是救民救世。而救也是大作的主题。

3、大作中有蒲兰田治理航道的记述，但李本忠、广惠和尚的故事没有展开——可能是留在后两卷。

4、林森、于右任、欧阳万里论古延申出历史、文化；纯钧青石滩寻访莲花石有大自然有传说；龙将军妻女送灵柩回乡等，都写得非常好。说明将历史、神话、传说、诗文、大自然融汇记述中很是成功。还可以多些类似的章节。

5、很是喜欢妻女送灵柩回乡一节，没读够，可否再多写几笔？可以引上几句《天问》的诗，其中关于鲧之几问，与韩将军的悲剧有点像。

我说得不一定对！见谅！

郑义致一平　2020 年 1 月 20 日 10:47 PM

一平：

近日赶写小说，简直没时间喘气。

我翻了翻，屠格涅夫式的大段写景是少了些，但加上江上生活、人物活动背景、船舰等等，也不算少。景物描写有个分寸问题，还有节奏问题。写多了节奏慢，好处是舒缓，但多与战争不协调。我这本书不可能写成屠格涅夫或日瓦戈医生或沈从文的湘西，容量太大，不可能花几千一万字写一件事一两个人。你注意到没有，我都是同时写几个人。另外，选用神话传说也要谨慎，否则原型混乱，反倒坏了大事。《天问》中关于鲧几句，待我腾出时间来会想想。这部书最怕写庞杂，写乱。你的意见我都会认真思考。谢谢你！

《战争与和平》式的史诗性长篇自然包罗万象。但不可面面俱到尤其不可刻意为之。记得哪位欧洲作家调侃托尔斯泰：哦，还没写过某某场景，赶紧加上。如此辽阔的画面，自然会丰富多彩。

第一章还没写完，心急。

郑义匆匆

一平致郑义 2020 年 1 月 21 日 上午 11:51

郑兄：我又想了想，你说得对！汉字的张力大，"星垂平野阔，月涌大江流"十个字就是一个大景象，汉语不适合繁复的景色描写。再长江流域人口稠密，人文气氛浓郁，与俄国的旷野不同。人文重于自然是对的。

小说的结构端正，各部分的比重很恰当，有庄严感。

再，记得你说想补加一段关于那位修女带领儿童逃难的故事。写了吗？是否在前两卷？如果在前两卷，可以传给我吗？我文章中可能要提及一下。

祝写作顺利！

第 102 辑　王康准备赴以色列治疗　长篇书名讨论

王康致郑义 2020 年 1 月 21 日 下午 7:38

我的第一个五年计划肯定完不成。人类的观念世界无比深广，我们只能生活在其中非常狭小的角落。无论从神创还是进化，人类都永远处于蒙昧，最自然的未来就是回到原始状态，再归于浩瀚星空。

郑义致王康、北明 2020 年 1 月 23 日 下午 4:05

老康：接你信前，黎、郭已告我你最近的扫描结果，情况不乐观，但这种病总是进进退退，难以琢磨。我深知，你是那种具有英雄人格的人，生死早已勘透。我不说安慰的话，那种话总是无力的，力量就在你内心。自患病以来，你总是乐观放达，照常去做未完之事。五年计划最终能否完成，尚不能说死。奇迹总是有的，你相信就有。你之久病，也使我常想起自己人生的终结，督促自己加快写作进度。

人生七十古来稀，命运已待你我不薄。就是马上咔吧一下骤死，也没有大不了。我现在写战争写死亡，不免要多想。有时感觉那些盛年牺牲的军人比我们幸运，生命完满，没有衰老和病痛，永远定格于风华正茂。保罗说："我现在被浇奠，我离世的时候到了。那美好的仗我已经打过了，当跑的路我已经跑尽了，所信的道我已经守住了。从此以后，有公义的冠冕为我存留。"这一番话，你是当得起的。现在想起宾雁自撰的墓志铭："长眠于此的这个中国人，曾作了他应该做的事，说了他应该说的话。"其实与保罗的话暗合，是很高的人生境界。你憧憬的"咏而归"也是很高的境界。

小明有次说起历史不应该向前向后，而要向上。她说的是历史，我想生命也是这样的。写到此，突然记起她回忆那次被捕后深夜秘密转移时的一句话：做最后一次呼吸，然后，闭上眼，等待枪响后的奇迹。——她有过这种面对死亡的高峰体验。昨天写完了第三卷第一章，其中也涉及到这个话题。生命不是乘一条小舟，从源头飘向大海，不是从此岸"到"彼岸，生命是一次不在时间之中的灵魂之旅。只要浸入永生的活水，瞬间即是永生。我的忧虑是能不能写完这部史诗，但时间不在我手。我只能向神祈祷。渐渐，极不情愿地想明白：只要在写，没写完也进入了价值、意义——永生。就此，我感觉脱离了死的威胁，得到了自由。正因为我们坚信自己时间有限、知之有限，而又打过那美好的仗，便获得了永生与希望。我之所以热切希望你受洗，与那位自有永有者合一，就浸入了永生之河。这是无须始终事功，无须摆渡彼岸的，立地彼岸。

附带说一句，现在越想越觉得"永生的江河"可能是个很好的题目。《神曲》题目太大、太自信，我没有这种胆量。《战争与和平》、《静静的顿河》太笼统，估计也是想不出好题目，只能大而化之。"永生的江河"既不太大，也具体。含有题材（战争与长江）也含有主题（英雄颂、永生）。前两卷已经开始趋向"永生"，后三卷会涉入更深，直到蒋公之死。先就这么叫着，至少眼下看来还不错。

……我写了十篇散文，你写了十几万字评介，你我的心是相通的。人生如此，足矣！……

希望春暖花开之时，宋×能为你施洗。我定会到场见证。

愿神格外赐福予你！

光召 23 日匆匆

郑义致王康、北明　2020 年 1 月 23 日　下午 7:10

老康：

刚才听小明说，你准备去以色列治疗，这是一个好主意。

……

美国对新药确实保守，但最好先向屠医生咨询，他在这个行当里，了解情况而且对你真正关心。

以治病为主，其他暂不必考虑。下了决心就及早动身。有什么需要这边做的，尽管吩咐。

光召

王康致郑义、北明　2020 年 1 月 23 日　下午 8:07

光召、小明：来休斯顿已近七个月。以前还每天到附近小公园走路，近期状态不再，整天在室内，偶尔人来相送，柱杖出门，举望云天，不觉春节后天又到了。

长篇题目《永生的江河》，光召觉得好就好。稍有夸张，即使李白、杜甫那样的天才名句黄河落天、不尽长江也有过头的地方。可不可以倒过来呢：江河永生。我瞎说。

以色列之行本来是我们约过的，这次赴医是临时想起。诊所排世界前十，收费只有澳大利亚五分之一，飞行距离较短。目前癌变加剧，可能在二月中、下旬就需动身。我就先行一步了。刚好国内朋友又捐来 40 万人民币，经费完全不成问题。

小明说，《永生的江河》可以让我作序，我当然十分乐意，只是需要先完整读过。

就请把电子版传我。

清明节会回结庐，给父母扫墓，接受洗礼。

我的五年计划取决于战胜癌病，我们仍然任重道远。

春节快乐！

老康
2020, 1, 23　休斯顿

第 103 辑　《永生的江河》不必有序言

一平致郑义　2020 年 1 月 31 日　上午 10:09

郑兄：看到你给康兄的回信！不知道他的病情是否有好转。盼望他尽快恢复！

关于《永生的江河》，我想最好不要请人写序。这样的巨著，可以有诸多角度的解读，一旦前面放个序，就给作品定性了，限定了阅读。有作品在，读者可从各自的角度去阅读；时间越长久，想象的空间就越大。此书的序，你自己写个有关此写作的感慨就可以了，尽量简单。

康兄如果身体恢复，可以写个评论。

我说的不一定对，你和北明再商量。

郑义致一平　2020 年 1 月 31 日　下午 7:29

一平你好！

你的想法跟我完全一致。

如你所说，序言可能限制对作品的理解。也正因此，长篇小说向来是没有序言的（除了译介）。

我恐怕都不应写任何文字，每一本书都有自己的命运。

老康正在极度困难极度脆弱时期，我一方面不愿他耗费已经十分勉强的精力，也不愿使他不快。不寄他文本不好，拒绝写序也不好，等等看。若他体力有所恢复，有精力阅读，我会直截了当请他不必写序，而仅仅写些片段随感。其实，他要去以色列做最后努力，请他阅读也有点不近人情。

这两日没消息，想必精力还是不济。

愿主格外看顾你一家！

郑义

第 104 辑　雷鸣远论施洗约翰：一切美德皆植根于谦卑

郑义致北明、一平 2020 年 2 月 1 日 8:42 PM

小明、一平：

近来每夜阅读雷鸣远，想大致估计一下雷神父在三四两卷中的篇幅。昨夜读到一段，与你们分享。

雷神父在他的河北修道院里每晚饭后必和修士们随便漫谈。一晚，雷神父问圣约翰（即施洗约翰）的基本精神是什么？

某修士说：圣约翰的基本精神是苦修：不饮酒，时常守斋，住在荒野，吃蝗虫野蜜，穿骆驼毛衣……

雷神父出人意外地摇摇头，表示不同意。

第二位修士说：圣约翰的基本精神是勇敢。斥责国王乱伦，对骄傲的法利赛人、放浪军人、贪污税吏也敢于直斥。耶稣也说他"刚正不阿"。

雷神父微笑着把手一摇说，也不是。

第三位修士谨慎地提出自己的意见：我猜是不是"爱火"？圣约翰就像一团火，到处声嘶力竭地喊：悔改吧，天国近了！

雷神父说，还是不对。

众修士倍感迷惘，不敢发言了。

忽然一青年修士说：我想圣约翰的基本精神是"谦卑"。他曾说："基督应发达，我该消退。"又说："我不是基督，我只是旷野的呼声……"这声音只传扬基督，传报后自身即消失。

雷神父大拇指一伸：好，说对了！——为什么"谦卑"是基本精神呢？因为克苦、勇敢、爱火及其他的德行，都植基在"谦卑"上面，他们是谦卑所开放的花朵，而不是根本。有了谦卑，才不顾自己，只为天主，面对真理才显得坚强，对天主表现爱火……

——这一段对我很有启迪。到美后清洗自幼被灌输的种种革命道德，天地翻覆。爱与恨、刚硬与柔软、有神与无神、骄傲与谦卑、尖刻与忍让、信仰与偶像……从前最反感《圣经》的就是创世记认为骄傲是人的原罪，越是活到老，越感觉《圣经》之深刻、睿智。

关于雷神父，越读越感觉他应该是基督教历史上一位地位崇高的圣徒。中国教友在文革后为他重修的墓碑上横书"中国使徒"，即是把他与那位把福音传遍地极，写了半部《新约》圣经的圣保罗相比。他们两人性格上也极相似：既是一团烈火，又谦卑至极。我一介凡人，能用自己的文字来再现雷神父之风采，是神赐之恩典！

　　郑义

一平致郑义、北明 2020 年 2 月 2 日 10:00 AM

　　谢谢郑兄！你说得对！年青时不明白为什么骄傲是罪，年纪大了才明白。人的很多灾难是由于人的狂妄——骄傲的极端。谦卑实际是很难的，该是很高的修行。教皇为信徒洗脚，即是谦卑吧！

　　在写一节雷鸣远的文字。他是圣徒，是此世的道成肉身。这是基督教文明的本，如果说雷是该文明的树干，爱因斯坦只是其上盛开的花朵。人们多看见的是花朵，而对树干不以为然。《圣经》的价值观念与我们世俗的价值全然不同。现在我们可以看清，当科技、经济、艺术成为人崇拜的对象是多么的危险！当下中国这场瘟疫即是大自然对人类聚集上千万人的疯狂大都市的惩罚——现代人类是多么地傲慢、疯狂。

　　祝写作顺利！一平

北明致郑义、一平 2020 年 2 月 2 日 11:14 AM

　　刚读了。受益。这些是随感：

　　1，女性为何一般而言比较谦卑？因为没有功名心？因为不承担社会使命？因为社会地位较低？

　　2，谦卑只是一个现象，表象。这种表象可以做作出来。也就是说，它不是价值本身。

　　3，谦卑的行为方式，源于谦卑者的世界观，也就是对世界、人类、自我的认知和理解。不同的世界观、人类观、自我观，自然产生不同的行为方式，即谦卑或骄傲的行为方式，这是藏不住的。

　　4，对超越人之存在的忠诚信仰，才能使人谦卑。唯物主义者因其对世界的平面认知、有限意念空间、和缺乏想象力的习惯，无法不狂妄。

　　5，时常想起文达尔看到我歌唱后所说的话："Ming，你应该为人唱歌。荣耀上帝。"最后四个字让我顿悟。我从来低调行事，只是为了避免他人嫉妒。这并不是谦卑。只有当你明白一切源于天赐造物的祝福，你才能从容展现你的才华，同时谦卑平凡如那些圣徒，因为这不是荣耀自己，乃是荣耀造物主。这样的人，超越世俗价值，绝尘。文达尔就是这样的人。雷鸣远神父、圣约翰，都是这等人。

　　北明

一平致北明、郑义 2020 年 2 月 2 日 下午 9:36

谢谢北明！我想在古代社会，女性主要是操劳家庭抚育子女。因此她们有更多的爱和奉献的精神。男人要在外面获取供养家庭的物资，如狩猎、耕种、征伐，因此需要外向的力量。现代社会，男女性别的差异、分工、权利似乎至今还没有理顺，有种种冲突。

再，谦卑应该还是心的谦卑，当然有信仰才有谦卑。雷鸣远说要全牺牲，基督教的谦卑与文艺复兴后的个人主义似乎是对立的，可能这就是基督教文明的二元性吧。

前些日子还和郑兄讨论了"赞美"，所有的哲学、思想最终实际需要走向赞美上帝——我这里说的是广义的上帝。近现代的思想多是批判性的，揭示人、社会的黑暗丑陋，但是人有原罪，这是文明之建立的前提。诅咒、批判并未将人变得更好，只是更糟糕。这就是教堂音乐和滚石音乐的差别。

祝北明为上帝歌唱！望下次见面听你唱圣歌！

一平

郑义致一平、北明 2020 年 2 月 2 日 下午 10:06

刚看完一部美国老片《生活多美好》。一般我每晚趁吃饭时放松，看半部或 1/3 部片子。今晚看完。

很有感触。

这部老黑白片各方面平平，除主演是当时明星（以今日观点，表演也稍显过分）。结尾"大团圆"、合唱《友谊地久天长》等等，编导技巧也无从谈起，但就是感人。

所以感人，就是直抒心灵深处的感情、最简单朴素的真理。如同《小妇人》最近的成功，人们开始发现被现代生活与审美所排斥的过去的一切无比美好！

就艺术创作来说，最重要的是简朴真实的情感、内心深处的判断，技巧与"深刻"没有重要到今日艺术家们所夸张的那种程度。直觉、良知、情感其实是最深刻的。赞美不是阿谀奉承，其实是一种神圣的感情，缘于对造物主的敬畏，以及彼此在爱中的沟通。

郑义

一平致郑义、北明 2020 年 2 月 3 日 下午 12:27

谢谢郑兄！看了，同感！简朴的美好。这就是为什么阿米什远离现代，连电都不用。

　　现代化夺去了人们心灵中的美好。前些年，我常常跑纽约，每个月在那一个星期。明显感到大都市与我们这个小地方的人心之差。我们这里因为有康奈尔大学，因此经济上可以维持，但附近的小城小镇大多破败了，而且它们的声音也被大都市湮没了。几个小镇间建个沃尔玛，附近的小店就都倒闭了，其自然生态被消灭了。一个小店主，自己是主人，人生有意义有责任有价值，小店倒闭后只能去四处打零工，其心境可想而知。

第 105 辑 一平的数篇评论——感动的回应

一平致郑义 2020 年 2 月 8 日 下午 11:21

郑兄：这是近来写的关于《永生》中雷鸣远的文字。想到哪里写到哪里，还没有整理。听听你的意见，我再整理。

《永生》是一部英雄史诗，我选了几个英雄类型发点议论，已经写完的有蒋介石、张自忠、饶国华、杨遇春与蒋经国。还有一个准备写，陈纳德。

有关大作的艺术性、人性、美学等等，以后再写。总起来可能会是一本小书。

好！晚安！

一平

（郑注：此处略去一平《评永生（雷鸣远）》。）

一平致郑义 2020 年 2 月 11 日 下午 1:44

郑兄：这是关于《永生》的第一篇文章，在前给康兄和北明看过，并根据他们的意见做了修改。传给你，你看有什么不合适的地方，顺便用红色修改了即是。文中提到尊父的一部专著，没有查到书名，如果方便，你填上即可。

祝写作顺利！

一平

（郑注：此处略去一平《由正义到招魂——读<永生的江河>之一》。）

郑义致一平 2020 年 2 月 11 日 8:35 PM

一平你好！

你写雷鸣远的一篇早收到了，迟迟未复，甚歉。

近来心绪很乱，主要是武汉肺炎，每日盯着新闻看，真不知中国还要遭何种灾难。

心思一乱，写作阅读都大受影响。

今天把茶水泼在键盘上，现键盘"残废"，打字很困难。

简单说几句：

你的文章写得很好，我很难提出具体意见。因为我一向认为，作品一旦问世，自有其独特命运，不是写作者能干预、影响的。像这样一部大作品，除人物、情节之外，其背后的思想、情感其实是讲不清的。就作者本人也须三缄其口，因为——讲不清。文学迥异于历史、思想的主要是形象，而形象是多义甚至歧义的。我似乎没见过小说家与评论家之间的讨论，因为形象是讲不清的。讲得清楚的一定不会是好作品（特指大作品），因此作家本人只好保持沉默。评论家则不然，可以从各种角度、各种方法去分析，再加之读者的创造性阅读，加起来会有一个较为完整的印象。

你的这两篇文章已经很好了，恐怕很难再有超过你的贴近观察和评论。我很难提出具体意见，大而空的感觉，似文学性弱于思想性。怎么就叫文学性？我也讲不清。

还有一个问题：这些评介文章，似乎应在前两卷出版后才发表？否则怪怪的，总是先出书再有评论，总不能无的放矢。

你一口气写了这么多评介文章，放下自己手头的阅读写作，我实在过意不去！更何况这部书注定不可能产生重大影响，那是我们死后的事情。

我现在写作进度不是很好，每日都在负罪感中，除每晚临睡前数字数，其他都顾不上了。

附带说一句，大陆有个评论家叫周××，曾写过我的作家论，他的文章网上可查到，恐怕是唯一关心流亡作家的。你的这篇文章有点像作家论，自然比他要深切多了。

我父亲的那本书不是他写作的，这种书不可能是一人之力编撰，因此没有任何署名，他显然有个班子。书名《川江驾驶指南》，购得的是残卷，16 开 464 页。

今天就写到此，想起来再谈。

老康数日没消息，那边真是实行疫情封锁了。

春天好！

郑义

一平致郑义　2020 年 2 月 11 日　下午 11:00

郑兄：谢谢你！

这些年，你如此艰苦卓绝的写作，深深让人感动，当今已没有这样的作家了。我这些文字算是一个受之感动的回应吧！潦潦草草，写了也有几万字了，想到哪写到哪，多是笔记——怕以后忘了。文章何时发都不要紧，有助介绍这部作品就好。写下的这些文字，会陆续传给你，你闲暇时可以顺便看看，也许对你的写作有点参考作用。

　　再，我在不断阅读中，觉得作品中的佛教精神的比重较小，主要是郑的岳母及提到的寺庙，这与作品中表现的基督教精神不平衡。民国，佛教精神的比重总的还是大于基督教。再，尊父将家产全部捐给寺院，以后出家、整理佛经，乃至最后死于建造佛牙塔，其内心应有充沛的佛教精神信仰，我以为这点还是应该表现出来。将佛教的精神加进去，作品会更丰满，将多一个精神的维度。

　　我说的而不一定对，见谅！

　　晚安！

　　一平

一平致郑义 2020 年 2 月 12 日 上午 11:10

　　郑兄：将读《永生》的笔记传给你，都是随感，不用在意，或许有点参考作用，不用回复。字数有点多，闲时慢慢看，别耽误写作。

　　再，此次大陆瘟疫是大事，对国人之膨胀也是教训吧。进而，这也是对现代文明的警戒吧，数千万人的大都市终会导致大灾难，人类有边界，超越边界就会遭至大自然的惩罚。人类的未来可能更危险了，将来可能是病毒战争了，一个疯狂的恐怖组织就可以搞定。人类将毁灭于人的智能——科技崇拜的最终结果。

　　祝写作顺利！

　　一平

　　（郑注：此处略去一平数篇评论文章：楔子、饶国华、张自忠、杨遇春、蒋经国、雷鸣远、蒋介石、回到史诗等。）

第 106 辑 蒋公是荷马英雄还是约伯

郑义致北明、王康、一平 2020 年 3 月 15 日 6:42 PM

小明、老康、一平：

近日读资料，忽然想起《伊利亚特》：一群亚洲人在战场上拼命厮杀，决定命运者却是奥林匹斯山巅的诸神。无论中国统帅、军队如何奋战，也无法逃脱《雅尔塔协议》规定的命运。但正因此，蒋公与中国军队成为英雄，正如荷马史诗中的英雄。

原以为蒋公无端受难，近乎约伯。现在有点乱了：到底是荷马英雄还是圣经英雄？

一时想不清。

特洛伊英雄是关乎命运的悲剧英雄，不屈从命定，在失败中展现出人性中的崇高。

约伯是关乎信仰的悲剧英雄，无端受难，受尽屈辱却不放弃对上帝的信仰。

蒋公似乎是综合？坚守正义、尊严、信仰，不计毁誉，最可贵处，从胜利的顶峰坠落到耻辱的失败者，至死没有动摇对上帝的信仰。

荷马史诗是多神教时代背景，约伯是一神教时代。现在多神教复活，成为潮流。

慢慢想，我还有时间。你们若有想法，请赐教。没时间不必回复。郑义

一平致郑义、北明、王康 2020 年 3 月 15 日 下午 8:06

郑兄：这是大命题，关涉中国近代以来的命运，或者说是中国文明灭亡的命运。

最近，我开始写一本书：中国文明的毁灭与复兴。

文明、种族、国家间是有冲突的，且常常你死我活。首先，作为一种古老的文明，中国文明有其完整的体系。

但近代以来，在与西方文明的冲突中，其全然失败了，被打得粉粹。西方文明有两个层次，一是科技；工业化之前的传统基督教文明，以冷兵器为代表。科技、工业将传统基督教文明升级到一个更高形态的文明——就功能而言。此现代西方文明横扫世界，摧毁了除其自身以外的所有文明体：玛雅文明、印度文明、奥斯曼文明、

中国文明，甚至是传统的基督教文明。

　　蒋公代表了中国文明最后一代的捍卫者。他是孔孟、方孝孺、岳飞、王阳明，特别是近代以来的林则徐、曾国藩、李鸿章、张之洞等先贤的继承者，是中国近代最后一位圣贤式的民族英雄。如果离开中国文明、中国儒家人格、中国数千年的民族精神，就难以把握蒋公。面对掌握科技、工业、现代武器的西方文明，中国文明的毁灭是必然的，想想印第安文明、玛雅文明、奥斯曼帝国……，中国的命运与他们是同样的。蒋公一生所奋斗就是救中国、救国民于水火、救中国传统与文明。再败再战，致死不屈；这与林则徐、曾国藩、李鸿章的命运是一致的，只是更悲壮更彻底。唐君毅先生的著述，有一种对中国文明濒临毁灭的泣血之痛，欲舍命而救之。这与蒋公的精神相通，近代以来，中国无数仁人志士都是如此，特别是大作所记述的那些英雄，包括尊父。

　　科技、工业给西方文明带来一种新的精神：科技、知识、制造、物质、欲望、力量之崇拜；这本身也摧毁西方传统的基督教信仰与精神传统；这也就是西方文明当今面临的问题。就是这种崇拜催生了纳粹运动与共产革命——西方文明的逆子，中国文明最终毁于此。

　　在不断读欧洲的历史，西方文明有其本身的问题：掠夺、扩张、征服、战争，这与基督精神正相反对，西方文明有其野蛮性。蒋公、唐君毅一代是中国文明的最后一代捍卫者；此后大陆是全民被红色意识洗脑，再后是先进者反共，盲目信仰自由民主——出于反共。

　　康兄的浩气长流与郑兄的巨著，其根本的意义在于，为一古老文明的毁灭立传。蒋公说精神不死，正是！

　　对科技、制造、物质、欲望之崇拜，最终也将吞噬西方文明。雷鸣远神父之命运与蒋公是一致的，只是他是要捍卫传统的基督教信仰与精神。

　　谢谢郑兄！想的不一定对。一点见解吧。

王康致郑义、一平、北明 2020 年 3 月 15 日 9:11 PM

　　我只知道《伊利亚特》介乎神话与史诗间，也是预言，又有大量吟唱。中国似乎没有类似作品。以前苏炜在家里给研究生讲古希腊文学，我对特洛伊战争有些印象。蒋公一生也可作如是观，开罗会议、雅尔塔协议……基督教信仰、儒者操守、胜利、失败，实在是现代中国人的典范，也是人类的范型。光召为国招魂，任重道远。

老康匆匆

一平致郑义、王康、北明 2020 年 3 月 16 日 上午 10:06

"招魂"更准确，浩气长流也是招魂！

王康致一平、郑义、北明 2020 年 3 月 16 日 10:44 AM

一平，蒋公一生，尤其在文化和精神方面我不能妄评（涉及太多）；不过唐君毅毕生追求打通中、西、印，对西方文明没有否定性的结论。无论 1958 年元旦《中国文化宣言》（唐执笔，张君劢、牟宗三、徐复观共同发表）还是《中国哲学原论》，尤其《生命存在与心灵境界》，都一以贯之。你恐怕没有时间较为深入其著述。当然文化价值判断因人而异，各执己见，正是儒学所重。我已垂老残，无力多言。老康匆匆

一平致王康、郑义、北明 2020 年 3 月 16 日 上午 11:32

康兄，我说的与"打通"没有冲突，我主张学习西方一切之好，包括接受基督教。自林则徐到蒋公，中国之先贤都是力图学习西方文明，蒋公尚接受了基督教，但有个本，不能抛弃孔孟中国之传统，这是先贤与自由派的区别。蒋公反共，但其后有儒家与基督之信仰，自由民主当然好，但只是政治制度与思想，不能当作精神信仰；自由派将自由民主当作信仰，取代孔孟、基督，这是其错之根，欧美政治正确也是如此。当初五四青年们也是用科学民主取代孔孟，进而更激进者则以马列取代德赛，毛后中国读书人又回到了五四，以自由民主为真理。

政治制度因时势而异，适为尚。蒋公到台湾后没搞民主化，因为没有条件；如以自由民主为之正确观之，蒋公就是独裁者，这不能接受。当今中国自由派学者们，以自由民主判断一切，全无独立之精神，这正是中国道统中断之结果。

为将前信的想法说清，补充几句。

王康致一平、郑义、北明 2020 年 3 月 16 日 1:19 PM

一平，光召《永生的江河》是史诗长篇，基础仍然是人性和历史，中西文明的分析固然可能增添些深度，但分量与比例肯定非常有限。当然希望所写文明冲突著作早日问世。

第 107 辑　王康临终前艰难返回维吉尼亚

郑义致王康 2020 年 3 月 15 日 下午 6:06

老康：

武汉肺炎成了全球大事，实在出乎意料。

担心的是你，这个病专门跟老人和体弱多病者过不去。你的身体经不起折腾，要小心加小心。不仅避免接触外人，也不可稍感风寒。据美国疾病管制中心（CDC）统计，去冬今春这个流感季，美国至少有一千多万人得流感，近 20 万人住院，六七千人死亡。这个数字很可怕，我上网搜索的结果：美国这个流感死亡人数很宽泛，并不仅指流感死亡，而把因流感加重病情的死亡全部算进来。比如一位肺病、或心脏病、糖尿病重症病人，本身抵抗力弱，因流感加重基础病情，最后不治，就算作"与流感相关的死亡人数"。也就是说，流感对有老病者威胁极大！

对于你，现在是感冒、武汉肺炎双重威胁。一进一出要加减衣服，出了汗不可贪凉。我现在也感觉"弱不禁风"，稍一感觉凉，就已经伤风。（伤风这个词造得真好。）

去澳洲比去以色列好。但世事多变，目下看来难以成行。

为你祷告！

光召

王康致郑义 2020 年 3 月 15 日 下午 8:46

光召：现在以色列、澳洲都不能去了，乘飞机也不符合条件，只能在休斯顿放疗化疗，但是这也需冒险，还必须考虑徐×他们接送去医院的风险。癌细胞近期又在扩散，都能感觉到它们的侵袭，哈哈，简直像中共当年建立根据地然后四面出击。近日在医院又看了我的骷髅尊容，癌细胞已经全身蔓延，程度不同。我反而泰然自若，还是不战而胜之的信心，也怪。唠叨这些，跟全球瘟疫同调。但愿人类最终逃过毁灭浩劫。你们多保重。老康匆匆 2020, 3, 15

郑义致王康 2020 年 4 月 5 日 下午 10:15

老康：

你的意思小明刚才刚我说了，你回维州，这边的医疗保险还在，房子还在，环境也熟悉，应该没问题。唯一为难的是疫情正在高峰期，各种情况每日在变。大女儿是军医，理当坚持岗位，小女儿的收容院已经关闭，现在家自我隔离。正写到此，黎瑾郭恩扬来电，谈同样事。我们的意见一致，你愿意回来我们大家都欢迎，但能否稍缓，避开疫情高峰？你有基础病、癌症和糖尿病是最危险的。不管坐飞机还是开车，一路上都很难避免感染，一旦感染，不堪设想。黎、郭与徐×联系，徐称明天就开始一个小剂量疗程，屠医生对你的关怀和了解无人能及，能否先按照他的意见先完成这一阶段治疗，同时也等疫情稍缓解？你在休斯顿的困难，此间一样。无人上门关照，无人买菜，都要在家隔离。我们已经有 20 天没出门了。小明电台要维持广播，因此严格要求在家工作，不要出门找感染。我家储存的新鲜菜吃完，已经连续吃土豆和罐头。大家都在坚持，就是要捱过高峰期。

还有，我看新闻，有的州已经封闭，非紧急特殊事不允通行。在这种"战时"状态，一动不如一静，不知你意下如何？一路上要过七个州，一处卡住就搁在半路。

先想到这些，再商量。

光召 5 日匆匆

郭恩扬致郑义 2020 年 4 月 5 日 下午 11:21

老郑，谢谢你！只有你能劝住老康。希望老康能顺利过去这一关。

恩扬

王康致郑义 2020 年 4 月 6 日 下午 6:32

遵嘱。平安。

郑义致一平 2020 年 4 月 8 日 上午 9:17

一平：未与你商量，昨晚决定去接老康，事因郭恩扬来电，说徐×见王自己已经收拾行装，执意要走。我即打电话问吴朝阳，吴完全不知。那么，王已显慌乱。他可能原想由我安排，但我建议稍缓。而他感觉时间不多，在走与不走之间痛苦。既如此，回来就成了最后心愿。看来时间已紧迫了，我当全力促成。

写到此，郭又来电，称昨午夜之后得消息：王数日无大小便，已入院急诊。唐××和徐×同意他回维州。这样，只要他出院稍歇，能忍受一路颠簸，我们就可以开车去接。一生一死，乃人生大事。

郑

郭恩扬致郑义 2020 年 4 月 8 日 下午 9:58

老郑，目前还没有新消息。徐×回复老康还在医院检查，也没说情况如何。特先告知。谢谢，

郑义致郭恩扬 2020 年 4 月 8 日 下午 10:25

知道了。等他消息吧。只要能走，马上去接他。回家是他的心愿。

北明致阎文鼎 2020 年 4 月 9 日 下午 9:08

文鼎，

下午收到新的情况，主要是老康 4 号摔跤，脊椎骨裂，目前可能下肢瘫痪（不详）。不能尿尿，需导管。

具体情况补充进去了。请以这个附件为准。

他这般身体状况，不知是否可以长途乘车归来。等明天那边问医生结果决定。如果他执意归来，可能还是得想办法。（不知道能不能借租借那种救护车，带救护床的，去把他接回来。郑义和另一个朋友准备去接）。

他的绝望可想而知，身在异乡，没有亲人。现在在急诊或任何地方，陪同人员不得入内。自己又不说英文，太可怜了。

谢谢你和壮飞大哥出手相助。

给你们鞠躬。

北明

郑义致陈奎德 2020 年 4 月 11 日 8:47 AM

奎德：

你的电话是留言。

如无其他问题，老康会坐医疗小飞机飞过来，黎瑾郭恩扬找到的。但齐××只能坐一般民航飞机过来。现有人说坐飞机要自费隔离，请你帮我打听一下：乘坐美国国内航班（从休士顿飞到 DC）需要隔离吗？具体情况？可能的话，尽快。

郑

陈奎德致郑义 2020 年 4 月 11 日 下午 12:34

郑义：

致电你不在。据我打听到的消息，乘坐美国国内航班（从休士顿飞到 DC）不需要自费隔离，只是飞机上需要社交距离 social distance，就是互相的座位要有一些间隔。登机和下机肯定要检测的。目前疫情高峰，目前动作是否适合，很多关心老康的朋友均有深深的疑虑。

奎德

郑义致陈奎德 2020 年 4 月 11 日 下午 8:40

奎德谢谢！

老康感觉到了最后时刻，回家成了他唯一心愿，我们只能促成。

原先建议等疫情稍缓解，但老康不愿意等，就想立即回来。这不是理智问题。

今天和黎瑾夫妇又去王家布置安排，就等他回来了。

再说。郑义

北明致各位友人 2020 年 4 月 12 日 6:18 PM

医疗救护小飞机已经起飞。

老康今晚 8 点半落地。约 9 点左右进门。

医护用具（轮椅，走步椅，坐便，氧气机，备用氧气罐，起降床，床饭桌）等，已经备齐并安置完毕。

其他一切日用起居亦安顿就序。

两位照顾他的朋友已经开始工作。

请帮忙转发全体。

郑义致黎瑾、郭恩扬 2020 年 4 月 13 日 12:17AM

黎瑾、郭恩扬：

昨晚 10 点多，救护车送到家门，抬到床上，交待了所有细节。老康气色不错，清醒。

之前，下午 3 点多送来病床、轮椅、氧气机等七件。

晚约 9 点，临终关怀部门来一护士，教授医疗器械及看护种种。直到救护车走后方离去。

一切均好，放心！

郑义匆匆

第 108 辑　一平致郑义诗《那些泪水》

一平致郑义 2020 年 4 月 5 日　下午 5:31

那些泪水

——致 ZH

　　那些泪水，那些无尽的黑夜。双手合十，献祭般祈祷。一生的坎坷与仰望。辽阔雪野，蹒跚的脚印渗浸斑驳的血滴。

　　悠远虔敬的歌唱啊，比大雪还要圣洁。孤零，或是殿堂；幸福，还是悲痛？星辰浩瀚，时宇无休。遥远的蜡烛，在冷风中忽闪，陪伴你喃喃的经文。天，瞬间开裂，启示的光穿透旷野千年残城。

　　古老铭言，在废墟间闪耀，呼唤的钟声撞击天庭。是起身的时候，将死亡弃于门后。所有的时代都是同一片大地，所有的生灵都来于同一之水。神的权杖支撑世世代代，不要动摇啊，不要让恐惧将我们掩埋。

　　那座教堂矗立群峰之上，直指千载黑夜。大雪纷飞，天宇茫茫，

　　微弱的烛火响彻浩荡歌声。女儿，或是母亲，你们已经胜利！

　　2020 年 3 月　于伊萨卡

第 109 辑 老鬼回忆郑义相助

一平致郑义、北明 2020 年 4 月 30 日 下午 9:27

郑兄，北明：在网上看到一篇岳建一的文章（《老鬼其人与〈血色黄昏〉》），其中有一段记述郑兄，很感人。转给你们。

是年秋季，该作手稿一似孤蓬漂泊，行远方知渺茫，曲曲折折，终于辗转到西北一家大型杂志副主编老郑案头。老郑，这位拥有传奇经历、精神担当和大美文字者，后来岁月里，被我崇敬为"我们民族最优秀的心灵"；其著述尤是浑融、沉厚、嶙峋、冷峻，具有岩画般质感和浩荡入溟阔的深远；其编辑洞见能力了得，阅罢该作当即叫好，并且预支老鬼稿酬 2000 元，拟出增刊，并致老鬼长信一封，详陈修改意见，评价该作已是中国知青文学之最，希望细心笔削，以达尽境；末了，老郑谐谑一番，大意是倘若修改，大作比我写得好，若不修改，不及我也！虽是苦心激语，然惜爱之挚之切，溢于纸间。不料，风生于地，冬霆再至，该作未能出版。

但令一顾重，不吝百事轻，27 年过去，老鬼珍藏此信若金至今。

老鬼感激老郑，不曾谋面，未及刊发作品，便慷然预支 2000 元稿酬，何等义气！因了西单民主墙事情，尤因接受本校外国学生访谈知青经历，老鬼受到学校批评，父母斥责更重，竟致断绝关系。于是，35 岁方才结婚的老鬼，由于埋头改稿，没有任何经济收入，更无父母寸金支持，全靠妻子曾利利以护士月薪数十元微薄收入供养。此时 2000 元，该是何等雪里送炭，济危解困，老鬼真是铭心刻骨！

郑义致一平、北明 2020 年 4 月 30 日 9:32 PM

我一生手中无权，一痛。

若有权，想帮助许多许多人！

一平致郑义、北明 2020 年 4 月 30 日 9:52 PM

没权好，是神的选择！这才能全身心投入精神与人格的拯救。人需要自救，有精神有人格，全民族方能自救。

蒋先生竭其一生未能救出中国，反失了大陆，如全国人回到民国精神，中国自救。此这是《永生》之意义！

北明致一平、郑义 2020 年 5 月 1 日 上午 3:45

天意成全我辈。无权使人纯净使人单纯使人不受诱惑。权力诱惑是男人世界最大诱惑，没有信仰，权力就是罪恶的源泉。远离诱惑，即便是行善助人的诱惑，也要远离。

应无所住而生善念！明

郑义致北明、一平 2020 年 5 月 1 日 上午 8:59

你们说的对。神为我选的路是最好的路。

若不沆瀣一气，有权也保不住。

第 110 辑　王康大限将至　一平潸然泪下

一平致郑义、北明 2020 年 5 月 12 日 12:00 AM

郑兄、北明：谢谢你们！终于见了康兄！想着他将离世，一路回程不仅潸然泪下。

我嘴拙，见面不知说什么好。

谢谢你们照料他，没有你们，康兄不知该是如何？该给你们磕个头！

代我再谢几位照料康兄的义人！

叩首！

一平

北明致一平、郑义 2020 年 5 月 12 日 10:23 AM

一平，

康兄大限将至，与你感同身受。

可是我发现自己被各类杂务和巨大未来压力逮捕，五花大绑之下，把感伤心情消解了太多。

至于照顾，如果你在近旁，你也一定会竭诚尽力的。

记得王康给你的话：把你的作品一件一件完成，坚定不移地完成。

今天是护士估计的一个月时间期限之外的第一天。现在每一天，对他都是一个奇迹。

一平致北明、郑义 2020 年 5 月 12 日 上午 11:14

谢谢北明！我当尽力！

康兄，我们的好兄弟！

郑义致一平、北明 2020 年 5 月 12 日 7:25 PM

给他以应有的荣耀。

一平致郑义、北明 2020 年 5 月 12 日 下午 7:27

谢谢郑兄！我记着！

第 111 辑　王康遗体安详宁静　《神圣的维度》

一平致郑义、北明、陈奎德　2020 年 5 月 29 日　上午 8:12

　　有神圣之感。写出了康兄最内在的情感与精神。于康兄，不可能再有超出此篇的文字了，终极！有此文，康兄可不朽！
　　（郑注：郑义《神圣的维度》此处略）

郑义致一平、北明、陈奎德　2020 年 5 月 29 日　上午 8:34
　　谢谢一平过奖！
　　至少在我们这个小圈子里，大家是彼此理解的。
　　一个很奇怪的现象：老康过世数小时，我们忙过一个段落（通知各方），妆点了鲜花，人人都感到了一种安详宁静的美丽。我不时会回望他一眼，心说一个熟悉的王康回来了，重病之后的种种苦痛、无奈、无力、苦撑消失了，剩下的是睿智与庄重。
　　我马上要陪三位看护者去葛底斯堡转转，他们太累了，应该松散一下。

　　郑

一平致郑义、北明、陈奎德　2020 年 5 月 29 日　上午 9:31

　　郑兄，你和北明也辛苦了！能懂得康兄的很少。中国的一切都是混乱的，在这个背景下，康兄的思想也有点乱，他激情饱满，力求有为，这就妨碍他置身其外的思考。由而，这也就会带来许多对康兄的误解。《神圣的维度》得以撇开纷杂表面，而揭示康兄生命的本质：儒家的道统与基督的精神之相容——俄罗斯精神即中世纪的基督精神，今天欧美的基督教已经世俗化了。康兄站在古老道统的一边，而这是当今中国自由知识分子不可接受的。康兄本质上属于古老的道统的守卫者，当今时尚的逆行者。康兄走后，会有不少对他的非议，望不要在意，这是必然的。康兄走了，但觉得他还在，栩栩如生！人类最早的文明产生于对死亡的敬重——祭奠，由此确立人之生的意义，现在我们得以明白何谓精神，何谓神圣。感谢你们最终陪伴康兄！

第 112 辑　一平对第三卷一、二、三章的点评

一平致郑义 2020 年 6 月 17 日 12:18 PM

　　郑兄：你来那天，因时间紧，传来的两章半小说只读了一遍，因此也未能多说。近日再读，将一点感受整理给你。都是简陋之见，说得不一定对，见谅！今天先将第一部分传给你。

　　这一章很是饱满，雷鸣远光焰四射。我的考虑，是否这一章太满？可否将这一章的内容分散一点到以后的章节？比如他的两次演讲（其中一次是布道），读起来都是热血澎湃。离得太近了，有点可惜，因为太饱满的文字，读者需要一点消化的时间——也就是给读者一些舒缓的空间，一个高潮过后，要有一个放松。再，这些内容放在一起太强了，雷会压过其他人物。如果分散开，就会缓解。在整体结构上更平衡。

　　这一章的结束特别好，与前面的激昂对应，落于苍凉——大雪、黄河、渡口、内心的苍凉——给弟弟的信，浑然一体。英雄或圣徒最终是孤苦、不幸、被抛弃，而在此显出信仰的意义。

　　（郑注：一平摘录点评第三卷第一章文字较多，此处略去。）

一平致郑义 2020 年 6 月 18 日 下午 12:53

　　郑兄：将第二章的感受传给你。都是草草之见，构不成意见，草感而已。

　　这一章看似平实，但内里饱满，汹涌澎湃。满章没有废笔，结结实实。记述清楚、有序，宏大而简朴。这些都是此部作品的特点。

　　（郑注：一平摘录点评第三卷第二章文字较多，此处略去。）

郑义致一平 2020 年 6 月 18 日 下午 9:47

　　一平：

　　谢谢你如此细心阅读。

　　上帝真是待我不薄，偌大世界，只有你一个知音了。

雷鸣远我也自认为写得不错，起码每次读起都热泪盈眶。

在万县两次讲话不好分开，在时间上无法处理。另，雷鸣远太强，我倒是不怕，还有几个人物比他更强（就文学性和篇幅），如蒋、宋、郑璧诚、纯钧、郑明堂、张自忠、陈纳德、施忠诚、史迪威等等。雷鸣远写得不错，争取其他人物写得更好。雷鸣远有一优势，其热情如火，这是他人所不及，所以显眼。

你提到文字还可再精炼，我会努力。但有时需要写几句废话，人物对话往往散漫，有废话，也有不合逻辑的话，答非所问的话。有时写几句废话，也是为了真实感。

第一章最后一句话："立珊修士就想，毕竟人老了，耳朵也不好使了。"不忍心删去。其中有寓意：老神父心中的痛苦，就连最贴身的立珊修士也不能完全理解。把悲剧写到头，不尽然是闲笔。

你看到好的地方，大多是纪实。林继庸的木船、挨炸；刘峙要杀人、"长江后浪推前浪"、与雷鸣远定交等等，皆照抄历史而已。真实比虚构更感人，我得益于此。

我也不喜欢"独怆然而泣下"，文人矫情。

纤痕是要写的。我幼时最深的记忆。重庆江边的石滩，石壁到处是深深的纤痕。我会找一个好地方。

此次伊萨卡行，最大收获是你提议对佛教要重视。我回来后几天一直在读过去收集的能海法师资料，有重大启发。后两卷郑璧诚周围几个人物会增色不少。以康定为枢纽，统摄起许多事情和人物。这是重大收获。谢谢你。

不多写了，祈愿你一家平安喜乐！

郑义

一平致郑义 2020 年 6 月 19 日 下午 12:51

郑兄：

能做这部巨作的第一读者很高兴。如此卓绝的写作！

"立珊修士就想，毕竟人老了，耳朵也不好使了。"这一句话非常好，文学之妙常在看似不经意之笔。那几句话是一体，没有最后一句就托不起来了，正是这一句平常之语，余韵无穷，人生沧桑啊！

整部作品的叙述都是简练的，平实、饱满、深厚、内里汹涌澎湃。司马迁、杜甫之传统，"艰难苦恨繁霜鬓，潦倒新停浊酒杯"。雷鸣远这一章，怕是写的太激动，其中难免多说了些。

雷鸣远一次演讲一次布道都是让人热血激昂，感觉就是两者离的太近，如果中间插入一点过渡，造成一个起伏，可能效果更好。
不一定对。

　　附上第三章读感：
　　（郑注：一平摘录点评第三卷第三章文字较多，此处略去。）

第 113 辑 蒋公由罪到圣，可能是最难写的了

北明致郑义、一平 2020 年 6 月 20 日 11:57 PM

　　光召，蒋公是绝对信仰的人。他立足世俗争取国家独立，但是出世态度，所以能不计荣辱。不能把他当作世俗的英雄歌颂其人性。蒋公修炼日日三省，绝不放过一丝人性之弱，上个世纪最大冤案，若无信仰，他必定不能撑下来，到晚年还慈眉善目。

　　今天整理信件，看见这个重要问题。如今康兄大限来，离去，四人帮成了三人，我才迟迟发言。你们很多信都不及读，今天整理书架，看见一平早先给我的文明论的著述，我打印出来准备看，一再推迟也没下文了。以后希望日子能有些喘息，得以跟你们有资格沟通学习。北明

一平致北明、郑义 2020 年 6 月 21 日 上午 1:25

　　谢谢北明！这几个月，把你累坏了，事无巨细，加之种种责难，难为你和郑兄！

　　蒋公可能是最难写的了，一是人们已对他形成固有之见；再，文学中有人格欠缺的较好写，罪有其美感，人不能停止犯罪，因为其是人性的本质，扎根于人性的最深处，罪有其魅力，《教父》作为一部优秀的电影，因为其立于罪。在美学上善弱于罪；至于圣人几乎就无从下笔了。这对郑兄是挑战。

　　美国眼下发生的事，非常重要，显示出当代西方文明的根本问题。而这是有历史渊源的，各方面的。也就是当下的事件，让我更深地感到基督教文明中"罪"的重要，可以说这是基督教最根本的问题——是其根，这也就是为什么，圣经第一章就提出了"罪"。

　　文艺复兴以后，人走出所谓"中世纪"，由神本走向人本，人解脱了罪，被确立为光芒四射的世界主宰——人神。此由知识先进普及到每个人：我是好的、我是中心、我高尚、我创造、我自由、我主宰、我权利、我幸福、我应该……。人世的所有问题都是外在的、别人的、社会的、国家的……，谁都有权利站出来、振臂一呼：打倒、进步、革命、人民……。法国大革命、共产革命、当今美国政治正确、黑命贵运动……都是这个逻辑。这条路最终将葬送基督教文明。人由罪人到取代基督，自命为人神，要主宰世界。这就是基督教文明的自我毁灭之路——包括科学、两次大战。

　　我想，蒋公之路是：由罪到圣；其间是不断的反省、自责、忏

悔……，包括儒家的一日三省吾身。作为一个基督徒，他需要枪决人——包括坏人也包括好人，要将千万士兵的生命抛入战场，也是"双手鲜血淋淋"吧，这是很煎熬的。由罪到圣，可能是个思路。郑兄对蒋公有更深入的了解，我只是旁感。

郑义致一平、北明 2020 年 6 月 21 日 上午 9:42

一平谈蒋公，你的顾虑正是我的顾虑：圣人、完人不好写。所以我始终在深挖蒋的罪行罪感。政治家都要杀人，蒋公同样手上沾满鲜血，必要之恶也是恶。所以我打算写蒋公罪感、忏悔、自知不可为神建圣殿等，蒋的暴躁、打人、失算等。但蒋公确实以"中华民国第一模范"来要求自己，几近圣人。他内心痛苦极大，又是好写的一面。还有最后失败的悲剧，完成了这位英雄人物。

长篇有一好处，可从容写人物性格、心灵变化。

你提及的《教父》，我看过三遍，确实有魅力。写这种人物，先天占便宜。

一平致郑义、北明 2020 年 6 月 21 日 上午 10:04

郑兄，说得对！我也正是这样想。由罪到圣，是一条活生生的救赎之路。蒋择圣，但他又必需是此世的凯撒，这么大的国家、数亿民生，"恶人"不得不当，太难了！对比政治正确的政客、文人、媒体，可见何为真善，何为伪善。五四后，正是这批高尚的进步家、革命家——包括美国进步的学者们，葬送了民国——将之送给了苏俄。今天美国发生的事情，正是民国之悲。

祝写作畅顺！

一平致郑义、北明 2020 年 6 月 21 日 10:48 AM

凯撒被刺杀，也是这样一个悲剧。当时，罗马已经膨胀为一个庞大的帝国，贵族腐败、军事将领接连政变，置国家于战争，非专断之力无以制止，国家到了由共和转向帝制的关键。凯撒废共和而独裁，乃是必要救国之道。但贵族们却密谋刺杀了凯撒，而为首的正是凯撒最信任的布鲁图——出于高尚的共和理想。凯撒一死，罗马就是十几年的大规模的内战，最终还是由屋大维统一罗马，并称帝。罗马由而进入其鼎盛时代。康兄介入国共高层，也是为了救国，那些为之诟病、指责康兄的人，实是伪善。历史总要有人担当，"我不入地狱，谁入地狱"，蒋公正是。当下，美国国父雕像连连被推倒，四处"造反"，国家陷入危机，单膝下跪只是助纣为虐，非暴力不能制止，但是谁来举刀，手染鲜血，担永世恶名？这真是下地狱之事。

一平致郑义、北明 2020 年 6 月 21 日 上午 11:54

如果将蒋公置各种中美左翼、自由派、学者乃至对立的军阀的攻击、污蔑、作对等等围攻中，可能更能表现蒋，由此也可以揭示种种伪善。那些都是非常具体的，比如任胡适为美国大使，他却在国家危难之时，拒绝向美求助资金，此清高之下是何等冷酷，无数的将士在疆场上因缺乏弹药，惨遭屠戮。胡的高论是，青年人只要顾好自己，就是救助国家。而国家正在危难中。

第 114 辑　《永生的江河》说到底是祭奠之书

一平致郑义、北明 2020 年 6 月 24 日 下午 12:48

郑兄、北明：今天写了一段笔记，有点特别的感受，不论对错，但是实感。有关文明之确立，有语言论、城市论、符号论、劳动论。实际这个命题是不可证的，文明与野蛮之间找不到明确的分界，只能是假设。由此，我将文明的起源假设为原始宗教崇拜，有此便有了文明——蕴含了文明的主要基因。

康兄如此喜欢仪式，那就是回到了文明的根儿上——也许他尚不自觉，如果想到中国文明之毁灭，联系《浩气长流》，他的《俄罗斯启示录》，他系列演讲，晚年的大画，这乃是一系列的祭奠——祭奠精神，重新确立中国之文明——不论成否。我曾对康兄说，你是个大祭司，他想想，说我喜欢这个称呼。祭祀比思想家重要，思想起于问——怀疑，但祭祀则是确立："是"，"如此"。孔子即是祭司。《旧约》也是祭奠崇拜之书，其蕴育了全部的犹太民族的历史与精神，乃至当今的以色列。马克思也好、爱因斯坦也好、或是什么现代犹太思想家，那都是无法和犹太教大祭司相比的。

康兄的有些思想，我不赞成，包括他写文章爱用的大词。记得北明给我和康兄主持过一个对话，关于乌克兰颜色革命。他支持，我则反对。但是，康兄体现的是祭奠精神，血命之祭奠，精神之极致，至此不论理之对错，那都是需要敬重的了。

郑兄的《永生的江河》说到底，也是祭奠之书，小说、历史、真实、虚构、精神、故事都从属之蕴含之。就此而言，人类最大的一部书乃是《旧约》，如果没有《旧约》的大地，《新约》的十字架便立不起来。

随便闲谈，望不耽误你们写作。

（郑注：《关于宗教的笔记》此处从略）

郑义致一平、北明 2020 年 6 月 24 日 10:34 PM

一平，很丰富、深刻、系统。我需要时间再细读。

一平致郑义、北明 2020 年 6 月 25 日 上午 4:01

郑兄、北明，瞭一眼就可以了，不用细看，也不用回复。特别是别耽误郑兄的写作。否则就太愧疚，不好意思再传给你们了。都是胡思乱想，随感。

第 115 辑 昨日过节：停止生态环境节目

郑义致一平 2020 年 6 月 26 日 下午 5:28

　　昨日北明到我书房，见我正在艰难写电台生态环境节目，说要不就不写了。我立时有新生之感！

　　这个节目做了二十多年，最初每月 3 个，后来减去一个。起初很有热情，越写越熟悉，越快越好，但如投进无底深渊的石头，听不到任何回响。而且越来越感到悲凉绝望，国家不可救。开始写长篇以来，每月要拿出"纯时间"三四天，分心、影响小说进度，痛苦不堪。但又不便停止，我对家庭只有这一点点小小的收入可贡献，于心不安。现北明开口叫停，真如大赦出狱！

　　整一天心都在欢呼，直到现在。我的生命不够用了，耶稣说要数算自己的日子。我能完成这部史诗，死而无憾。

　　告诉你，因你会为我高兴。郑

一平致郑义 2020 年 6 月 26 日 下午 6:49

　　郑兄，不写了，好！为你高兴！该喝一杯，祝贺一下！环保之事，这么多年，该说的也都说尽了。生命就这么多，用在刀刃上！

　　有点伤感，这些年，为这点收入，花了你这么多的生命。

　　大作别着急，有上帝祝福，你会长寿，一定能完成！一定别急！心绪稍有不安，都会影响作品，灵得很，写作靠深层潜意识支配。大作品第一就是从容，有容乃大，焦急就会急促，急促笔力就不稳。大作品靠的就是定力！

　　保重！从从容容地写！

第 116 辑 料理王康后事 清理刘宾雁 20 纸箱剪报

一平致郑义 2020 年 10 月 10 日 上午 11:29

郑兄，昨晚及刚才给你电话，但是均接不通。似乎你家中的电话有什么问题，可检查一下线路。祝好！

郑义致一平 2020 年 10 月 11 日 8:46 AM

电话换了。

这几天不在家，去收拾老康的大画。体积太大，郭恩扬、闫文鼎家也存放不下，长期收存只能拆下画布。

但画布钉得太牢，一个个拔钉子，几天也干不完。

空白画板，大型的，十几个，不知能否在网上卖出去。

接下来联络房屋修理、油漆、出售。

再次中断写作，心情不佳。

再说。

主赐平安！

郑义

郑义致一平、北明 2020 年 10 月 11 日 下午 8:26

一平，谢谢你！

感觉很累，主要是停止写作。前些日子，恢复写作，浑身是劲，上楼梯都登登的。我意识到，这部长篇已成了我生命的核心。

你考虑得很细致，看来钉子取不出来的，都陷进木头里去了。只能从钉子边上割。突然感觉体力也不行了。

有一种定画液，但有微黄色，且喷涂面积太大，若不均匀、泛黄，都是罪过。最稳妥的办法是轻轻卷起，用长铁皮桶加防虫防腐剂封存。

空白画板请文鼎上网去卖了。

粉刷工由房屋代理人找。他们有一套规程。

你的那张油画肖像居然就是没发现，太奇怪了。

我最近把宾雁家人存在新泽西的约 20 纸箱遗物逐一开箱检查。这些箱子存放在一友人家，现在人家要搬家到外州，只好请人拉过来处理。我以为多少能找到一点如手迹之类的东西，但没有，每一个文件夹都打开了，全部是剪报！20 箱，你想想！中英文，中国—世界，收集范围之广，工作量之巨，令人感佩。到最后，我想他一人已经对付不了如此巨大的信息量（这应该是一个研究所的工作），最后被巨量信息摧毁了！从教训来说，若无这桩研究"野心"，宾雁可能写出许多有价值的文章。从人格来说，这份对人民、祖国的爱使他无愧于"中国的良心"。手迹仅一，白桦致宾雁。今晚反正干不了什么，把这段文字抄给你：

宾雁：
我也曾经和你一样，是一个永远天真烂漫的乐观主义者，甚至期盼风暴及风暴之后的晴空。现在你仍然在瞻前，我仍然在顾后，虽然我们在有生之年什么也看不到。
白桦
一九八八・八・卅一・爱荷华

文字写在一本书的扉页上，应该是赠书题词。我查了一下，是白桦的长篇小说《远方有个女儿国》，出版于 1988 年 5 月。

估计是宾雁家属在整理遗物时从赠书上撕下来的，混杂在剪报里了。

这唯一的手迹再次证实了这位伟大的希望者，令人感动。

马上是宾雁逝世 15 周年，我会就清理 20 箱剪报写一篇小文以纪念。

喜乐平安！

郑义

第 117 辑　美国大选是一场人类文明之战

一平致郑义 2020 年 11 月 22 日 9:36 PM

郑兄：通知五已经发送给大家了。今年的评选告一段落。有几个具体的事务尚需安排。

1、我将草拟一个简短的颁奖公告，12 月 5 日在奎德那里发布。

2、麻烦你或北明通知马先生，他获奖。在前都是明年 2 月颁奖前告知，不过此次也可以提前告知马先生，他身体不好，预防万一，尽早告诉他，向他祝贺。

如他身体可以，尚需要他写一个答谢词。

3、颁奖辞可能要辛苦你了；北明写也可以。

4、还得麻烦你和北明请文鼎兄按照惯例制作奖杯、奖状和证书。费用，在奎德那里报销。辛苦文鼎！

你看还有什么事情要办？

一平

郑义致一平 2020 年 11 月 27 日 11:03 AM

近日心思完全在美国大选上。

这是一场人类文明之战。

所嘱之事我会一一照办。你想得周到细致。

一平致郑义 2020 年 11 月 27 日 下午 12:35

谢谢郑兄！都是琐碎的事，麻烦你！

美国的前景不乐观。一个国家或民族需要统一的信仰，对美国来说就是基督教。如果美国不能恢复基督教信仰，只能是一路没落下去。民主政治——大众政治有先天的欠缺，如果大众失去共同的信仰与道德，民主政治的弱点就会剧烈地扩大。美国的政体延续了两百年，已经很了不起了。放纵、堕落是人性本然，在时间中再好的政体也经不住人性的沦落。大多数美国民众能重回基督教信仰吗？可能不会，科学观、高科技、经济商业至上、享乐，以及泛滥的媒体，将所有的信念都冲垮了，少数人可以抵制，但多数人则会放纵下去。人唯有经临大灾难，才会重回信仰。川普看到并说出了美国的问题——不是全部，但其解决不了。

第 118 辑　郑义：为美利坚而战

一平致郑义　2020 年 12 月 6 日　下午 9:27

　　郑兄，你的电话没人接。给你发个邮件，看看你的信箱可否收到。我想了想，还是挺担心，这个事有点悬（郑注：指郑义打算在附近四州散发支持川普的传单）。民众也是分两拨，对立得很厉害，万一你碰到个对方闹事的人，可能会发生冲突，就挺危险的。这种肢体冲突挺多的。有的人就是因为戴个 MAGA 帽子，便遭到暴力袭击。冒失不得，万一出点事，身体不说，写作也就耽误了。当下挺乱，挺危险的，望再考虑！如果一定做，最好能和吴先生一起开车来！

　　保重！

郑义致一平　2020 年 12 月 6 日　9:38 PM

　　一平周琳好！

　　近日艰难维持写作，精神无法专注。

　　决战的时间不多了。虽感觉胜券在握，但不踏实。

　　无论最后的战场是高院、议会还是军队，都要有压倒性民意支持。

　　12 月 12 日 DC 集会太重要。我起草了一份传单，想沿途散发、张贴，往返经四个州。加油站、商业点。回来后，再沿 76、95 跑一圈，宾州、特拉华州。若体力尚可，争取一直跑到周末。

　　一生能投身三次"革命"，不易不易。

　　附件是最近完成的庐山孤军一章。有时间就看，没时间以后再谈。打算明日一大早走，不知沿途要花多少时间，走着看吧，我会带上手机。

　　为美利坚而战！

　　郑义

第 119 辑　新年好　为人类未来而战

一平致郑义、北明　2020 年 12 月 30 日　下午 12:01

郑兄、北明：祝你们新年好！全家快乐、吉祥！

（郑注：此处略去视频链接。）

一平

郑义致一平2020 年 12 月 30 日　下午 8:44

谢谢一平送给我们如此美好的视频！

使我想起《战争与和平》中的经典场面。

多么美好，圣诞节的圣歌、壮健的骏马、无边的雪原、木制雪橇、唱诗班……

基督教传统中，圣诞节教堂唱诗班是要到各家农舍演唱，带去上帝的祝福。

这些人类最美好的传统竟然逐渐消失了！

我们生活在人类最美好时代的尾声。多么幸运，又多么忧伤。

如你所言，文明其实是向后看的。如小明所言，文明其实是向上看的。

因此，我们要为人类的未来，为子孙而战。不计胜败。

最美好的祝愿！

郑义

2021 年

第 120 辑 试论一平诗作中的 "时间"

郑义致一平 2021 年 2 月 3 日

一平：

这几天拜读了你的新作《克丽奥佩特拉》，如歌如泣，一如既往地流畅优美，以悲悯的目光回眸历史，一如既往地从容。你知道诗是很难评论的，尤其是我这个不写诗的门外汉。思想不断跳跃，难以准确把握，就借给你写信，自我梳理一番。

为整理思想，我还读了你三年前写的《伊利亚特诗七首》，又读了二三十年前你在波兹兰—伊萨卡的旧作。在旧作中，我尤其喜欢如下十几首：《零二年复活节》、《城市》、《你》、《致 C》、《密茨凯维支广场》、《骑马的女孩穿过海岸》、《时间》、《简朴》、《维纳斯》、《去图书馆的路上》、《声音》、《豹》、《故城》、《雨》、《树上的女孩》、《未婚母亲》、《书信》。我注意到一个现象：其实你在写 "时间"。这十几首诗中，隐含 "时间" 的有：《城市》、《你》、《致 C》、《密茨凯维支广场》等。直接写 "时间" 的至少有《时间》、《维纳斯》、《声音》。从宽泛却又实在的意义上，《伊利亚特诗七首》和《克丽奥佩特拉》也涉及 "时间"。——我很惊讶，不记得有哪位诗人如此执着地关注时间这一永恒的元素！

我的这封回信就很难写了。时间是一个难以把握的话题。我来试试，还是从作品谈起。在你这三首短诗中，时间是：意义、律法、命运、果实、大河、废墟、美、神的赏赐、神的歌唱。我觉得这正是荷马史诗背后的思想。

对于希腊、罗马时代的古人来说，时间是永恒的循环、复归，并不是后世所猜想的射向某一方向某一目标的箭矢。在历史（时间延续）中，人、生命的起落和每一瞬间都具有自足的独一无二的意义。比特洛伊战争稍早的另一重大事件是出埃及，这一事件产生了旧约圣经。对于希伯来人而言，历史（时间之延续）也不存在 "前进"、"进步" 的意义，时间—历史是个人及民族的救赎史。近代以黑格尔、马克思为代表的时间—历史观则设置了一个人间天国，造成了愈演愈烈的人性毁灭。三种历史观：多神的天真烂漫的；由造物主规定的圣洁的；无神甚至反叛的巴别塔式的。你的时间—历史观显然属于前两者，或在两者之间。这正是你的诗歌所洋溢的悲悯、宽宏、从容、赞美之来源。这是巴别塔式诗歌所无法具有的素质。或者说巴别塔下无诗歌，如今日之世界，无论东西方。

在《伊利亚特》和《圣经》中，因为不存在时间—历史的进步观念，所有的看似前后相继的时代都是平等的，各代人之间也是平等的。个人生命之价值全在于一个绝对尺度——圣洁。后代并不比前代优越。不存在目的论的世界史，而只有救赎史，各个个体生命之间也是平等的。因为救赎即恢复与神的关系，使灵魂获得脱离罪恶的自由，这与身份、身处的时代和境遇无关。如果目的论、进步论的世俗历史观确属虚妄，则后人没有权力以晚近出现的"进步"观念审判前人。如果是这样，诗歌就不会沾染戾气、狂妄、自义。你远离了目的论、进步论，我在你诗歌中读到了赞颂、同情、悲悯、从容、肃穆。

粗浅的观察：波兹兰—伊萨卡旧作明朗，《伊利亚特诗七首》如荷马是英雄颂歌，《克丽奥佩特拉》情节复杂了一点，似有褒贬，其实这个人物不能简单以功罪论。如海伦，绝美中已隐含毁灭。希腊罗马人认为是命运，并平静（庄严）接受。虽然有"史诗"这个说法，但"诗"与"史"毕竟不同。"诗"高于"史"，因为"诗"关注永恒之物，而"史"关注的则是那些变动不居的一次性事件。

在写这些文字时，我总是不断想起叶赛宁。叶赛宁也是这样，永远痛苦地歌唱正在消逝的俄罗斯。

《维纳斯》，过去总是说是一种残缺之美，你提出了一种深刻的见解：完美来自断痕。是神的打击制止了僭越。完美属于神。残缺是"我们永恒的真实、永恒的位置。"——在凝视雕像那一刻，你凭借直觉与情感直抵真理。我很久之后才有所觉悟。

拉拉杂杂，随感式的，不一定对。

近来小说进展顺利。多半是把完美还给了上帝。

愿上帝赐你阖家喜乐平安！

郑义

2021 年 2 月 3 日匆匆

一平致郑义 2021 年 2 月 3 日 下午 10:39

郑兄，真是很不安，用了你这么多的时间，而且你的小说那么艰巨，真不好意思。随便看一下就是了，而你那么认真，很是感动！

的确，我很关注时间，文明是时间性的，特别是写作，写作是在时间中继承和传递。文明有自身的生命，也就有它的周期，周而复始。文明的价值一向是向后的，有了科技，人们的时间就直线前进了。这很危险，会毁灭文明。科技是物性的，但人的人性、精神都不是物质的，而是有生命的。最近看了几集《星球大战》——过去没看过，很恐怖的，完全是反人性、反生命、反精神的——虽然影片还是宣扬正面人文价值，但潜意识完全是毁灭性的。人最终将被科技毁灭。当下，人类所有的意义、道德、价值都被摧毁了，人类唯一的共同认同就是科技与数字——连财富都变成了数字。科技与数字取代了上帝。

这几天，我正好重新读了叶赛宁。太好了，比大多数现代诗人都好——我同时也读了布洛克、洛尔迦。他的诗犹如中国的诗经，是俄语诗最最基本的东西——俄罗斯的土地、田野、树林、农民、老母亲、木屋、栅栏、奶牛、风暴、不幸……。最重要的一点是：大多数诗人都以自己为主体，而叶赛宁不是，他的诗歌的主体是俄罗斯的大地与俄罗斯人的生活……，他只是像孩子一样为之感动而歌唱，天真、质朴、真诚。他是歌唱，不是"我"的表现，而他歌唱的对象那都是神创造的，他的诗歌的意义在这里。

谢谢你看的那么认真，说得很对，很珍贵，我会反复再读。

我在写《海力布》那部长诗，完成多一半了，可以算作《荆棘鸟》的姐妹篇，但是没有那一部好。练习吧。也在看《史记》，如果可能想写几部诗剧。最终还是要从希腊、罗马回到中国。再读《神曲》，其是文艺复兴以来，西方最伟大的诗作，没有可与之并列的，《浮士德》差的太远了。关键是，在现实之外，他有神的世界。

谢谢你！耽误你的时间，再歉！

第 121 辑　一平谈第三卷第六章并伊萨卡行

一平致郑义　2021 年 4 月 8 日　下午 1:25

郑兄：第六章看过了。写得从容、大气，且清晰流畅，很耐读。

1，前半部分是战争：汤恩伯军团受围歼与突围及张自忠南翼之战。大战全局的记述的有条不紊，很是清晰，也很专业。虽然主要是记叙战事，但李宗仁、冈村宁次、张自忠三人都写出了性格；较此三人，汤恩伯的性格特征稍弱了一些，也许可以补加一二笔墨——加上一点细节即可。

2，日方，小学校长慰问团那一情节，很必要，提示了真实的战争与政府宣传间的反差。在"战争与和平"这一大主题中，这一叙述是非常重要的。战争之真实、残酷、不幸，非亲身经历者难以知晓。

3，"尾声：一个极端残忍的虐杀事件"，此节是一重要事件，也涉及战争中最重要的一个人性问题。战争本身的残酷容易认识，但更黑暗的是战争使人性变得野蛮、残酷，兽性得以尽兴释放。一方面是主动施暴者，由于是战争，对敌方既无道德约束，暴行施虐理所当然；再，受害方，为复仇而更加残暴，而且占有心理上的道义支持。有关复仇的人性暴虐，更值得开掘。

这一事件一笔带过，似乎有点可惜。纵然没有历史文献，但这也正是文学发挥之处——根据人性之虚构，这是更高的真实。我们经历过毛三十年及文革，知道人性之残酷。此事件内涵丰富，特别是双方无辜的妇女——包括慰安妇，是否要重点写一下？作为读者，一笔带过觉得太可惜，想作者可能是有意略过。

4，明堂回去受审一节很是生彩。由战争很自然地过渡到非战区的"和平"。熙攘的人群、繁荣的生意、尘土飞扬的街市、店铺酒楼、奔波于生计的百姓……。这与前面的战争形成鲜明的对照，确实是"战争与和平"。记述民间百姓的生活是你专长，不拖沓，每一笔都很好，很简略地便勾勒出生动的场面，非有深厚的功底做不到的，可谓大家手笔。非常喜欢看你记述民间百姓日常生活的文字。

换炮这一情节设计的很好，其是战争中的一奇事，却涉及军法、战情、道德道义、个人的生死命运。而且，其又牵连出那么多的人物、事情，比如吴营长、张自忠、俞大维，均见性情。这几个人物都体现了民国时代人的精神，笔墨不多但个个让人感动。文明是具体的鲜活的细节的，是由人而具体体现的。这就是所谓的文明的神话。文学就是创造"人的神话"，荷马的阿克琉斯、赫克托尔；莎士比亚的哈姆莱特；托尔斯泰的彼埃尔、保尔康斯基、娜塔莎；《离骚》中的屈原；郑兄此作正是这一传统。

明堂"艳遇"一节挺生动。残酷的战争中，历经生死，有此一"情爱"顿显生意，是对残酷、死亡的对应与平衡。尤其是细节的记述，很是显出四川民风之热辣、生命之饱满，残酷战争中的生命与生活。

对话写得精彩极了，引用的那些典故、古诗词，延伸出渊远的文化、历史。此"遇"火候把握得正好，可谓"乐而不淫"；其结束得也好，干脆而干净。百合这一女子，想在本书中也就出场这一次了，但已然也是个人物了，炽情、泼辣、可爱。

此节明堂写得很饱满，生气勃勃。

先说这么多，等你们来，见面细聊！

郑义致一平　2021 年 4 月 8 日　下午 10：45

一平，谢谢你这么快就读完了！

你的意见都很好，很受鼓舞。

我会慢慢考虑如何加以修改。

仍然初定周六、周日去你们家。

再发给你未完成的第七章。

我现在拼命赶进度。却又不能失去水准。

神赐平安！

郑义

一平致郑义　2021 年 4 月 9 日　上午 9：52

郑兄，等你们来！是否叫上吴先生？路上开车小心，多休息会。

第六章关于屠戮战地医院一节，如果增补可能会挺难的。其残酷远过于战场。需要考虑全书的整体气氛，如果写得太黑暗、残酷可能会破坏整体气氛，因此也不好写得太多，以与整体上协调为好，因为全书不是批判性的，而是正面道德、精神、人格的确立。按说托尔斯泰远不如陀斯妥耶夫深刻，但是《战争与和平》是歌唱，而陀是批判性的，因此也就逊一截。人类精神，不在于揭示黑暗，而在于黑暗中如何发出光。深入扩写此节会很黑暗、残酷，因此可考虑增加一个角度——或反省或批评或忏悔等等，从中升起正面的意义。全书整体毕竟是浩然正气。挺难的，祝顺利！

郑义致一平　2021 年 4 月 10 日 8:26 AM

一平、周琳：

北明赶电台节目，不能去。

还是我一个人，路上也许可以考虑下一章。

晚 6 点左右到。

郑义

第 122 辑 谈第八章湘北会战

一平致郑义 2021 年 5 月 23 日 上午 11:53

郑兄，昨天听你讲长沙会战，很感动！这一章值得多花些功夫，太有写头了！

正好是二战爆发的时间点，由此中国抗战就与整部世界大战联系在一起，成为二战的东方战场。两次大战是二十世纪最重要的事件，决定了人类的命运与未来——无论是好是坏。其也是人类存在之本质的呈现。二战后，世界 70 多年的大致上的和平，渐渐模糊了人类存在的残酷性。人类的存在很是残酷，无论是上帝之爱，还是中国的仁，都是对此而言。

二战是一战的延续，而此两次大战又是西方文明历史的缩影，战争是之本，如同中国的战国时期，唯战方可存可强盛；不能战即灭亡。战乃天经地义。中国文明是相对孤立封闭的，大一统得以形成中国的天下精神，因此和合、非战也就是中国的正统精神。一个中国人实际上很难理解西方的战争观念。西方文明很多好的东西实际建立都是由战争而来，包括自由、荣誉，忠诚，勇气，冒险，独立等等。记得你说过，中国抗日是二战中最具有道义性，正是这样。这一观念很重要，可在小说中鲜明彰显。至二战，西方的世界观念是强权与征服，中国的世界观念——天下观是和合、大同。

自此章之后，需要不断兼顾世界战事，如此中国的战争即与二战联系起来，显示出中国抗战的世界的作用与意义。

说点悲观的，二战后，世界有了大体上的 70 多年的和平。西方文明进入其最好的时期——也是人类文明最好的阶段。当下，世界在回转向一战之前——二战后由美国建立的世界秩序在瓦解，很是危险，不知道将会发生什么。

说得不一定对，见谅！不用回复！祝写顺利！

郑义致一平 2021 年 6 月 8 日 下午 9:17

一平，附件是湘北会战（即第一次长沙会战）一章，其实远不止是战争。没想到这一章如此复杂。

这是我写得最艰苦卓绝的一章，每一笔都要查找大量资料，还要分析真伪。

上次通话，你给我极大鼓励，我才有心力在此章坚持住，写深写透。

今天大致完成，先发给你看看。

如安排得过来，我周六去看你们。

时不我待，马上要写新一章。

神赐平安！

郑义

一平致郑义 2021 年 6 月 10 日 上午 11:44

谢谢郑兄！大作拜读。

随读随写下心得，用蓝字写在原稿中。都是随感，不一定对。见谅！唯望不干扰你的思路。

祝写作顺利！

（郑注：一平点评第三卷第 8 章此处略）

郑义致一平 2021 年 6 月 11 日 7:38 PM

一平，谢谢你认真读，还费心写了那么多。

你的意见都很好，基本上都参照你的意见改了。

蒋宋野餐时祷告也删了几句，减弱了些。但你不知道，蒋日记中不断祷告，如无上帝信仰支撑，他更难挺住。我已经减弱许多了。

民国法统，至今犹存。我只能以三民主义、第一共和为法统，否则这百年史就无是非了。至今与中共对抗的，仍然是孙中山—蒋介石这个法统。

本打算明天去看你们，细聊聊。但两个女儿都在家，还是要陪她们几天。以后这样的日子不会多了。

准备开始下一章。

祝平安喜乐！

郑义

第 123 辑　谈论第三十五章文物再次转移乐山

郑义致一平、北明 2021 年 8 月 25 日 9:37 PM

一平、小明：
附件是刚完成的一章，写得很艰难，耗时过多。不知为何？
你们有时间就看看，不要影响你们的写作读书。
本周末要参加余先生追思会，下周末去看望你和周琳。
神赐平安！
郑义

一平致郑义 2021 年 8 月 29 日 下午 7:53

郑兄：拜读三十五章（第三卷第 9 章），大受感动！我随读随记下些许感受（用了红色标出）。说得不一定对！总是这一章写得很好，光彩照人。虽然是记述"和平"，但与惨烈之战争相得益彰。真可谓是"战争与和平"，但这是中国的《战争与和平》，更惨烈、更多的苦难、不幸，但也更丰富更悲壮。见面详聊！
（郑注：一平点评第三十五章此处略）

郑义致一平 2021 年 8 月 29 日 9:57 PM

一平，谢谢你如此费心细读！
今晚匆匆拜读，也按照你的提示做了些修正。
明天要和北明出门办事，回来再读、再说。
郑义

一平致郑义 2021 年 8 月 30 日 上午 9:33

郑兄：此种"守墓人"的写作已绝迹，能为此著的头一个读者是荣幸！
都是随读随感，不用在意，说得不一定对，前后也搭不上，见谅！

　　欧阳万里这一路写得很是精彩，尤其是围绕大佛的记述、感悟，融入佛教精神，即丰富了此著的一个层次，多了一重底蕴，写出了其贯穿数千年的历史，也扎根于民间。关于未来佛的讲述可谓石破天惊。这么丰厚的内容，很难写，可见呕心沥血！

　　祝你和北明、美妮一切顺利！

郑义致一平　2021 年 8 月 31 日 8:39 PM

一平：

谢谢你如此认真阅读并提出很好的意见。能改的地方都改了。

　　这一章写得比较特别，没有事前的想定，连粗略思路都没有，只有一句话：山东文物迁往乐山，最后存放于天后宫（大佛寺的脚庙——附属庙宇、香客往来落脚处）。根据这句话便开始写，写起来常中断，不知下一步该怎么走。我是跟着人物一步步走，用他们的眼睛一点点观察并思想。写得很艰难，但还是有信心。因为这种听任人物按自己个性、身份、历史自由行动的方法，经典作家早有自觉。完成后感觉不错，但写作时感觉很难，没有计划、轮廓，下一段是上一段带出来的，甚至下一句是上一句带出来的。思路不顺的时候，甚至怀疑自己会不会写了。

　　大佛是乐山的灵魂，也是每位旅者心灵之震惊，自然是这一章重心。也是一句跟一句写出来的。有幸曾两次瞻仰大佛，有直接感受，成为写作之锚。不确定的东西，与当年的感觉对照、修正，感觉为主，其实思辨的内容有限，不可能真正深入佛教思想底蕴，只能是模糊的直觉与情感判断。

　　说来神奇，关于佛教的思辨，纯是欧阳的一方闲章"历劫不灭"引起的。欧阳之原型确实刻过这方闲章，我曾在小枞阳被抢和果园论石经两处写到过。在赴乐山途中再提及，莫名其妙，此闲章中那个"劫"字引动了后面的思想、文字。你说由"历劫不灭"到"亿劫同济"是一升华，是看准了。但这一切并非事先设计，是顺其思想逻辑一章一章写出来的。"历劫不灭"最早出现在第五章（小枞阳），继之出现在第十六章（果园），隔了这么远，在第三十五章第三次出现，居然就撞上了"亿劫同济"！这是在记述大佛碑文中发现的，第一眼便如雷击。原以为"历劫不灭"已是至高境界，哪知海通和尚

"期亿劫以同济"之博大悲悯！这样，冥冥中有安排，在此处使我的人物与我一起得以升华。就人物而言，欧阳万里到此可以算是已完成的人物，以后出不出场皆无关大局。

小枞阳"孟尝君"李老板也是自己跳出来的。既然赴乐山也是木帆船，就成了由小枞阳到汉口的继续。遍查资料找不出帆船队船主，自然想起李老板，只需加几笔入川避难即可，而且救活了一个"一次性人物"（在兵工厂再次迁移中，李老板船队将再次出场）。

你谈及李老板上西藏当和尚与回小枞阳恢复家业是一种儒佛之间的"对立"和"相融"是精到的。其实中国文化中儒释道互融互补是普遍现象。郑璧诚感情大挫后转向佛教，最后家父生命终止于发掘整理房山石经，即是以儒家入世精神（交通救国）转向出世、"历劫不灭"。房山石经就是中国佛教对"劫"的回应——埋藏石经以度过劫难。（家父骨灰秘密装藏于西山佛塔底石室，使我猜想海通骨灰舍利也定然秘密装藏于大佛某处了。十拿九稳。否则这位高僧遗体处置不会在历史中完全湮灭。）

"子不语怪力乱神"其实不是对有神论的的否定。孔子仅仅是对自己的学说划定界限。界限之外，存而不论，留下可能，也是一种肯定。我不是以文学传道，写大佛就是写大佛，不涉是否偶像崇拜。说到底，小说即是世俗文化，不可能以世俗文化代替《圣经》、神学。这一节涉及佛理，但不能展开，大写特写。因为欧阳万里是孔孟之徒，他不会丢弃儒家入世、救世精神，只是在儒佛交融点上获得开示与力量，而不会穷究佛理。欧阳的原型就有一段话，说自己若深研佛理，就成了"名教叛徒"了。欧阳亦然。一个分寸问题。欧阳毕竟不是海通。

中国接受佛教有三个阶段。最早是传入，到唐代开始中国化，即入世化。海通和尚正处于这个转折点。其后禅宗大兴，更加入世。走到后来，等于取消了佛教，一切皆佛。乐山大佛之大，我以为是象征了"劫"——不可思议不可征服的时间，却又坐镇恶水狂澜，强调了"救度"，应该是佛教与中国固有文化最美满的融合。佛理我不能深入，也无能力深入，点到为止。儒释道耶，我皆无能力深入，而且，文学，不过是写其血肉文本而已。

建造大佛的三位主持者之速死叫我十分震撼。海通是至死方休，章仇是停工后数年即死，韦皋是完成后数年即死。以身殉。大佛建造本身即史诗。

家父之师能海法师系玄奘第二，两次徒步进藏取经，每次带回数十驮经典，民间数以万计信徒燃灯捧香跪迎。第二次进藏在 1940—1942 年间抗战期间。正考虑如何处理。中共建政前，家父即皈依能海门下，毁家捐赠。中共建政后，家父到五台山出家即是投奔能海。家父晚岁建佛牙塔及房山石经，皆能海法师旨意。所以辞世后能海决意将骨灰秘密装藏塔下密室。因此，写佛教之篇幅不会少。

宜昌郑明堂与百合邂逅一节是情感的微妙，欧阳栖身大佛一节是思想的微妙。让人物自己行动，必然有意想不到的事情发生。

若无其他，本周末我也许去你家喝酒。

这部书真是很难！很累！

问候周琳！

愿神看顾！

郑义匆匆

一平致郑义 2021 年 9 月 1 日 下午 5:41

郑兄：谢谢！都是随感，说得不一定对！

冥冥中人有命运，当下你做的事，也就是尊父做的事，写此巨著与整理房山石经是同一事，其间有传承。玄奘、建大佛的三位主持，到能海法师、到尊父，这是中国文明的传承血脉，你著述此著也就是于毁灭的废墟间，寻找那些石经的残碑断片，将之擦洗、整理、汇集，将之传予后人。难得啊，不是谁都有此命运，可谓天降大任。

理性有限，绝非能设计出一部杰出的文学。文学终是某中生命于具体场景中显现，让人物进入场景，其生命自身便会显现。但这有个前提，就是作者的阅历足够丰厚才可，也就是这个人物本在他生命中。这也正是一生的理想、追寻、冥思、挫折、苦难、血泪、悲痛最好的归处、果实。

你何时来都好，看你的时间，行前最好看看天气预报，如果下雨驾车不安全！

祝好！

一平致郑义 2021 年 9 月 3 日 上午 10:10

郑兄：美国东部发生龙卷风。你来前一定要查看一下天气，安全为首！

2022 年

第 124 辑 讨论第三卷第 10 章雷鸣远之死

一平致郑义 2022 年 2 月 9 日 下午 5:12

郑兄：传来的大作拜读了！挺好的，尤其雷神父格外光彩！我随手做了一点笔记，用了红色表示——为了容易找到，抱歉。都是随感，不一定合适，只是个读者的旁观。万望不妨碍你的思绪！

祝写作顺利！

郑义致一平 2022 年 2 月 11 日 9:46 PM

一平你好！

谢谢你如此细心阅读，如此关爱鼓励！

所注意到的小问题，全部一一改过了。

下面解释、讨论几个大问题：

（你上信所谈及：宜昌抢运——中国敦刻尔克抢运这一节，有点弱。历史记述、评述较多，但具体文学描述较少，童少生有一点，白燕武有两段。万艘民船抢运也是挺壮观的，这里没有体现。可否补加一、二具体惊险的抢运故事，及江上航运的景象描述，如果有郑璧诚出现则更好，他毕竟是小说主人公。总之是小说，可以虚构。可能是太拘于史实了，虚构不够。虚构是与史实构成张力，这即历史的小说性吧。）

——你说得对，太拘泥史实。因民生公司已经完全神化，不是航商，成了偶像。我探究历史真实，会伤害国人感情，已经罪不可道，落笔时只能处处小心。宜昌童少生坐镇，有时卢作孚亲临指挥，郑璧诚作为"元老派"首领不会涉入"收编派"首领童少生地盘。事实上并未去宜昌指挥，不便虚构，等于去抢了卢、童的功劳。民生公司的事情，往后会越写越少，内心里有抗拒，总要想起为国捐躯的军人，活下来的也大多被中共杀害。卢家后人，现在又凭藉卢之荫庇，光复父业，成了长江上的大航商……

（你上信谈及：这个情节似乎有点过，不知是否符合西北的民风。凌辱、虐待都可以，但是扒光，显得有点走调，我是说与整部作品的风格、美感有点偏离——众目睽睽，一个神父被扒光了。如果换做是"小鬼队"做此事，可能更合乎情理。)

　　——我起初也觉得离奇，但再三细读二雷写的《内在的敌人》，确实被共军扒光了。原场景比我现在写的好，是在桥上，不仅引行人围观抗议，河里来往船只都停了。我写的时间是在春天，河北未解冻，没船，便改写在城门洞了。确实匪夷所思。二雷不仅是一个神父，而且是前任代理县长。

　　（你上信谈及：这段说得有点多了。从整部作品的行文都很节省，许多大事件都没用这么多的文字，"小鬼队"可以说得更省略些。涉及到共产党的文字可能是最难处理的一部分。一个是意识形态的问题，一个是语言的问题，毕竟共产党整部生活都是那一套系统。这是很难跳出的陷阱。《静静的顿河》中处理得较好，其在共产党人身上显示了人性的根源。"这是一种不加宣布的戒严制度，其宗旨既是严防奸细，也是强化社会控制"这样的语言非文学语言，可能需要再斟酌。我有个感受，大陆作家都有这个毛病，凡是涉及老共的文字，都会不自觉地带出"新华语"的腔调，似乎很难克服。这是一个很难的语言问题。高尔泰的文学语言很好了，但仍然有这个毛病。我是想，如何用文学语言去记述共产党？这是一个挑战，否则对老共的记述就会概念化。从语言上看，从《枫》和《远村》，你的小说语言有根本性的变化，这是很好的经验，《枫》还是"新华语"的框架中，而《远村》就是纯粹的汉文学语了。我感受的不一定对，做个提示吧，见谅。)

　　——你提到的问题我大多迟疑、思考过。二雷千里找大雷，字数确实多了。但考虑其中写了很多当时的社会、人物、风物、细节，哪怕就算是无思想无主题的闲笔，也是好的，就稍微放松了笔。小鬼队我也觉得多了，现依你意见删去一些。

　　关于"新华语体"，完全同意你的意见。《远村》可以做到，因远离政治，背景、人物单纯。手上正写的大长篇很难做到，因背景过于宏大，人物众多复杂。我只能注意远离共产叙事，但政治化、军事化、意识形态化词语不得不纳入。用沈从文《边城》、《长河》那种纯净的笔调是难以表现的。写《远村》、《老井》可以，写寡妻孤女扶柩返乡可以，写嘉陵江洗礼可以，但全篇无法维持单纯、明净的文字。

　　近 40 年前，在骑自行车跑黄河途中阅毕秘鲁略萨的《绿房子》，在扉页上写了如下几句话：

使人想起浑浊而有力的江河。生活，不是发源地与入海口。而是这江河在漫长的岁月里，在河谷、草莽、森林中的丰富的流动。

去寻找我们的安塞尔莫，我们的鲍妮法尼娅，我们的拉丽达……

郑义 83、12、16 黄河之旅途中购于大宁县城

多谢北明在回大陆探望老父母重病时把许多老书都托运到美国，成了我对于故国和青春的回忆。

——现在终于可以写"浑浊而有力的江河"了。当然我本意说的是生活与意义的"浑浊"、"丰富"、"有力"，但这种浑浊必然带来文字的浑浊。这样看来，沈从文老前辈就有些小家碧玉了。作家有自己的范围和尺度。

这是一个解释而不是辩解。因为我不认为这是一个已经解决了的问题。我还会努力探索，提高文字自觉性，尽可能使文字不那么浑浊。这一点，伟大的《静静的顿河》也没处理好。每逢写到军事情况介绍，纯是共党语言。

（上信：孙殿英这个人物写得到位，有模有样！）

写孙殿英的文字有两个来源，除了雷震远《内在的敌人》，还参考了一位军统大员乔家才在中条、太行敌后回忆录《关山烟尘记》。其准确、生动主要是他们的功劳，我当然也尽其所能稍作文学加工。我的主要努力，在于尽可能复印通读了大量资料，为虚构打了基础。马里兰大学图书馆中文藏书丰富，多次去几十斤几十斤地背回来复印。都是非共文字。

（上信："向导喊道：让骡子在前面走，拉住它尾巴！众人往山边靠了靠，把大青骡让到前头。向导又喊：拉紧了，不要走散！就这样，骡子打头，二雷拉住骡子尾巴，塔兰丁拉住二雷的长袍，张村长拉着塔兰丁长袍，向导拉住张村长长袍，连成一串缓缓前行。伸手不见五指的黑暗中，只听见骡子的鼻息。它低着头，一边闻嗅，一边伸出前蹄，谨慎地踏在别的牲口走过的山径上。就这样慢慢走了三个钟点，终于安全到达一个山西道上的大集镇。看见灯光，大家都放松下来。牲口蹄子踏在青石山路上，发出清脆的声音。"——这些细节都很好！很有视觉感，中国的传统就是"意境"，这是中国文学的经典之处，也是汉语文字特有的表现力。）

这主要是二雷神父的功劳。我无非是取舍、加工。骡子"嗅路"我也是第一次知道，给它加上了青石上的蹄音。

（上信：雷神父之死，写得悲壮、有神圣感！

这一章几位神父——包括塔兰丁，及其故事都写得很好，都有分量。如果单独拿出来，也是很好的小说。但是从这部作品整体结构来看，有个问题，就是其比重有点大了，会压过其他一些作品中的重要人物。他们是献身于神的人，道义、人格、精神都是做到极致的——这也正是基督教文明最终主导了世界。比如这部作品中，最亮的光就是雷神父，即使蒋也逊色。

再，怎么平衡作品中基督教与佛教的关系呢？作为一部中国民族的史诗，基督教在民族精神中其影响是次要的。这是个很难的事。我想不好该怎样处理。只是感到这个问题。

这一节，写得非常好；洗礼，写得圣洁、完美！雷神父，全然是圣者，是受难、担当、牺牲的圣者。还是那个困惑，他的光太亮了，其他人物就低下去了。"世上只有一条河/耶稣的血，永生河"，那么长江就黯然了。如果雷神父单独成为一部传记，将很了不起，永远照耀国人。）

塔兰丁是从另一部回忆录中挪过来的人物。怕共产党怕到极点。有原型的人物结实。

有点小小得意，雷鸣远之死这一节，一下子写出了五具棺材：雷鸣远发永愿礼仪式上的棺材、张村长被活埋后的棺材、塔兰丁逃过黑龙江的棺材、约瑟暂厝于埃及的棺材、雷鸣远暂厝歌乐山的棺材。近日夜读俄国舍斯托夫《雅典和耶路撒冷》，谈到柏拉图曾说：哲学不是科学，甚至不是知识，而是死亡练习。何谓"死亡练习"？舍斯托夫解释：即是向死亡寻求启示和真理。并且，死亡亦并非启示和真理的终结。

选择雷神父作主要人物，纯是出于感动。越写越感动。后来"发现"雷神父奠定了史诗庄严、赞颂、祭奠的格调。这是起初没想到的。

雷神父在篇幅上没超过蒋介石（及其家族）、郑璧诚、郑明堂、龚纯钧（及郑家族）、张自忠、陈纳德；篇幅上与雷鸣远大致相当的还有欧阳万里、欧阳早梅父女、林森、陈布雷等。第四卷表现突出的将有戴笠、梅乐斯、史迪威、施忠诚等。从篇幅上看，雷尚未超出合理的比例，失去平衡。至于雷光彩夺目，盖因灵魂，而不是文学因素。从文学上看，有几位人物虽不是"英雄人物"，但写好了可以在艺术上更成功。比如葛利高里，不过是一个动摇人物。全书完成后，在艺术上，蒋必定超过雷；郑、龚、陈（纳德）可能超过雷。这些都是更复杂人物。雷太亮，我早有感觉。不想遮蔽他的光芒，而要求自己把其他几位人物写好。

书中大部分人物深受儒教影响，此乃中国的基调。佛教会陆续得以表现，不会写成基督教的布道文学。

书名叫"永生的江河"，既有耶稣的血是永生的江河之意，也有长江的意思。那些为爱与公义以生命献祭者，那些发生在长江上的悲欢生死，也进入了永生。雷神父随口吟唱永生河，即是在嘉陵江洗礼上。嘉陵江也是约旦河、永生河。长江接纳了无量献祭者的鲜血，更是。在最深层的意义上，我不认为在世俗史上可求得永生。那种把历史当作宗教的观念我不认同，暗含进步主义。如上次葡萄园喝酒北明所言：永生不是朝前看，而是向上看。真正有价值的是每一个个人的救赎史。这是个大问题，我也没想明白，以后再谈。

再次感谢你的认真阅读。在如此艰难孤独的漫长跋涉中，你是我的鼓舞者。

神赐平安喜乐！

郑义

2022 年 2 月 11 日

一平致郑义　2022 年 2 月 12 日　上午 9:27

郑兄：辛苦你，也难为你！用这么多时间回复，耽误你的写作！我仅是谈感受，完全不用回复。

整部作品各部分都很好，尤其是人物——数百人物有声有色，从民间底层到最高领袖。战事接近尾声，可能会多涉及到共产党，会很难写。需尽量避免概念化，我们深受其害，很难克服这个情结。如果以当今我们身边经历过的人物为原型，可能有助于人物描述……共产党内人物也各种各样，有刘宾雁、张志新式的高尚圣徒，也有毛式的恶魔、陈再道式的土匪；由人性而言，其可是可爱可悲的，也可是可憎可恶的，或者兼具。前些日子听了一个文革中江青的讲话录音，她本是个边缘、偏执、野心勃勃的小女人——演艺界这样的小女人处处皆是，但有了"真理"，占据了高位即无比之可怕。权力腐蚀人，但"真理"可以让人疯狂，变成魔鬼，是什么让共产党如此残暴？是"真理"，上帝死了，他们有了"真理"，就可以代上帝行事、统治天下。今天政治正确本质上也是这个问题。凡是自以为是、占有天下独一无二的"真理"的人，都很恐怖。由此才明白原罪、谦卑、敬畏、忠孝、谦恭之重要。

　　祝写作顺利！不用回复！

第 125 辑　一平随感：人丧失意义比战争更可怕

一平致郑义　2022 年 2 月 14 日　下午 12∶36

　　郑兄：

　　我对《永生》这部巨著抱有巨大的希望，也很是感动你为之投入的全部生命及艰苦卓绝的努力。我们身历中国之毁灭，也曾对欧美文明满怀幻想，而今我再次经临欧美文明之破灭。而这是同一场灾难——不同的毁灭方式，即近代科技、工业之出现，而摧毁了人类以往所有宗教及人的意义，起初人是被物、机器、资本、武器奴役，近两百年不仅世界成了人的垃圾场，人也日益垃圾化——即使是华尔街、好莱坞。

　　祭火、神庙、命名，这是"人"之诞生。"人"的存在即意义之命名，"人"是一个神话叙述，由此而建立人的意义、价值、模式、美感，无论是《伊利亚特》、《圣经》、《神曲》，还是《易经》、《论语》、《史记》，乃至《战争与和平》、《红楼梦》。然而当今这些沦入废墟，取代神话的是数字、公式、股票指数、排行榜，它们成为今天的上帝，如果人膜拜垃圾，人就成为垃圾，这比战争更为可怕。

　　所有的神话都有蕴含一个主题即神与魔鬼之战。我不断读各种古代神话，感到人从来就未曾走出，只是以不同的方式、话语于其中挣扎。"人"之意义的建立即是神与魔鬼之战，在争战中建立、延续，或失败、毁灭。

　　我之敬重康兄，也就是他是在毁灭的废墟上，存亡续绝，重叙中华文明的神话——"人"、文明是由神话叙述所建立。《浩气长流》就是当代中国文明的祭鼎。你这部巨作就是中华民族再生的神话叙述。我特别强调它的神话意义，也就是它的神圣性，这也就是史诗根本之所在。在我拜读过的文字中体现了这种精神。你的写作也是一种战争，与虚无、与鬼、与汹涌的数字、垃圾、与"进步"、与"正确"之战，"人"之意义在此战中而在而立，而这也就是我们的"人"之意义。唐先贤铿锵言：人当是人；中国人当是中国人；现代世界中的中国人，亦当是现代世界中的中国人。

　　阅读中随感，传给你。不用回复！祝写作顺利！

　　（郑注：一平大量使用"神话"一词。在他的表述中，"神话"除了通常的"传说故事"一意，亦指史诗，更多的是指文明之"神圣起源"、"神圣叙述"及"神圣性"。）

第 126 辑　俄乌战争及人类命运

一平致郑义、北明　2022 年 3 月 1 日 下午 6:00

郑兄、北明：收到北明传来的文章，谢谢！

此次俄乌事件是世界政治的转折，世界将重新回到地缘、国家、民族之政治，以民主为标志的意识形态政治将结束。其实数十年冷战的后面也还是国家、种族之间的纷争。此次俄乌事件，根本所在是北约东扩，而主使者是美国。苏联解体，俄国倾心加入西方，表明俄国已经认输，欲归顺西方。古语穷寇莫追。一战后，英法将德国逼到绝境，于是纳粹崛起，有了二战。苏联解体已经是俄国大溃败了，而西方不依不饶，仍要将其作为敌国置于死地。西方文明的历史就是这样，一定要有敌人，没有也要制造。有魔鬼，人们才信上帝；征服、统治就要有敌人、有奴仆。这是基督教文明的死结。此次俄乌如果美国、北约参战，普金一定会动用核武，因为这是俄罗斯生死之战，最终将不惜一切，同归于尽。电视看到泽伦斯基在欧盟议会的视屏上的激情演讲，全体议员起立长时间鼓掌。很悲哀，欧洲完了。这个危险的时刻，可怜的政客们不去扯住核战的缰绳，却集体沉浸于所谓"道义"的激情、欢呼的喜悦。细想，很可怕的！所谓民主政治最终就是"政治正确"，苏联解体后三十年，乌克兰很好地注释了人民政治、激情政治、意识形态政治、表演政治，而政治却是多么冷酷的事情，一个国家、数百万人的生命往往在一瞬之间。乌克兰选举了一个喜剧演员当总统，他毫无政治经验，于是他就将国家及数千万人的命运当作戏剧，以激情或悲情之表演换取人民欢呼，而最终他将国家带入战争。多么可怕的事情，而全世界都在为他欢呼、鼓掌。也真是无言。所谓现代是疯狂之世界，人类也疯狂了。原以为毛的大跃进、文革是共产党的事，现在明白法国革命、俄国革命、两次大战、纳粹、日本军国、毛的大跃进、文革都是现代文明之产物，它们伴随现代科技、工业、武器、大都市而生。这就是上帝死了、天地死了、自然死了，人类之命运。

郑义致一平　2022 年 3 月 2 日 12:56 PM

确实很悲哀。

政治正确、民主意识形态崇拜，已经失去了常识。

看着今日之俄罗斯，就不禁想到将来的中国。从共产极权到一个正常国家需要时间，至少一两代人。俄罗斯已经很好了，非共、私有化、法治、言论、新闻、示威、结社诸种自由，尚且被人视为共产独裁，全球仇恨围剿。中共垮台后，后共产中国绝对达不到俄罗斯转型之顺利，也要遭全球围剿吗？有人极而言之，称如今是全球社会主义国家围剿一个民主国家，说得很沉痛啊！（至少是全球无神论国家围剿最后一个基督教国家。）

二战时期，基辅、哈尔科夫、塞瓦斯托波尔（克里米亚）的战争规模极大、极残酷，仅次于（甚至不亚于）斯大林格勒、列宁格勒、莫斯科。战争唯一的好处是其遗产——鲜血凝成的民族和国家认同。彼此彻底决裂，俄罗斯跟乌克兰索要基辅、哈尔科夫怎么办？这是俄罗斯人血沃的土地。亲善就不说了，现在是仇敌。

中国传统讲以德报怨，化敌为友。西方讲征服，不好！

一平致郑义 2022 年 3 月 2 日 下午 1:33

谢谢郑兄！但愿俄乌都能妥协，平息战事，毕竟是数百万百姓之生命。但俄乌民族的性格都很情绪化，不计后果。神明保佑吧！

祝小说顺利！

第 127 辑 讨论一平新作：致乌克兰女诗人狙击手

一平致郑义、北明 2022 年 4 月 4 日 上午 11:25

郑兄，北明：你们好！

俄乌之事很让人悲哀，可能这就是人世本来的样子。二战后，世界大体和平了几十年，但区域战争却从未停止。回头想想，美苏冷战相互制衡，倒是世界相对消停的时候。俄乌之战是世界的又一个转折吧，如果是新冷战倒是好，起码是制衡，但俄乌是热战。

年青有种种幻想，共产主义是幻想，民主自由也是幻想，而今看到人类真实的样子，真是很难接受。由此也知道宗教之重要。

写了一首诗，随感。传给你们。

（郑注：《奥莱娜，你在哪里？——致乌克兰女诗人奥莱娜》此处略去。）

郑义致一平 2022 年 4 月 11 日 1:46 PM

一平：你的新诗早拜读了，思绪混乱，断续想了几天还是难以理清。今天写几句自己的杂感，不成系统，不必在意。我同意新冷战也是制衡，比热战好。而且，与未来注入芯片的人—机复合体时代相比，过去的一切都好。饥荒、战争、瘟疫，起码都是人的受难。非人的时代降临，就没有人类的什么事了。那是真正的终结。

回到奥莱纳。题目使我立即联想到契柯夫的名篇《带阁楼的房子》，最后一句是"米休斯，你在哪里？"从少年时代起，这个短篇就像烧红的烙铁一样轻轻烫了我一下，留下永恒的印记。在不同的年龄段，我不断回到《带阁楼的房子》，问"米休斯，你在哪里？"除了弥漫的诗情，还有更深的寓意。两个女性，似乎代表了我们内心对立的方面，被大师强化了、清晰化了，撕扯着我们的心。姐姐是积极入世的、忙碌的、有同情心有社会责任感的、救世的，妹妹几乎相反，纯美的、诗意的、爱情的、单纯的、闲散无用的。大师的倾向隐藏得很深，只在一处透露出来：姐姐冷酷地拆散了画家与米休斯的爱情。似乎是回到了古希腊悲剧《安提戈涅》：同样有力的双方撕扯灵魂。但好像还有更多的一点：什么是美？什么是女性？

还联想起戈黛娃夫人，附件中有油画和丁尼生的诗。我记得过去曾跟你交谈过。问题仍然在于什么是美？什么是女性？

关于圣女贞德，有两部影片值得看。加拿大版的《圣女贞德传奇》和法国吕克·贝松版的《圣女贞德》（1999）。前者好，后者不好，关键在女主角的选择和表演。加拿大版是一个纤柔的少女拿着神赐圣剑，召唤人民为了家园而投入战斗。法国版是一位强悍的女人。为什么人类尊崇圣女？不是因为她们强悍，而是柔弱、纯美而心灵坚强，单纯得只剩下灵魂，而且为了灵魂宁愿放弃生命。加拿大版中有一个场面撼动人心：贞德身先士卒受重伤，将士们持刀剑护卫，战场上以倒卧在地的贞德为核心，形成一个血肉横飞的圆环。这就是圣女。护卫她就是护卫信仰、自由、家园等等一切我们在此世所珍爱的东西。经典性的战争场面，在所有战争文学中，我仅见此一例。

你的诗歌唱美与高贵，为正义旗帜下"彼此扭断头颅"的彼此残杀而哭泣，你赞美"贞洁、爱、勇气／你履行你的诗句"，你也充分意识到战争与女性的对立："你是女人，属于爱情、炉火／祈祷、清晨的玫瑰／而今你跨过田野遗弃的尸体／以死亡、勇气拯救你的破碎的国家"，应该说是一首好诗。如果奥莱纳是一位普通士兵而不是狙击手就更好了。我不喜欢狙击手。他们属于那种"躲起来放暗箭"的人，若以郑襄公"蠢猪似的仁义道德"来看，有失军人的荣誉。可能是我过于保守恋旧，那种以无人机按电钮式的新式战法令人不快，自己躲在安全的距离之外，不是战斗，是杀戮。自然，那种有规则，有证人，双方同时开枪的决斗已被时代摒弃了。扯远了，战争中的胜利与武德也是两难。

有一部《女狙击手》可看，传记片，俄乌合拍，故事、人物可信（因为有传记为基础）。此女射杀 300 多德军，是二战中顶级狙击手。随团赴美宣传时，罗斯福夫人很喜爱，邀请到白宫同住。第一夫人有感于战争对女性的摧残，和她一起做饭，教她化妆、穿裙子。不多的几个镜头含蓄地表达了编剧和导演对战争与女性的思索。尽管在讴歌英雄，但他们心里有数，小心翼翼地尽量不表现一般性的猎杀。最后此女与德军顶级男狙击手对阵，真正的战斗—决斗。从而赋予她一个军人的真正的荣誉。

随想随写，先就这些吧。仅供参考。我知道自己也是片面的。

愿上帝赐你们全家喜乐平安！

郑义 4 月 11 日匆匆

一平致郑义 2022 年 4 月 11 日 下午 4:31

谢谢郑兄！耽误你的功夫，随感，不用在意！

可能这也就是人类永恒的悲剧，作为个人，每个战士——尤其是女子都值得敬重，但彼此扭断头颅就是莫大之哀，这是人类难以出脱的不幸，由古至今。我也是觉得如果她不是狙击手则更好。我也是赞成纤弱的贞德更好，有更强的精神性，更神圣。

俄乌之战很是让人悲哀，真实两个不幸的民族与国家，双方都是灾难，类似美国南北战争——兄弟之杀戮。盼望早点结束吧，让人们平安回家！

世界越来越乱，不知还会发生什么！你和北明多保重！上帝保佑你们和女儿们！

第 128 辑　写累了，给女儿做一个五斗柜

一平致郑义　2022 年 6 月 6 日　下午 4:17

郑兄：近好！

近日读了一部中国科幻小说《三体》第一部。

（郑注：此处略去链接。）

书中引用了你的《枫》的结尾，而且其中有关红卫兵的武斗也是受《枫》的影响。

小说的故事、语言、人物都不是很好，但触及了当今人类文明的一些重要问题。其中最重要的是当今人类的恶极大扩张，靠人类自身已经无法改变；反人类思想在增长。再，就是拯救人类妄想本身也摧毁人类。我想现代人类有两大根本的问题是无法解决的，一是传统信仰和道德的解体，人解脱了束缚——自由，致使人类恶的普遍而极大膨胀，打开的潘多拉的盒子收不回去了。再就是科技的出现几何级数地增长了人的能力，致使人类对整个星球、物种毁灭性地破坏，这也是不可逆回的。

信不用回！祝写作顺利！健康、喜乐！　一平

郑义致一平　2022 年 6 月 13 日 9:16 PM

一平：

谢谢你总关心我！

你的信未及时回复，因近来写施忠诚，几乎无资料，要根据战史和人物性格大幅度虚构，又想写好点，思路一时不顺。美妮毕业了，正在找工作，找房子。捡回来一个五斗橱，实在不像样，业余水准都不够，打算给她做一个，恐怕以后也做不动了，留个纪念吧。正好这几天写作停滞。

等完成这一章去看你们。

愿上帝赐福你全家！

郑义

一平致郑义　2022 年 6 月 14 日　上午 9:47

郑兄：近好！你那里写作艰苦卓绝，我的信不用回复！不客气！

妮妮毕业、找工作、搬出去住都是大事，也是好事，女儿总算成人了！打个柜橱大概挺费功夫的，如果作为写作的调节，挺好的。

如果占用太多的功夫可能会耽误写作吧。这里有个卖旧货的网站，各个地区都有，都是个人在网上卖，什么都有，很便宜，有的旧家具比新的还好。不妨在上面查查，看看有什么妮妮需要的。网址：https://www.craigslist.org/about/sites 在这个总网址上可以查到当地的。我家中也有点旧家具，三斗柜、办公椅、桌子、书架等等，都是不用的，需要处理掉。你们来可以去航船了，最好妮妮也来玩一趟，随便也可以将妮用的家具带回去。祝一切顺利！问候北明！一平

郑义致一平 2022 年 6 月 28 日 8:58 PM

一平，谢谢你一番美意！

便宜的旧家具有的是，但我给女儿做的只此一个，一片心意、祝福。

今后还能不能干得动，是个问题。不光体力，眼睛也不行了。干了几天，感觉尚好。若能半日写作半日干活最好。但活儿一上手心里就放不下，有时能写几段，有时太累，写不动了。但集中劳动几天也不容易，就算是我的休假吧。

五斗橱是很费工的，五个斜抽屉很考技术。

完成这一章去看你们。

上帝赐福你们全家！

郑义

一平致郑义2022 年 6 月 29 日 上午 9:41

郑兄：妮妮真是有福气！有这样的父亲，也是天恩吧！但愿妮妮好好保存这件家具，无比珍贵啊！

写书累了，做点木匠活，于心于身都好，不要太累就好。五斗柜很难打的，得老木工的手艺吧。

美国最高法院判了几个案子，都是倾向回归美国传统，好事情；不过这也加剧了美国的分裂，看来美国未来的分裂不可避免。在新闻中也看到一些痛心的消息，堕胎案公布后，美国一些激进青年撕碎圣经，踩在脚下，甚至扔进马桶，有的还是女孩子。自由本是抵抗对人的奴役的，但自由到了这个地步，就成了文革。俄国几个女孩子集体到教堂门口撒尿，结果让普金抓进了监狱；就应该这样。

你们什么时候来，都是节日！再来，多住几天，可以去航船，

还可以去酒庄葡萄园喝酒；我们又发现了十几处绵数十里的酒庄葡萄园，傍依湖岸，甚是漂亮！

此次来，一定要去看看！

保重！写作顺利！

一平

第 129 辑　重读托克维尔《论美国的民主》

一平致郑义、北明　2022 年 7 月 18 日　下午 1:32

郑兄、北明：你们好！

重读《论美国的民主》，有不少新收获。

1、美国的文明中有两种基本的元素——文明基因。一是英国的清教信仰、社会、道德，其塑造了美国文明的核心。再就是，野蛮、贪婪的流民、掠夺者"没有受过教育、没有家业、因为贫困和行为不轨而被赶出自己故乡的人，贪婪的投机家和包工的把头"以及流放的罪犯。这是美国文明中两种基本元素，不可偏颇为一。

2、美国国家建立于 1776，但其社会、文明则在此之前。认识美国文明需要回到其建国之前的社会、道德与文化。

3、新英格兰的新教社会是政教合一的，真正民主的自治社会——超过雅典。

4、早期美国新教高尚、肃穆，但也及其严苛。如："凡信仰上帝以外的神的，处以死刑。"渎神、行妖、通奸和强奸者，均处死刑。儿子虐待父母，也处这种严刑。文明中，道德与宽容为反比，道德性越强，对人性的约束便越强。人类社会，早期都是高道德高约束，其后逐步递减，直至社会彻底堕落——对人性最宽容。

5、这里有一段早期清教对自由的认知："我们不能安于我们因独立而应当得到的一切。实际上，有两种自由。有一种是堕落的自由，动物和人均可享用它，它的本质就是为所欲为。这种自由是一切权威的敌人，它忍受不了一切规章制度。实行这种自由，我们就要自行堕落。这种自由也是真理与和平的敌人，上帝也认为应当起来反对它！但是，还有一种公民或道德的自由，它的力量在于联合，而政权本身的使命则在于保护这种自由。凡是公正的和善良的，这种自由都无所畏惧地予以支持。这是神圣的自由，我们应当冒着一切危险去保护它，如有必要，应当为它献出自己的生命。"这里所说的后一种自由就是清教追求信仰的自由。当今美国普遍意义的自由正是堕落的自由。美国的宽容走到了极限，美国的文明也走到了极限。

今年夏天酷热，你们多保重！

郑义致一平　2022 年 7 月 20 日 5:28 PM

一平你好！

　　谢谢你来信。我忙于日拱一卒式的写作，不免要忽略其他，很难兼顾。一切都照顾到，我的岁月就不够用了。

　　人类文明终于走到了一个灾难甚至生存与毁灭的临界点。我们有幸生活在这个时代，是上帝的美意和恩典。

　　基督教一个基本点是原罪。基督教徒就是认罪悔改的人，不是"好人"，是罪人。

　　人自我中心，僭越神，必然毁灭。因此，人类中心主义以来的思想、历史需要重新认识。

　　政教合一需要再思考。现代社会是政金合一，政科合一。宗教多元化、相对化，但金钱与科技却可以取代宗教成为独断的垄断的权力。一加一等于二是绝对真理，金钱是绝对真理，唯独上帝信仰不是绝对真理。我不赞同政教合一，因为信仰关乎个人和灵魂，与此世要保持必要的距离（超越性）。但科技和金钱绝对不是真理，人性具有丰富性，而且具有神圣的本质。

　　你的思索极有意义，希望能成文，比如我过去一直建议的简约的"论纲"形式。

　　神与你同在！

　　郑义匆匆

北明致一平、郑义 2022 年 7 月 20 日 10:11 PM

　　一平，

　　最近忙乱又累。你的阅读极有意义。我前阵子也是读托克维尔的《论美国的民主》。主要是下卷。你引证的话，我在书中没看到，在上卷吗？第几页？

　　附件是去年普京系列的最后一部分。可以看看。与你的结论一样。这个系列 2 月 22 日最后一集播出，24 号普京忍无可忍入侵美国（拜登）傀儡国家乌克兰，解救被轰炸 8 年的顿巴斯地区，并要消灭纳粹营，被美国欧洲全体精英（不包括老百姓）指控侵略。我遂被正式告上自由亚洲电台，因为我公然歌颂独裁者、侵略者……。其实我很谨慎，只说事实，没做结论。我也成了俄罗斯间谍了，可能因为我居然在入侵前提前"歌颂"入侵者？

　　其实目前美国思想界抵抗进步主义的知识人，几乎都信仰基督教。一直以来，我的观察，始终是基督教的信仰者捍卫美国立国的传统价值。其他政客里我不知道，但知识界，包括好莱坞几个著名的大牌演员，反对左派的，都是虔诚基督徒。

　　谢谢你来信。关心意识形态变迁和思想动态的不多，几乎没有了。西方文明走到了尽头，背后是大金融寡头和高科技少数精英主宰。我最近看了一些，这个线索清晰地呈现。——我们过去所了解的近代西方历史，需要重新阅读，并且重新解释。美国的民主制度弊端毕现，寿命还没超过清朝，已经被金钱收买，面临内部瓦解。
北明

一平致北明、郑义 2022 年 7 月 21 日 下午 12：01

　　谢谢北明！在前，我在自由亚洲的网页看到了你的关于普京的文章，看法我们大致差不多，普京是拯救俄罗斯的英雄。俄罗斯的总统只能是维护俄罗斯的国家与民族之利益及文明，如果用"政治正确"去要求，他就是独裁者、罪犯等等。但美欧国家的"政治正确"是乌托邦意识，其将国家、民族、文明带向完结。但是，读时我也有点为你担忧，政治毕竟很残酷——即使美国，不是所有的话都可以说。川普都可以打为"通俄"，何况他人。

　　意识都是相对的，任何意识都有其意义及局限。人权、平等、自由、民主都有其价值，都好，只是当其成为国家或政党的统治性的意识形态，即被绝对化、极端化，直至荒诞——政治正确，甚至成为压制、迫害人的根据、大后台。当今，我们眼睁睁地看到美国无数这样的事情。人类的政治即使如此，《动物庄园》不仅限于共产国家。卡夫卡的《城堡》更恐怖，那是人类社会的一种永远的处境。

　　"真话"真的很可怕，其会颠覆现有的意识形态。《皇帝的新衣》中那个小孩的话是不允许说的，安童生毕竟是写童话，真实的现实是，这个孩子将被国王及千万民众欢呼地处死。任何政治都如此，只是程度差别而已。所以先知们的命运大多都很悲惨。

　　天气酷热，你和郑兄多保重！等你们过来！
　　一平

第 130 辑　一平谈自由乃以宗教为前提　伊萨卡行

郑义致一平 2022 年 8 月 8 日 7:02 PM

　　一平、周琳：
　　到家了。
　　正做饭。
　　谢谢款待！这种倾心交谈是我们生命中最珍贵的部分！
　　一路骄阳如火。
　　郑义

一平致郑义 2022 年 8 月 8 日 下午 7:58

　　郑兄：辛苦你们！你们这么远来，而匆匆离去，很是不安！
　　昨天还特意买了韭菜，准备今晚给北明做韭菜鸡蛋锅贴，船也准备好了。周琳今天也请了 5 个小时的假，一起去葡萄园品酒，再去航船；所以一大早着忙赶她班上的工作，以好在 10 点前出门。
　　北明好不容易来一趟，就匆匆回去了，很是不落忍。
　　你如此艰苦卓绝之写作，这也是司马迁之精神的继承吧！我至今记得年青时读《报任安书》的那份激动！我们实际远比东欧作家们艰难，人家毕竟有传承，而我们这是由根铲断，再者人家也还是属于西方文明——即使是表亲，当今世界的主导文明，我们则是失败的"异端文明"。我们竭尽一生不过是从匍匐中站立起来。真是的，世人——包括西人——很难明白，当一种文明被摧毁或流失是何等的灾难，其远过于战争、亡国。
　　今天又读了一段托克维尔的话，很有感受。这段话很适合今天的美国。
　　所谓的自由乃以信仰为前提，非此即是受偶像崇拜之奴役，无论是各种主义、制度、领袖、科技、艺术、华尔街、明星、品牌等等。
　　你忙，不用回复！祝写作顺利！
　　一平
　　《第五章 在美国宗教是怎样得以利用民主的本能的》，传给你和北明：
　　当宗教在一个国家遭到破坏的时候，智力高的那部分人将陷入迟疑、不知所措，而其余的人多半要处于麻木不仁状态。每个人对于同自己和同胞最有利害关系的事物，只能习以为常地抱有混乱的和变化不定的概念。他们不是保卫不住自己的正确观点，就是把它放弃。于是，他们因为无力自己解决人生提出的一些重大问题而陷入绝望状态，以致自暴自弃，干脆不去想它们。

这样的状态只能使人的精神颓靡不振，松弛意志的弹力，培养准备接受奴役的公民。

一个民族沦于这种状态后，不仅会任其自己的自由被人夺走，而且往往会自愿献出自由。

一旦在宗教方面也象在政治方面那样不复存在权威，人们立刻会对由此而产生的无限独立的情景感到惊恐。一切事物的这种经常动荡状态，将使人们心神不安和筋疲力竭。因为在精神世界一切已经发生动摇，所以人们想力争在物质世界建立巩固的秩序。但是，他们已不能再恢复昔日的信仰，而把自己交给一个人去统治。

至于我，我怀疑人们能够永远既保持宗教的完全独立，又保持政治的充分自由。我一向认为，人要是没有信仰，就必然受人奴役；而要想有自由，就必须信奉宗教。

因此，宗教的这种巨大功用，在身分平等的国家比在任何其他国家都明显。

应当承认，平等虽然给世界上的人带来了很大好处，但使人养成了一些我以后将要指明的非常危险的禀性。平等使人们彼此独立，使每个人自顾自己。

平等还为人心敞开了喜欢物质享受的大门。

宗教的最大功用，就是唤发与此相反的禀性。

没有一个宗教不是把人的追求目标置于现世幸福之外和之上，而让人的灵魂顺势升到比感觉世界高得多的天国的。也没有一个宗教不是叫每个人要对人类承担某些义务或与他人共同承担义务，要求每个人分出一定的时间去照顾他人，而不要完全自顾自己的。即使是最虚伪的和最危险的宗教，也莫不如此。

因此，笃信宗教的国家的长处，自然正是民主国家的缺处。这清楚地表明，人们在达到平等的同时又维护宗教，该有多么重要。

第 131 辑　"段子"瓦解人类文明核心价值

一平致郑义　2022 年 8 月 10 日　上午 11:42

郑兄：有个小体会，与你分享。

看了几个国内的视屏，见到最具有语言才华的青年人在说段子。其显示了几个语言趋势：

1、最主要的是"说"取代了"写"。在人类文明中，文字的产生是最重要的事情——文明的标志，一是人自此有了永久而稳固的文明记忆，二是提升了人的精神高度——丰富了语义，开辟了人更高更深更广的精神道路。三是建立了统一的语言规范与仪式——说可以更随便，但写则不可以。

2、瓦解意义。所谓段子根本之处，在于瓦解意义。（政治笑话的功效即在于使权力竭力构造的政治神话，顷刻变为玩笑而轰然倒塌。在正常的文明生态中，政治讽刺总是需要的，其是权力统治之平衡。）文明即神话，文明之根是其核心概念、话语的神话——绝对化、神圣化，比如基督教文明的"基督"、"爱"，中国文明的"孔子"、"仁"、"天"，如果一种文明的核心概念、话语的神圣性被瓦解，此文明即趋向瓦解。语言中每个词语的语义也是如此，比如"高尚"、"尊严"、"神圣"、"英雄"、"荣誉"这些词语的语义被瓦解了，这些人类的美德也将消失。文明总是处于"建"与"拆"——建构与解构的冲突中，健康的文明是以"建"为主，以"拆"为辅；但一种文明把"拆"作为言语主导，此文明即走向解体。基督教的建立是以基督及无数信徒的血命、殉道为代价的，而且经历漫长的历史；但到《十日谈》则成了讥讽的对象——当然这里有其腐败的背景；当今基督教文明之没落由那时开始。讥讽是容易的，不过是顷刻间的一个玩笑，但其瓦解的则是千年的血命之建之筑。

3、由"说"取代"写"——口语取代文字，由"拆"毁"建"，这是当今人类文化的总趋向，一切都方便、简化、爽快了，但结果呢？现代文明是人之手段的科技化，而人却在此高速列车上蜕为兽。

王勃 26 岁写下《滕王阁赋》，当今中国最有语言才华的青年俊秀却在视屏上说段子，况且是躲避政治的段子。真是末日之狂欢。

不用回复，随手的一点感受。

祝平安，大作顺利！

一平

郑义致一平 2022 年 8 月 11 日 4:03 PM
你的见解是独特的，是站在生死之间的凝视。
附件是我做五斗橱的照片，一晒。

一平致郑义 2022 年 8 月 11 日 4:25
谢谢郑兄！看到了！
真棒！妮妮好福气，有这样的父亲！
周琳也看了，赞不绝口！

郑义致一平 2022 年 8 月 12 日 上午 7:59
你干的是大家伙（修旧房），我干的是小玩意儿。

第 132 辑 谈一平旧诗 伊萨卡行

一平致郑义 2022 年 10 月 1 日 中午 12:58

郑兄、北明：近好！秋天了，今年格外地凉，你们多保重，穿暖和点！

朋友保存了我八十年代写的一些旧诗——我自己曾印过一本小诗集，整理了一下，传给了我。

回头再看看，甚是遥远了，大多数都已忘记了。转给你们暇时随便翻翻，不用在意。

祝好！祝你们写作顺利！

一平

郑义致一平 2022 年 10 月 5 日 10:13 PM

一平：

诗集未拜读。

近来补写了一段，发给你看看。前面黄山夜雨一段你看过。后面是补写的。

如果你们方便，我们打算这个周末去看你们。

主赐平安！

郑义

一平致郑义 2022 年 10 月 6 日 上午 9:11

郑兄：文件收到！

欢迎你们过来！完成此部巨作乃是大事，传去的旧作不必在意。

开车小心！保重！

一平

郑义致一平 2022 年 10 月 7 日 上午 10:35

一平：

刚才北明来告我，因赶写习近平节目，这次不去了。

明天我一人去。

开车前给你发 E-mail。

郑义

郑义致一平 2022 年 10 月 18 日 9:48 PM

一平：

小诗集拜读了。因为自己不写诗，也不懂诗，现在写下的仅仅是阅读时的零碎随感。完全是从一个读者的角度。

八十年代还很年轻，你已经关注到了死亡、复活、灵魂、毁灭、祈祷、爱等永恒的主题。有评论家说，作家的处女作中往往透露了他终生的主题。看来是这样。这些主题在你后来的诗作中都得到发展，并获得自觉。八十年代是火热的，作家诗人往往醉心于宏大叙事，其中也有佳作。但你却写得平易自然，没有"历史"、"改革"、"展望"等马雅可夫斯基式的呐喊，也是很难得的。

作为读者，我比较喜欢几首第二人称写的，如《致 Y》、《给 L》、《给 D》、《你》（86 年）、《你》（88 年 2 月）、《你》（89 年），以及《见到你多么忧伤》、《相念》等。三首《你》中，更喜欢 86 年那首。自我分析为什么，可能是喜欢其平白晓畅，就是那种顺畅如歌的感觉。这里就不免要谈及新诗时期过于密集的意象。刻意锤炼词句，营造意象诚然是好的，但是意象、隐喻密集造成阅读的障碍、中断，反而影响了整体的阅读情感。我这里仍然是从读者角度出发的。我写小说，常常从读者角度考虑，不要造成阅读障碍。意境、意象以单纯为好，多了反乱。譬如写景，感觉合适就好，要有节制。读者读散文与小说心态有所不同，可以接受散文中大段甚至满篇写景，但小说中写景太滥，干脆跳过。写得再好，成了阅读障碍。屠格涅夫《猎人笔记》那种长篇累牍景物描写，在散文极佳，搬到小说中则可能影响节奏、文气，不一定好甚至一定不好。我不知道有没有人对新诗的这个毛病提出过批评。古诗词中，用典太多、太生，都是被批评的，我想跟节奏、文气相关。不一定对，多半是我的偏见。

那晚我们谈到的几位诗人，普希金、叶赛宁、泰戈尔，都可称为"歌者"，其诗流畅如歌。其中泰戈尔最宁静，我发现他的情诗，大多是他对神的倾诉，因此有一种特殊的永恒中的美与宁静。

拉拉杂杂乱写一通，外行看热闹，不必当真。《时辰》重复收录。《北方，我的家乡》宁静温暖。但"麝盘"不可解，是否系抄录笔误？

　　若我们周五（21 日）去，周一回，可否？若你们有其他安排，再说。

　　愿神赐你全家平安、喜乐！

　　郑义 10 月 18 日匆匆

一平致郑义　2022 年 10 月 19 日　上午 10：23

　　郑兄：谢谢你！

　　巨著的压力这么大，还占你时间仔细阅读、回复，真不好意思！随便传给你的一些文字、信息，不用认真，也不用回复，要不以后不好传给你了。

　　你们来高兴的事，多呆两天，我们四处转转，正是秋色最好的时候！就是来前查看一下天气，赶上下雨，开车不安全！

　　保重！问候北明！

　　一平

第 133 辑 讨论天皇责任

一平致郑义 2022 年 12 月 2 日 下午 4:18

郑兄：本书重要的部分都发送给你了。这是商业网站，每次只允许复制二三百字，来来去去难免有差错，有的地方可能接不上，有的地方可能重复。凑合看吧，有个大概就好。作者可能左倾，因此不一定说得对，看事实即可以，其观点不用在意。

我的看法是：

1、天皇在日本对外战争中有决定性的作用。这是明治维新后日本体制决定的。

2、十七世纪后，欧洲进入民族国家时代，并且也是其全球扩张、侵略的时代。由此直至二战，世界的总体精神就是弱肉强食，丛林原则。

3、在那样时代，日本作为一个封闭的岛国，要自保自强，遵从丛林原则也是自然的，脱亚入欧本质上就是要成为吞食它国的列强。这也是整个日本民族的生死抉择。

4、天皇作为个人，在那样的时代和潮流中，也必然会战在战争与侵略的一面，并起到领导作用。这是其天皇的职责所在，否则也就不能代表日本民族了。

5、去除历史、时代的局限，天皇是尽责尽职的。日本的悲剧是其民族的，也是那个时代和历史的。

6、对于日本民族，保留天皇，不追求其罪责，是日本民族及其文明之幸运，这其中也有美国的宽容与慷慨，以及麦克阿瑟的明智。但是对被日本所伤害的国家、民族及其人民则不公平。但是，蒋公那样的胸怀，宽恕则更好，是文明更应有的态度。

说得不一定对，见谅！祝写作顺利！

郑义致一平 2022 年 12 月 2 日 8:27 PM

一平，太感谢！

我已全部 copy。

你说得对，看事实即可。我还收集有其他资料，可对比。

但这本书是系统论述，对于理解天皇这个人极重要。谢谢你！

日本是君主立宪制，天皇是虚君，橡皮图章。他参与政治是违宪的。许多论者避而不言，似乎他是个实权在握的独裁者。与事实相去甚远。与日本民众、军队、政界相比较，天皇是最温和、克制、清醒的。譬如胡耀邦，既是共产党头子，但又是最开明的。他在那条船上，你说他该怎么办？我们不能要求日本立宪君主不顺从民意和军队，而且从政体来说他无权（！）控制。从事实出发，我以为战争的最大责任是全民疯狂，其次是军队少壮派。把战争责任推到天皇头上，等于豁免民众及军队的责任。民众不是天然正确的。

二战中，除天皇外，其他的领袖都是操盘者，有实权。如斯大林、罗斯福、丘吉尔、蒋介石、希特勒。天皇与他们相比，确实是傀儡。至少我写到目前为止是这样。一个问题：如果英国失败了，应该追究谁的责任？国王吗？

还好，我不打算全面评价天皇。只写绕不过去的局部。

感谢你的关心！努力写好！

郑

一平致郑义 2022 年 12 月 3 日 上午 10:40

说的是，各种资料对照着看才好！

欧洲历史百年总要有六七十年在打仗，各君主、国家间的相互征战是常态，天经地义。输了，割地赔款，没有战犯一说。一战，美国介入，威尔逊提出十四项协议，这才有战争正义、非正义一说。明治那个时代，列强宰割世界；各国不成为列强，即任人宰割。日本民族自然要当列强，那是整个民族的选择，只是日本民族有他的极端性，而且其封闭状态，不可能有周旋世界强权政治的经验，只能是向极端走。总之，我赞成这不是天皇个人的问题。

此巨著主要是体现那个时代的国人之精神、人格，不陷入各种争论最好。

祝顺利！

第 134 辑　谈第四十一章霍普金斯使苏　并伊萨卡行

郑义致一平　2022 年 12 月 28 日　4:28 PM

一平你好！

传给你新近完成的（总）第四十一章（第三卷第 15 章）。

如抽得出时间，想新年前去看你们。不知是否方便？

大灾大乱之年，一个人闷头写近百年前往事，不合时宜，总有些怪异。

阖家平安喜乐！

愿神赐福！

郑义

一平致郑义　2022 年 12 月 28 日　下午 6:44

郑兄：

文稿收到，会细读！

大灾大乱与各种时尚正相匹配，存亡续绝唯有向后看！可谓千秋功德！

你们何时来都是节日！看好天气即是，我不出门，哪天都行！开车小心！

祝平安！

保重！

一平

一平致郑义　2022 年 12 月 30 日　下午 12:21

郑兄，大作拜读！

我随手做了一点笔记，用了蓝色。说得不一定对！别在意！

预祝新年快乐！

一平

（郑注：一平点评第三卷第 15 章此处从略）

郑义致一平 2022 年 12 月 30 日 9:56 PM

　　一平：谢谢你这么快就看了，还看得很仔细。

　　你的感觉和我写作时一样。凡我自己感觉良好处，你的感觉也不错。巴巴罗萨行动的宏伟规模、中国将领们的预测、霍普金斯其人及与斯大林会晤、战舰上的仪式等等，我写时就觉得不错。

　　而江顺轮上讲寻找出路一节，我自己的感觉就不好，但搜索枯肠找不到更好方案，只能这样不完美了。之所以仍决定这样写，是觉得资料式的写法更不可取，这样写，起码还能写几个人物。我承认不完美，并不得不接受它。这一节至少预示了郑将来冒险试航金沙江，引入了民俗轮被炸沉事件。也成为蒋快刀斩乱麻处理滇缅公路的一个过渡。细读蒋日记，发现蒋对维系国际通道极为重视。交通几乎提到与战争同等高度。以后要写的入缅作战、飞虎队作战，其主要目标都是保卫滇缅路。不管用什么办法，必须要讲清楚对外交通。写抗战的作品往往没明确认识到交通命脉的意义。在想出更好方案之前，似乎只能如此。

　　凡能改的地方，我都会改。

　　轰炸黄山官邸一节，虚构的成分不多。宋美龄说她今生今世对蒋的爱情与忠诚，见之于蒋日记。倘若不是蒋日记记载，我不敢写。蒋对人民和宋的负罪感是同时并存的。生活就是这样，爱情与血腥战争并存。我开始也觉得这么写似乎不妥，但事实如此。也许这正是战争的另一种残酷。

　　斯大林谈飞机坦克型号、性能数字极多，我全部引用，未予简化、删节。如你所言，读者肯定不会感兴趣，但我初读时感震撼：斯大林了解一切！他是一个在战争中称职的独裁者。读者不需要理解这些数字，只要通过这些数字了解了斯大林这个人物就够了。斯大林如此掌握所有细节，也使霍普金斯受到震动（虽然他没有明确说）。有些文字，甚至有些段落，不需要读者细读、理解，给他们形成强烈印象即可。

　　写斯大林、克里姆林宫，我调动了对苏联二战资料的长期阅读积累。其中虚构部分写得也不易，是人物可能说可能做的。譬如"库图佐夫"、"鞋匠"、"马鞍匠"一段，是熟读斯大林和霍普金斯传记文字的推断。至少，他们可能有如此交谈，并符合各自性格、地位、心理、场合等等。

　　霍普金斯这个人物，争取再写几句。1946 年初，战争刚刚结束，霍普金斯因肝硬化与世长辞。他以濒死之躯坚持到胜利。霍普金斯、罗斯福、丘吉尔、蒋介石这样的人物，也许几百年之内不会再有，甚至永远不会再有。

先写这几句，见面再谈。

1 月 2 日我有个看医生的预约。3 日或之后我去伊萨卡。

神赐平安！

郑义

一平致郑义　2022 年 12 月 31 日　上午 9:46

郑兄：新年好！新的一年平安、健康！写作顺利！

你说得是！写到这个份上很了不起了！巴巴罗萨行动尤其精彩，非常从容，有场面、有人物、有故事。

这么大的作品，很难把握的。难为你！

我没写过小说，只是将直接的感受告诉你。唯望不打扰你的思路。

等你过来！来前查看一下天气，如果下雪就推迟一两天。开车千万小心！

问候北明、妮妮！

一平

2023 年

第 135 辑 从《德国的浩劫》谈及对历史的反省

北明致一平 2023 年 5 月 8 日 12:44 PM

一平，

最近郑义转发我一封信，信中与朋友谈到你多年前写的《静静的顿河》的阅读感受。郑义从当年报纸上看见，抄录下来的。写得太好了。我把郑义的推荐加上，去掉朋友的名字，微信里发给一些文学和社会学界朋友了。

我本来以为是哪位朋友写的，心说，这个朋友不得了。结果才知道是你写的，那就不奇怪了。

如今浮躁的世界，物质成了一等价值，享乐安逸已经摧毁了人类的精神维度。最近再读梅尼克的《德国的浩劫》，感概良多，他反省德国民族从第一神圣罗马帝国的精神至高无尚的价值，转换到第二帝国俾斯麦统治时期的两个合理的浪潮即民族主义和自由主义，要将工业革命诱发的工人阶级的物质欲望和人权观念与精神传统结合起来，最后发展到第三帝国的灾难性后果。他把复杂的问题和演化进程剖析得十分透彻，他的思想方式极其有启发性。这样伟大的思想史家，中国一直没有。十九世纪两大思潮"纳粹主义"和"共产主义"，前者在乌克兰留下尾声，而后者借助资本在中国发展壮大。中国近代激进主义思潮的"进步"导致持续"退化"（陈寅恪语："政治退化"），期间内外各种思潮之间的交互作用，一直没有能够系统地阐述清楚，像梅尼克所作的那样。这辈子似乎也完不成这样的反省了。

我把你的《静静的顿河》发你。前边是郑义的简短的推荐。北明

XY：

看到你在信中提了一句《静静的顿河》，把老诗人一平多年前写的一篇小文发给你。

二十多年前，那时互联网尚不发达，小文发表在报纸上一"豆腐块"。保存了几年，怕丢了，打出来。

我之陋见：能进入《静静的顿河》的作家是好作家。

正因为肖洛霍夫剽窃，小说张力强劲，元气沛然。比《战

争与和平》好。

愿神灵感动你！

郑义 2023 年 5 月 5 日

（郑注：一平文《冬夜，静静的顿河》此处略去。）

一平致北明 2023 年 5 月 8 日 10:39 PM

谢谢北明！谢谢郑兄！一晃近二十年了，当初郑兄收存此篇小文令我很是感动！

工业化之前，人类社会变化很缓慢，因此有足够多的岁月让人类文明逐步积累起来，淀积为深厚的人文传统。

但进入现代，科技取代上帝，人们追求日新月异，所谓进步就是清扫以往。原以为文革只是老毛造孽，到了美国才明白，文革即是人类现代文明的进程。

《德国的浩劫》，你是在网上阅读的吗？我没有查到，我也需要读。

给郑兄挂过电话，但总是没有人接。惦念你们！

春天了，春暖花开！等你们过来，可以航船了，也可以去葡萄园饮酒。

祝好！再谢！问候郑兄！

北明致一平 2023 年 5 月 8 日 11:57 PM

一平，

这书我有打印本。刚才网上下载了 PDF 版本。不知道和我自己看的是否一个版本。不过也是何兆武译的，有些地方诘屈聱牙，总体尚好。给你发来（附件）。我编辑整理《庚子国难》，每天只有几十分钟时间阅读这书。这一次读才觉得读明白了，能把纳粹主义和共产主义并驾齐驱地观察一番，并看见这俩东西在其发源地是如何形成的。而且他的思考方式对梳理中国问题，就是一面镜子，很有启发性。

俄罗斯作家思想家们——白银时代的——亲身经历了纳粹和共产，他们又身在欧亚大陆，最终还带俄罗斯文化流放到欧洲本土，他们的视野开阔，思想深沉，加上信仰的加持，华人思想界难以企及。索尔仁尼琴是苏联时期作家，已经晚了一步，但是他的传记之一《俄罗斯的良心》写到他在狱中撞见同道，那时就开始分析民族主义—纳粹思潮和社会主义—共产思潮的比较，令人耳目一新。我才意识到，我们对人类罪恶的认知依然有限。对来自欧洲的思想灾难领教不足……。

最近郑义得空就在户外平整房前屋后的草坪，种草呢。

北明

一平致北明　2023 年 5 月 9 日 9:53 AM

谢谢北明！书收到了，可以打开，我慢慢读！

人性之罪或恶是不可能清除掉的，只能是当地制约，而更重要的是人自身的克制。

现存的人世是凯撒的世界，是不合理、不平等、不完好的，其离不开政治上必要的恶。一味求社会的完好即乌托邦——共产主义革命与制度就是其中一脉，欧美的政治正确是另一脉。它们都是现代政治的现象。

祝平安！

第 136 辑　加勒比游　波多黎各赠诗

一平致郑义　2023 年 12 月 17 日　下午 12:30

郑兄：近好！想你已休息好，恢复了写作。

此次有幸与兄共处 10 日，甚有收益！

写了一首小诗，送你以作纪念。

祝好！问候北明！

一平

《海角古堡》

——赠 ZH

（见后）

郑义致一平　2023 年 12 月 18 日　下午 12:30

谢谢你一平！

十日共处，实在难得！你处处无微不至地关心我，心领了。

如浪扑打着我们生命的崖岸，使我们自省。如大海和古堡一般，澹泊无语地坚守我们的生命和价值。因为有了你，我不会有孤独感。

搭石霄夫妇便车回到兰卡斯特，午餐后开车返维州。途中下车方便，淋了雨，居然感冒。多年没感冒了。我刚好，却把北明传染了。

上网搜索波多黎各国会大厦和大海之间的那座雕像，用各种关键词，居然不得要领。铺天盖地的网文、词典都在讲波多黎各景观、风情，对施洗约翰不著一词。只有一处提及此城（波多黎各）是纪念施洗约翰的。搜索施洗约翰雕像，亦仅有一张照片是叫我们感动的那座雕像。进一步搜索"施洗约翰指向天空的手指"，无一处提及指向的是耶稣、拯救、敬畏。——这个世界已如此世俗、浅薄！施洗约翰沉痛指天，应该在说：天国近了，你们当悔改！上帝派遣先知们到各大城的城门口，传达的就是这个告诫。

问周琳好！

圣诞快乐！

郑义

北明致一平　2023 年 12 月 22 日

一平，

这诗写得太好，与我们的世俗化时代全然两重天，一句就回到庄严肃穆的遥远的祭祀时代。我很喜欢这首诗的境界。那种孤独承重、绝然独往的意象，正是郑义目前的精神状态，也是我们这几个孤臣孽子存在的写照。郑义有你的友情和理解，是莫大的精神支持，是他的寂寥荒漠里不可多得的葡萄园。谢谢你！

海上归来后，郑义开始第四卷了。起首缅甸战争和史迪威，他翻山越岭地阅读，时而发现受骗上当，栽进了真人编造的假回忆录陷阱；他斤斤计较地权衡人物，努力避免史迪威这个出彩的原型在他的笔下喧宾夺主……。

等我亲友回去后，我才能收心继续干活。

你和周琳保重。

北明

一平致郑义　2023 年 12 月 26 日　下午 4:27

郑兄：圣诞过了，马上又是新年！祝节日快乐，全家安康！

此诗，我又润色了一下，改了几个词。作为定本。转给你，做个留念。

不用回复！

写作顺利！

一平

海角古堡
——赠 ZH

时光如海潮般退去，而你依然屹守海角天涯。苍苍岁月，海风雕刻磊磊斑痕。你绝不回头，瞭望天海，仿佛时辰如故，号角如故，你昂然坚守于此，永久忠实于倒下的死者，守护身后的灯盏。

塔楼、古炮、铁锚、锈镞、陡峭石阶。鸥鸟飞掠倾斜的阳光、大海与起伏的城垛。如此地空旷、寂静，万籁萧然，有如墓园般庄严。

　　是的，往昔已故。海盗的风帆、闪灼的炮火、铿锵刀剑，连同喧闹的酒馆、赌徒的叫喊、舞女火焰般艳丽裙裾均已沉寂，溶入海底的礁岩。时光之神清洗了一切。

　　然而，孤傲古堡，你如此倔犟地屹立，有如海底升起的头颅。为了那些消逝的世纪，为了守护战士的骸骨、誓言，抵御冲刷的海潮，孤寂守护这座古城的往昔、勇气、荣誉。

　　斑驳古垣，累累伤痕，多少血迹、死亡，多少岁月、沧桑。那些记忆、光荣、破碎、受难的脚步、母亲的泪水、扑到的墓碑，还有祷文、烛火、圣洁的歌声。

　　每每黑夜，你孤峙苍茫大海，万类岑寂，唯有单调无尽的波涛。寥寥星辰，高远、微渺，荧荧闪烁，如宇宙深处的铭言、字迹。哦，你的世界，你的时辰，放眼遥望：沉寂海底的魂灵，趁浪归来，那些火把、旗帜、酒盏、老枪、狂歌……，以及连天的炮火、欢呼。哦，你的世界、你的骄傲，你的光荣！

　　浩浩雾霭，晨光初曦。你古老的钟声震荡原野、城市、大海。朝阳喷薄，倾泻瀑布般的阳光，渔帆、鸥群、云团、纤纤海浪、葱葱棕林散发悠远的芳香。哦，你的故事、你的荣耀，你收拢所有散去的时光，凝铸不朽的纪念。

　　神光普照，巍巍古堡，你是这片大海、苍桑古城的傲岸魂灵。

2023 年 12 月　于波多黎各

　　注：2023 年 12 月初，与郑义兄及诸友人游加勒比海。其间，观览了波多黎各海角 E Morro 古城堡（始建于 1539 年）。郑义兄自 10 年前创作抗日战争的巨著——至今尚未完成，艰苦卓绝地。这是一部凝聚中华民族精神的英雄史诗。碎片时代，郑兄此写作精神可谓高山仰止。由是写此诗以赠。

郑义致一平　2023 年 12 月 30 日　12:14 PM

一平：

你热情典雅的诗作我收藏了。谢谢你的相知与期许！

一束烛火便可温暖心灵。

下船后偶感风寒，病了几日，以为痊愈，活动照常，竟又复感，拖拖拉拉至今日。

昨日开始禁食，希望彻底恢复。

这些日子未敢间断，仍每日细读资料，做各种时间表、摘录。珍珠港后至缅甸战役前期极为复杂，难以进入构思。老虎吃天，无从下口。

着急也无用，惟有动心忍性，日拱一卒。

这是最难的一段写作。快熬过去了。

转眼新年，心中惶恐不安。

但衷心祝愿你们全家平安健康喜乐！

郑义

一平致郑义　2023 年 12 月 30 日　下午 6:51

谢谢郑兄！后天就是新年了，越老时间过得越快，祝你和北明、妮妮新年快乐！

年纪大了，风寒还是需要体力来恢复，因此不要急于做事，好好休息几日吧。此次旅行，感到你的身体还是很棒的，啥病没有，如果多注意身体，活到九十多岁完全没有问题。因此全然不用担心写不完这部大作，我想肯定还有另一部巨著等待你完成。这是使命吧，也是上帝给予你的恩典。完成如此巨著，确需如你所说动心忍性。写历史小说太难了。要基于史实，又要显现精神，而且故事和叙述还要精彩。你的这部巨著，总是让我想到司马迁。《史记》实际就是中华文明的《伊利亚特》，其为中华民族两千多年的历史铺就了道路，指向、精神、人格、意义、价值等等。两千多年，中华民族的历史大致都囊括在《史记》中了。至近代，中国文明与西方文明相撞，且挫败，但同时这也是中国文明的一次再生，重新激活中国民族的意志、勇气、活力，同时又积极地吸收、融汇西方文明的有益元素，至民国大致成形——尤其是抗战。如果没有苏联输入的中共因素，中国应该比日本更成功。可惜了，1949 之后的几十年，将其前的历史、精神、文化连根砍断。由此可见兄长此部巨著的意义。

文明即神话，文明的历史是由神话所铺就的。每个民族与文明的启始都是由英雄神话开始的，其是文明的源头。

祝康复、痊愈！新年快乐！

信不用回复。问候北明。

2024 年

第 137 辑　第四卷不如前三卷从容　要恢复对上帝的信心

一平致郑义　2024 年 8 月 1 日　下午 1:08

郑兄：近好！我前天回来，一切尚好！夏威夷是富人度假和养老的好地方。度假区很是奢华，而未开发的地方保留自然风貌，较荒凉。街上流浪的人较多，有男有女。在这里切身感到贫富的巨大差异，而在美国大陆难以体会到。当地物价很高，汽油 5 美元左右一加仑，菠萝也要近 5 元一个，吃一碗面，加小费 20 美元，而当地的平均工资是月 3000 美元，当地百姓生活挺不容易。青年人大多走了，一半以上人口是老年人。

想你写作艰难而坚韧，唯有敬意！盼望你们过来一起去葡萄园喝酒！

问候北明！

一平

郑义致一平　2024 年 8 月 18 日　10:11 PM

附件是总第四十六章，你先看看。

近日完成了总第四十七章，再小修改一下，过几天发给你。

有可能下周末去看你们。

一平致郑义　2024 年 8 月 19 日　下午 4:52

郑兄：文件收到了，并收存！祝贺完成新的一章！会认真拜读！

这几天这边下雨，周末过来如何？等你们来！好久未见了，甚是想念！此次来多住几日如何？正是看风景的好时候！

问候北明！

一平

郑义致一平　2024 年 8 月 21 日　4:38 PM

再发给你一章，刚完成的。见附件——

一平致郑义 2024 年 8 月 21 日 下午 5:08

郑兄：收到刚刚传来的文件，收存了！谢谢！

上一章——梅乐斯的故事，拜读了两遍，随手记下了些许感受——用了蓝色标出。都是随感，说的不一定对，见谅！用附件传给你。

新传来的文件，我这两日会拜读！谢谢你！……祝愿你写作顺利！

这个周末，你和北明过来吗？祝好！

一平

郑义致一平 2024 年 8 月 22 日 下午 9:15

一平周琳好！

谢谢一平如此认真。能改的地方都会改，毕竟一稿下来粗糙。心急赶写，不如前三卷从容。

我打算本周六去你们家，仍然次日返。不知你们是否方便？

北明写作紧张，猫又生病，说等秋天去看红叶。

神赐平安！

郑义匆匆

郑义致一平 2024 年 8 月 28 日 9:11 AM

昨到家感觉疲惫，这两天太热。

周琳该回家了？谢谢她为我买的雪茄！

这两天我们谈得很好。从《创世记》到《启示录》。

历史会有终结。但个人的救赎史高于社会史。所以没有绝望。

神赐平安！

郑义

《尼布尔祈祷文》

上帝，请赐予我平静，去接受我无法改变的。

给予我勇气，去改变我能改变的。

赐我智慧，分辨这两者的区别。

过好我的每一天，享受你所赐每一刻。
把困苦当成通往平安的道路，
像主耶稣那样，接受这罪恶的世界——
按其现实本相，而非如我所愿。
相信他会使一切变得美好，只要我顺服他的旨意。
我可以在此生有合宜的欢乐，并在永生里，与他永享至
福。
阿门。

一平致郑义　2024 年 8 月 28 日　上午 11:12

郑兄：

你每次来都很珍贵，但也有点不落忍，这么远的路程，太辛苦你了！这种友情、交谈，让我想到古老的时代。我们的一生可算丰富，见证了东西方文明的壮丽，以及它的没落、毁灭和末日。在此末日时代，你的巨著即是一曲悲壮的英雄挽歌！《尼布尔祈祷文》甚感人，如见上帝之光……

在阅读《永生》近几章中，确实感到你有点着急，如你所说，不如前三卷那么从容，有点急于写就。你分析得对，是"内心有点焦灼，担心写不完；关键所在是恢复对上帝的信心"。写作此著是受圣灵的带领，要相信上帝的美意，神授意你做此事，必有他的安排与佐佑。我们的责任是过好每一天、每一时刻，写好笔下每个情节。未来属于神、结果属于神，时时遵循圣灵的指引即好！我和周琳都记得你的一句名言"好得不能再好了！"我们常常以此鼓励自己。

你、你的家庭以及此巨著都是蒙上帝赐福的，以至在所遭遇的种种困境之后都有神的佐佑！

祝福你，你的全家及此巨著！

一平

第 138 辑 坏人"抢戏"　史迪威篇幅要压缩

一平致郑义 2024 年 8 月 28 日 下午 7:06

　　郑兄：又读了一遍随手记下些感受，不一定对。好在是个读者的真实之感。

　　此章内容很是丰富，战争、屠杀、高层权力斗争，中美日德战事格局。全章事件记述得很清楚，诸多人物也尽显性格，战争场面写的惨烈、壮阔，将士们有英雄气概。最后以浴血池和橘香结尾，升华全书的祭奠主题。对史迪威的性格、心理表述得真切、深入、准确，尽显其人。对蒋公的记述，写出了他真实的处境、危难，一次次被伤害，以及他的仁义、厚道、担当、忍辱负重，其中也有中国式的迂腐。罗斯福、陈纳德、霍普金斯也都写得实在丰满，显示了美国积极的理想精神——理想、道义、爱。

　　你预定此著写四卷，附一卷后续，共 150 多万字。这样一部浩瀚的抗战历史，需记述的事情太多，因此第四卷的记述内容即显得有些紧凑，没有前三卷那么舒展。这也是无可奈何的事，篇幅就那么多，总得有取舍。再，有关史迪威的文字可略有压缩，能省的即省，史毕竟是次要人物，而全书是英雄史诗。

　　说的不一定对，见谅！

　　一平

郑义致一平 2024 年 8 月 29 日 9:20 AM

　　一平，谢谢你如此细致认真！

　　你是我的把关人。

　　你说："有关史迪威的文字可略有压缩，能省的即省，史毕竟是次要人物，而全书是英雄史诗。"

　　对极。史迪威到此打住，以后仅以极简文字提及（必要处）。否则这个人物太"跳"了，太失衡了。（史迪威不是次要人物，虽出场晚。）

　　能改的地方一定改。再改一遍放下，开始新章节。

　　谢谢你！

　　神赐平安！

郑义

一平致郑义 2024 年 8 月 29 日 下午 12:12

　　郑兄：我再想了一下，本来有点犹豫。有关尼采的那几句话，我觉得可以不要，因为尼采是西方近代一个非常复杂的精神现象，他本身是宗教感极强的人，很是天真，可是又极端地反对基督教——观念上，他说上帝死了，但后面还有一句话"是你们杀死了他"，广阔地看，也就是说文艺复兴及启蒙运动的理性及人文主义的兴盛而使人们不再相信上帝。史迪威之权力崇拜一目了然，将尼采加进来事情就变得复杂了，读者在阅读中会偏离史迪威而去思考尼采的问题。尼采说上帝死了，实际也是对那个时代的陈述，经过文艺复兴、启蒙运动，欧洲不再相信上帝，而全面转向人文主义，在这个意义上上帝就是死了——在人们心中死了。上帝死了是欧洲文明的一个转折，由信奉上帝转而信奉人自己，人而为神。当今西方文明进入末日正是人崇拜自己的结果。就此也可以说尼采是预言家。当然也可以说他是恶魔。尼采的权力意识实质即是人要取代上帝，成为神。再，史迪威和尼采是全然不同的人，尼采是叛逆者，实际上不知道自己说了什么、后果是什么，而史则是十足的小人。

　　我说的不一定对，见谅！

　　一平

郑义致一平 2024 年 8 月 29 日 下午 7:53

　　好，简单化，删掉尼采。本来我也犹豫。

第 139 辑 常德会战（第四卷第 5 章）悲壮完美

郑义致一平 2024 年 11 月 11 日 6:04 PM

一平你好！

这一章写得艰难，不光战争复杂，期间又有大选，心不宁静。我定力算好，几乎无一日停笔。

今日终于完成初稿，迫不及待请你一阅。

战争不好写，其他不说，就详简之间颇费斟酌。比如战斗过程、时间、地名、人名、番号太多，读者受不了；删太多又损害其真实感。我已经尽可能删了，或许还可删。

占用你宝贵时间，真过意不去。

完成这一章，就可以去伊萨卡了。

很累，远行是休息。

神赐平安！

郑义

一平致郑义 2024 年 11 月 12 日 上午 9:33

郑兄：收到 48 章，已收存！感谢！

别客气，这是大义之事，我们一生都想为中国国家及文明做点事情。此作乃复兴中国民族精神之巨著，我有幸为第一位读者，并与兄讨论之，实乃荣幸！

惦念你和北明，也惦念此著的写作，深知其艰难，这个年纪如此坚韧，非有大信念无以坚持！难为你了！感谢你承此重任！

我明天一早去洛杉矶看望儿子，19 日回来，其后我们可相聚畅聊！在此期间，我会拜读 48 章。

问候北明！祝笔安！

一平

一平致郑义 2024 年 11 月 12 日 下午 7:36

郑兄：今日拜读了第一遍，随手记下写感受，不一定对。转给你。

我还会再读，待从洛杉矶回来后，我们详聊！

拜读了第一遍，也感受了一番精神的洗礼，全章最后一段即是常德之战的祭奠铭文！大哉壮哉！也是全书之主旨！

战争很难写，因为作为史，要记述真实，而具体战事大多于普通读者又颇枯燥。难为你！可见写得艰难卓绝。整部战事记述的完整而清楚，简洁，无废笔。并且写出了战争的惨烈、悲壮，国军将士的英勇，可谓慷慨悲歌！诸人物的记述，性格鲜明、有声有色，上至统帅，下至小兵。有胜利，有溃败；有英勇，有怯懦；有大义凛然，也有暗藏私意……，然而终为悲壮，英雄之史诗！作为战争，此章算是写得完美了，无可挑剔！

郑义致一平 2024 年 11 月 13 日 上午 5:01

一平，谢谢你马上就读了！

你的眼睛帮我回头看自己写的文字，转换一下视角。

你的理解和鼓励对我十分重要，非常感谢！

所谓知音，也无非是这样了吧。

我正在细改第四十八章，再删地名、时间、番号、人名等干扰阅读的种种因素。

另打算把开罗会议两节挪到下一章，常德会战单独成一章。两件事是同时发生的。

第四十八章也太长了，快 4 万字了。

开罗会议两节挪到下一章，史迪威从开罗回来布置暗杀蒋、反攻缅甸，也可一气呵成。

等你从西岸回来再说。

问候你儿子好！

神赐平安！

一平致郑义 2024 年 11 月 13 日 下午 7:47

谢谢郑兄！我于今日下午到洛杉矶，一路顺利通过！李茅谢谢郑伯伯，问郑伯伯好！常德会战单独为一章也好，份量足够了。祝笔安！一平

第 140 辑　前方与后方战争与和平应大致平衡

一平致郑义　2024 年 11 月 20 日　下午 2:33

郑兄：我昨夜顺利归回。一切都好！

你们何时过来？

这几天又想了想，此著后小半部以战事为主，记述的完整、清晰，也简洁，国际、国内、全局、具体，大格局，气势磅礴，没什么说的。但是就全书的结构，我觉得有个问题，就是前大半部是战争与民间生活穿插交织，相得益彰，后小半部则主要是战事，也就是战史，而民间生活部分则明显不足，如此在全书的整体结构上就显得失衡，当然，我明白这也是迫不得已，毕竟这是部史诗，需在有限的篇幅内将战史记述完整，你已是竭尽所能。但是作为一部留给后人的巨著，我还是觉得有点遗憾，毕竟这是部史诗，文学的精彩之处多在人性、人事、生活。是否可以考虑增加篇幅，不局限于先前的限定？写民间生活比写战事容易，因为可虚构。《史记》是历史，但可以作为史诗来读，其最好的文字多是人物和故事，当然对于历史学家则看中的是史实。

我说的不一定对，见谅！

等你们过来，此次可多住几日！问候北明！

一平

郑义致一平　2024 年 11 月 20 日　下午 9:15

一平，你的感觉实在敏锐！

这部书，其实是前方与后方、战争与和平，须大致平衡。

但近来战争和国际关系越来越复杂，且有连续性，放下再拿起来很费事，就干脆一气写下来。

反正郑家事可以补写，随时插入。我已写了几部分，没给你看。

下面还要赶紧补写几段郑家事，因纯钧要进入战争。

有这个倾向：战争与国际关系比重加大，郑家事减少。很自然，但作为一部应大体平衡的小说，是一个问题。

需要认真思考。

你的提醒极其重要！

去伊萨卡可能要感恩节后了。

近几日，因写完一章，告一段落，答应北明的家务事也要做了——地下室打一堵截墙，安一个门，楼梯下辟为小储藏间。说起来简单，但要将就已成格局、结构，居然有点麻烦。

有点累，膝关节、体力大不如前。

神赐平安！

郑义

一平致郑义 2024 年 11 月 21 日 上午 11:21

郑兄：说的是，战争与和平，前方与后方，作为一部巨著，保持整体结构的完整、平衡与风格的一致乃是最重要的，有如一座大厦，有了整体框架，即成了一半，其它就是内装修。补写后方部分于你容易很多，会写得很好，这乃是增加大作的诗意与文学美感的文字，只是要多用些时间和篇幅。前方与后方的比重，大致要与前部分一致才好，可保持整体结构与风格的统一。多说一句，文明即神话，人是神话叙述而存在，而确立意义，所谓史诗即是将史创造为神话叙述，这也就是史与诗的关系。《伊利亚特》作为真实之历史，不过是两大部落的争夺地盘的残酷厮杀，但将之用以神话叙述即是荷马的史诗了，其构造了西方文明的英雄人格与审美，即使当今美国依稀可见这一传统，比如川普遭暗杀之社会反应。一文明，如果其神话性衰落、死亡，此文明即衰落，死亡。康兄的大画也好，此巨著也好，本质上都是近代以来中华民族的神话重新叙述。史诗中所谓诗意，即使其神话性，或说神意。真实历史是基础，更重要的是将之创造为神话——现代神话。

给地下室装门要费点时间，先要立个木架子。我有个玻璃门，宽 35.5 英寸，高 80 英寸（见照片）；再，我也有几个室内的新门，不同的型号。我都用不着了，你可以用，免得再花钱买了，就是不知道你的车能否拉走。如果你过来，我可以跟你的车一起回去，与你一起将门安装好。我安过几个门，有点经验。

问候北明！冬安！

一平

郑义致一平 2024 年 11 月 21 日 9:48 PM

谢谢！已经钉好架子，明日上墙板，再油漆就完工了。

北明不喜欢玻璃门，已买了普通门，已经安装上了。

附件是你可能没看的郑龚情事，补写的。

过几天见面再谈。郑

一平致郑义 2024 年 11 月 22 日 上午 10:35

郑兄：收到了，感谢！将仔细拜读！祝顺利！

郑义致一平 2024 年 11 月 24 日 7:34 PM

地下室楼梯下新开一小储藏间，做了扇新门。修修补补总不方便，费时间，不出活儿。好歹完成了，横平竖直，门缝均匀。

如果节前去，只能是周二 26 号，或者节后去，你们什么时候方便？

一平致郑义 2024 年 11 月 24 日 下午 8:58

郑兄：过了节来吧，时间充裕些，可多住两天，

祝贺地下室完工，得空给我拍张照片，可欣赏老木匠的手艺！

41、42 两章的补充文字看了两遍，写得很好，完美！丰富、生动，满是生活的烟火气，人物饱满，爱、激情、困境、纠缠、苦痛……。与大场面的战争相得益彰！随手记下点感受，不一定对，见谅！

祝好！一平

郑义致一平 2024 年 11 月 26 日 下午 7:57

一平，谢谢你如此认真！

有你的鼓励，增加了我的信心。

你的感觉都是极敏锐的。郑妻轰炸受伤，我确实想写写两人见面场景，想想有难度，偷懒了。

经你提醒，我还是要写。你的意见很对。不应该回避。

地下室活儿尚未完工，还要打腻子，油漆。很简单的活儿，感觉累极了。膝盖尤其是。年岁不饶人，不比当初了。

圣经上说，要数算自己的日子。我得加紧写作。

感恩节后去看望你们。

郑义匆匆

第 141 辑 一平辞世 最后的怀念：美丽的伊萨卡

一平致郑义、北明 2024 年 11 月 28 日 下午 2:17

郑兄、北明：

今天是感恩节，祝你们全家节日快乐！

近日我咳嗽有点厉害，昨天去大夫那里检查，初步诊断是感染性肺炎，

不知道是不是新冠肺炎。我们都年纪大了，免疫系统减弱，肺炎会传染，为保险起见，你们暂时先别过来，免得传染上，待我完全康复再来。很是抱歉！

我们准备搬到洛杉矶去，离儿子近些。想问问瑞虎兄他们那里买房的事。真是感到老了，体力大减，干点活就气喘吁吁。

祝好！周琳问候你们节日快乐！一平

郑义致一平 2024 年 12 月 4 日 10:19 PM

一平周琳：你们一去西部，再见就不易了！

真是很突然！

今天才看到你的信。

离儿子近些是情理中事，人老了，晚辈是个安慰。

满心的祝愿！

等你病好了我去看望你们。你们一走，伊萨卡也不会再去了。想起来就伤感。

平安喜乐！

郑义

一平致郑义、北明 2024 年 12 月 5 日 下午 2:38

谢谢郑兄！

此次一病，一下就感到衰老了，这也才决定搬到加州。一是离儿子近些，再是这边冬天太长太冷，年轻时得过肺结核，每到冬天就咳嗽得厉害。搬到加州还得过一段时间，要卖掉这边的房子，事情甚多。我们搬到那边也会过来看望你们，还是能见面！

生命乃是悲剧，大多是苦痛伤心的事，只是到了老年想得开些！

有上帝真好，那是生命最终的指向！上帝相对人的罪和苦难而在，这也就是拯救的意义。真是敬慕你有虔敬的信仰，是福分啊！

祝福你和北明！

一平

北明致一平、郑义　2024 年 12 月 5 日　下午 10:19

一平，

今天去修车，路上郑义告诉我你病了，肺炎，也因此决定要搬家到洛杉矶儿子那边。并刚才转来了你们的信函。很惦记，不知你好些没有。如果没有别的病，肺炎应该不难治疗。切望你尽早恢复。

2 号接到程凯兄来函，告知他八月确诊为白血病（血癌），医生说他有一年到三年时间，他认为自己明年八月将辞世，会去与宾雁、王康会面，谈谈天上人间事。——消息恶劣，心情不好。程凯重情义，曾经为了谢宾雁提携，专程到普林斯顿致谢；后来认识王康，又与咱们一起专程到休士顿探望王康。他也曾经因为有人背后对我们说三道四而仗义执言。现在他病倒了，我都不敢问他是否身边有人照顾，估计他依然一人生活，绝症、生命倒计时，艰难可想而知。他说已经开始写自传，还说自己除了定期去化疗比较难受，其余一切正常。我想，等到天气暖了，该去看看他。也许你们什么时候去洛杉矶看房子看儿子，我们也过去，在那边抽你们的空，咱们一起过去看看他？

你们走远了，我们也不会再去伊萨卡了，那个你们住了多年的美丽的大学城，寄托了你的文化理想的小城，那个以荷马史诗中出现的地名命名的美国小城。那些温馨的过往，都将成为天上的云彩，水中的倒影，葡萄园里飞走的猫头鹰……

问候周琳。北明

北明致一平　2024 年 12 月 6 日　4:50 PM

一平，

昨天的信写给你，却发给郑义了。再给你发一次。

（郑注：以下谈清除肺部感染的资讯，略去）

一平致北明 2024 年 12 月 7 日 10:08 AM

北明：谢谢你！药方收存了！

到了这个年纪，伤心的事就越来越多！程大哥赤诚仗义之人，看了你的信才知道他重病了，很是悲哀。我到加州会去看望他！

去加州后，我们也会 DC 去看望你们！总之还是能见面。

伊萨卡是美丽的地方，于此世就算是尽善尽美了，永远令人怀念！我们和康兄一起度过了许多可贵的时光，有过那么多珍贵的交谈。

祝你和郑兄顺利完成你们的大作！

周琳问候你们！

一平

北明致一平 2024 年 12 月 20 日 上午 6:52

一平：

不要害怕，不可悲观。你看，下面是威廉姆斯·马凯斯（William Makis MD）医生一小时前刚发布的又一个治疗有效的病例！而且病人的主治医生（传统肿瘤医生）也加入了。下面是我复制过来的中译文，谷歌自动翻译的。你和周琳看一眼。这个医生可以通过网上联系，写信，不需要见面。（郑注：马凯斯医生文章略去）

这个马凯斯医生是"放射科医师、肿瘤科医师、癌症研究员，发表过 100 多篇著作。"自从疫苗引起越来越多的癌症，他用这几种药给病人治疗有奇效，常把消息公开，让人们了解情况。

北明

郑义致一平、周琳 2024 年 12 月 20 日下午 8:04

一平、周琳：

十分关切肺炎的治疗。

使用抗生素是常规的方法，输液也是有疗效的。据网上信息，抗生素也不是药到病除，需要 7—14 天。

"临床上症状除了咳嗽，可能合并有（浓）痰、呼吸困难、胸闷胸痛、呼吸杂音、发烧畏寒、疲倦、食欲下降、嗜睡、虚弱、意识改变等"

到目前为止，一平病况并无出格之处。

能否告知呼吸是否好转？食欲是否有所增加？

我岳母也是因肺的问题，夜里难以入睡，须坐起。

我有强烈预感，肺癌是虚惊，问题就是呼吸系统长期病态导致肺炎。

为你们祷告！

耶稣爱你，我们都爱你！

郑义

一平致郑义、北明 2024 年 12 月 21 日 上午 10:30

谢谢郑兄的激励！带来上帝的光明，温暖和希望！

一平

一平致郑义、北明 2024 年 12 月 23 日 9:12 AM

郑兄、北明，祝全家圣诞快乐！平安！一平

一平致郑义、北明 2024 年 12 月 23 日 9:44 AM

这是我这几年写的一首长诗，还有最后三章没有写完，传给你们。谢谢！

（郑注：附件《海力布 13》略去）

（北明注：2024 年 12 月 18 日一平生命最后的日子里，他把自己未完成的史诗巨制《海里布》从信箱里发给了妻子周琳。23 日上午 9 点，一平辞世前七天的那个早晨，他将这部未完成的长诗发给了郑义北明夫妇。）

郑义致一平、周琳 2024 年 12 月 24 日 9:57 PM

一平、周琳：

我这里存有你 2021 年春发给我的《海力布·十四、隐秘的愿望》。与你现在的诗稿对比，是你长诗中的第四章。

粗算下来，海力布（缺三章）已完成 4000 行以上。

伟大的巨制！

在这个只读漫画和抖音短视频的时代，创建这种神圣家族大教堂式的宏伟史诗，所依恃者，惟有信仰、希望和爱。

这是虔诚的恒久的祈祷！

待我拜读完再谈。

今晚是平安夜。祝你们阖家平安、喜乐！

有部片子谈到肺部治疗，就想到你的病。（《挑战》。俄国片。）

你呼吸和食欲如何？念中！

耶稣爱你，我们也爱你！

郑义

北明致周琳，一平 2024 年 12 月 23 日

周琳，一平：

伊维菌素不止治疗癌症神奇，许多其他病也治。而且无毒无害。所以很多良心医生一直要求政府开禁伊维菌素（开始打疫苗之后被下架的）。

只要小肯尼迪能斗过那些只管赚钱的大制药商，估计这事能解决。

（郑注：略去医疗信息及马凯斯医生的联络方式。）

一平：

收到你寄来的史诗了。别想着没写完就走人。我等着你完成这首巨制长篇史诗呢！我已转换成 Word 文档，能看了，但是现在留中不看！你和周琳不要坐等。现在就该行动起来。

疫苗导致的涡轮癌正在爆发。新冠疫苗副总裁、诺贝尔生物学奖得主、疫苗发明人、各科医生护士……都有披露。你需要看到他们的视频，他们的焦虑，他们的眼神，听到他们的话语，就知道他们是勇敢的天使。近两万名医生站了出来抵抗大制药商和政府的勾结。而良心医生们因此发现了伊维菌素、芬苯达唑、羟氯喹等被禁的有效的、常用的处方药。人类的贪婪和邪恶关闭了一扇健康之门，上帝且为人类打开一扇治疗的窗。这是福音，你们一定要知道。

（郑注：略去关于疫苗灾难的报道。）

不写了。一平，你要有信心，信心不是来自主流的治疗，乃是来自被主流媒体遮盖、被大制药商屏蔽另类疗法。

每一天我上香，都为一平祈祷！

北明

（北明注：接下来 24、26、27 日北明连续给一平周琳发信，介绍最新的治愈癌症的信息，只得周琳短信回复，告人在医院。三天后，2024 年 12 月 30 日周琳通知一平去世。此前 2020 年春王康病逝。一段绵延 20 年的四人文学—思想通信于兹蓦然终结，再也不会继续。）

后记

北明

　　使他们结合的不只是他们对观念的兴趣而已；他们以一个忠忱专志的流品自居，迹近世俗教士，献身传播一种特殊的人生态度，犹如散布福音。

——以赛亚·柏林

一

　　二零一九年十二月三日，休士顿海边。王康扶杖缓步走过伸向海面的栈桥，在桥头椅子坐下。海风寒凉，天光空渺，近处三五游人垂钓，一只海鸥飞落脚下东张西望。他视线扫过人和鸟望向大海，神情萧索，突然叹道："他们真是让人羡慕啊！"

　　那时他迁居休士顿治疗已经五个月，遵了医嘱开始化疗。一平、程凯、郑义和我一行四人专程前往为他庆祝生日，次日开车带他海边散心。大家心照不宣，这可能是他最后一个生日了。眷恋生命是本能，王康的眷恋另有原因，在体力急速衰减的日子里，他不止一次情不自禁："我还有那么多事情要做啊！"多数人知道他的大画《俄罗斯启示》和《审判幽灵》正在创作中；少数人记得起他开笔写作的文稿《孔子与耶稣》因故搁置；我知道的更多一点：他流亡后起草的十二集电视专题片《中国向何处去》数易其稿，正满世界寻找启动机会；此外还有更多人文创作计划未实施，仅他草成后扔给我的历史文化类策划文案，已经累积到四十多个。其中一些构思精湛、创意独具，哪怕完成十分之一，也将填补当代中国文化一些空白。

　　就在两个月前的双十节头天，耶稣来到王康梦中。这位神子年轻英俊、长发飘风，他面朝王康，背后是辽远无际的大海。动人心弦的是，耶稣向他微笑，并朝他走来。这梦清晰得移步可入，短暂到只有一个镜头。瞬间梦醒，王康依然在海域神景中流连，回不过神来。次日电话里传来他的描述，依然惊喜溢于言表，急切得有点结巴。我顿时明白，这梦是个预兆：他留在世上的日子不多了。虽然耶稣接引，他去向光明，而且他最终执意回到维州他的居所"结庐"受洗为基督徒，我依然悲从中来。不久，他先后计划到澳大利亚、以色列治疗，友人都抱着希望，唯我悲心如冰：十五年前郑义患癌症时我们仔细研究过各类治疗方案，纵观百年，传统西医并未真正攻克癌症。这个结论也是享誉全球的休士顿安德森肿瘤中心王康的主治大夫当面亲口确认的。果然，王康十个月前站着去休士顿治疗，十个月后躺着回到维吉尼亚州。不过即便耶稣不来，王康活到圣经中人类寿数一百二十岁，那些计划他也不可能完成。他生前一语成谶，流传海外："我的人生不留后路"；他身后还留下一个巨大事实令人扼腕：他的志业未完成。

　　王康是这个通信集中先去世的一位。二零二零年四月他进入临终关怀阶段，挣扎着回到流亡故地维州。五月，在居所"结庐"病榻上他吃力地说："一平啊，他的作品，要一件一件地完成。坚定不移地、坚定不移地……"，沉吟到此，话语中断，泪水渗出，在眼窝聚成一大滴不肯落下。

　　王康对人类轴心时代情有独钟，认定那个时代的东西方往圣先贤及其价值在当代的重逢、互补，是解决后现代社会问题的钥匙。他曾试图揭示这一启示，却笔不从心，加上流亡后转念鏖战绘画，中断了这项事功。他激赏一平近晚取材自古希腊罗马的、在生灭尽绝中指向永恒的长诗，更发现一平对中国本土文明价值的独到体悟和思考。早在二零一三年王康访美初抵，就与一平就有过关于儒家文明特征的对话。那天是在一平驻地伊萨卡的"饥渴的猫头鹰"酒庄，王康眯着眼睛，透过万宝路烟雾专注于酒桌对面侃侃而谈的一平，时而插话。王康恃才傲物，在故乡友人聚会上几乎总是他一言堂，猫头鹰酒庄的这次倾听与对谈，是思想遇见对手的反应。在此后的交流中，王康进一步惊叹一平对中国儒家思想的体认，这种惊叹在本通信集中略有展示。作为一个在中国文明废墟上回望先哲、努力存亡继绝的思想者和行动者，王康极为孤独，只有思想同道能触发他那根隐忍的神经。大限来临之前他嘱托一平，那中断的话语，是自己志业不酬的绵绵遗恨，那渗出的泪滴，是悲情奔涌的滔滔江流。

二

　　五月的鲜花依旧盛开，一平从纽约上州远道奔来探望王康。王康将殁，残酷的现实就像明天注定来临无法避免。那日别过王康，归程一路一平独自泪潸然。不料不到五个寒暑，一平竟也命归黄泉。重症在二零二四年十一月末爆发，迅速扩散，不到四十天，一平溘然长逝。

　　在生命急剧崩解的末端，一平把创作数年未完的力作《海力布》电邮给了妻子周琳，也发给了郑义和我。他显然意识到自己生命已经开始倒计时，无论如何"坚定不移"，都无缘完成这部作品了。但他在信中对门外的死神只字不提，只说"这是我这几年写的一首长诗，还有最后三章没有写完，传给你们。"他以前每次传来自己的作品，都会在末尾嘱咐"不用在意"、"随便翻翻"、或"不必回复"，若收到回复和读后评论，他总会为耽人时间而抱歉。这一次，他没循规蹈矩，却以两个字结尾："谢谢！"其间隐含的是遗愿，是诀别与托付：作品不能在身后消散，交托亲友决断。

　　《海力布》是一部数万字的现代诗，史诗般的中国神话故事，主人公原型来自蒙古族的远古传说。描写年青猎人海力布远离俗界与自然为伍，追寻神迹承纳天意，后被赋予通鸟语的能力。最终因悲悯人类命运，违背天条，将鸟语中的灾难信息预警乡人，拯救了村民，自己变成石头，永世不得超生。诗蕴含深厚：个体生命的悲剧性、虽千万人吾独往的英雄性、敬畏自然的宇宙意识、崇拜天地神明的原生信仰、天地万物归一的生活态度，还有语言对于物种生存的意义，都是东方远古文明以及后世往圣人格与价值的表征。

　　从中国大陆途径俄罗斯到波兰驻足，再从波兰辗转美国定居，三十多年西方世界的生活经验和思考，使一平突破从橱窗外观摩西方文明的局限，走进了他们的衣帽间，看见了"柜橱里的骷髅"，了解到橱窗里各时代款式背后的故事及现实含义。他的视野从当代和近现代深入到中世纪和古代，从文学—人性领域，扩展到文化—历史领域，最终深入到文明—信仰层面，他脱离了从前的认知盲点，摆脱了橱窗视角的肤浅，消解了自由主义者们自给自足的知识陷阱。由此他比我更早地从现代自由主义转向古典自由主义，最终因应世界秩序的剧烈震荡而转向保守主义，他比我更明确地对欧洲后现代主义的人类自我崇拜持批评态度。他起步于中国朦胧诗派，但越过了世俗化的人文思潮，进入到灵魂与祭祀、救赎与牺牲、悲剧与英雄的荆棘丛林。因为谦逊和谨慎，他把很多不合时宜的真知灼见藏于抽屉，却把跋涉中的见闻、赞美、叹息、惊诧、震撼、泪水与悲伤、崇敬与顶礼，写入诗歌，献给友人郑义和王康。本通信集中他的话语，只是他独特思考中的片面和点滴。

保守主义价值对诗人一平而言是叙事角度、象征意义、文学立场、价值取向甚至政治抉择，他说，"存亡续绝唯有向后看"。慎终追远、回望前贤、抵抗按钮时代对人的异化，这是一平的理念，也是他的行践——他把它们贯穿成自己的日子。他瞅准时机，议价买下一栋带住房的林子，大树数百株蔽日，周边灌木葳蕤遮人，坡下溪水淙淙，林间百鸟争鸣。盘下这方风水，他不伐木盖房，也不售取增值，他在心里种下了这道风水，籍此钩沉田园，典当自己，赎回前世的故乡。

我和郑义曾踏足这片林子，后来王康加入这三人帮成"四叶草"，也一起劈开灌木进入林间，分享一平那林叶纷然的喜悦：

"一平，这片林子哪儿是边儿啊？"

"从这儿到那边，还有那边，还有那边。"

"那边哪边儿啊？也看不见。你就说这林子有多大面积吧？"

"嗯，算上周围的灌木丛，大概十英亩吧。"

"哇，那么大！"

"一平你现在可是地主了，名副其实的！"

"呵呵是。以后咱们就有地方呆了。哪天世界又大战了，你们赶紧过来，咱们就这儿伐木盖房，种菜种粮，自谋活路。"

一平还买下一栋一八四五年建的民居做住宅，宅外的拱门和宅院，内部宽大厚重的木地板、木门框、木窗缘……，把十九世纪不列颠治世全胜时期的气魄不动声色地保留至今。每逢友人到访，一平都要介绍宅子，每次介绍都顺带一句："这是维多利亚时期风格的建筑"，说时语气非常大不列颠。

住宅不是摆设，一百六七八十岁的老宅子需要不断修葺。本世纪纽约上州是"穷乡僻壤"，在此地保持十九世纪日不落帝国的住宅风格让一平苦费心血。一次我和郑义、王康一行三人到访老宅，讨论郑义小说新的一章，却见一平正为外廊一角倾斜静静犯愁。我建议说，"那咱今儿不讨论了，先把这个廊子修了再说"。话音落地即被一平妻子周琳否决：外廊的基座梁柱已经腐烂，岂非几人一天可以修复！需挖地换梁、大动干戈，请个包工队拆旧换新才是正道。结果，一平一人吭哧劳作数月，老宅子才挺直肩膀。如是这般大修小补，老宅的车库里渐渐堆积起各类型、各尺寸的工具以及各种建筑材料，车进不去了，人也需掂脚腾挪才能插足。一平在"地主"之外多了一个相反的身份，叫"维修工"（Handyman）。自己动手、种菊东篱，无论打造田园还是寄情老宅，都意味着返璞归真，而这在后现代社会却最奢侈的行为之一，没有技术熟练的包工队难以为继，一平自己就是这个包工队。

　　老宅楼上有个空间类似阁楼。阁楼的沙发、木架、椅子、茶几、地板等平面摆放着一平的各种宝物，都是他从旧货市场淘来的东西方文明：上百张西方古典音乐的黑胶唱盘、老式留声机、大音箱；作者签字的油画、水彩画、摄影图片；中国字画卷轴、老书、旧画报；各种陶器、木器、瓷器制等工艺或手工艺制品……。一套定音鼓按奈住蓬勃激情，叉着腿站立在阁楼中央，随时待命发声。还有三样东西都是古典身份，一是西方音乐之王立式钢琴，这是维多利亚时代中产阶级的象征；另一个是高档型号的簧风琴（Reed　Organ）

（左起）王康、郑义、北明、一平在一平老宅车库前。

摄于 2018 年 7 月 12 日

俗称脚踏风琴，也是维多利亚时期的风格，胡桃木做成，雕刻精致，配有小架子，中央嵌有油画式图案，是十九世纪英国高端家庭簧风琴的典型装饰。这簧风琴必定产自十九世纪美国三家著名的制造商之一：佛蒙特州的埃斯特风琴公司（Estey Organ Company）、波士顿的马森与汉姆林公司（Mason & Hamlin），芝加哥别墅风琴公司（Chicago Cottage Organ Co.）。再是一个复古设计的高大取暖燃煤炉（coal-burning stove）。这三样老物件太沉，无缘上阁楼，分别屈尊放在楼下的餐厅、门厅和客厅，构成一平阁楼的三足鼎立。

三足鼎立的阁楼是一平的"约柜"。四九易帜以降，数代人成长在毁灭传统、铲除道统、砸烂正统的文化废墟上，生就的文明弃儿，一平对这个胎记刻骨铭心。流驻于另一个文明绿洲，自然是花溅泪，鸟惊心，处处草木有情，深化了他的胎记意识，他开始鉴赏、收集他人散落在旧货市场的文明碎片，日积月累，阁楼终成他独有的约柜。它不同于收藏家价值连城的古玩宝居，有别于文化遗民积古怀旧的书斋，无涉古玩的市场价格，无关雅士文人的傲慢清愁，那是他心底文明与传统价值的物化，是他的世外心志。

一平处世宽仁厚道，常怀他人忧而替人排苦解难，但他生性腼腆内向而极少诉苦。他习惯了独自吞下生命悲剧本质的沉重郁结。孤独到极限时，或悲情涌动时，他转身回到约柜，奋力敲响那些定音鼓。霎时雷鸣电闪、暴风骤雨、地动山摇……，当这座老宅归于沉静，一平带着悲悯和宽容，返回现实。流浪旷野的以色列人奉着至圣所里的约柜，恪守其中法典，寻找自己的家园；异国旅居的一平奉着老宅子里的约柜，守住安身立命的理由，补偿自己的先天不足，实现自己的精神拯救。

三

不算我，一平是郑义长篇唯一的始终如一的读者和评论者，比我认真、倾心。前不久郑义怅然告我，"整理旧电邮，收得一平赠诗三首。勉励我完成史诗长篇，……他未完成，嘱咐我完成。"

其实一平赠予郑义的诗先后有五首。诗风与他温润谦默的性情构成鲜明的反差：高古如月出东斗，悲慨如壮士拂剑，雄浑如寥寥长风。诗中充满沉郁的意象，富有启示性：苍老的红橡树、古老的祭坛、遭劫难的城池、毁灭的神殿、绝望的呼救、久迁的悲剧、滴血的翅膀、高原的云、奔跑的野牛、土地和岩石、太阳和鹰、歌声与篝火、滚滚血流、苍茫秋色、寂寥长空、神秘天象、……，这些意象把他的诗鼓成风帆，披开波浪，驶向彼岸。诗所描写的情景几乎都具终极性：行动或命运：记忆与磨难、迁徙和飞翔、归宿、沦陷、穿行、死亡、放逐、逃亡、抵抗、错误、挫折、冥思、祈祷、缅怀、哭泣、吟诵、宴饮、耻辱、殉葬、仰望……，它们展现的情绪陌生而神圣，直抵人类生命中那百分之一的神性，传达的情感是人类的高尚所在：圣洁、光荣、骄傲、不朽、荣誉、庄严、忠诚、悲怆、孤独。

一平猝然离世，我才意识到与他生前的交往是何等过命牵心！

人死是个试金石，你不会牵挂你为之付出的人，你牵挂的是为你付出的人。这个人于我是一平。他生性和光同尘，处事低调避嫌，应了宋人那句洞见，"衣服虽破，常存仪礼之容"，但是因为我和郑义遭受诬陷，他两次公开撰文，为我们澄清事实、驳斥滥言。他勤俭持家，却铺张待友，总是提前做好超大一餐桌菜肴，无论前去的是郑义一人还是加上我总共只两人。自从郑义一次戏称"北明好养活，南北西东各地风味美餐中永远只选择吃饺子"，餐桌上就总有一平亲手为北明做的锅贴，没有一次例外。后来我因故禁了动物蛋白，每次依然有热腾腾的锅贴上桌，肉馅变成了素馅，菜品随季节翻新。周到如此，我有时发愁，万一有天素馅锅贴我也不吃了，他必定会为难，琢磨合该再做出什么我能吃的好吃的来。

舍斯托夫在"最后的审判"一文中复述亚里士多德的话说：每个人都有自己梦中的世界，而所有醒着的人都有一个共同的世界。现实是客观实在，而梦境是心灵的造影。两千多年后，世道沧海桑田，改写了人类的花园，梦境固然依旧各自不同，醒来的世界已经模糊到难以"共同"，传统主流媒体的政治化作业，将现实切割得面目全非，弄得人人宣称要"核查事实"，世界各地预言家纷纷出笼，他们的预言无论是否准确，一个现象是确凿无疑：即现实世界诡异难测。当我为时已晚地读过一平赠给郑义的诗，并重温了本文集的通信后，只能确认，现实尽管人云亦云，这四叶草的心灵或梦境大致相似：失败的自我意识、高度的道德自觉、绝不让步于强权的意志、存亡继绝的文化使命感、朝圣者的灵魂。

为此，一平多年来持续勉励郑义完成他的史诗长篇，除了赋诗激励，还把每一章读后感落笔为字；也因此，王康为郑义的十篇大散文撰写评论，尚未截稿，字数已经超过散文本身。我因流亡，先从学者沦为记者，再为米粮折腰而放弃文化人类学博士学业，每当我为此唏嘘，王康就大不以为然，对体制内的辉煌乜斜嗤诋；一平便认真告诫我说，"你有足够的理由不妄自菲薄"，把脚下的流亡地视同圣地；郑义则无奈地看着我，好像他自己犯了什么错误。而我和郑义为支援王康的流亡生活，以自己的信誉无意间凝聚了一支跨州的义工队，一平是这支队伍当然的一员。四叶草的联盟不仅因为友情，更缘于几乎相似的精神谱系：政治上的退步主义：主张共和传统，恢复民国正道；思想上的自由主义：主张议会民主，捍卫新闻言论自由；方法上的保守主义：反对激进与革命，注重秩序与传承；宗教上的信仰主义：强调终极价值和生命超越世俗的意义；审美上的古典主义：欣赏"高贵的单纯、静穆的伟大"的古希腊范式和近代浪漫主义，认为印象派之后再无艺术，非要有，是丑陋的现代派。

如今回首来路，在那逝去的岁月深处，一条前赴后继的潜脉深流浮出贫瘠的地表：王康志业未酬，临终嘱咐一平坚定不移地完成自己的作品；一平力作未果，临终把它转托我们，并在漫长的流亡岁月里持续勉励郑义完成其长篇创作。郑义成了后死者，但他早已年复一年，日复一日地数算自己的日子，每晚就寝前的祷告始终如一："我的神，请赐予我足够的时间，使我能够完成这部史诗长篇。"如今他知道，除了他的神，还有两个亡灵在天上关注他的写作。

人类流亡文化史上，独自勤凿枯泉的往圣先贤不胜枚举，但是在被封杀到底、遗忘干净的旷野上，胼手胝足、力耕朽壤、前仆后踣的流亡者，史上实属罕见。在我的有限视野里，王康、一平、郑义是自甘孤绝、沉潜于历史文化与文学使命的负重者，他们肝胆相照，彼此携手于生前；遗恨绵绵，相继寄望于身后。这种精神的联袂前无古人。我忝列门墙，与有荣焉。

四

这部集子大部内容是对郑义笔下正酣的作品的讨论。没有这些讨论，郑义也会一意孤行到尽头。

郑义的毅力罕有匹俦，清华附中他青年时代的故交对此早有公论；他的使命感更无与伦比，写完《红色纪念碑》和《中国之毁灭·中国生态崩溃紧急报告》之后，他认为自己的故国责任已尽，转身退出浮世喧嚣，回归文学。面对各类公共邀请，连一条门缝也不开。再请，就用使徒时代保罗那句话把门顶死："这个世界对于我来说已经死了，我对于这个世界来说也已经死了。"明末清初船山先生不识耶稣也不传上帝真理，信奉原始儒学，要注疏六经，"述往以为来者师"，为此他披发入山，隐居四十余年。船山先生的决绝同样深得郑义的中国心，友人们私下里没少听郑义重复王船山这句吓人的誓言："六经责我开生面，七尺从天祈活埋。"保罗和船山替郑义顶住宅门，一顶就是十多年，终于弄得世人没了他的音讯。

耳根清净十几年，郑义隔代生活于民国悲剧英雄中，持续受到洗礼，为此常庆幸一九八九年命运将他驱逐出局。咀嚼、消化失败之痛后，他终于脱离"尘世之城"走进"上帝之城"，在旷野抖落身心的绳索，推开了那道窄门，踏上成全他的道路。当诸多基督徒向他们的上帝祈求尘世恩典的时候，郑义祈求许他背起自己的十字架，追随基督耶稣，让他写完一分钱不赚的长篇，给他足够的时间，为民国时代的英雄们竖立一座千秋万世的纪念碑。这是放弃读者的绝别写作，对所有活着的文人学者都是死路一条。故此李白仰天大笑出门去，依然不做蓬蒿人；屈原身体可以投江，笔墨绝不自杀；无论宫刑、流放、言禁、封门，只要一管在握，都不放弃为世人写作。苟能弃世却依然写作，必经炼狱，超越生死，心智清明。世上抵达这个无人区的作家，实在罕见，苏俄白银时代有梅列日科夫斯基，他文学建树非凡却不指望同代人理解，声明只把自己的作品献给笃信基督的人们；近代法国有夏多布里昂，他"宁愿躺在棺材里说话"，说为其如此，才能使自己的《墓后回忆录》具有某种神圣色彩。

即使拥有非凡的使命意识支撑这类弃世写作，同道知己的支持依然不可或缺。梅列日科夫斯基同时代的读者寥寥，他却并非形影相吊："如果没有亲密的朋友，同一信念友人的帮助，我所取得的成就就要比现在少得多。"夏多布里昂那布列塔尼人的脑袋无论多么顽固，却因为没有亲密朋友的帮助，最终没能坚持到底：为经济所迫，他提前出售了原计划死后出售的版权，并被迫做了不少删节。说到郑义的写作，假如没有没有王康的督促、一平的激励，没有本集中那些相关讨论，郑义会以怎样的心情和姿态抵达那个无人区的尽头？

只需看看郑义在每一章结束之后是何等热烈地奔向维多利亚风格的老宅，就可以明白，在无人区拥有一个诚挚的文学对话者，简直是举世无双的欢乐。大树拔根，人生断轨，郑义是在生命的秋季才开始"抡圆了"写作的。那时他当年的同行们已经把计划中的作品写尽，很多甚至投笔经商另辟人生蹊径去了。厚积薄发中，郑义时刻耽心时不我予，于是将写作以外的一切等同"抗战"：居家室内小跑步、饮食起居踩住钟点、出门两点一线绝不拐弯，顺路寄个邮件也不行，会客应酬郊游则全部免除……疫情期间教会暂停周日聚会，这一天也被他纳入写作日程。后来教会重启敬拜，他依然故我。直到一日突然觉得如此有违恪守安息日的圣经教诲，于是跟上帝理论一番后，决定信靠他老人家，把礼拜日还给教会。至于写作的时间，他自言自语自我宽慰说，上帝自有上帝的安排，不过每周日去教会礼拜，他都允许自己顺路拐弯，到附近超市采购一周的食物。

纵然如此数算自己的日子，郑义绝不吝惜时间长途开车去一平老宅，总是先把杀青的一章传去，待一平读后即驱车前往。数百英里长途，当天出车次日返，来回十数小时，只为与一平共享一个傍晚，把酒畅谈民国的光荣与梦想，分享小说中人物故事与构思，听取一平的评论或建议。有一次，一章截稿没打招呼，翻腿就去了。结果老宅正有客，一平分身无术，郑义便叨陪末座，闲话到深夜，未及文学，次日清晨照例告辞返回。

多留一二日的时候也有，是王康在世时。冬季，我们守住老宅客厅那个复古造型的燃煤炉；夏日，我们围坐在院子凉台的桌前，总会朗读郑义新出炉的片段，然后借助葡萄酒的温柔和威士忌后搓力各抒己见。我们也朗诵一平截稿的长诗、评点王康画作《最后的审判》的进程和他策划中的巨大画室、议论"北明非常识"栏目的内容……。

冬天炉火壁暖，映照每一张脸膛；春季熏风拂面，摇动一平不舍修剪的灌木，一平妻子周琳也在（她翻译过维索尔的《夜》，一平曾确凿地说，周琳写的诗比他的写得好）。那样的时刻温馨得忧伤，彷佛身在心中密室，看得见十八世纪德国文化巨擘云集的莱比锡文学与音乐沙龙那些热烈讨论，那个沙龙收留了当时逃亡途中落魄的席勒；听得见二十世纪俄国白银时代流亡知识人的巴黎"周日读书会"和后来的"绿灯社"那些激烈的争辩，那是梅列日科夫斯基创办的文化与文学沙龙，这位苏俄诗人作家、哲学家早在十月革命之初就洞悉了邪恶，是全球向西方揭露共产制度的第一人。

"你们来就是节日"，一平总是这么说。他知道我们在一起是一个攻守同盟：抵抗世俗的平庸、挖掘灵魂的深度、看守心中的烛火；后来，我们一起纪念病逝的王康；再后来，面对举世的荒谬，远离邪恶，我们驻守自己大海边那沉默的礁石。有一两次，一平在我们离开老宅时湿润了眼睛。他不善言辞，他把所有的爱、宽仁、同情、敬意、祭奠、英雄气和悲剧意识，都变成了独自时他的约柜震天动地的鼓声。

　　写下这些文字，想起王康目光炯炯、声音铿锵的话语："未来，人们会羡慕我们的聚会。"我知道，他此言的根基是他对世界流亡文学史之深刻洞悉。我不断想起的还有一平的感慨，那是在王康谢世之后，他说："我们一起度过了那么多美好的时光！我们在一起就是祖国。"我如今痛觉他们所说都是肝胆之言，却粗忙愚钝到他们都变成了天边的云彩才明白我失去了什么！

　　谨以此为《四叶草》后记，纪念我失去的一部分生命。

公元 2025 年 5 月 27 日礼拜二
国历乙巳年五月初一
王康去世五周年，一平去世一百四十八天